Daniel Owen

DAWN DWEUD

Golygydd Cyffredinol: Brynley F. Roberts

Hen gwestiwn mewn beirniadaeth lenyddol yw mater annibyniaeth y gwaith a ddarllenir; ai creadigaeth unigryw yw cerdd neu ysgrif neu nofel, i'w dehongli o'r newydd gan bob darllenydd; neu i ba raddau mae'n gynnyrch awdur unigol ar adeg arbennig yn ei fywyd ac yn aelod o'r gymdeithas y mae'n byw ynddi? Yn y pen draw diau fod gweithiau llenyddol yn sefyll neu'n cwympo yn ôl yr hyn a gaiff darllenwyr unigol ohonynt, ond aelodau o'u cymdeithas ac o'u hoes yw'r darllenwyr hwythau, a'r gweithiau a brisir uchaf yw'r rheini y gellir ymateb iddynt a thynnu maeth ohonynt ymhob cenhedlaeth gyfnewidiol am fod yr oes yn clywed ei llais ynddynt. Ni all y darllenydd na'r awdur ymryddhau'n llwyr o amgylchiadau'r dydd.

Yn y gyfres hon o fywgraffiadau llenyddol yr hyn a geisir yw cyflwyno ymdriniaeth feirniadol o waith awdur nid yn unig o fewn fframwaith cronolegol ond gan ystyried yn arbennig ei bersonoliaeth, ei yrfa a hynt a helynt ei fywyd a'i ymateb i'r byd o'i gwmpas. Y bwriad, felly, yw dyfnhau dealltwriaeth y darllenydd o amgylchiadau creu gwaith llenyddol heb ymhonni fod hynny'n agos at ei esbonio'n llwyr.

Dyma'r seithfed gyfrol yn y gyfres. Y gyfrol nesaf i ymddangos fydd bywgraffiad llenyddol o Islwyn.

DAWN DWEUD

W. J. Gruffydd	gan T. Robin Chapman
W. Ambrose Bebb	gan T. Robin Chapman
R. Williams Parry	gan Bedwyr Lewis Jones, golygwyd a chwblhawyd gan Gwyn Thomas
T. H. Parry-Williams	gan R. Gerallt Jones
'Doc Tom'; Thomas Richards	gan Geraint H. Jenkins
Talhaiarn	gan Dewi M. Lloyd

DAWN DWEUD

Daniel Owen

gan
Robert Rhys

GWASG PRIFYSGOL CYMRU
CAERDYDD 2000

ISBN   0–7083–1341–8

Mae cofnod catalogio'r gyfrol hon ar gael gan y Llyfrgell Brydeinig.

Cynllun y clawr gan Chris Neale
Cysodwyd yng Ngwasg Prifysgol Cymru
Argraffwyd yng Nghymru gan Wasg Dinefwr, Llandybïe

Cynnwys

Lluniau

Llun y clawr: Portread o Daniel Owen gan Charles Marston (Archifdy Sir y Fflint, Penarlâg).

Rhwng tudalennau 104 a 105

Diolchir i Archifdy Sir y Fflint, Penarlâg, am yr hawl i atgynhyrchu lluniau 1–11 a 13.

Rhagair

Derbyn gwahoddiad i lunio cofiant i un o feirdd yr ugeinfed ganrif a wnes i'n wreiddiol gan olygydd y gyfres hon, Dr Brynley Roberts, ac rwy'n ddiolchgar iawn iddo am dderbyn fy awgrym y gallwn droi yn hytrach at Daniel Owen. Mewn gwirionedd gallaf olrhain fy nyled iddo yn ôl dros ugain mlynedd i'r cyfnod pan ddechreuais ddarlithio yn fy anwybodaeth ar waith y nofelydd yn Abertawe, ac ef yn bennaeth caredig arnaf. Darllenodd ddrafftiau o'r gwaith hwn a darllen y deipysgrif derfynol gan wneud nifer o awgrymiadau buddiol, a chan ofalu fy hysbysu am bob gwybodaeth neu ffynhonnell newydd y deuai ar eu traws. Gwnaethpwyd llawer o'r ymchwil ar gyfer y gyfrol hon yn ystod dau dymor sabothol a dderbyniais gan fy nghyflogwyr, Prifysgol Cymru Abertawe, yn 1993. Diolch i'r coleg ac i'm cydweithwyr ar y pryd am eu hyblygrwydd wrth aildrefnu amserlenni. Rwy'n gwerthfawrogi'r cyfle a gefais i gyhoeddi fersiynau o rannau o'r astudiaeth ar dudalennau *Barn* a *Taliesin*. Elwais hefyd o drafod bywyd a gwaith y nofelydd gyda dosbarthiadau anrhydedd yn Abertawe a chyda'm cyfeillion sy'n aelodau o'r dosbarth llenyddiaeth Gymraeg sy'n cyfarfod o dan nawdd yr Adran Addysg Barhaus yn Abertawe. Trafodais bapurau i fwy nag un cylch a chynhadledd, gan elwa fel arfer o sylw neu awgrym gan rai a oedd yn bresennol. Afraid dweud i mi elwa o gael ysgolhaig mor hyddysg yn niwylliant oes Daniel Owen â Hywel Teifi Edwards yn un o'r cyd-weithwyr hynny. Cefais gymwynasau mawr a mân gan fyrdd o gyfeillion y byddai'n annoeth i mi feddwl am ddechrau eu henwi, yn enwedig gan y byddai gofyn i mi restru pawb a holodd y cwestiwn cyfarwydd hwnnw, 'Sut mae Daniel Owen?'. Mae'n dda gen i ddweud mai fy annog ac nid fy nigalonni a wnaeth yr ymholiadau hynny at ei gilydd! Bu E. G. Millward a Kevin Matthias mor garedig â darllen y deipysgrif derfynol ac rwy'n dra diolchgar iddynt am eu cymorth a'u cefnogaeth. Un arall a ddarllenodd y deipysgrif gan wneud nifer o awgrymiadau oedd E. Wyn James. Penllanw blynyddoedd o gymwynasgarwch oedd hynny mewn gwirionedd, ac os dywedaf mai un o'i gymwynasau ymarferol pwysicaf oedd trosglwyddo fersiwn o benodau cyntaf y gyfrol o arddull hynafol peiriant Amstrad i gyflwr mwy cyfoes, fe rydd hynny syniad i chi o'r blynyddoedd y bu'r gyfrol hon ar y gweill. Wrth i'r gyfrol fynd trwy'r wasg dibynnais yn helaeth ar broffesiynoldeb graenus staff Gwasg Prifysgol Cymru, a charwn ddiolch i Susan Jenkins a Ruth Dennis-Jones am eu hamynedd a'u cymorth, i Liz Powell am drefnu'r lluniau ac i Llion Pryderi Roberts am waith golygu manwl. Arna'i yn unig y mae'r bai am unrhyw frychau sy'n aros a'r cyfrifoldeb am beidio â derbyn pob awgrym a wnaed gan ddarllenwyr.

Mae fy nyled a'm diolch i staff Llyfrgell Genedlaethol Cymru, Aberystwyth, ac i staff Archifdy sir y Fflint, Penarlâg, yn un drom. Mae fy niolch i sefydliadau y gwnes i lai o ddefnydd ohonynt, sef Llyfrgell Ddeiniol, Penarlâg, Archifdy Prifysgol Cymru Bangor a'r Coleg Diwinyddol Unedig, Aberystwyth, yr un mor ddiffuant.

Mynd i mewn i lafur eraill yw gwaith cofiannydd yn aml, ac rwy'n hyderu i mi gydnabod fy nyled i'r rhai a aeth ati i gasglu'r ffeithiau hysbys am Daniel Owen ar ôl ei farw, ac i'r beirniaid llenyddol diweddarach a fu'n dehongli arwyddocâd ei weithiau. Rwy'n arbennig o falch o'r cyfle i gydnabod y gwaith sylweddol a wnaed gan Ennis Evans yn fyfyrwraig ymchwil yn Adran y Gymraeg ym Mangor yn ystod saithdegau'r ganrif ddiwethaf. Bu farw Ennis cyn medru dwyn ei gwaith i ben ond trosglwyddwyd ei phapurau i Lyfrgell Genedlaethol Cymru ac mae ei hymchwil yn ffynhonnell werthfawr i'r sawl sydd am wybod mwy am amgylchfyd a chefndir Daniel Owen. Wrth lunio'r cofiant hwn bu'n rhaid i mi adael ambell drywydd heb ei ddilyn er mwyn dod â'r gwaith i ben o fewn yr amser a'r gofod a ganiatawyd i mi, ond rwy'n gobeithio y bydd yn cael ei ystyried yn gyfraniad o ryw werth i'n gwerthfawrogiad o gamp y nofelydd o'r Wyddgrug. Yn fwy na dim rwy'n dymuno y bydd Cymry'r unfed ganrif ar hugain yn cael eu cymell i ddarllen ac i fwynhau'n ystyriol ei weithiau llenyddol.

'*Humbug*' chwedl Wil Bryan, a fyddai i mi beidio â gwneud rhai diolchiadau mwy personol. Nid yw'r tymhorau sabothol a dderbyniais gan fy nghyflogwyr yn ddim wrth y talpiau o gyfnodau sabothol o'm dyletswyddau fel penteulu a gefais gan fy ngwraig a'm meibion. Aeth Daniel Owen gyda ni i Gricieth droeon, i'm cadw rhag ymroi'n llawn i wyliau teulu. Cefais gymorth gan fy ngwraig, Ann, wrth lunio'r mynegai, ond nid oherwydd hynny yr wyf yn cyflwyno'r gyfrol hon iddi ym mlwyddyn dathlu ein priodas arian.

Robert Rhys
Medi 2000

Byrfoddau

CM4DO1 *Cyfres y Meistri (4) Daniel Owen (Cyfrol 1), Detholiad o erthyglau gan Urien Wiliam* (Llandybïe, 1983).

CM5DO2 *Cyfres y Meistri (5) Daniel Owen (Cyfrol 2), Detholiad o erthyglau gan Urien Wiliam* (Llandybïe, 1983).

Y *Bywg.* Y *Bywgraffiadur Cymreig hyd 1940* (Llundain, 1953).

1 ∞ Dyn a Aned i Flinder, 1836–1851

Mab i golier oedd Daniel Owen, ac yn yr Wyddgrug, sir Fflint, y ganed ef. 'Tŷ bychan, distadl, mewn rhes hir, ag iddo ddwy gegin i lawr a dwy ystafell i fyny'[1] oedd cartref y teulu, 53 Long Row, Maes-y-dre. Un o dai'r gweithwyr oedd hwn ar gyrion y dref, tai newydd eu codi i gartrefu gweithwyr dŵad, ac yn gyfleus ar gyfer y gweithfeydd glo lle yr enillai amryw o'r trigolion gwrywaidd eu bara menyn. O Wern-y-gaer, ryw bum milltir i'r gogledd y symudasai Robert a Sarah (Sali) Owen yn bâr priod i'r Wyddgrug. Un o Ddolgellau oedd Robert Owen, ei gefndir yn anhysbys erbyn hyn ond o bosibl yn fab i Owen Richard, cowper, a'i wraig Elizabeth.[2] Nid oedd 'dim neilltuol, am a wn i, yn fy nhad', meddai Daniel Owen yn yr ysgrif hunangofiannol a luniodd pan oedd yn 54 oed, 'ond ei fod yn gymydog da, yn ddyn gonest ac yn Gristion cywir.'[3] O Lanfair yn Nyffryn Clwyd yr hanai ei fam yn ôl Daniel, yn un o dair o ferched Catherine a Thomas Edwards, y Thomas Edwards hwn yn gyfaill ac yn berthynas (cefnder neu gyfyrder, mae'n debyg), i'r anterliwtiwr enwog o'r un enw, Twm o'r Nant. (Dengys ymchwil ddiweddar mai yn Llandegla, sir Ddinbych, y ganwyd Sarah Edwards.)[4] Gan ei fam y clywodd Daniel am y cysylltiad â'r triniwr geiriau athrylithgar o'r Nant, a gallai hi adrodd ei phrofiad o ymwneud â'r diwylliant gwerinol a ffynnai yn Nyffryn Clwyd ac â'r symudiad crefyddol chwyldroadol a gynhyrchodd batrymau cymdeithasol newydd:

Yr oedd tipyn o ddawn prydyddu yn fy nhaid, a chlywais fy mam yn adrodd fel y byddai Twm ac yntau yn cystadlu prydyddu yn ddifyfyr pan ddeuai y blaenaf i ymweled â'r teulu yn Llanfair. Pan yn hogen fach, bu fy mam laweroedd o weithiau yn gwrando Interliwdiau Twm o'r Nant. Mewn ysguboriau, meddai, y cynhelid y cyfarfodydd hyn. Hyd yn nod wedi iddi adael ei phedwar ugain oed, byddai gan fy mam linell o Twm i setlo pobpeth . . . Yn ei hen ddyddiau, yr hyn yr ymffrostiai hi fwyaf ynddo oedd ddarfod iddi gael y fraint, pan yn ddeuddeg oed, o adrodd pennod i Mr. Charles, o'r Bala, ac eilwaith pan yn dair-ar-ddeg oed.[5]

Y tebyg yw i Robert Owen gyfarfod Sarah Edwards naill ai ar ôl dod i weithio ar ffermydd Dyffryn Clwyd, neu pan weithiai'r ddau yn yr Wyddgrug; yn Llanfair y'u priodwyd ar 26 Awst 1820. O fewn blwyddyn neu ddwy symudodd y pâr ifanc, ynghyd â'u cyntafanedig Thomas, i Wern-y-gaer, Rhes-y-cae ger Rhosesmor, ac yno, rhwng 1823 ac 1828, y ganwyd Leah, Robert a David (Dafydd). Tua 1830 symudodd y teulu i'r Wyddgrug; ychwanegwyd at y teulu gyda Catherine yn 1831, John yn 1835 a Daniel, yr ieuengaf o saith o blant ar 20 Hydref 1836. (Fe'i bedyddiwyd ar 3 Tachwedd.)[6] Fel un o chwech o blant y cyfeiriai Daniel ato'i hun, ond anodd derbyn yr awgrym na chlywsai erioed am ei frawd John, a fu farw yn chwe mis oed yn Rhagfyr 1835.[7] Daethai trallod i ran rhieni Daniel Owen, felly, cyn ei fod ef; ac fel y ceir gweld, yr oedd gwaeth o lawer i ddod.

Dibynnai'r teulu am eu cynhaliaeth ar waith glo y Mri Hampton & Co. ym mhwll yr Argoed, dros y caeau o'u cartref. Yno y gweithiai Robert Owen a'i feibion hynaf, Thomas a Robert. Yn ystod ail wythnos Mai 1837 yr oedd hi'n amlwg nad oedd popeth fel y dylasai fod yn y gwaith. Yr oedd dyfroedd yn codi o dan ddaear, yn llifo o ryw hen weithfeydd mae'n debyg, ond i bob golwg 'doedd dim perygl gan fod y peiriannau pwmpio yn gallu clirio'r dŵr yn gyffyrddus. Ond pan aeth y glowyr dan ddaear fore Mercher, 10 Mai, gwelwyd ar unwaith bod y sefyllfa wedi dirywio'n ddisymwth. Rhoes yr '*agent*' y gorchymyn ar unwaith i bawb ei goleuo hi am yr wyneb, a thwrf y dyfroedd yn gyfeiliant i'w lais; llwyddodd pawb a oedd yng nghwmni'r asiant yn y pwll dwyreiniol i gyrraedd y lan yn ddiogel, ond yn ei flaen yr aeth y llif didrugaredd i bwll yr injan, ar lefel is. Daliwyd y rhai a weithiai yno, gyda dau eithriad, yn ddirybudd. Er cyrchu'r peiriant pwmpio i'r fan, yr oedd yn rhy hwyr, a'r dŵr yn cyrraedd dyfnder o bymtheg llath. Erbyn hyn yr oedd y newydd am y llif-pwll yn ddychryn trwy'r gymdogaeth ac ymgynullai teuluoedd a chyfeillion yn dorf grynedig a galarus ar fanc y lofa. Collwyd Robert Owen a'i feibion; corff y tad a ganfuwyd gyntaf, a bu cwêst ar ei gorff ef a chorff naw o'i gyd-weithwyr yn yr Wyddgrug ddydd Llun, 15 Mai. Yr oedd dyfarniad y rheithgor yn ddisgwyliedig: 'The deceased came to their deaths on the twelfth or thirteenth of May, in the underground workings of the Argoed colliery, owing to the accumulation of foul air in the said colliery, from the rising of water, which accidentally broke into the colliery on the tenth of the same month.'[8] Ychwanegodd blaenor y rheithgor nad oedd dim bai o gwbl ar berchenogion y gwaith, ac na ddangoswyd unrhyw esgeulustod ganddynt ar fater y dŵr a dorrodd i mewn i'r gwaith.

Ysgrifennydd y gwaith ar y pryd (*'cashier'* yn ôl cofnod *Y Bywgraffiadur*) oedd Owen Jones, gŵr ifanc a âi yn ei flaen i'r weinidogaeth ac i safle adnabyddus yn y byd llenyddol Cymraeg.[9] Fe gyhoeddodd hanes y ddamwain ar ffurf pamffledyn, ac mae adroddiad y llygad-dyst hwn yn arswydus yn ei fanylder dilys:

Tua deg o'r gloch boreu dydd Mercher, y degfed o Fai, yr oedd y goruchwyliwr gyda y pedwar dyn a gyweirient y ffyrdd yn y pwll dwyreiniol, ac yn amcanu myned yn mlaen tua'r lle y torasid i'r dwfr ychwanegol ddydd Llun, i edrych pa olwg oedd yno, pan y'i dychrynid yn ddirfawr gan drwst arswydus, megys taranau dychrynllyd, rhyngddynt a blaen y gwaith; meddyliasant yn y fan fod dwfr cryf wedi tori arnynt, a rhedodd tri ohonynt at enau y pwll â'u holl egni, tra yr arhosai y goruchwyliwr ac un dyn arall i edrych pa beth a fyddai y canlyniad: ond cyn pen nemmawr eiliadon dyma y dwfr yn dyfod yn rhyferthwy ofnadwy ar eu gwarthaf, ac yn brin y cyrhaeddasant enau y pwll, nad oedd y llifeiriant arswydus wedi eu dal. Tynid hwy i fynu yn y fan, a chrochfloeddid y rhybudd i waered y pwll arall; a'r goruchwyliwr ei hun a brysurodd i lawr yno, i roddi y rhybudd i'r nesaf at y pwll; fel y'i cludid felly o gennad i gennad, cyn gynted ag y gellid i eithafion y gwaith . . . Pan aeth y newydd i eithafion y Gwaith fod y dwfr wedi tori arnynt, a bod y gwaith wedi boddi, dechreuai y trueiniaid ffoi am eu bywyd rhyngddynt a'r pwll; ond cyfarfyddid hwy ar y ffordd gan elyn rhy drech iddynt, sef y dwfr. Pan welsant fod eu ffordd yma wedi ei chau i fynu, hwy a enciliasant, ac a aethant i fynu drwy ffordd wynt oedd tua dau cant o latheni o'u pwll hwy, i brif-ffordd (*main level*) y pwll arall . . . ond erbyn myned yno, cyfarfyddid hwy gan y dwfr drachefn, yr hwn oedd wedi llenwi y ffordd honno hefyd am ddeg neu bymtheg llath ar hugain, ac yn rhuthro yn genllif rymus, drwy ffordd wynt oedd yno i groes y pwll isaf. Pump neu chwech a aethant i'r llif yma, ac a gludwyd yn ei rym yn chwyrn i waered i'r groes isaf, o fewn tuag wyth lath i bwll yr agerdd-beiriant, y rhai a foddwyd yno; ond cludwyd tri drwy y dyfroedd at enau y pwll; lle yr oedd y dwfr bron hyd yr en; ond hwy a ddringasant i fynu ar y dwfr-bibau, ac a dynid i fynu cyn gynted ag y gallem, yn weiniaid a diffygiol i ryfeddu.[10]

Daeth llygedyn o oleuni ar y dydd Gwener, fel yr edrydd Owen Jones:

Oddeutu chwech o'r gloch, [Mai 12fed] y clywai rhai o'r dynion oeddynt i waered yn gosod y pibellau gwynt, lais rhyw rai o'r tu draw i'r dwfr, yn datgan eu bod yn fyw, ac yn eu gwahodd i brysuro yn mlaen i'w gwaredu:

y cyfryw newydd oedd rŷ dda i'w gadw yno yn hir, felly bloeddid i fynu yn llawen, eu bod yn fyw a chludid y newydd, fel ar adenydd yr awel i'r dref, lle yr oedd ffair y diwrnod hwnw; yr hyn a gynhyrfodd bob meddwl, ac a ddyrysodd bob peth, a chyn pen nemmawr o fynydau yr oedd y dref wedi ei gadael yn annghyfannedd o'r bron, a'r holl ffordd o'r dref hyd y gwaith yn llawn o bobl, o bob oedran, gradd, ac ystlen, yn ymgyflymu tuag atom, fel yr oedd yma gynnulleidfa fawr iawn, tua phedair neu bum mil o bobl, debygid, yn amgylchynu y lle, cyn i ni gael un o'r trueiniaid allan.[11]

Gwrthbwysid rhyddhad gorfoleddus teuluoedd y rhai a achubid gan yr ergyd greulon i'r rhai y deffrowyd eu gobeithion yn ofer; a dim ond cadarnhau drygchwedlau a arhosai i'r rheini. Dyma Owen Jones eto:

O'r pryd hyn hyd y pummed ar hugain o Fai, nyni a fuom yn llafurio yn galed i gael y dwfr allan, ac i roi y gwynt bibau i fewn; gan arfer pob ymdrechion i gael y trueiniaid allan, yn fyw neu farw; ond am fywyd, yr oedd pawb wedi ei golli er's talm. Dydd Sadwrn, caed cyrph pump yn ychwaneg, sef Daniel Jones bachgen ieuanc o'r dref hon; William Williams, gŵr ieuanc crefyddol, a ddaethai yma o Bagillt er's rhai misoedd: Robert Owen, gŵr priod o'r dref hon; cawsai y gŵr hwn aml a blin gystuddiau yn y blyneddoedd diweddaf, ond, yr oedd lle i feddwl ei fod ef yn ofni Duw yn fwy na llawer. Byddai yn ddyfal ac yn astud iawn yn yr arferiad o foddion gras; a'i ymdrech dwys yn ddiau oedd am ymddwyn yn addas i efengyl Crist: yr oedd dau fachgen iddo ef yn y gwaith, y rhai hefyd a fuont feirw yn yr amgylchiad yma. Efe a adawodd ar ei ôl wraig dyner, a phedwar o blant ieuainc yn amddifaid.[12]

Nid oedd modd nac angen i'r ysgrifennydd geisio darlunio teimladau'r wraig y daeth gweddwdod chwerw ar ei thraws mor ddisyfyd. Ond fe glywodd ei baban am y digwyddiad ymhen blynyddoedd, gan ei fam, neu gan ei frawd. 'Amgylchiad ofnadwy oedd hwnnw i fy mam', meddai Daniel Owen yn ei hunangofiant, 'a bu agos allan o'i phwyll am lawer o wythnosau, gan godi bob awr o'r nos wedi claddu ei gwr a'i dau fab, ac agor y ffenestr, gan rhyw led-ddisgwyl eu gweled yn dyfod adref o'r gwaith.' Ym marn J. J. Morgan, 'taflodd trychineb Argoed gysgodion oesol dros yr holl deulu.'[13] Yr oedd Owen Jones, wrth dystio i dduwioldeb Robert Owen, yn gwneud hynny ar sail ei adnabyddiaeth ohono fel cyd-aelod yn achos y Methodistiaid Calfinaidd yn yr Wyddgrug, achos a gawsai gryn hwb yn ddiweddar gyda'i ddyfodiad ef o sir Fôn a Roger Edwards o Ddolgellau yn ddau bregethwr ifanc brwd i'w plith. Yr oedd y ddau hynny ymhlith y rhai a aeth ati i geisio ymgeleddu'r anafus a'r gweddwon trwy godi cronfa apêl. Er bod Daniel Owen yn ei hunangofiant yn priodoli'r ymdrechion a gododd rai cannoedd o bunnoedd i Jones ac Edwards, nid yn eu gofal nhw yr oedd y gronfa swyddogol. Gwŷr mawr yr Wyddgrug a roes honno ar waith, mewn cyfarfod yn y Black Lion ar 16 Mai, gyda'r uchelwr lleol, John Wynne Eyton, yn y gadair. Penodwyd ymddiriedolwyr o blith yr un dosbarth â'r cadeirydd ac yn cynnwys gwŷr eglwysig, penderfynwyd gofyn i'r Mri Douglas, Smalley & Co., o'r Holywell and Mold Bank weithredu fel trysoryddion, a gofyn i fancwyr mewn trefi eraill agor llyfrau tanysgrifio yn eu swyddfeydd.

Y mae'n debyg mai cymell pobl o fewn y cylchoedd anghydffurfiol i gyfrannu i'r gronfa a wnaeth Owen Jones a Roger Edwards. Ond ofer fu ymdrechion elusengar gwreng a bonedd, eglwyswyr a chapelwyr ynghyd; daeth rhagluniaeth dywyll arall i dduo ffurfafen y dioddefwyr. Ymhen ychydig wythnosau ar ôl agor y gronfa torrodd y banc yn Nhreffynnon a chollwyd yr arian i gyd. Yn ôl Daniel Owen buasai ei fam, a rhai tebyg yn ei sefyllfa, wedi derbyn 14 swllt yr wythnos tan y cyrhaeddai y plentyn ifancaf ei bedair ar ddeg. Chwalwyd y cynlluniau hynny ac mae Isaac Foulkes yn ei gofiant i Daniel Owen yn drwm ei lach ar y dosbarth di-ddal hwnnw o fancwyr.[14] Er diflannu'r gobaith am gynhaliaeth ariannol, byddai Roger Edwards ac Owen Jones yn atgoffa'r galarus o fewn yr eglwys fod yna gynhaliaeth o natur arall i'w chael na allai'r un banciwr ei hysbeilio. A chan y bydd safle Daniel Owen o fewn yr eglwys, ynghyd â'i fyfyrdod ar ansawdd yr eglwys honno, yn destun ystyriaeth gyson yn ystod yr astudiaeth hon, mae'n briodol i ni gyflwyno sefyllfa'r Methodistiaid Calfinaidd yn yr Wyddgrug yn fwy ffurfiol.[15]

Er na ellir olrhain hanes yr achos i'w darddiad gwyddom fod yno eglwys fechan o bedwar ar ddeg o aelodau yn 1762, yn cyfarfod mewn tai; cawn yr eglwys wedyn yn cyfarfod yn gyson mewn ysgubor yn eiddo i ŵr o'r enw Bowen yng Nglanyrafon, a hynny am nifer o flynyddoedd heb weld fawr iawn o gynnydd yn yr achos; erbyn 1794, fodd bynnag, yr oedd yr achos wedi tyfu digon (o dan arweiniad y Parchedig Robert Ellis, yn ôl pob tebyg) i beri i'r aelodau godi eu capel cyntaf, ym Mhonterwyl. Fel pe bai rhagluniaeth yn gwobrwyo menter yr aelodau, y flwyddyn ganlynol symudodd un o arweinwyr ysbrydol cadarnaf a mwyaf galluog y Methodistiaid, Thomas Jones (Dinbych wedyn), i'r Wyddgrug o Gaerwys. Bu bendith amlwg ar ei weinidogaeth yn y dref hyd ei ymadawiad yn 1804 ac ychwanegwyd tua thrigain at rif yr eglwys.

Ymddengys mai yn ystod y cyfnod hwn y dechreuodd yr achos 'barchuso' rhywfaint o ran ennill dychweledigion o blith masnachwyr y dref a chynyddu yn ei ddylanwad. Gwelwyd eisiau doniau a grasusau Thomas Jones ar ôl ei ymadawiad, ond yn 1815 cynhaliwyd cyfarfodydd pregethu yng nghapel Ponterwyl yn ystod wythnos y Sulgwyn a newidiodd wedd yr achos yn llwyr. Cafwyd oedfaon nerthol dan weinidogaeth John Elias ac eraill, ac ychwanegwyd nifer fawr at yr eglwys, llawer o'r rheini yn bobl ifainc, ac yn eu plith lanc un ar bymtheg oed o Nercwys a ddeuai'n un o hoelion wyth yr enwad yn sir Fflint, John Davies. O ganlyniad i'r adfywiad hwn aeth capel Ponterwyl yn rhy fach i'r gynulleidfa, ac yn 1819–20 codwyd addoldy newydd yn Stryd Newydd ar gost o ychydig dros fil o bunnau. Ar ôl symud i'r adeilad newydd y codwyd John Davies ac Angel Jones (meistr Daniel Owen yn y man) yn flaenoriaid. Dyfodiad Owen Jones i'r dref yn 1833, a Roger Edwards ddwy flynedd yn ddiweddarach (fel y crybwyllwyd eisoes) fyddai'r datblygiad nesaf o bwys yn hanes yr achos.

Dyna'r ffeithiau sychion am dwf yr eglwys hyd at gyfnod symudiad yr Oweniaid i'r Wyddgrug, geni Daniel, a cholli tri aelod o'r teulu yn nyfroedd pwll yr Argoed. Beth am natur bywyd yr eglwys? Os yw'n wir mai dyma'r cyfnod a fyddai'n cyfateb i flynyddoedd cymeriadau enwog fel Abel Hughes a Mari Lewis yn ifanc, disgwyliem ganfod eglwys yn meddu ar sêl a bywiogrwydd ysbrydol diffuant. Y mae tystiolaeth Owen Jones yn ei sylwadau ar Robert Owen a'i feibion yn amlwg yn berthnasol. Dyfynnwyd eisoes yr hyn a ysgrifennodd Owen Jones am y tad, ond 'roedd ganddo ei asesiad o gyflwr ysbrydol y meibion hefyd. Am Thomas Owen, 16 oed, dywedir:

> Y bachgen hwn oedd un tebyg iawn i fachgen duwiol; dwysach a difrifolach ei ymddiddanion na'r rhan fwyaf o'i gyfoedion. Trysorai ranau helaeth o'r ysgrythyrau yn ei gof, a phan ellid cael y llaw uchaf ar ei wylder, ymddiddanai am bethau hanfodol crefydd, fel hen gristion profiadol.[16]

Ac am ei frawd iau, Robert, 11 oed, yr oedd ganddo hyn i'w ddweud:

> Un hynod am ganu Hymnau oedd yr un bychan yma; arferai ganu yn hynod o siriol yn yr addoldy yn wastadol; wrth fyned at ei waith yn y plygeiniau, adseiniai Emynau Dirwest, neu ynte Emynau yr Ysgol Sabbathol, ar y dôn 'Hyfryd', gyda phereidd-dra neillduol; a phan oedd gyfyngaf a duaf arnynt yn y carchar chwith, wedi i'r dwfr gau arnynt, efe

a roddai yr Emyn brydferth a ganlyn allan – yr hon a ddatseinid â llawen floedd gan berchenogion ffydd yn nghrombil y ddaear, pan oedd eu cnawd a'u natur yn dechreu pallu, a gobaith am un ymwared, ond trwy angau, wedi ei golli, 'O fryniau Caersalem cair gweled. . .'.[17]

Ar ôl cydnabod bod Owen Jones yn rhwym o roi'r wedd fwyaf cadarnhaol a chysurlon ar gymeriadau'r meirw er calondid i'r sawl a alarai drostynt, ni ellir peidio â meddwl ein bod yn cael cip ar rywun yn ymateb i drychineb alaethus o ganol hinsawdd ysbrydol effro a dwys. Cadarnhau hynny a wna'r alarnad a ysgrifennodd Jane Ellis o'r Wyddgrug ar yr achlysur, cerdd sy'n cynnwys yn yr ail ran iddi benillion lle mae'r 'awdures yn crybwyll enwau rhai o'i brodyr hoff, rhodiad gwastadol y rhai oedd yn dangos i ba wlad yr oeddynt yn ymdaith'. Y 'brodyr hoff' a enwir yw Thomas Jones, William Williams a Robert Owen. Am Thomas Jones fe ddywedir:

> Cwynfan wrthyf byddai'n wastad
> Mai isel oedd o ran ei brofiad:
> Ond dwys ddisgwyliai am ymweliad,
> Gael golwg eglur ar ei Geidwad.

Yn yr un modd, pwysleisio'r gyfeillach ysbrydol a fu rhyngddynt a wna'r bardd wrth gofio William Williams:

> William Williams, gyfaill tirion,
> Oedd yn agos at fy nghalon,
> Ce's bur ddyddanwch yn ei gwmni
> Wrth ymddyddan am yr Iesu.

Fe gyfeirir yn olaf at Robert Owen:

> Galaru 'rwyf am Robert Owen,
> Wrth gofio ei gyfarchiad llawen.
> Yn lle gwrando dan y pulpud
> Mae wedi cyrhaedd gwlad y gwynfyd.

> Ei dystiolaeth ef yn angau,
> Fod ei lamp yn para yn olau,
> Sydd gysur cryf i'w anwyl frodyr,
> I ymwroli yn y frwydyr.[18]

Ceir tystiolaeth helaethach a mwy trawiadol i ansawdd bywyd crefyddol Methodistiaid yr Wyddgrug yn yr 1830au. Yr oedd teulu Cefn-y-gader yn un o brif gynheiliaid yr achos, a'r tad, John Jones, yn flaenor. Daeth y mab, Thomas, yn enwog yn y man, fel pregethwr ac yn neilltuol fel y bardd 'Glan Alun', yn enwog am ei fywyd anniben hefyd. Fe ddaw Glan Alun i mewn i'r stori eto maes o law; ei chwaer, Margaret, sy'n hawlio sylw yn awr, merch ifanc nodedig am ei sêl a'i hymrwymiad i achos Duw. Bu farw'n 27 oed ym Medi 1841, bedwar mis ar ôl claddu ei thad. Brith gof plentyn bach a fyddai gan Daniel Owen amdani, ar y gorau, ond fe gâi gyfle gyda phawb arall yn y man i ddarllen y gyfrol deyrnged a gyhoeddodd ei brawd iddi yn 1844, ac a ailargraffwyd sawl gwaith yn ystod y ganrif.[19] Mae hanner cyntaf y gyfrol, *Fy Chwaer*, yn cynnwys bywgraffiad cynnes gan ei brawd sy'n rhoi i ni ddarlun byw o addysg a diwylliant efengylaidd y cyfnod; ond ail hanner y gyfrol sy'n rhoi iddi ei gwir arbenigrwydd. Cynhwysir hanner cant a thri o lythyrau a ysgrifennodd Margaret Jones rhwng 1832 ac 1841, llythyrau at gyfeillesau ar faterion yr enaid ac ar gyflwr pethau yn yr eglwys yn yr Wyddgrug. Ddechrau mis Tachwedd 1837, ychydig fisoedd yn unig ar ôl trychineb yr Argoed, anfonodd adroddiad ar gymanfa bregethu a gynhaliwyd gan y Methodistiaid at 'Fy anwyl Gyfeilles'. I'r Wyddgrug i bregethu daeth John Elias, John Jones, Tal-y-sarn, John Hughes, John Parry, Caer, William Havard, Henry Rees ac eraill.[20] Fel hyn y mae Margaret Jones yn cofnodi ei hymateb i bregeth Henry Rees ar Hebreaid 12: 18–21.

> Yr oedd hon yn un o'r pregethau mwyaf ofnadwy, sobr, ac effeithiol a glywais erioed. Traddodid hi gyda llai o'r egni corphorol â pha un y bydd Mr. Rees yn pregethu yn gyffredin, ond gyda rhyw ddifrif-ddwyster oedd yn cyrhaedd pob calon . . . Yr oedd Ysbryd yr Arglwydd yno. Un gwr hynod o annuwiol a aeth adref o'r capel, ac a ddywedodd wrth ei wraig, 'Wel, yr wyf i wedi bod 48 mlynedd yn elyn i Dduw ac y mae Mr. Rees wedi dweud y gwir wrthyf; rhaid i mi yn fuan gyfarfod a'r Arglwydd wyneb yn wyneb, pan na bydd modd ymguddio o'i wydd.' Y mae effaith y bregeth yn parhâu arno; daeth i'r capel neithiwyr er na's gwelsom ef yno erioed o'r blaen. Gobeithiaf y bydd y tro yn wir er cyfnewidiad achubol iddo.

Rhydd grynodeb manwl wedyn o bregeth Henry Rees, a gwna yr un modd gyda'r bregeth a draddododd John Jones, Tal-y-sarn, ar ddwy adnod gyntaf Salm 84 ('Mor hawddgar yw dy bebyll di'). Fel hyn y disgrifir ymdriniaeth y pregethwr â chymal olaf ei destun, 'Fy nghalon a'm cnawd a waeddant am y Duw byw', ynghyd ag ymateb ei gynulleidfa:

'Duw byw'; os yw efe wedi cilio ymhell, eto y mae efe yn 'fyw'. Bobl, 'gwaeddwch am y Duw byw'. Nid yw efe wedi myned yn rhy bell i glywed eich llef. O! na y mae efe yn clywed; ac nid all yr Arglwydd oddef i'w bobl waeddi yn hir heb eu hateb . . . Daliwch eich gafael ynddo yn dŷn, bobl. Gwn fod yma rai yn y gynnulleidfa hon, sydd â iaith eu calonau fel hyn, – 'Os ydwyt ti yn ymadael, rhaid i ti fy nhynu i gyda thi, – ni ollyngaf fy ngafael ynot.' Gadewch i ni weled yn awr pa faint o afael sydd yma yn y 'Duw byw'. Pwy a rydd ei Amen gyda'r weddi hon ? – 'O Arglwydd tyred yn nês!' Gellwch ddychmygu yn haws nag y gallaf ddesgrifio pa fath effaith a gafodd yr apêl hon ar y gynnulleidfa. Yna dywedai, 'O! y mae llawer yn gafael, – dowch eilwaith; – O! Dduw, disgyn, agoshâ at, ac achub y gynnulleidfa hon! Dyna hi, y mae'r gafael yn cryfhâu.' Yna dyblai ryw erfyniadau cyffelyb, nes yr oedd yr holl dorf yn dân gwyllt. Ni welais y fath olwg erioed. Yr oedd y fath sŵn yn y Capel nes boddi llais y Pregethwr. Nid oedd yno wylo na gorfoleddu; ond yr oedd rhyw deimlad yn ymgribo tros bob un, a rhyw un Amen gyffredinol yn adsain trwy'r lle ar derfyn pob erfyniad. . . y mae ein pregethwyr henaf yn tystio na buont prin erioed yn y fath gyfarfod â hwn trwyddo oll.[21]

Dyma ddarlun o'r eglwys yn nyddiau bendith felly, yn profi tywalltiadau o'r gras hwnnw a barodd i Roger Edwards ganu, yn ei emyn enwocaf, 'Olrheinio'i ras ni fedraf,/ Mae'n llenwi nef a llawr'.[22] Y mae llythyrau Margaret Jones yn tystio i'w hydeimledd ysbrydol hi, i'w hawydd i fugeilio ac annog ei ffrindiau, ac i brysurdeb difrifol y gwahanol achosion a oedd yn gysylltiedig â'r eglwys – y symudiad dirwest a'r ysgol Sabothol (297 o aelodau yn Chwefror 1839), er enghraifft. Yn y gymdeithas ysbrydol hon y bwriai Sali Owen a'i theulu eu hangor yn y storom fawr. (Cyfeiria Ennis Evans at gopi Sali Owen o'r Testament Newydd a geir yn llyfrgell Prifysgol Cymru Bangor; ysgrifennodd ei henw a'i chyfeiriad a fersiwn o'r pennill adnabyddus 'O na fedrwn garu'r Iesu' ar yr wynebddalen.)[23] Prin y gallasai Daniel Owen dyfu o fewn y gymdeithas ysbrydol hon heb feithrin syniadau aruchel am natur bywyd eglwys. Mae'n sicr i addysg yr ysgolion Sul, dan law athrawesau ymroddedig tebyg i Margaret Jones, fod yn ddylanwad cryfach arno nag unrhyw addysg ddyddiol; yn wir, dyna oedd ei dystiolaeth ef ei hunan: 'Ni chawsom ni fel plant ond y nesaf peth o addysg – ystyriai fy mam fod cael bwyd a dillad i ni yn llawer mwy nag a allai hi ei fforddio. A dyna oedd y ffaith; ac am flynyddau ni chawsom hanner digon o'r naill na'r llall. Pa fodd bynnag, cawsom addysg Feiblaidd ac ysgol Sul.'[24] (Awgryma Ennis Evans mai i gangen Rhydygolau o ysgol Sul Bethesda, Stryd Newydd, yr aeth Daniel.)[25] Mae'n amlwg o'r dyfyniad hwn, fodd bynnag, nad addysg na chrefydd oedd y ffactor amlycaf ym magwraeth Daniel Owen ac ym mywyd ei deulu, eithr tlodi, tlodi beunyddiol nad oedd dianc byth o'i gysgodion; ac yn y cysgodion hynny fe lechai arswyd rhag mynd ar y plwyf – ac fe wyddys i Sarah Owen wneud o leiaf un cais am elusen plwyf – a gorfod byw mewn tloty.[26] Dyma dlodi a adawodd greithiau ar Daniel Owen sy'n esbonio, o bosib, natur ei ymddygiad ar adegau argyfyngus yn ei fywyd.

Yn ôl Foulkes chwiliai Daniel y bachgen bach am bob cyfle i ennill ceiniogau i gynorthwyo'r teulu – 'Chwilotai yn ddyfal ac ysgilgar am unrhyw neges y gallai enill ceiniog neu ddimai oddiwrthi, a dygai ei fân enillion i'w fam cyn falched a phe buasai wedi enill dinas.'[27] Dyfynna Foulkes hefyd dystiolaeth un o gyfeillion yr awdur, E. S. Roberts:

> Pan ymwelais ag ef ychydig cyn ei farwolaeth, fe aeth i sôn am yr helynt yr oedd ei fam weddw ynddo yn ceisio magu tyaid o blant bychain heb ddim ar eu cyfer, a dywedai ei fod ef, pan yn wyth neu naw oed, oherwydd y prinder gartref, yn myn'd i weithio ar ffarm yn agos i Rosesmor – ddwy filldir o ffordd – codi tatws a mân swyddi o'r fath. Cychwynai o'r Wyddgrug ar ôl brecwest cynar, gweithiai yn ddygn trwy'r dydd tan tua chwech o'r gloch, a'i gyflog fyddai dimai ac afal; a chai ddarn o fara gan y ffarmwr i'w ginio. Oherwydd y tywydd gwlyb, fe fethodd y cynhauaf y flwyddyn hono, a hi a fu yn gryn wasgfa ar y tylodion, a dywedai y buasent fel teulu wedi clemio – nid â'i ei fam ddim ar y plwy'– onibai am drugaredd gŵr da oedd yn dal ffarm y Pwllglas, yr ochr arall i'r Beili, yr hwn a ddanfonai ambell i gydaid o datws iddynt.[28]

Ysbeidiol ac anwastad oedd y tymhorau o addysg ffurfiol a gafodd Daniel Owen, felly, ond bu'n ddisgybl mewn dwy ysgol yn yr Wyddgrug, sef yr Ysgol Genedlaethol (ysgol yr Eglwys) a gynhelid yn adeilad hen gapel y Methodistiaid ym Mhonterwyl, a'r Ysgol Frytanaidd newydd a agorwyd yn 1845. Gwnaeth y penodau hynny yn *Rhys Lewis* sy'n disgrifio addysg yr arwr gymaint o argraff ar feddwl gwlad nes peri i bawb eu defnyddio fel ffynhonnell hanesyddol gwbl ddilys ar gyfer deall cyflwr addysg y cyfnod yn ogystal â bywyd Daniel Owen ei hun! Yr hyn sy'n ennyn chwilfrydedd yw i'r comisiynwyr addysg ymweld â'r

Wyddgrug yn 1847, gan lunio adroddiadau manwl ar ysgolion y dref. Naturiol wedyn yw mynd ati i gymharu adroddiadau'r comisiynwyr â thystiolaeth *Rhys Lewis*. Fe bwyswn yn awr ar gasgliadau un o haneswyr enwocaf sir Fflint, J. Goronwy Edwards.[29] Dengys ef nad yw'r penodau cynnar hynny yn fanwl hunangofiannol ond bod Daniel Owen wedi gwneud defnydd nofelydd o rai o'r elfennau a berthynai i ysgolion ac ysgolfeistri'r Wyddgrug. Y cyd-ddigwyddiad mwyaf trawiadol rhwng gwir hanes a 'gwir' *Rhys Lewis* yw bod adroddiadau'r comisiynwyr yn cyfeirio at ysgolfeistr a chanddo goes bren – meistr y Cotton Mill Factory School oedd ef, ac ni ddaeth Daniel Owen i gysylltiad uniongyrchol ag ef, ond clywsai amdano, wrth reswm. Byddai sylwadau'r comisiynwyr yn gweddu i Robyn y Sowldiwr, er nad cyn-filwr mo'r athro hwn :

> The master was formerly a carrier. He has had no kind of training and scarcely any education. He appears to have received his present appointment rather out of charity, in consequence of the loss of a leg, than from any other consideration. [Am ei ddisgyblion, dywedir,] Their manners were rough and uncouth.[30]

Fe ymwelodd John James â'r ysgol yr oedd Daniel Owen yn ddisgybl ynddi, sef yr Ysgol Frytanaidd, ar 11 Chwefror 1847. Dim ond ers wyth mis yr oedd yr ysgol wedi bod ar agor, ac nid yn annisgwyl felly fe feirniadwyd prinder yr adnoddau, ond dywedwyd am y Sais o feistr, 'his abilities and acquirements are much above the average of schoolmasters in Wales'. A chofir bod traethydd *Rhys Lewis* yn cofio am ei ymweliad ag Ysgol Frytanaidd y dref:

> Y dydd o'r blaen cefais y pleser o ymweled â'r ysgol Frytanaidd yn y dref hon; ac wrth sylwi ar ei threfn ardderchog, yr addysg dda a buddiol a gyfrenid ynddi, y ddysgyblaeth fanol ac esmwyth a weinyddid, a'r olwg lân a hapus oedd ar y plant, nid allwn beidio galw i'm cof y dirfawr anfanteision y bum i yn llafurio danynt yn ysgol Robyn y Sowldiwr.

Rhaid amodi unrhyw drafodaeth ar yrfa addysgol Daniel Owen drwy ein hatgoffa ein hunain o'i eiriau – 'ni chawsom ni fel plant ond y nesaf peth i ddim o addysg.' Ond ymhen ychydig yn yr hunangofiant ceir y cymal hwn – 'bu yn fath o goleg i mi.' Cyfeirio a wnâi at siop Angel Jones, ac mae ei gyfnod yn y lle hwnnw yn un ffurfiannol yn ei hanes. Ni allwn adael tymor plentyndod, chwaith, heb sôn mwy am y plentyn.

Dyfalwyd llawer ar sail y nofelau, *Rhys Lewis* a *Gwen Tomos* yn arbennig, a diau eu bod yn 'nes na'r hanesydd at y gwir di-goll', ond diddorol odiaeth yw'r hyn a gofnododd Tegla Davies am atgofion hen wraig a oedd yn un o gyfoedion Daniel, y ddau wedi eu magu yn yr un stryd. Yn ôl yr hen wraig un direidus, ystrywgar oedd y Daniel ifanc, yn arweinydd dylanwadol ar y plant eraill ac yn llawn castiau fel y rhain:

Un diwrnod ac ef yn chwarae, daeth hen ŵr heibio a mul ganddo. Gadawodd y mul yn y ffordd ac aeth i mewn i dŷ. Aeth Daniel at y mul, neidiodd ar ei gefn â'i wyneb at ei gynffon, cymerodd afael yn ei gynffon, a defnyddiodd hi fel chwip, ac i ffwrdd â'r ddau fel tân gwyllt i fyny rhyw ffordd gul tua'r wlad. Pan ddaeth yr hen ŵr yn ôl nid oedd sôn am y mul, a safodd i holi'r eneth ddiniwed oedd yn ymyl. Toc, gwelid Daniel yn dychwelyd gan arwain y mul gerfydd ei fwng, ac aeth yr hen ŵr i'w gyfarfod gan ddiolch yn gynnes iddo am adfer y ffoadur yn ôl, a rhoddi ceiniog iddo. Yr oedd direidi a dichell fel pe ym mlaenau ei fysedd. Pan oeddynt yn chwarae ryw ddiwrnod gwelent hwch a pherchyll yn dyfod yn hamddenol i'w cyfarfod. Safodd Daniel yn syn ac aeth heb dddywedyd gair i'w cyfarfod, agorodd ddrws gardd flodau un o'r tai gwychaf yn y lle, arweiniodd yr hwch a'r perchyll i mewn yn ofalus, caeodd y drws ac aeth yn ôl at ei chwarae. Wedi chwarae ychydig aeth at y tŷ a hysbysodd y foneddiges fod hwch a pherchyll yn yr ardd, gan gydymdeimlo'n ddwfn â hi. A phan erlidid hwy â phob math ar offer cosb o fewn cyrraedd, Daniel Owen oedd yr uchaf ei lais yn gweiddi, 'safio nhw reit'. Ie, un garw oedd Daniel.[31]

Pan ddaeth hi'n amser chwilio am waith i'w mab ieuengaf, dau beth a lywiai ddymuniad a dewis Sali Owen. Gan nad oedd yn un cryf o ran corff, nid oedd am ei weld yn mynd dan ddaear nac i waith mwyn nac i ffatri gotwm. 'Oherwydd fy ngwendid . . . prentisiwyd fi yn deiliwr gydag Angel Jones – y blaenor enwog.'[32] Y mae'n bur sicr hefyd ei bod hi'n fawr ei gofal am yr amgylchfyd moesol y gweithiai Daniel ynddo. Os gwir tybio hynny, yna, yn sicr, gwireddwyd ei bwriadau: 'Mae genyf lawer o achos diolch i mi gael myned dan ofal yr hen Angel, oherwydd cyn hyny yr oeddwn wedi dechreu ymhoffi mewn cwmni drwg. Yr oedd y rheolau yn fanwl gydag ef – byddai raid i mi fod dair gwaith yn y capel ar y Sul, ac yn mhob moddion ganol yr wythnos.'[33] Wrth i'r plentyn droi'n laslanc, mae iau disgyblaeth a phrentisiaeth yn disgyn ar ei war.

2 ⚬ࣔ Pedair Prentisiaeth – Teiliwr, Bardd, Llenor, Pregethwr, 1851–1867

Yn gynnar yn ei arddegau, felly, dyma fab ieuengaf Sali Owen yn symud i gylch newydd, ac ar yr union adeg argraffiadwy honno mewn bywyd pryd y tystiai eraill i ddylanwad athro ysbrydoledig arnynt gynnau dychymyg a diddordeb, wele fwrw Daniel i ganol 'hanner dwsin o ddynion call, sobr, a darllengar'. Priodol iawn iddo ddweud am gymdeithas y teilwriaid, 'Bu yn fath o goleg i mi. Deffrodd ynof ryw gymaint o feddylgarwch'.[1] Agorodd drysau bywoliaeth a dychymyg ar yr unwaith. Cafodd ddysgu crefft a fyddai'n gynhaliaeth iddo tra byddai, ac fe ddiwylliwyd ei feddwl, yn union fel y gobeithiai ei fam yn ddiau, gan sgyrsiau ei gyd-weithwyr. Y mae cofnod cryno yr hunangofiant yn tystio i natur y diwyllio a wnaed ar y llanc prin ei ddysg o Faes-y-dre: 'Darllenid ar y bwrdd bob gair o'r hen Amserau, a mawr oedd y diddordeb a gymerid yn "Llythyrau 'Rhen Ffarmwr" ac yn y ddadl fawr ar Ryfel rhwng "Meddyliwr" a "Phreswylydd Bryniau Cribog Cymru". Yr oedd hanner y gweithwyr yn Wesles a'r hanner arall yn Galfins, a llawer o ddadlau diwinyddol a gymerai le ar y bwrdd.'[2] Ac fel y gwelwyd, yr oedd y meistr wrth law hefyd i weinyddu disgyblaeth reolaidd y tu allan i oriau gwaith.

Ymhlith cyd-weithwyr Daniel Owen yng ngweithdy Angel Jones yr oedd tri theiliwr Wesleaidd, John Williams, Edward Williams a Robert Dykins, y ddau gyntaf yn bregethwyr yn eu henwad, a'i gyd-brentisiaid, sef yr Almaenwr Xavier neu Saphir Lehmann a thri Methodist Calfinaidd, Edward Foulkes, Ellis Williams ac Isaac Jones. Daeth Ellis Williams i amlygrwydd fel adroddwr heb ei ail yn y cyfarfodydd cystadleuol a'r *penny readings* (gan fabwysiadu'r ffugenw mawreddog, 'Eryr Maelor') ac mae diolch yn ddyledus i Isaac Jones ('Isaac y fagal') am iddo ddisgrifio bywyd ac awyrgylch y gweithdy mewn ysgrif flynyddoedd yn ddiweddarach, ar ôl marw Daniel Owen. Rhydd Isaac Jones syniad clir iawn i ni o brospectws a maes llafur llenyddol a diwylliannol y gweithdy. (Cofier mai sôn y mae am gyfnod ei gydweithio gyda Daniel Owen ar ei hyd – nid yw popeth a ddywed o reidrwydd yn wir am y blynyddoedd dan sylw yn y bennod hon.) 'Pa le yng Nghymru a oedd mor lenyddol a'r hen siop?' gofynnodd, ar ôl dwyn i gof y rhestr hir o bapurau a chylchgronau a dderbynnid ganddi, yn eu plith *Y Traethodydd, Y Beirniad, Yr Eurgrawn, Y Drysorfa, Y Methodist, Good Words, Temple Bar, Popular Educator, Quiver, Daily News, Illustrated London News, Carnarvon and Denbigh Herald, Herald Cymraeg, Yr Amserau, Methodist Recorder, The Watchman,* a *Reynolds' Newspaper*.[3] Darllenid llyfrau diwinyddol awduron y traddodiad Piwritanaidd fel Chalmers, Charnock a Gurnal, ac 'yn ystod misoedd y gauaf darllenwyd yn y siop holl novels Sir Walter Scott, holl weithiau Charles Dickens'.[4] Rhyddfrydwyr digymrodedd oedd y teilwriaid, ac arwyddair y siop oedd 'adar o'r unlliw a hedant i'r unlle'. Cyfrwng difyrrwch pwysig arall oedd yr ymwelwyr a alwai heibio; fe allent gynnal sgwrs heb amharu ar allu'r gweithwyr i ddal ati i bwytho a thorri. Y mae Isaac Jones yn crybwyll un o'r enw Hookes, ymwelydd mynych, 'un hynod fel hanesydd; yr oedd yn gydnabyddus â gweithiau Sheridan, Fox, Pitt, Johnson';[5] Ishmael Williams wedyn, 'Armin i'r carn', yn barod iawn i ddadlau ynghylch pum pwnc Calfiniaeth; Edward Drury, ysgolfeistr, cantor ac arweinydd y gân gyda'r Methodistiaid Calfinaidd, a phlismon awdurdodol o'r enw Hughes, a gludai 'hanes y Force yn y sir, a'i gweithrediadau'.[6] Yr ymwelydd ffraethaf a difyrraf o'r cwbl oedd brawd Daniel, Dafydd Owen. Un arall a alwai heibio oedd un o gyfeillion pennaf Daniel Owen, Ellis Edwards, un o feibion Roger Edwards. Pan ddeuai'r amser pan fyddai gan filoedd o Gymry ddiddordeb ym mhob agwedd ar fywyd Daniel, mi fyddai ei gyfaill bore oes yn fodlon rhannu ei atgofion. Ganddo ef y cafwyd y darlun mwyaf trawiadol ac afieithus o bersonoliaeth a phatrwm byw Daniel Owen yn ystod y blynyddoedd hyn:

Pan adnabum ef gyntaf, yr oedd yn weithiwr gydag Angel Jones, yn pwytho gydag eraill mewn uwchystafell. Parhaodd yn yr un gwaith am flynyddoedd gyda mab Angel Jones, mewn tŷ arall. Ei gydweithwyr oeddynt, felly, ei gymdeithion mwyaf cyson am flynyddoedd. Ychydig iawn y byddai yn ei dŷ gartref. Gellid ei weld yn cyflym gerdded heibio yn y bore cynnar, at ei waith, yn prysuro yn ôl amser ciniaw, ac yn dychwelyd yr un mor gyflym, a byddai tuag wyth o'r gloch y nos cyn y gollyngai gwaith y dydd ei afael arno. Yna ymwelai â rhai o'i gyfeillion yn eu tai, neu rhodiai yn y meusydd gyda hwynt, a deuai y Nosdawch tua'r deg. Hoywed ei lais rhwng yr wyth a'r deg, a hyd yr acen olaf! Bwytawr prin, corff na fu erioed yn gryf, gwaith di-dor, di-ddiwedd, o ben bwy gilydd i'r flwyddyn, dim holidays, o'r bron, am hir gyfnod o'i fywyd, ac eto ei lais fel llais y 'deryn, ei lafur yn eistedd arno mor ysgafn a phe na buasai pwys ynddo o gwbl, y gweithdy yn torri allan byth a hefyd mewn cân sydyn, adenog, a churiadau grym, gobaith, mwynhad yn ei bywiogi drwyddi; ei gyfarch, pan âi i'w dŷ ar ôl holl waith y dydd, yn ffrwd o ynni a sirioldeb, ei lygaid yn serenu, rhyw air ffraeth a threiddiol yn neidio o'i wefusau yn barhaus, a'i galon yn myned yn fwy i helynt y teulu neu y pwnc a fyddai gerbron na neb o amgylch yr aelwyd, hyd yn oed o'r rhai yr oedd yr helynt neu y pwnc yn perthyn mwyaf iddynt.

Y siop weithio ei hun oedd un o'r lleoedd mwyaf bywiog y gallai dyn fyned iddi. Darn o sir Fflint, y garreg dân (maddeu, ddarllenydd!) oedd mewn gwirionedd, a digonedd o ddur i dynnu'r gwreichion. Yr oedd rhywbeth, – i newid y ffigyr – ar yr engian yn barhaus, a thra na pheidiai y breichiau a theithio ond am ennyd, diliai meddwl buan y gweithwyr rywbeth allan yn ddi-baid. Byddai hanes rhywun yn cael ei adrodd gan ymwelydd, a sylwadau, holiadau, esboniadau, gwahanol dybiau yn dylifo.[7]

Dyma ddarlun digymar o hoen gŵr ifanc yr oedd ei fywyd yn gyfoethog gan gyfeillgarwch a hwyl a chyffroadau deallusol o sawl math. Mewn man arall y mae Ellis Edwards yn cyflawni'r darlun trwy danlinellu arwyddocâd yr hyn a ddigwyddai yn y capel, a chawn droi at y dystiolaeth honno yn y man.

Er mor fuddiol y gwmnïaeth yr ymunodd Daniel â hi yn 1851, yr oedd ambell fwlch yn ei hadnoddau. 'Doedd yn y gweithdy ddim bardd, er enghraifft. Ond 'roedd hwnnw, hefyd, yn yr arfaeth; yn 1853 'daeth yno weithiwr newydd o ddyffryn Clwyd, a'i holl fryd ar farddoniaeth'.[8] Ei enw oedd Nathaniel Jones, ond fe droes at ei blwyf genedigol am yr enw barddol a ddeuai'n adnabyddus i genedl gyfan, Cynhafal. Yr oedd ei ddyfodiad yn ddigwyddiad gwerth ei nodi mewn hunangofiant cryno: 'Dygodd hyn elfen newydd i'r bwrdd, a bu o ddiddanwch mawr, a chreodd ynof hoffder at farddoniaeth, a pharodd imi golli ambell noson o gysgu i geisio prydyddu . . . Gwnaeth y bardd ieuanc o Langynhafal lawer o les i mi.' 'Doedd dim prinder beirdd yn yr Wyddgrug; yr oedd Cymreigyddion y dref wedi cynnal Eisteddfod fawreddog yn 1851 ac wedi cyhoeddi'r cyfansoddiadau buddugol, ynghyd â beirniadaethau Caledfryn a Nicander, yn gyfrol swmpus.[9] Yn yr un flwyddyn y cyhoeddwyd *Ceinion Alun*, sef cofiant a gweithiau yr enwocaf o feirdd y dref, John Blackwell, a fuasai farw'n ifanc yn 1840.[10] Ond cryfach oedd dylanwad a chymhelliad cyfoed. Cynhafal sy'n cael y clod am ddeffro awen gwsg y prentis o deiliwr a'i listio'n brentis bardd.

Yr oedd Nathaniel bedair blynedd yn hŷn na Daniel, ac yn gyfarwydd
â diwylliant barddonol y dydd o ran ei gonfensiynau mewnol – y
bryddest ysgrythurol, y gerdd fyfyrdod, yr efelychiad o gerdd Saesneg, y
delyneg newydd ar ddull John Blackwell, a Ieuan Glan Geirionydd a
Silvan Evans – ac o ran ei chyfryngau cyhoeddus – y papur newydd a'r
cylchgrawn, y cyfarfod llenyddol a'r eisteddfod. Tywyswyd y teiliwr
ifanc i mewn i'r bydoedd hyn, ac fe ddilynodd yn ufudd. Fe ymadawodd
Nathaniel â'r Wyddgrug yn 1855, ond arhosodd yn sir Fflint a chael
swydd gyda chwmni argraffu a chyhoeddi P. M. Evans yn Nhreffynnon,
agoriad gwerthfawr i'r bardd ifanc, gan i'w gyflogwr gytuno i gyhoeddi
ei gyfrol gyntaf, *Fy Awenydd*, yn 1857.[11] Deg o gerddi a geir yn y gyfrol,
dwy ohonynt, sef 'Yr Hwyr' a 'Jonah', yn bryddestau hirfaith sy'n
cyfuno'r mesur penrhydd a'r mesurau rhydd acennog. Y mae'r cyfan yn
myfyrio ar bwnc crefyddol neu foesol, ac mae'r pwyslais moeswersol yn
dra amlwg; fel hyn y diweddir 'Y Gauaf' er enghraifft:

> Pwy ddywed mor dda yw pabellu
> Yn ddiddos dan do ar y pryd,
> A bwyd, gyda thân i'n cynhesu,
> A gwisg i'n dilladu yn glyd?
> O! dysgwn foeswersi teuluol
> Mewn moliant i'r Arglwydd ein Duw;
> Yr ydym ni ynddo'n wastadol
> Yn symud, yn bod, ac yn byw.

Yr un pwyslais moeswersol a welid yn y cerddi a gyhoeddodd Roger
Edwards yn y gyfrol *Caneuon ar Destynau Crefyddol a Moesol*,
ddiwedd 1855. Y rheswm dros eu cynnull ynghyd, meddai yn ei
ragymadrodd, oedd bod rhai 'o'r caniadau yn cael eu harfer eisoes
mewn cyfarfodydd o gystadleuaeth darllenyddol, a galwad am ychwaneg
i'r un perwyl'.[12] Yr oedd ei gymhellion llenyddol yn rhai a adleisid
droeon gan Daniel Owen: 'Hyderir nad oes ynddynt ddim a wna niwed i
neb, ond y gallant weini boddhâd, ynghyda rhyw gymaint o addysg a
llês, i laweroedd, ac yn enwedig i'n pobl ieuainc.'

Darganfu Cynhafal gymhwysach cyfrwng i'w argyhoeddiadau pan
ddechreuodd bregethu yn 1859, ac erbyn 1864 yr oedd wedi gorffen ei
gwrs yng Ngholeg y Bala ac yn ôl yn sir Fflint yn weinidog gyda'r
Methodistiaid Calfinaidd yn Adwy'r Clawdd. Y mae'n werth crybwyll
un arall o feirdd-bregethwyr y Methodistiaid Calfinaidd a oedd yn
gyfoed â beirdd ifainc sir Fflint; deuai hwn o ben arall y wlad, o

Ddyffryn Sirhywi yn sir Fynwy, a bu ei ddatblygiad cynnar yn syfrdanol o gyffrous; crëwyd tanchwa yn ei brofiad a'i awen gan farwolaeth ei ddyweddi, Ann Bowen, yn 1853 pan oedd y bardd yn ugain oed, ac fe gyhoeddodd ei gyfrol gyntaf, *Caniadau*, y flwyddyn ganlynol pan gydweithiai'r cyfeillion barddonol yn siop Angel Jones. Os na ddaeth cyfrol i'w dwylo fe fyddent yn gyfarwydd â gweld cynnyrch Islwyn yng nghylchgronau'r dydd, ac mae'r sawl sy'n dod at gerddi cynnar Daniel Owen gyda rhyw brofiad o ddarllen gwaith Islwyn yn clywed blas bardd 'Y Storm' ar ei gynnyrch. (Gan i Islwyn gyfrannu i'r cylchgrawn byrhoedlog *Charles o'r Bala*, a olygid gan Cynhafal am gyfnod o leiaf, mae'n bosibl i ohebiaeth ddatblygu rhyngddynt yn yr 1850au.)

Yr oedd y cyd-destun cystadleuol yn hollbwysig i ymdrechion Daniel Owen fel bardd: 'gallaf ddweud yn onest i mi fod yn llwyddiannus i ennill y wobr gyntaf neu'r ail bob tro y cystadleuais. Ond byddwn yn ofalus pa bryd, ym mha le, ac ar ba destun y cystadleuwn.'[13] Gwyddom iddo gystadlu'n rheolaidd, ac nid ar farddoniaeth yn unig, yn y cyfarfodydd cystadleuol Nadoligaidd y dechreuwyd eu cynnal gan y Methodistiaid Calfinaidd yn yr Wyddgrug yn ystod yr 1850au. Yn *Y Methodist*, Mai 1856, y cyhoeddodd ei gerdd gyntaf. Ymddangosodd 'Mynwent yr Wyddgrug' uwchben yr enw barddol a fabwysiadodd y teiliwr ifanc i gyd-fynd â ffasiwn yr oes, 'Glaslwyn'.[14] Yr oedd myfyrio mynwentol yn weithgarwch poblogaidd gan feirdd y cyfnod, a naturiol oedd i eginfardd o'r Wyddgrug ei throi hi am fynwent eglwys y dref, lle canasai Alun ei englynion enwog flynyddoedd ynghynt, ac i oedi uwch bedd un arall o enwogion y dref, yr arlunydd Richard Wilson, gwrthrych 26 o englynion beddargraff yn Eisteddfod Cymreigyddion 1851. Y mae'r bardd ifanc yn gresynu at foelni'r goffadwriaeth i ŵr celfyddyd gain mewn llinellau sy'n nodweddiadol o gywair y gerdd 12 cwpled:

> Ah! Wilson, ai 'fan hyn mae'th isel fedd?
> Diaddurnedig yw, a hagr ei wedd;
> Heb ôl celfyddyd mewn cywreinwaith cain,
> Yn codi colofn it o'r mynor glain.

Dirywio a wna'r gerdd wrth ddisgyn i'w diwedd bathetig:

> Ond er pob anmharch gefaist, Wilson gu,
> Yr wyt yn ddystaw yn dy feddrod dû;
> Un gair anhawddgar chwaith ni roddi im';
> Ond perffaith ddystaw wyt heb rwgnach dim:

> Yn iach it, Wilson, hûn mewn tawel hedd,
> Ac wrth i'm fynd, rhof ddeigryn ar dy fedd.

Yn 1856 lawnsiwyd cylchgrawn newydd o'r enw *Y Gwerinwr, neu Athraw Misol er Dyrchafiad Cymdeithasol, Meddyliol a Moesol y Dosbarth Gweithiol*. Un o amcanion y cylchgrawn, meddai'r golygydd, oedd rhoi llwyfan i gynnyrch y cymdeithasau llenyddol a oedd 'yn tynu sylw neillduol yn ein gwlad'. Aeth ymlaen i ganmol gwaith y cymdeithasau hyn yn darparu gwaith i feddyliau y rhai a ddiddyfnid o'r tafarnau gan y symudiad dirwestol.[15] Gwelir Islwyn yn cyhoeddi darn o 'Y Storm' ar ei dudalennau ac ym mis Gorffennaf 1855 cyhoeddwyd 'Bwlch Moel Arthur', cerdd natur delynegol ar batrwm gwaith Silvan Evans, gan 'Philomath, Wyddgrug' sef Joseph Griffiths, un arall o gydnabod Daniel Owen.[16] Testun trwyadl ramantaidd 'Y Nos' oedd y gerdd a gyhoeddodd Glaslwyn ar dudalennau'r *Gwerinwr* ym Mehefin 1856.[17] Cerdd o ddeg pennill wyth llinell ar y mesur wyth saith ydoedd, yn rhigymllyd o ran dweud ac undonog sobr o ran aceniad. Efelychiadau o gerddi penrhydd yn y Saesneg oedd ei ddau gynnig nesaf cyhoeddedig, cynnyrch cystadleuaeth mae'n fwy na thebyg, sef 'Y Troseddwr', cerdd am funudau olaf gŵr yn wynebu'r dienyddle,[18] a 'Dysgyniad y Niagara',[19] cyfieithiad o gerdd gan John Brainard.

Nid oedd gan Daniel Owen amheuaeth am bwysigrwydd y cyfarfod Nadolig, y sefydliad diwylliannol newydd a gychwynnwyd gan Roger Edwards dan anogaeth nifer o'i gyfeillion ac a ddaeth yn rhan ddi-sigl o galendr diwylliannol yr Wyddgrug: 'Bu y cyfarfodydd hyn o fendith annhraethol i mi, ac yn gychwyniad i ambell yrfa ddefnyddiol . . . Enillais lawer o wobrwyon yn y cyfarfodydd hyn am gyfansoddiadau mewn rhyddiaith a barddoniaeth na fynwn er dim i neb eu gweled yn awr.'[20] Un o'r cyfansoddiadau hyn oedd y bryddest ddiflanedig 'Mynediad yr Israeliaid drwy y Môr Coch' a gafodd yr ail wobr yng nghyfarfod 1857. Cafodd wobr gyntaf am gyfieithu o'r Saesneg.[21] Y mae'n ymddangos na chyhoeddodd Glaslwyn ddim wedyn tan 1859, ac mae cerddi'r flwyddyn honno yn arddangos cyffyrddiad sicrach, aeddfetach, er mai prin iawn o hyd yw unrhyw gyffro barddol. Y mae 'Y Môr' (Ionawr) yn ein hatgoffa eto o ganu Islwyn yn ei ymdrechu gwyllt, delweddol am aruchledd meddwl a mynegiant:

> O fôr ofnadwy! cartref yr ystorm!
> Tad y cymylau! gwely'r ffyrnig wynt!
> Gwaedlestr natur! ffynnon iechyd byd!

Drych y Creawdwr! cysgod y Bôd Mawr!
O! y fath ofnadwyaeth leinw'm bron
Wrth edrych ar dy wyneb llydan di.
Gorweddi ar dy gefn fel anferth gawr,
Gan ddyfal dremio tua'r bydoedd fry,
Fel pe yn dysgwyl iddynt ddisgyn oll
Fel ffrwythau aeddfed i dy erchyll safn![22]

Dyma ddechrau cysylltiad Daniel Owen â'r *Drysorfa*. Cyhoeddodd un gerdd arall y flwyddyn honno, 'Marwnad fy Nghyfaill'.[23] Bu farw nifer o weithwyr mewn siop yn Great George-street, Lerpwl, ym mis Ionawr pan ddymchwelodd wal. Yn eu plith yr oedd gŵr ifanc o'r Wyddgrug o'r enw Meredith Jones, un o gyfeillion Daniel Owen. Byddai Daniel Owen yn dal ati i ganu cerddi coffa i'w ffrindiau ymhell ar ôl claddu 'Glaslwyn', ac ni fyddai'n newid fawr ddim ar ddulliau'r gerdd seml hon, sy'n ymgysuro yn y gwirioneddau Cristnogol wrth wynebu hiraeth a cholled:

Pan gliriwyd y garnedd oddiarno i gyd –
    Pan gafwyd y ffordd i fyn'd ato,
Parhäi ei oriawr i dipio o hyd,
    Er pallu o'i galon a churo.

Ond gwawria y boreu pan gyfyd heb glwy'
    Yn heinif o fynwent Llanferes,
Pan na bydd un oriawr nag eisiau'r un mwy,
    Fe gura ei galon yn gynhes.

Ond nid barddoni yn unig a wnâi yn ystod 1859. Daethai i'r amlwg eisoes fel cyfieithydd medrus mewn cyfarfodydd cystadleuol, fel y nodwyd, a naturiol oedd i'w hen gyfaill Nathaniel Cynhafal Jones droi ato fel un a allai drosi un o'r ffugchwedlau dirwestol newydd cynyddol boblogaidd yn stori gyfres i'r cylchgrawn newydd yr oedd yn ei olygu, *Charles o'r Bala*, sef 'cyhoeddiad pythefnosol at wasanaeth Crefydd, Llenyddiaeth ac Addysg. Cyhoeddedig er coffadwriaeth am y Parchedig Thomas Charles o'r Bala.' Ymddangosodd rhifyn cyntaf y cylchgrawn ddydd Calan 1859 a dechreuwyd cyhoeddi addasiad Daniel Owen o *Ten Nights in a Bar-room and what I saw there* yn rhifyn 12 Mawrth. Mae cyflwyniad y golygydd i'r bennod gyntaf yn gosod y chwedl yn dwt yn ei chyd-destun hanesyddol:

Cwyna llawer nad ydyw y wasg yn gwneyd ei rhan yn ddyladwy gyda'r achos Dirwestol yn y dyddiau hyn, – nad ydyw yn dyweyd dim braidd drosto, er fod meddwdod yn dyfod yn fwy cyffredinol, a'i effeithiau gwenwynig yn llesteirio ein cynnydd mewn masnach, gwleidyddiaeth, addysg a chrefydd. Y mae rhai cymdeithasau galluog a llafurus dros ben yn Lloegr ac Ysgotland yn ymosod o ddifrif yn erbyn y fasnach feddwol – o'r cyfryw y mae y 'London Temperance League', a'r 'Scottish Temperance League' i'w nodi, yn dra blaenllaw. Y mae y naill a'r llall o'r cymdeithasau hyn wedi cyhoeddi lluaws o bamphletau a thraethodau gwasanaethgar i'r achos, a dywedir eu bod yn dra llwyddiannus i wneyd daioni annhraethol yn mysg y werin. Bwriadwn wneyd defnydd o un o'r traethodau a gyhoeddwyd yn ddiweddar gan y 'S.T. League', yr hwn sydd ar ffurf chwedl, trwy ei gyhoeddi yn bennodau bychain, fel y caniatâ ein gofod, gan obeithio y bydd iddynt wneyd lles yng Nghymru.[24]

Yn 1854, yn yr Unol Daleithiau, y cyhoeddwyd y chwedl ddirwestol wreiddiol o waith Timothy Shay Arthur. Cyhoeddwyd y nofel, meddai Bedwyr Lewis Jones, 'ym merw'r helynt ynghylch y 'Maine Law', a gwerthodd fel india-roc mewn ffair'.[25] Fe'i cyhoeddwyd wedyn yng Nghaeredin a Llundain a defnyddio un o'r argraffiadau hynny a wnaeth Daniel Owen. Yr hyn a aeth ati i'w wneud felly oedd trosi *best-seller* mewn *genre* yr oedd darllenwyr Cymraeg eisoes yn gyfarwydd ag ef. Rhoddir sylw dyladwy i'r ffugchwedlau a ysgrifennwyd ar gyfer un o gystadlaethau Eisteddfod Cymmrodorion Dirwestol Merthyr Tudful, Nadolig 1854, gan bawb a geisiodd olrhain camau cyntaf y nofel Gymraeg. Cyhoeddwyd tair ohonynt yn 1855, sef *Llewelyn Parri* gan Llew Llwyfo, *Jeffrey Jarman* gan Gruffydd Rhisiart, a *Henry James* gan Egryn. Sylwodd Bedwyr Lewis Jones mai yn yr Wyddgrug y cyhoeddwyd *Henry James*, gyda rhagymadrodd gan un o wŷr llên blaenllaw'r dref, Glan Alun.[26] Y mae'n amlwg, felly, fod amodau cychwynnol prentisiaeth Daniel Owen fel llenor rhyddiaith mor gyffredin a disgwyliadwy bob tamaid ag yn achos ei brentisiaeth farddol. Ond nid dibwys mo'r cyd-daro rhwng deffroad llenyddol Daniel Owen a symudiad arwyddocaol yn hanes ffuglen Gymraeg yn yr 1850au; un o gyhoeddiadau pwysica'r symudiad oedd *Aelwyd F'Ewythr Robert: Neu, Hanes Caban F'Ewythr Tomos*, addasiad Gwilym Hiraethog o nofel Harriet Beecher Stowe, *Uncle Tom's Cabin*, a gyhoeddwyd yn 1853 ac a fu'n faes darllen a thrafod, 'does bosibl, yng ngweithdy Angel Jones. Yn ôl yr awdurdod pennaf ar ffuglen Gymraeg y cyfnod, E. G. Millward: 'Rhoes poblogrwydd *Aelwyd F'Ewyrth Robert* hwb grymus i dwf ffuglen yn Gymraeg ac fe'i defnyddid yn aml fel prawf y gallai'r "nofel" fod yn llesol ac yn fuddiol, yn union fel *Taith y Pererin*. Agorodd yr *Aelwyd* y drws hefyd ar ddylanwad trwm gwaith nofelwyr poblogaidd America a Lloegr.'[27] Tybed nad y wedd bwysicaf ar yr 'hwb grymus' hwn oedd y deffro a fu ar ddychymyg a diddordeb y teiliwr ifanc o Faes-y-dre a ddeuai, maes o law, yn ffuglennwr digymar ei genhedlaeth a'i genedl?

Trafodwyd addasiad Daniel Owen, 'Deng Noswaith yn y *Black Lion*', a'i gymharu â'r gwreiddiol Saesneg, gan E. G. Millward ac Ioan Williams. Y mae'r ddau yn ceisio gweld patrwm yn null y troswr o gwtogi a chrynhoi ei ddefnyddiau. Awgrymodd E. G. Millward y gallai fod awgrym o sensoriaeth yn y modd na cheisiwyd cyfieithu ymadroddion fel 'a gross sensual expression' na chwaith ambell olygfa fwy cyffrous na'i gilydd: 'Wedi'r cyfan, cylchgrawn ar gyfer yr Ysgolion Sul oedd *Charles o'r Bala*.'[28] Ond mae'n ddigon doeth i gydnabod y posibilrwydd mai'r golygydd oedd yn gyfrifol. Gwêl Ioan Williams batrwm mwy cymhleth ei arwyddocâd: 'Gwelwn ef yn gyson yn diddymu geiriau sydd yn awgrymu bod gwerth a gogwydd mewnol dyn i'w ddarllen ar ei wyneb. Tuedda i docio disgrifiadau a chymeriadau sydd yn felodramataidd a lleihau'r elfen ddelfrydiaethol lle bynnag y delo ar ei thraws. Ar y cyfan y mae ei doriadau'n symleiddio'r ffordd y cyflwynir cymeriadau'r nofel. Yr oedd Daniel Owen hefyd yn barod i dorri llawer ar rannau'r nofel lle'r ymddengys teimladau moesol, cadarnhaol ar eu cryfaf.'[29] Er nad yw'r sylwadau hyn heb eu dilysrwydd mae angen gochel rhag priodoli ymwybyddiaeth lenyddol ry ddatblygedig i'r addaswr ifanc. Hwylustod ymarferol oedd y prif gymhelliad y tu ôl i'r tocio, ac mae'n ddigon posibl mai golygu digon anghelfydd fu'n gyfrifol i raddau.

Cyhoeddwyd tair ar ddeg o benodau rhwng Mawrth a Hydref 1859; ddwywaith y methodd y troswr ag anfon ei gopi mewn pryd i'w gyhoeddi. At ddiwedd y cyfnod hwn mae'r enw barddol 'Glaslwyn' yn ymddangos wrth gynffon y cyfraniad (8 Medi a 6 Hydref). Ceir bwlch wedyn tan 17 Tachwedd cyn ailafael yn y stori, ac fe ddeuir â'r hanes i ben yn rhifyn 15 Rhagfyr. Mae'n bur amheus ai Daniel Owen a luniodd y tri chyfraniad olaf, o 17 Tachwedd ymlaen. Dywed Isaac Jones yn ei atgofion i'w gydweithiwr roi'r gorau i'r gwaith cyn ei orffen am nad oedd y cyhoeddwyr wedi cadw at y cytundeb ariannol a wnaed.[30] Y mae'n ymddangos i mi mai cyfraniad 'Glaslwyn' yn rhifyn 6 Hydref oedd un olaf Daniel Owen. Yn y rhifyn hwnnw addaswyd un o ddarnau mwyaf cyffrous y chwedl, rhan gyntaf 'Y Seithfed Noswaith'; erbyn hyn mae prif ddihiryn y chwedl, y gamblwr proffesiynol Harvey Green, gŵr a lithiodd lawer o fechgyn addawol Cedarville i ddinistr moesol ac a lofruddiodd un

ohonynt, ar ffo, a'r dorf am ei waed. Credir bod ei gyfaill Simon Slade,
tafarnwr y 'Black Lion' ('The Sickle and Sheaf' yn y gwreiddiol) yn rhoi
lloches iddo o fewn muriau'r gwesty, ond ychydig a feddyliai'r traethydd
fod y llofrudd yn cuddio o dan ei wely! 'Yr oedd y ffoadur Green tan fy
ngwely. Safais, ac edrychais arno am rai eiliadau heb allu dywedyd gair, ac
yntau yn sylldremu arnaf yn ffyrnig a beiddiol. Gwelais ei fod yn crafangu
am ei bistol.' Mi fyddai'r darllenwyr rheolaidd yn disgwyl yn eiddgar am y
bennod gyffrous nesaf, ond cawsant eu siomi. Dim byd o gwbl yn y ddau
rifyn dilynol, ond yn fwy siomedig fyth, pan ailgydiwyd yn y stori ym mis
Tachwedd ni ddatgelwyd beth a ddigwyddodd yn ystafell wely'r traethydd!
Hepgorwyd ail ran 'y seithfed noswaith' yn llwyr ac addaswyd 'Yr
Wythfed Noswaith'. Y ffordd amlycaf i esbonio'r anhrefn golygyddol hwn
yw bod Daniel Owen wedi gwrthod gwneud dim mwy nes cael ei dalu am
yr hyn a wnaethai eisoes, a bod y golygydd (nid Cynhafal erbyn hyn, mae'n
debyg – yr oedd ef wedi mynd i Goleg y Bala) wedi cael gafael ar rywun i
orffen y gwaith, neu wedi gwneud y gwaith ei hunan.

Rhoes y cyfnod hwn yn ei hanes brofiad i Daniel Owen o
ddisgyblaeth ysgrifennu yn rheolaidd i'r wasg, ond prin bod yna unrhyw
wir arwyddocâd i'r addasiad yn natblygiad ei yrfa lenyddol. Fe
gymreigiodd ryw fymryn bach ar y chwedl – yr oedd y 'Black Lion' yn
enw ar dafarn yn yr Wyddgrug – ac mewn un man fe gyferchir y
gynulleidfa frodorol yn uniongyrchol: 'Cofiwch ferched Cymru mai
rhan i'w hyn o phiol chwerw gwraig y meddwyn.'[31] Yn ôl John Owen,
un o gofianwyr y nofelydd, fe gyhoeddodd Daniel Owen bortreadau o
rai o gymeriadau'r Wyddgrug mewn cyhoeddiad yn y deheudir yn ystod
yr union gyfnod hwn. Ni chafwyd cyfeiriad at hynny gan neb o
gyfoedion Daniel, na chan neb arall chwaith, ac ni ddaeth yr un
chwilotwr o hyd iddynt; y mae'n bur sicr mai cyflwyno gwybodaeth ail-
law gyfeiliornus a wnaethpwyd.[32]

Cyhoeddodd Glaslwyn dair cerdd arall rhwng 1860 ac 1864, y tair yn
Y Drysorfa, hynny o bosibl yn arwydd o ddifrifoli cynyddol ar ei ran ac
o glosio at achos Duw. Yn ystod y blynyddoedd hyn hefyd, ac yn 1864 yn
arbennig, y penderfynodd rhywrai ar ei ran bod angen tymor
prentisiaeth arall ar Daniel Owen, y tro hwn fel gweinidog yr efengyl.
Cyfansoddodd ddwy gerdd yn ystod 1860; yr oedd 'Y Bibl' yn addasiad
o gerdd gan y bardd Albanaidd, Robert Pollok, bardd y dyfynnir o'i
waith yn *Y Dreflan*.[33] Dangosodd Ennis Evans fod dylanwad Pollok, ac
yn enwedig ei gerdd hir 'The Course of Time', yn amlwg ar gerddi
Glaslwyn.[34] Cân o fawl i'r Beibl yw'r gerdd, ac mae'n bosibl bod
penderfyniad Daniel Owen i'w throsi yn rhywbeth mwy nag ymarferiad

llenyddol ac yn arwydd o newid hinsawdd ysbrydol yn ei gymdeithas, ac, o bosibl, yn ei galon ei hunan. Sôn yr ydym, wedi'r cwbl, am gyfnod adfywiad ysbrydol mawr 1859–60. Yn ôl un cofnod, ychwanegwyd dros 250 at nifer eglwysi'r Wyddgrug yn ystod y misoedd blaenorol,[35] er na welwyd, meddai John Owen, 'olygfeydd mor gyffrous yn yr Wyddgrug, ac mewn rhai rhanau o Gymru'.[36] Eto dywed yr un tyst yn bendant mai yn ystod blwyddyn gyntaf yr adfywiad, 1859, y daeth Daniel Owen yn gyflawn aelod gyda'r Methodistiaid Calfinaidd yn y dref. Y mae ceisio deall hynt ysbrydol Daniel Owen yn ystod y blynyddoedd hyn yn bwysig o safbwynt cofiannol, ac o ran y goleuni a deflir ar gynnwys y nofelau yn ddiweddarach. A gafodd dröedigaeth glir, a gafodd ei aileni? Do, meddai'r rhai sy'n dymuno credu hynny. Naddo, meddai'r rhai y byddai'n well ganddynt beidio â derbyn hynny. Tuedd ry barod gan y ddwy garfan yw defnyddio tystiolaeth dybiedig y nofelau yn sail i ddatganiadau cwbl hyderus ynghylch cyflwr ysbrydol y nofelydd. Felly fe gawn R. M. Jones yn defnyddio profiad Rhys Lewis i honni nad 'dynwarediad ac nid adlais o brofiad ail-law a ganiataodd iddo grisialu tröedigaeth Rhys Lewis . . . Y mae yma dinc y gŵr a oedd ei hun wedi cerdded drwy'r dyffryn.'[37] Y mae'r tinc yno, yn sicr, ond gellid dadlau bod modd benthyg hwnnw gan dröedigaethau llenyddol di-rif y cyfnod. Yn y pegwn arall y mae datganiadau J. E. Caerwyn Williams yn fwy pendant fyth: 'Nid oedd wedi cael ei "aileni". Sylwa yn *Y Dreflan* wrth sôn am Benjamin Prys ei bod yn fantais i ddyn crefyddol ei fod wedi profi ailenedigaeth, wedi profi ei droi o fod yn wrthgrefyddol i fod yn grefyddol, megis o fod yn un o blant y tywyllwch i fod yn un o blant y goleuni. Nid oedd gan Daniel Owen ei hun y fantais hon.'[38] Ar ba sail y dywedir hyn? Ni chawn wybod. Eglur yw na chafodd Daniel Owen dröedigaeth sydyn, ddramatig; anaml y bydd hynny'n digwydd i blant yr eglwys, ond nid yw methu rhoi awr a dyddiad i'r profiad yn ei ddiddymu. Yr hyn y gellir ei wneud yw disgrifio ryw gymaint ar hinsawdd ysbrydol yr achos yn ystod y cyfnod hwn yn yr Wyddgrug.

Ein tyst pwysicaf yw Ellis Edwards, sy'n prifio'n ŵr ifanc yn ystod y blynyddoedd hyn. Mae'n ugain oed erbyn 1864, pan yw ef a'i gyfaill hŷn, Daniel Owen, yn cael yr hawl i bregethu gan Gyfarfod Misol Sir Fflint. Cadwodd Ellis Edwards fath ar ddyddiadur ysbrydol yn ystod y blynyddoedd ffurfiannol hyn yn ei hanes, ac mae'n werth myfyrio ar eu cynnwys, sy'n dangos aeddfedrwydd ysbrydol a meddyliol anghyffredin i lanc yn ei arddegau.[39] (Aeth Edwards yn ei flaen, wrth gwrs, i fod yn brifathro Coleg y Bala.) Mae'r cofnod ar gyfer 22 Medi 1860 yn eilio cenadwri cerdd Pollok i'r Beibl trwy ddyfynnu geiriau llenor enwocach o lawer o'r Alban, Walter Scott, ar ei wely angau: ''Does dim ond un llyfr a'ch cynorthwya yn y glyn, dim ond y Beibl; y dyn oedd yn gydnabyddus a llyfrau goreu y byd yn gorfod dweyd mai'r Beibl ydyw y llyfr goreu ar ôl y cwbl.'[40] Y mae'r cofnod ar gyfer 21 Tachwedd, 1860 yn codi cwr y llen ar arferion darllen mab Roger Edwards: 'Have read Farrar's novels "Eric" and "Julian Horne". Think they are really instructive and calculated to do much good to scholars and collegians.'[41]

Ddwy flynedd ynghynt y cyhoeddasid nofel ddidactig a hynod boblogaidd F. W. Farrar, *Eric, or Little by Little*, a oedd yn enghraifft o symudiad yn hanes ffuglen Saesneg a gynrychiolid hefyd gan nofel adnabyddus Thomas Hughes, *Tom Brown's Schooldays* (1857). Yr hyn y mae cofnod Edwards yn ei awgrymu'n gryf yw bod bysedd gwŷr ifainc yr Wyddgrug ar bŷls y diwylliant llenyddol cyfredol yn Lloegr, ac mai afraid yw dyfalu'n ormodol ynghylch rhychwant tebygol eu darllen.[42] Yr oedd eu darllen yn eang, yn doreithiog ac yn gyfoes. Ceir y cyfeiriad uniongyrchol cyntaf at Daniel Owen yn y dyddiadur mewn cofnod ar gyfer 19 Awst 1861: 'Persons to be remembered. Daniel Owen, David Owen, W. E. Foulkes, John Williams, Edward Williams, Isaac Jones . . . Seeking situations Daniel Owen, E. Drury . . .'.[43] Eu cofio mewn gweddi a olygir gan ran gyntaf y cofnod, ac mae'r ail yn awgrymu bod Daniel Owen yn anniddigo rhywfaint ar ei waith fel teiliwr ac yn gwybod bod ganddo'r doniau ar gyfer galwedigaeth gymhwysach. Wrth symud i 1862 fe welwn ŵr ifanc yn ymboeni fwyfwy am ei gyflwr ysbrydol, yn ei geryddu'i hun, ac yn ymbil ar ei Dduw:

> Leave off reading tales and bits of novels and perfect yourself in the scriptures, in which you are sadly deficient . . . O Dduw cwyd fy meddyliau atat ti, dyro chwaeth at bleserau nefol ynof, ac o dangos i mi bwysigrwydd a gwerth fy enaid . . . Dangos yr Iesu i mi, yr ydwyf yn erfyn arnat. Mi a wn mae fan yma yr ydwyf yn colli, yr ydwyf yn edrych ar grefydd yn athronyddol, yn edrych arni fel casgliad o egwyddorion, ac nid fel peth raid feddianu yr enaid a'i thân a'i grym.[44]

Ni honnir bod y dyfyniadau hyn o ddyddiadur achlysurol llanc o gyfaill iddo yn profi dim am Daniel Owen; yn sicr ni ellir priodoli teimladau ysbrydol y naill i'r llall. Ond fe ddangosant fod crefydd bersonol, fywiol gan o leiaf un o blant capel Stryd Newydd, a phrin fod hynny heb arwyddocâd o gwbl. Datblygiad Daniel Owen yn ystod yr un cyfnod a barodd i arweinwyr ysbrydol hirben a phrofiadol, Roger Edwards yn arbennig, gredu bod ynddo gymhwyster at y weinidogaeth. Dywedasai hwnnw, flynyddoedd ynghynt, beth a ystyriai ef yn anhepgorion pregethwr: 'I bregethu mae crefydd bersonol yn gymhwysder anhepgorol . . . mae amgylchiadau yr amserau presennol yn galw am i'r sylw gael ei ddywedyd eilwaith ac eilwaith. Ni wna deall bywiog, gwybodaeth eang, hyawdledd grymus, na dim arall y tro i bregethu, heb galon lân ac ysbryd uniawn.'[45] Rhaid cadw'r dyfyniad hwn mewn cof wrth ystyried honiad J. E. Caerwyn Williams 'fod gan Ddaniel Owen reswm i ymffrostio fod yr eglwys yn y Wyddgrug wedi dangos digon o ymddiriedaeth yn ei ddiwylliant ac yn ei allu cynhenid i'w godi'n bregethwr'.[46] Prin y buasai ffydd yn y doniau naturiol hynny yn ddigon gan Roger Edwards.

Cyhoeddwyd dwy gerdd arall o waith 'Glaslwyn' yn *Y Drysorfa* yn ystod y blynyddoedd hyn. 'Y Seren Fore' (Mehefin 1861) yw cerdd orau 'Glaslwyn'.[47] Mae ynddi gymhendod mydryddol a chysondeb delweddol wrth i'r bardd gydio yn y trosiad yn Llyfr y Datguddiad sy'n cyfeirio at Grist fel 'y seren fore eglur' a myfyrio ar y seren lythrennol yn ei nodweddion naturiol fel cysgod o Grist. Y mae'r seren fore fel angel Duw, neu, yng ngeiriau'r ail bennill,

> . . . fel agoriad cîl y drws,
> I ddangos yr arluniau tlws
>   Sy'n britho muriau'r nefoedd wiw:
> I godi hiraeth ar y prudd
> Gredadyn am yr hyfryd ddydd
>   Y caiff fyn'd yno byth i fyw.

Tanlinellir arwyddocâd trosiadol y seren yn y pedwerydd pennill cyn symud oddi wrth y cysgod i foli'r sylwedd yn y pennill olaf o chwech:

> Diderfyn a dihysbydd 'stôr,
> Doethineb yr Anfeidrol Iôr,
>   A dynnwyd allan ynot ti, –
> I'th wneyd yn gysgod o'r Hwn roes
> Oleuni'r nef i lawer oes,
>   Gan fod yn dranc i bob rhyw gri.

> Y seren fore, wyt yn hardd!
> Dy geinder swyna lygad bardd –
>   Ymorfoledda yn dy wawr;
> Ond cyll dy geinder di i gyd

Ei swyn yn ymyl tegwch bryd
'Y Seren Fore eglur' fawr!

Y mae Glaslwyn erbyn hyn yn fardd gwell na llawer o'i gyfoedion, ond nid yw barddoni'n ail natur iddo; ar ôl hwrdd cyntaf brwd ieuenctid, daw'n weithgarwch mwy achlysurol o dipyn. Pan gyhoeddodd Daniel Owen gerdd goffa i un o'i gyfeillion yn 1864 ei enw ei hun a roes oddi tani, a'i enw barddol wedyn mewn cromfachau, fel pe bai arno awydd claddu Glaslwyn yn barchus. Y mae'r penillion di-deitl hyn yn ein haddysgu ymhellach ynghylch tymer y gymdeithas eglwysig y perthynai Daniel Owen iddi. Ar ddiwedd teyrnged i Mr Thomas Hughes, Gwernymynydd y cyhoeddwyd y penillion. Roger Edwards, mae'n bur debyg, a luniodd y deyrnged hon:

Yr oedd efe er yn fore yn dwyn iau Crist arno, ac yr oedd yn enwog fel gŵr ieuanc darllengar ac athrylithgar, ac fel cristion cywir a gwresog. Bu yn fynych yn gystadleuwr buddugol fel traethodydd yn Nghyfarfodydd Llenyddol yr Wyddgrug, a disgwylid llawer oddiwrtho yn y dyfodol. Tystiai ar ei wely angau mai wrth weddïo yn ddirgel mewn hen odyn galch yr aeth Iesu Grist ac yntau yn gyfeillion; ac meddai wrth ei deulu, 'Chwi a ellwch edrych ar yr hen odyn yn lle cysegredig yn wir;' canys hi a fu iddo ef yn dŷ Dduw, ac yn borth y nefoedd. Bu farw fel sant yn ei amwisg oreu. Galwai ar ei geraint a'i gyfeillion at ochr ei wely i edrych, meddai, ar gristion yn marw yn gryf. 'Mam', meddai, 'pam yr ydych yn wylo? mae genych fachgen yn marw yn sant!' Dywedai ychydig enyd cyn marw, 'Yr wyf yn bur wael yn awr; ond ymhen ychydig oriau, mi fyddaf yn angel cryf yn fflasio yn nghanol gogoniant y byd ysbrydol.' Teimlir chwithdod a cholled fawr amdano gan ei gyfeillion crefyddol yn yr Wyddgrug.

Gwyddom i sicrwydd y byddai awdur y penillion sy'n dilyn yn rhannu diddordebau diwylliannol ei gyfaill ymadawedig; ai afresymol tybio hefyd ei fod o'r un perswâd ysbrydol?:

Yn ofer y bu ein hoch'neidiau cyhyd
    Yn curo wrth ddrysau y nefoedd;
Pe clywsai hwynt, tybed, o'r anfarwol fyd,
    Oni ddaethai yn ôl o'r lle'r ydoedd?

Yn ofer fu'n dagrau . . . ni a welwn yn awr,
  Yn dadlau â cheidwad y gweryd;
Ochenaid i fyny a deigryn i lawr,
  Fethasant yn llwyr ei ddychwelyd!

Mor ieuanc, mor dduwiol, mor lawned o zel,
  Mor gryf, mor alluog, mor weithgar!
O resyn! fod angeu'n lladrata y mêl
  O gŵch eglwys Dduw ar y ddaear!

Bu farw yn union 'r un fath a bu fyw,
  Yn agos . . . yn ymyl y nefoedd,
Heb ddychryn, heb wylltio, wrth edrych ar Dduw,
  Ond canmawl ei gariad yr ydoedd.

A'i enaid yn awr sydd yn '*fflasio*' mewn bri
  Yn nghanol gogoniant claer gwynfa;
Ond O! mor hunangar a chul ydym ni;
  Gwell genym a fuasai 'i fod yma.

Bu farw! Agorwyd a chauwyd ei fedd,
  Agorwyd ein calon heb arbed;
Ond hiraeth a chwithdod sy'n dal tanllyd gledd
  I gadw hon fyth yn agored![48]

Ym mis Mawrth y bu farw Thomas Hughes; ddeufis yn ddiweddarach mewn cyfarfod eglwysig penderfynwyd cynnig enwau dau o'r aelodau fel ymgeiswyr am y weinidogaeth. Fel hyn y cofnododd Ellis Edwards yr achlysur yn ei ddyddiadur:

Mai 27ain, 1864. Neithiwr y penderfynwyd yn y seiat anfon i'r Cyfarfod Misol ddymuniad ar i ddau swyddog ddyfod yma i holi D.O. [Daniel Owen] a minnau, gyda golwg ar i ni'n dau esgyn i'r pulpud – 'y lle ofnadwy hwnnw'. Yn y byd arall y caf deimlo yn iawn bwysigrwydd y cam hwn. Yr ydwyf drwy hyn wedi cymeryd arnaf fy hun gyfrifoldeb nad oes, 'rwy'n meddwl, mo'i drymach ynglyn âg unrhyw swydd neu waith yn yr holl fyd. Y mae hyn yn arwyddo neilltuad hollol oddiwrth y byd, ie, nid yn unig hynny, ond *enrolment* yn *front rank* yr eglwys, y lle mwyaf amlwg ynddi. Nid oes dim *motives of false delicacy*, neu ofn dyn, neu gywilydd, i'm dylanwadu mwy – fel y maent wedi gwneuthur – maddeu Arglwydd!

Gallant fy ngalw yn benboethddyn, neu yn ddigoethedig, yn *alarmist*, yn rhagrithiwr, yn un rhy wan ac isel yn fy meddwl i werthfawrogi prydferthwch yr efengyl, i wledda ar y rhan *intellectual* o honi, yn gynhyrfwr teimlad; gallant, ond Duw a roddo nerth a thafod i mi i grochwaeddi uwchben y rhai sydd yn ôl pob tebyg yn myned i ddistryw, a hyawdledd profiad angherddol i dreulio fy hunan yn y gwaith o gyhoeddi cariad ANFEIDROL, i gyhoeddi Duw sydd yn gariad, Duw y mae ei gydymdeimlad Ef yn ogymaint ag Ef ei Hun, a roddodd ei Fab, a wnaeth aberth cyfesur ag Ef ei hun.[49]

Ni feddiennid y darpar-bregethwr o gyfaill gan deimladau mor aruchel. Yn wir, gellid tybio mai rhyw ansicrwydd anniddig a nodweddai ei agwedd ef at ei 'alwad'. Dyna'n sicr a awgrymir gan y cofnod yn ei hunangofiant: 'Cymhellwyd Mr. Ellis Edwards . . . a minau i ddechreu pregethu. Yr oeddwn yn anfoddlawn i ufuddhau, fel y gwyr y cymhellwyr sydd yn awr yn fyw. Gwelwn fod Mr. Edwards wedi ei fwriadu i'r gwaith mawr, a'i fod eisoes yn ysgolhaig gwych, tra yr oeddwn i yn ddiddysg a diddawn. O'r diwedd, ufuddheais fel math o gwmpeini i Mr. Edwards.'

Ar ôl eu holi gan gynrychiolwyr y Cyfarfod Misol cafodd y ddau ganiatâd i ddechrau pregethu. Y mae John Owen, ar sail atgofion a glywsai yn yr Wyddgrug dros 30 mlynedd ar ôl y digwydd, yn cynnig darlun o gamau cyntaf Daniel Owen fel prentis-bregethwr.[50] Dywedir mai mewn tŷ yn Pownall's Row, Maes-y-dre, lle cynhelid cangen o'r ysgol Sul, y pregethodd gyntaf, ar noson waith, ac iddi fynd yn gymaint nos arno wrth iddo geisio siarad heb nodiadau 'fel y gorfu iddo fyned i'w logell, a dwyn allan yr hyn oedd wedi ei baratoi mewn ysgrifen'. Creodd argraff ffafriol, fodd bynnag, wrth bregethu yn y capel yn fuan ar ôl hynny. Dyfynna John Owen ddisgrifiad un o'r gwrandawyr o'r bregeth honno:

Yr oedd yn bregeth feddylgar, wedi ei chyfansoddi yn fanwl, ac mewn iaith ystwyth a phrydferth: yr oedd min a bachau ynddi, a chyfeiriad ymarferol i'r holl sylwadau; y traddodiad yn weddaidd a naturiol, a gwelid yn ei bregeth gyntaf yn y capel y nodweddion a'i hynodai mewn blynyddoedd dilynol.[51]

Erbyn i Daniel Owen ddechrau pregethu yr oedd achos y Methodistiaid Calfinaidd yn yr Wyddgrug wedi hen ennill ei le fel sefydliad parchus a dylanwadol ym mywyd y dref. Hen hanes arwrol oedd y sôn am addoli mewn ysgubordai a thai annedd. Yn 1864 yr oedd yr adeiladwyr wrthi yn codi gwerth tair mil o bunnoedd o gapel newydd trawiadol a moethus. Gosodasid y garreg sylfaen gan Mrs Roberts, Bryn-coch, mewn cyfarfod cyhoeddus ym mis Mehefin 1863, pan weddïodd Roger Edwards yn angerddol ar i Dduw fendithio'r adeilad newydd a'i sancteiddio â'i bresenoldeb. Yr oedd Daniel Owen yn aelod o'r pwyllgor trefnu, ynghyd â'i gyfeillion Joseph Griffiths, Joseph Eaton a Benjamin Powell, y bardd Glan Alun a'r argraffydd Hugh Jones ymhlith eraill.[52] Y Methodistiaid oedd prif enwad yr Wyddgrug; o fewn yr achos câi Daniel Owen gymdeithas ysbrydol, ac yn ogystal gwmni eneidiau hoff a chytûn eu diddordebau llenyddol a'u tueddiadau politicaidd rhyddfrydol.

Yr oedd cyfle i ddilyn y diddordebau hyn mewn cymdeithasau all-eglwysig yn ogystal; un o'r rhain oedd 'The Mold Mutual Improvement Society', a sefydlwyd ddechrau'r 1860au. Wrth ddyfynnu darn o adroddiad y *Wrexham Advertizer* ar de-parti'r gymdeithas ddiwedd Ebrill 1862 cawn olwg ddadlennol ar ei rhaglen a'i bwriad, ac ar y math o ddiwylliant llenyddol y perthynai Daniel Owen iddo:

The object of this society is to draw young men from low and hurtful indulgences, to the cultivation of their nobler faculties, to roll back the tide of ignorance and vice, and to aid in developing to their utmost limits, the beautiful and matchless proportion of that grand and sublime structure, the temple of knowledge . . . There have been introduced into this society since its formation, papers upon the objects of Mutual Improvement Societies, The Early Closing Movement, Ambition, The Destruction of Jerusalem, A Few Words to Young Men, Self-discipline . . . Mental Science, A Ramble Round Mold, The Human Frame, Music, The Hive and the Honey Bee, The Invention and Progress of the Art of Printing . . . Is War consistent with the precepts and practice of Christianity ? . . . In addition . . . the members devote one evening of each month to the recitation of select pieces, when each member has the pleasure of hearing his own sweet voice.[53]

Ymhlith y darnau a ddarllenwyd caed 'The Negro's Complaint' gan Cowper, 'The Bridge of Sighs' gan Hood, 'Lady of the Lake' gan Walter Scott, 'Sunrise on the Hill' gan Longfellow a darn o 'The Course of Time' gan Pollok. Yn y cyfarfod dan sylw adroddodd Daniel Owen 'The Natural Bridge' gan E. Burritt, ac er bod y darn yn faith, swynwyd pawb, meddai'r gohebydd, gan huawdledd yr adroddwr. Y sylw amlwg i'w wneud am nod ac amcanion y gymdeithas hon (a lywyddid, gyda llaw, gan un o weinidogion y dref, Gwilym Gwenffrwd) yw bod disgwyl i lenyddiaeth a'r gwyddorau wasanaethu moesoldeb a dirwest. Darparu adloniant di-alcohol oedd un o sgil-fwriadau y mynych gymdeithasau, '*penny readings*', '*pleasant evenings*' ac yn y blaen.

Cofnodion am gyfarfodydd ffurfiol fel y rhain a roddwyd ar gof a chadw. Tebyg iawn bod cyfeillach a thrafod anffurfiol wedi bod yn fwy dylanwadol fyth. Cawn gipolwg ar y byd afieithus hwnnw yn yr ysgrif a luniodd Daniel Owen flynyddoedd yn ddiweddarach, 'Adgofion am Glan Alun'.[54] Y flwyddyn dan sylw yn yr atgof hwn yw 1859: 'Nid yn fuan yr anghofiaf y noswaith pryd y gwahoddodd Glan Alun nifer ohonom i dŷ ei gyfaill, yr hen lanc, Mr. Robert Price, currier, i wrando arno yn darllen ei "Ail Dridiau yn Llandrindod" cyn ei anfon i'r *Traethodydd*. Yr oedd gwrando ar Glan yn darllen y "tridiau" ac yn enwedig ei sylwadau eglurhaol rhwng cromfachau, yn '*treat*' o'r fath oreu. Taenai yr ymenyn yn dew ar y frechdan y noson hono; a mwynhaodd llonaid ystafell ohonom ein hunain y tu hwnt i bobpeth.'

'Yn 1865,' meddai Daniel yn yr 'Hunangofiant', 'aethum i'r Bala, dan fil o anfanteision'. Ni ellir amau'r anfanteision ariannol, ond diau bod yma gyfeiriad hefyd at ddiffygion o ran addysg ffurfiol. Nid adlewyrchwyd hynny yn ei ganlyniadau yn y Bala, fel y gwelir yn y man, ond hyd yn oed a bwrw bod yr 'anfanteision' hyn yn rhai dilys, y mae angen cyfrif bendithion a manteision Daniel Owen ar ei ran. Faint o'i gyd-fyfyrwyr, tybed, a feithrinwyd gan fentor diwylliannol, gwleidyddol ac ysbrydol mor egnïol a dawnus â Roger Edwards? Sawl un ohonynt a fagwyd mewn cymdeithas mor amrywiol a chyfoethog ei hadnoddau diwylliannol â'r Wyddgrug ganol y bedwaredd ganrif ar bymtheg? Ceisiwyd cyflwyno rhai agweddau ar y cyfoeth hwnnw yn y bennod hon wrth ystyried cyfnod prifiant cynnar ein gwrthrych, ac ychwanegir yn awr ddarlun digymar o'r dref a dynnwyd gan Ellis Edwards mewn ysgrif am ei hen gyfaill Daniel.[55] Fe ddyfynnir yn helaeth er mwyn gwneud tegwch â phwysleisiadau Edwards:

For many years, the town in which Daniel Owen spent almost the whole of his life contained a larger variety of human beings than is often seen in North Wales. Welshmen, Englishmen and Irishmen were amongst its residents. A colony of the last almost monopolised a part of one of its streets, and a smaller one asserted itself elsewhere. A long exile from Ireland had not killed off the national characteristics. Among the Welsh inhabitants, there were a number whose peculiarities compelled attention. All round the town were flourishing farms, from which families and servants regularly poured into it. Collieries, though now found only at some distance, then came to within half a mile of the town precinct. Where they stopped lead mines began. Low, flat carts, carrying the crushed blue metal on its way to England, trailed past the Cross week after week, and still longer lines of piled-up coal-carts creaked periodically up the High street, to distribute their contents fifteen miles off, at Denbigh. Many of the colliers lived in the town, and the miners from the hills often visited it. Their ways, and their history, were a subject of constant interest, for the town, in great part, depended upon them . . . There were two thriving weekly markets. You had often to thread your way through the crowd that trafficked and enjoyed itself at the bottom of the town on Saturday night . . . At and before Parliamentary Elections, politics became exciting in the little Flintshire borough. No one carried Mold in his pocket. No highplaced employer could settle the question. Life was too free there, especially among the working-men, the dif-fusion of knowledge had become too general, and, most of all, necessity, with its cleavages, spoke too plainly, to permit of a dull, conventional uniformity . . .

As English journals became cheap, they brought with them a new quickening, and reinforced the old. Always, I am led to think, there had been some, even among the struggling workmen, to whom the weekly and monthly paper, Welsh or English, had brought the plans and inspirations of a wider world.

Pair o dref felly, yn berwi gan brysurdeb masnach a diwydiant ac annibyniaeth barn, a'i phlant yn cael eu deffro gan y wasg i geisio gloywach nen. Magwrfa ddelfrydol ar gyfer nofelydd y bobl, debygem ni. Ond nid dyna ddiwedd adroddiad Edwards; ni soniodd eto am yr elfen bwysicaf oll yn amgylchfyd diwylliannol a deallusol Daniel Owen.

Above all, through-out the years of Daniel Owen's youth, the religious services of his youth were carried out with telling vigour . . . if anyone who intimately knew his life were asked what influence, outside his family, exerted the greatest power over him, and that, when his mind was most receptive and plastic, it would be impossible to hesitate about the answer: it was the preaching he listened to. Those who are now young can hardly realize the place of the sermon in Daniel Owen's life. Science was then hardly considered at Mold. Politics, though regarded as applied religion, and always, in their prominent phases, appealing strongly to intelligent young men, were . . . only occasionally interesting enough to deeply rouse. But, year by year, there came to the plain chapel which

Daniel Owen attended, preachers, who, in intellect, in power of moving the deepest emotions, and in spiritual influence of the most elevating kind, had rarely been surpassed in the history of the world. It was simply impossible that they should not be the foremost agents in determining the chief current of his thoughts and deciding his chief point of view. They had, virtually, no competitors. They were men of power every one. You might keep away from them. You might stop your ears against them. But once you gave them your attention, you could no more resist their force than the soil of Egypt can resist the Nile. Henry Rees, Edward Mathews, John Jones, Talsarn, David Jones, Carnarvon, not to name younger men, or any of those who are still alive, preached in the New Street Chapel sermons which were "events" in the lives of many of the hearers. Politics may be raised high, and are high. There have been statesmen who have excited burning enthusiasm, but no statesman-orator, be he who he may, deals, except accidentally, with truths of such force as these men drove home. They had been endowed with exceptional natural gifts. They virtually did nothing but make sermons: upon this was concentrated every talent they possessed. They were practised orators. They were men of ardent prayer. The result was that for those who heard them, nothing they have ever heard afterwards from the foremost preachers or statesmen of other countries, little they have ever afterwards read, can compare in power with the appeals made by those voices . . . Nothing in all Daniel Owen's history seems to me more certain than that for a large part of his life, that part, namely, when he was most susceptible, the preaching he heard was, his mother's influence excepted, incomparably the strongest force to which his mind and heart were subjected.

Ni all unrhyw asesiad teg a chyfansawdd o'r blynyddoedd hyn anwybyddu casgliadau Ellis Edwards nac anwybyddu'r dimensiwn ysbrydol y mae ef yn rhoi cymaint pwys arno. Ym mis Awst 1865 yr aeth Daniel Owen i Goleg y Methodistiaid Calfinaidd yn y Bala i'w gymhwyso at waith y weinidogaeth, yn fyfyriwr aeddfed 28 oed. 'Bum yn bur onest yno – ni ddygais lawer oddiyno. Dwy flynedd a haner y bum yn y coleg, pryd y gorfu i mi ddychwelyd adref oherwydd amgylchiadau teuluaidd.'[56] Ceisiwn helaethu ar y cronicl hunan-gofiannol, er taw prin yw'r defnyddiau, ac er ei bod hi'n anodd ymatal rhag seilio'r rhan hon o'r ymdriniaeth yn llwyr ar benodau 36–8 yn *Rhys Lewis*, lle y ceir, yn ddi-os, y darlun cyfoethocaf a mwyaf nodweddiadol o fywyd coleg diwinyddol yn y bedwaredd ganrif ar bymtheg.

'Wedi iddo ddechrau [pregethu],' meddai ei gyfaill John Morgan,' nid oedd na byw na bod gan ei gyfeillion heb gael ganddo fynd i Goleg y Bala.'[57] Buasai'n rhaid iddo lwyddo yn yr arholiad mynediad ym mis Gorffennaf cyn cael ei dderbyn, a byddai amryw ymgeiswyr yn treulio cyfnod mewn ysgol baratoi cyn cynnig. Nid felly Daniel Owen, er iddo dderbyn, mae'n debyg, gyngor a hyfforddiant gan ei weinidog, Roger Edwards. Anfanteision addysgiadol neu beidio, safai Daniel Owen yn bedwerydd ar y rhestr o ddeuddeg a dderbyniwyd.[58] Lletyai yn y dref a mynychu'i ddosbarthiadau yn y tŷ ar bwys capel y Methodistiaid Calfinaidd lle lleolid y Coleg cyn codi'r adeilad crand newydd yn 1867. Yn fyfyrwyr yn yr un flwyddyn ag ef yr oedd llanc disglair o Aberllefenni, Griffith Ellis, y cydiwyd maes ei unig ofalaeth weinidogaethol, Bootle, wrth ei enw wedi hynny, a bachgen o Gynwyd ger Corwen a ddaeth yn gyfaill pennaf i'r gŵr o'r Wyddgrug, John Evans. Cafwyd darlun difyr o adeilad y Coleg ynghyd â'i fywyd beunyddiol gan Griffith Owen, a oedd yn fyfyriwr yn y dosbarth hŷn pan gyrhaeddodd Daniel Owen y Bala.[59] Mewn ysgrif atgofiannol felys mae'n ein tywys ar hyd Heol Tegid, lle lletyai amryw o'r myfyrwyr, nes cyrraedd drws sy'n ymddangos yn ddrws cefn digon diaddurn: 'Dyma ddrws y Coleg . . . y mae y safle syml hwn yn arwyddlun o'r modd gwylaidd ac ofnus yr ymwthiai awyddfryd am addysg i mewn i'r Cyfundeb.' Trwy'r drws wedyn, ac i fyny'r grisiau i 'ystafell eang, ond hynod ddiaddurn, a nifer o fyrddau wedi eu dodi yn y canol. Dyma gartref y "*slate*", a'r gwahanol lyfrau angenrheidiol at waith y dosparth.' Yma y ceisiai Dr. Parry 'glytio Saesneg ambell un ddeuai i'r lle mor noeth ohono, ymron, a'r gŵr o Gadara', ynghyd ag 'arfer ei ddawn i gael nifer ohonynt i ymborthi ar ffigyrau, ac i lyncu Euclid'. Yn yr ystafell hon hefyd y darlithiai Dr Lewis Edwards (nid oedd ond dau aelod o'r staff yn 1865) ar *Ethics* a *New Testament Exegesis*. O gael ein tywys i'r llawr uchaf fe ddeuwn i'r ystafell lle'r arferai Dr Edwards 'gyfranu gwybodaeth yng nghyfrinion y Groeg'. Yr oedd y maes llafur yn un uchelgeisiol, yn cyfuno elfennau clasurol a diwinyddol, fel a welir yn y canlyniadau arholiad ar gyfer pob dosbarth, a gyhoeddid, yn gwbl ddidostur, yn wyneb haul a llygad goleuni, yn *Y Drysorfa* bob blwyddyn. Ar ddiwedd ei flwyddyn yn y dosbarth ieuengaf bu'n rhaid i Daniel Owen sefyll papurau yn y meysydd canlynol (mewn cromfachau rhoddir ei safle mewn dosbarth o 18): Yr Arholiad Clasurol – Arithmetic (12), English and Welsh Grammar (10), English and Welsh Composition (3), English History (12), Latin Grammar and Composition (8), Caesar, Book 1 (12), Masson's Recent British Philosophy (15). O gasglu'r holl ganlyniadau ynghyd dodwyd Daniel

Owen yn ddeuddegfed yn ei ddosbarth yn yr Arholiad Clasurol. Fel hyn y bu hi gyda'r Arholiad Diwinyddol: Institutes Calvin: Llyfr 1, Penodau vi–ix (6), Yr Epistol at y Galatiaid, papur cyntaf, (9), ail bapur (9). O roi canlyniadau'r ddau arholiad at ei gilydd glaniodd Daniel yn y nawfed safle yn y dosbarth, canlyniad y byddai golygydd *Y Drysorfa*, Roger Edwards, yn ddigon bodlon ag ef. Canolig hefyd oedd ei ganlyniadau y flwyddyn ganlynol, ac ni synnwn ei weld yn gwneud orau yn y *composition*. Roger Edwards oedd yr arholwr allanol yn 1867, ac mae ei sylwadau ef yn crynhoi'n ddestlus ethos academaidd yr Athrofa a'r stamp y llwyddasai Lewis Edwards i'w osod arni erbyn yr adeg hon:

> Pa beth bynag oedd y syniad yn ein mysg flynyddoedd yn ôl am Athrofa, y mae ansawdd yr addysg a gyfrenir yn awr yn Athrofa y Bala yn gofyn am i bawb a dderbynir yn efrydwyr iddi fod yn hyddysg iawn yn yr iaith Saesoneg – wedi eu gwreiddio yn dda yn egwyddorion duwinyddiaeth a beirniadaeth Ysgrythyrol, yn gystal a'r gwybodau eraill – ac yn meddu anian i lafurio yn ddiddiogi a dyfalbarhäol gyda eu gwersi. Nid lle i'r seguryn, na'r oriog, na'r crach-ysgolor, yw Athrofa y Bala.[60]

Ond nid yr addysg ffurfiol a gynhyrchai'r atgofion gwytnaf a melysaf. Y cyfeillion newydd a'u cwmni a'u sgyrsiau a drysorid gan Dan, fel y'i gelwid ef gan ei gyd-fyfyrwyr, ac fe roes fynegiant hiraethus i hynny yn ei farwnad i'w gyfaill John Evans yn 1883:

> Eisteddais wrth dy ochr lawer awr
>   Ar fainc y coleg ddyddiau hapus gynt,
> Pan oedd hoenusrwydd ysbryd yn rhoi gwawr
>   Ar ein breuddwydion – aethant gyda'r gwynt;
> Pa le mae'r bechgyn oeddynt o gylch y bwrdd,
>   Rhai yma, a rhai acw – rhai'n y ne' ?
> A gawn ni eto gyda'n gilydd gwrdd
>   Heb neb ar ôl – heb neb yn wag ei le ?
>
> Collgwynfa ydoedd colli'r dyddiau pan
>   Cyd-rodiem hyd ymylon Tegid hen,
> Cyn i'w ramantus gysegredig lan
>   Gael ei halogi'n hagr gan y trên;
> Er byw yn fain, fel hen geffylau Rice,
>   Ein calon oedd yn hoyw ac yn llon;
> Pwy feddyliasai, dywed, ar ein llais
>   Mor weigion oedd ein pyrsiau'r adeg hon.[61]

Bydd sôn am un neu ddau o'r 'bechgyn oeddynt o gylch y bwrdd' yn fodd i ni lenwi ychydig ar y braslun. Mab i saer maen o Gynwyd oedd John Evans, ac un prin iawn ei Saesneg pan ddaeth i'r coleg gyntaf; cymhlethdod ynghylch eu prinder Saesneg a'i gwnaeth ef a llawer un tebyg iddo yn ddarllenwyr anniwall ar lyfrau yn yr iaith fain. Cofiai Griffith Ellis fel y prynodd amryw o'r myfyrwyr bob un o'r 'Waverley Novels' gan Walter Scott wrth iddynt ymddangos fesul un mewn argraffiad newydd, 'a darllenodd ef [John Evans] bob gair o bob un ohonynt fel yr ymddangosent'.[62] Ef hefyd a aeth â'r wobr am ysgrifennu traethawd Cymraeg ar ddau o lyfrau'r maes llafur, 'Howe's Living Temple' a 'Mansel's Metaphysics'. Dywedwyd am gyfoed arall, W. R. Jones, 'Goleufryn': 'yr oedd cylch ei ddarlleniad yn eang anghyffredin . . . dywedai un gŵr craff ei fod yn un o'r rhai mwyaf cyfarwydd mewn llenyddiaeth Seisnig hyd yn oed pan yn y Bala'.[63] Un o'r cyhuddiadau a wnaed yn erbyn y gyfundrefn a gynlluniwyd gan Lewis Edwards oedd ei bod hi'n annaturiol a gwasaidd o Seisnig. Amddiffyn ei hen goleg yn wresog yn erbyn y cyhuddiadau hyn a wnaeth Griffith Ellis, gan gyfeirio at ddawn ddiymwad Lewis Edwards fel llenor Cymraeg ac at lafur aruthrol John Parry fel golygydd Y *Gwyddoniadur Cymreig*. Ond Saesneg oedd iaith y dysgu, a llyfrau Saesneg a lowciwyd gan y myfyrwyr, rhai ohonynt – gwaith Carlyle, er enghraifft, un o'r ffefrynnau, testun cyfres o ysgrifau llafurfawr a llafurus gan Goleufryn – yn lledaenu, yn gudd neu yn gyhoedd, syniadau gwahanol iawn i'r rhai a arddelid gan Fethodistiaeth Galfinaidd.[64] Cyfuniad o ddirnadaeth iach a drwgdybiaeth anwybodus a barai i'r genhedlaeth hŷn (y rhoddwyd lladmerydd digyfaddawd iddi, wrth gwrs, yng nghymeriad Mari Lewis yn *Rhys Lewis*) amau gwerth a lles yr holl ddarllen Saesneg yma. Dywedwyd am John Evans, 'yn eu hawydd i ddarllen llyfrau newyddion, parai ef a bechgyn ieuainc eraill bryder nid bychan i un hen frawd cul ei syniad ac ofnus ei ysbryd rhag fod y bechgyn yn pechu trwy chwenychu a mynu ymborth a dybiai efe yn afiach.'[65]

Byddai'r 'hen frawd cul . . . ac ofnus' hwn yn falch o glywed bod gan fyfyrwyr y Bala eu cyfarfod gweddi ar fore Sadwrn, ond byddai'n llai brwd ynghylch y Gymdeithas Ddadleuol a gwrddai ar nos Wener. Ar ôl y cwrdd gweddi y dechreuai'r cyw-bregethwyr feddwl am hel eu pethau os oedd taith hwy nag arfer o'u blaenau ar gyfer pregethu drannoeth. At y wedd hon ar fywyd myfyriwr y cyfeiria'r ymadrodd 'hen geffylau Rice' yn y pennill a ddyfynnwyd o'r gerdd goffa i John Evans. Cofiai un cyn-fyfyriwr am 'y cytuno gydag amrai – Rice Edwards yn bennaf – am geffylau; a'r cychwyn, pa un bynnag ai gwlaw ai hindda, oerni ai gwres,

i bedwar pwynt y byd i'n cyhoeddiadau'.[66] Ceffylau digon gwael eu
gwedd a gâi'r myfyrwyr – yn ôl Griffith Owen, 'ymprydient yn ystod yr
wythnos a plygent eu gliniau Sadwrn a Llun'.[67] Gallai'r ymweliadau hyn
ag achosion mawr a mân ym Meirionnydd a'r tu hwnt arwain at 'alwad',
wrth gwrs, a thystia Griffith Ellis i Daniel Owen dderbyn mwy nag un
cynnig o'r fath, ond gwrthod yn bendant a wnaeth am nad oedd ynddo
'duedd at y Fugeiliaeth'.[68]

Y mae'n ymddangos mai un o'r pethau a seliai gyfeillgarwch y
myfyrwyr o'r Wyddgrug a Chynwyd oedd eu naturioldeb, a'u cas at
bopeth ffuantus. Meddai un a adnabu'r ddau,

> They were both nature's children. Both were themselves everywhere . . .
> neither Daniel Owen nor his friend would have whined in the pulpit, or
> put on airs, or have gone into a mere hwyl, even to save their lives, nor
> would they have aped a curate for all the wealth of a Rhodes . . . Daniel
> Owen spoke most naturally in the pulpit; and so, to my best recollection,
> did his friend.[69]

Yr oeddynt gyda'i gilydd mewn cynhadledd a gynhaliwyd gan
Gymdeithas Rhyddhad Crefydd yn y Bala, 26 Medi 1866. Amcan y
gymdeithas hon ('The Liberation Society') oedd rhyddhau crefydd oddi
wrth y wladwriaeth a sicrhau cynrychiolaeth deilwng i Anghydffurfwyr
ar gyrff lleol a chenedlaethol. Daeth ysgrifennydd y gymdeithas, J.
Carvell Williams i'r Bala, ynghyd â Henry Richard, ac un o'r siaradwyr
oedd Michael D. Jones, a draddododd bapur ar 'Cynrychiolaeth Sir
Feirionnydd'.[70] 'Y Gymdeithas Ryddhau', meddai'r hanesydd John
Davies, 'oedd y cyfrwng pwysicaf i ddenu'r blaengar grefyddol i
rengoedd yr actifistiaid radicalaidd, ffaith ganolog yn hanes
gwleidyddol Cymru yn ail hanner y ganrif ddiwethaf.'[71] Ac yntau'n
ddisgybl i un o radicaliaid bore y Methodistiaid, Roger Edwards, ni
fuasai'r gymdeithas na'i chenadwri yn ddieithr i Daniel Owen.

I bob golwg bu blynyddoedd y Bala yn rhai tawel iawn iddo o safbwynt
llenyddol. Tebyg iawn iddo baratoi areithiau ar gyfer y Gymdeithas
Ddadleuol a'u traddodi gyda'r doniau hynny a feithrinwyd gartref, ond un
darn o'i waith yn unig a gyhoeddwyd, fe ymddengys, yn ystod y
blynyddoedd hyn, sef y gerdd goffa i'r hen lenor-bregethwr o'i dref
enedigol, Thomas Jones (Glan Alun) a fu farw yn 1866. Ym mis Mai y
cyhoeddwyd cerdd Glaslwyn (y tro olaf, hyd y gwyddys, iddo arddel yr
enw) yn *Y Faner*. Er blered ei fuchedd ar lawer cyfrif, fe gyfrannodd Glan
Alun gymaint â neb at greu amgylchfyd meddyliol yn yr Wyddgrug a

roddai fri ar lên a barddas, ac mae'n haeddu ei le, yn ddi-os, yn stori'r teiliwr ifanc a ddotiodd at ei arabedd a'i huawdledd. Cofnodi hiraeth yn syml yw unig amcan y gerdd, 'Glan Alun':

Glan Alun, fy nghyfaill, ni wyddwn dy fod
  A'th afael mor dyn yn fy nghalon,
Nes clywed fod angeu yn wir wedi d'od
  A'th osod ymhlith y marwolion.

Ac O! na adewsit dy awen a'th ddawn
  O dy ôl i anadlu d'alargan,
'D oes arall all draethu fy hiraeth yn llawn
  Ond tafod dy awen dy hunan.

Ni chefaist hir ddyddiau, ond cefaist dy ran
  O helbul a dygn orthrymder;
Erioed ni chyfodaist dy hunan i'r lan,
  Ond i suddo yn ddyfnach i'r dyfnder.

O'r diwedd, ti suddaist i eigion y bedd,
  Lle nad elli suddo yn ddyfnach;
A'th enaid esgynodd i wlad yr hedd,
  Ac esgyn a wna byth mwyach.

Ond byth ni'th anghofir, tra Cymru, tra cân,
  Tra parheir i ymdwymo wrth danau;
Ymdwyma y galon wrth yr eirias dân
  Sydd yn llenwi dy felys ganiadau.

Ond chwith ydyw meddwl na'th welwn byth mwy
  Yn synu y dorf â'th hyawdledd;
Gan yru pob trallod, a gofid, a chlwy',
  I gerdded o flaen dy arabedd.

Wrth roddi dy gorph mewn amwisg o bren,
  Arabedd am unwaith fu'n brudd;
Ar gauad dy arch gorphwysodd ei phen,
  A rhedodd ei dagrau yn rhydd.

Ar ol rhoi dy gorph yn y fynwent oer,
  A dychwelyd o bawb yn eu holau,
Athrylith yn ddistaw wrth oleu'r lloer
  Gyssegrodd dy fedd â'i dagrau.

Y Duw fu yn dŵr ac yn noddwr i ti,
A noddo dy fychain anwylgu,
A chaffant well hynt yn y byd na thydi,
A chystal calonau i'w garu.[72]

Y mae un digwyddiad ym mhrofiad Daniel fel darllenydd yn ystod ei
gyfnod yn y Bala y mae'n rhaid ei grybwyll. Rhwng Chwefror 1866 ac
Ebrill 1867 cyhoeddodd Roger Edwards 'Y Tri Brawd a'u Teuluoedd',
ffugchwedl o'i waith ei hun, ar dudalennau'r *Drysorfa*. Hyn a barodd i
Daniel Owen, flynyddoedd yn ddiweddarach, gyfeirio ato fel
'cychwynydd y serial story mewn cyhoeddiad crefyddol Cymreig'.[73]
Ceisio diwygio a phuro cyfrwng newydd deniadol y ffugchwedl oedd
cymhelliad Edwards, yn ôl ei addefiad ef ei hun: 'Gweled yr oeddem fod
ein pobl ieuainc yn arbenig yn chwannog i ddarllen cyfansoddiadau o
natur chwedl-adroddiadol, a bod llawer o bethau gwag ac ofer o'r natur
hwn, a rhai ohonynt o duedd llygredig a niweidiol, yn cael eu cynnyg
iddynt, hyd yn nod yn yr iaith Gymraeg.'[74] Wrth geisio diwallu
anghenion ac amgylchiadau newydd troi yn ôl at yr hen ddyddiau
a wnaeth Roger Edwards, at ddyddiau cynnar, cyn-sefydliadol
Methodistiaeth.

'Dwy flynedd a hanner y bum yn y coleg, pryd y gorfu i mi
ddychwelyd adref oherwydd amgylchiadau teuluaidd.'[75] Ddiwedd 1867 y
bu hyn. Er bod ambell un wedi ceisio creu rhyw ddirgelwch ynghylch yr
ymadawiad disymwth hwn, y mae'n ymddangos bod yr 'amgylchiadau
teuluaidd' hyn yn weddol ddiamwys, er o bosibl yn destun peth gofid a
diflastod i'r teulu. Ymddengys fod rhyw gytundeb rhwng Daniel a'i
frawd Dafydd a olygai fod y mab hynaf yn gofalu am les y fam weddw
a'r chwaer wan ei hiechyd yn ystod arhosiad Daniel yn y Bala – gymaint
ag y gallai'r myfyriwr ei wneud oedd ei gynnal ei hun. Yr oedd yr angen
yn yr hen gartref ym Maes-y-dre yn un real; fel *pauper mangler* y
cyfeiriwyd at Sarah Owens [*sic*] yng nghyfrifiad 1851, ac fel *laundress* y
cyfeiriwyd ati hi a'i merch Leah ddeng mlynedd yn ddiweddarach. Erbyn
1867 byddai'r fam dros ei deg a thrigain, a'r ferch yn dair a deugain. (Yr
oedd y ferch arall, Catherine, yn briod ac yn byw yn ardal Manceinion.)
Yn ddirybudd fe ddywedodd Dafydd wrth ei frawd ei fod wedi priodi,
neu'n bwriadu gwneud hynny, ac na allai fforddio anrhydeddu'r
cytundeb.[76] Penderfynodd Daniel ar unwaith na allai aros yn y Bala i
orffen ei gwrs pedair blynedd ac heb ymgynghori â neb, fe ymddengys,
sicrhaodd le iddo'i hun yn ei hen weithle gyda John Angel Jones, mab ei
hen feistr, a dwyn ei yrfa golegol i ben o'i wirfodd. Dywedir i Lewis

Edwards yn ddiweddarach resynu at y weithred fyrbwyll, yn enwedig gan fod cronfa bwrpasol ar gael gan y coleg ar gyfer rhai a wynebai gyfyngder ariannol. Ond diau bod cyni enbyd blynyddoedd maboed wedi magu ym mab ieuengaf Sali Owen ruddin a gynyrchasai haen o falchder ystyfnig, annibynnol. Y mae'n bosibl i'r un nodwedd – ynghyd ag ymdeimlad caeth o ddyletswydd – ei rwystro, yn ystod y blynyddoedd a fu dan sylw yn y bennod hon, rhag dwyn o leiaf un garwriaeth i fwcl priodas. 'Y gwir yw', meddai J. J. Morgan, 'iddo ef brofi ei ramant cyn iddo fynd i'r coleg. Rhoes ei serch ar ferch bengoch, brydferth odiaeth . . . a bu cyfeillach cariadon rhyngddynt am flynyddoedd. Diamau y bwriadai ei phriodi, ond 'roedd cadw dau gartref y tu hwnt i'w adnoddau. Blinodd yr eneth ar yr hir oedi, a daeth gŵr ieuanc arall, deniadol ei dafod ac addawol ei amgylchiadau, i ofyn am ei llaw.'[77]

O ystyried ei ymadawiad â'r Bala, tybed na ddiolchai Daniel Owen, hefyd, am y rhagluniaeth annisgwyl hon? Oni ollyngodd ochenaid o ryddhad wrth adael llwybr a geisiai ei arwain, yn groes i'w raen a'i reddf, i'r fugeiliaeth gyflogedig?

3 ⃟ Y Dyn Cyhoeddus, 1867–1876

Byddai'n naturiol i'r sawl a fwriai olwg frysiog ar yrfa Daniel Owen gredu mai'r blynyddoedd coll yw'r cyfnod rhwng gadael y Bala a dechrau llenydda o ddifrif ar ôl i'w iechyd dorri yn 1876, rhyw dir neb rhwng marwolaeth y bardd a geni'r nofelydd. Ond mewn gwirionedd dyma gyfnod hynod gyffrous yn ei fywyd, cyfnod pan yw'n datblygu yn un o wŷr cyhoeddus amlycaf yr Wyddgrug ac yn gwneud ei farc trawiadol yn y meysydd diwylliannol, crefyddol a gwleidyddol. Y mae yn awr yn ddyn aeddfed, craff yng nghanol ei gymdeithas, yn rhan ohoni ond eto'n meddu ar y sylwgarwch gwrthrychol hwnnw a olygai y byddai'n medru gwneud defnydd creadigol o brofiadau cymhleth-gyfoethog y dyddiau hyn pan ddeuai adeg encilio.

Y mae cofianwyr cynharach yn ein rhoi ar y trywydd iawn. 'Yn ystod y blynyddoedd hyn, bu yn dra gwasanaethgar gyda'r achos yn yr Wyddgrug,' meddai John Owen, 'cymerai ran amlwg iawn yng nghyfarfodydd y Nadolig . . . bu yn Holwyddorwr yr Ysgolion Sabbothol, yn Nosbarth yr Wyddgrug, am y tymhor o dair blynedd.'[1] Yn ôl J. J. Morgan, 'Nid oedd segur na diffrwyth yn y cylch crefyddol a chymdeithasol . . . Cynhaliai Gyfarfod Darllen yn wythnosol ym Methesda. Cynorthwyai hefyd gyda symudiadau cerddorol.'[2] Y mae ysgrif atgofiannol John Morgan ('Rambler') hefyd yn bwrw goleuni ar y blynyddoedd hyn.[3] Mae Morgan yn sicr mai barn ei gyfeillion yn yr Wyddgrug oedd ei fod yn fwy o ddyn ar ôl bod yn y Bala, yn feddyliwr praffach, yn ddadleuwr mwy gwybodus. Er nad oes modd dilyn ei hynt a'i helynt mor fanwl ag y dymunem, y mae modd lloffa digon o dystiolaeth, o golofnau'r papur newydd yn bennaf, i greu braslun nodweddiadol o'i fyw cyhoeddus rhwng 1867 ac 1876. Ac wrth wneud hynny cawn gyfle i adnabod ei dref a'i phobl yn well.

Yn 1867 yr oedd Methodistiaid yr Wyddgrug yn dal i geisio clirio'r ddyled ar y capel crand newydd a godasid bedair blynedd ynghynt; nos Lun, 30 Rhagfyr, cynhaliwyd 'knife and fork tea party' yn ysgoldy'r capel yn Stryd Newydd. Yr oedd y te dan nawdd gwragedd amlycaf yr achos (Mrs Roger Edwards a Mrs Hugh Jones, gwraig yr argraffydd, yn eu plith), a'i amcan oedd gwobrwyo pawb a gymerasai ran yn y cyfarfodydd llwyddiannus ddydd Nadolig. Cafwyd noson gymdeithasol ar ôl y te, ac o dan lywyddiaeth Roger Edwards traddododd nifer o'r dynion anerchiadau ymarferol, ac 'roedd Daniel Owen yn un ohonynt.[4] Prif fyrdwn yr anerchiadau oedd annog y gynulleidfa i ddyblu'u hymdrechion i glirio'r ddyled ar y capel. O gadw at y targedau a osodwyd gellid clirio'r ddyled o £1,100 o fewn tair blynedd.

Ym mis Mehefin 1868 mae'n bur debyg bod Daniel ymhlith hen gyfeillion Glan Alun a ddaeth ynghyd i drefnu tysteb i ddau blentyn ieuengaf y bardd a adawyd yn gwbl amddifad ar ôl marw eu tad ddwy flynedd ynghynt.[5] Wrth benodi Roger Edwards yn drysorydd y dysteb ac A. J. Brereton ('Andreas o Fôn'), y bardd-fragwr, yn ysgrifennydd yr oedd y pwyllgor yn cydnabod y ddeuoliaeth ym mywyd y bardd-bregethwr blêr a bywiog y lluniodd Daniel Owen ysgrif goffa iddo ugain mlynedd yn ddiweddarach.

Mae'r adroddiad ar de parti ysgolion Sul y Methodistiaid Calfinaidd ym mis Medi yn rhoi syniad i ni o faint y gwaith ac ymroddiad Daniel Owen a'i debyg iddo.[6] Ddydd Llun, 14 Medi, cynhaliwyd y parti i blant y tair ysgol Sul a oedd gan yr Hen Gorff, yn Stryd Newydd, Pentre a Maesy-dre yn Neuadd y Farchnad. Ar ôl bwydo dros 500 o blant aethpwyd â nhw i ollwng stêm trwy chwarae ar Fryn y Beili, lle y rhannwyd cnau iddynt. Ailgynnull y plant wedyn erbyn saith yn y Neuadd i wrando ar anerchiadau a chaneuon. Unwaith eto yr oedd Daniel Owen yn un o'r siaradwyr; yno hefyd yn annerch yr oedd ei gyfaill Ellis Edwards. Pwysleisiwyd gwerth cael clwb dillad i blant tlawd.

Y mae colofnau'r *Wrexham Advertizer* yn dangos bod yr Wyddgrug y pryd hwn yn dref fyrlymus, ddwyieithog, llawn dadlau a gweithgarwch o bob math. Yn ogystal â chael gwybod am gyfarfodydd lluosog y gwahanol enwadau cawn ddarlun o'r ochr arall i'r dre; hwyl a miri cinio'r 'Clerks, Assistants and Apprentices' yn y Royal Oak,[7] ymweliad 'Newton's Coloured Opera Troupe' â'r dref ym mis Chwefror 1869,[8] cyngerdd poblogaidd y Christy Minstrels ('the real and original, the sole proprietor being Mr. Charles Christy') yn cyrraedd ddiwedd Ebrill.[9] Yn y cyfamser yr oedd y *Local Board*, cyff gwawd fwy nag unwaith yn nofelau Daniel Owen, yn gwneud ei orau, druan, gan wynebu llach beirniadaeth o sawl cyfeiriad, i wella cyflwr ffyrdd rhychiog, mydlyd y dref, ac i weithredu'r deddfau iechyd. Yr oedd y Bwrdd Lleol yn un o bynciau trafod cyson y mynych lythyrwyr a cholofnwyr a ysgrifennai i'r *Advertizer* ac i'r *Mold and Denbigh Chronicle* yn ystod ei oes fer. Pwy oedd 'Wmffre Llwyd' awdur 'Jottings from Mold' a boenai am lygru afon Alun gan baraffin?[10] Neu 'Garmon', awdur y golofn 'They say'.[11] Digon posibl mai Daniel Owen oedd un o'r rhain. Cedwid y fainc yn brysur fel arfer gan yr herwhelwyr a'r meddwon a'r puteiniaid a'r 'achosion anhyfryd'. Treisiwyd patrymau bywyd beunyddiol yn arw, fodd bynnag, ddechrau mis Mehefin 1869 pan welwyd terfysgoedd gwaedlyd ar strydoedd y dref. Dyma'r terfysgoedd y rhoddodd Daniel Owen ddehongliad nofelydd iddynt yn *Hunangofiant Rhys Lewis*.

Anghydfod yn y maes glo, ac yng nglofa Coed-llai yn arbennig, a oedd wrth wraidd yr helynt.[12] Nid oedd trafferthion rhwng gweithlu a'r meistri yn beth newydd ym maes glo sir Fflint. Yr oedd rheolwyr o Saeson sarhaus, a dyfodiad mintai o weithwyr o'r tu allan i'r sir, yn esgyrn addas i gynnen bob amser. Yn 1863, ar ôl helyntion yng Nglofa Coed Talon, canasai rhigymwr enwocaf yr Wyddgrug, Prince Post Prydain, gân, 'Y Sais a'r Cymro fel coliar' yn brolio rhagoriaeth y brodorion fel crefftwyr y wythïen. Dyfynnir y pennill cyntaf a'r olaf o bedwar, i'w canu, meddid, ar y dôn, 'Lancky Doodle':

> Rwyf fi yn hen goliar fy hunan
>   Os coeliwch y cyfan o'm tôn,
> Yn deall y drefn yn lled rhyfedd,
>   Bob modfedd, o'r brigyn i'r bôn,
> Mi wn am yr 'heding' a'r 'safing'
>   Yr 'ostring', y 'thrilling' a'r croes
> Lawn cystal, neu well nag un Lancky
>   Fu'n luncio'n y glo, hyd ei oes . . .
>
> Mae'r Lancky yn goliar pur glyfar
>   Tra'r gloyn yn feddal o'i flaen,
> A gwên yn disgleiro ar ei wyneb
>   Fel heulwen ar gynffon y paen;
> Ond pan ddaw glo caled i'r golwg,
>   Gwna gilwg rhag cymryd yr ordd
> Os gall ef gael cyfle i'w ochel,
>   Fe red i le dirgel o'r ffordd.[13]

Dechreuodd helyntion Coed-llai grynhoi ddechrau Mai 1869, gyda chyhoeddi gostyngiad o swllt y dunnell ym mhris y glo o 17 Mai ymlaen. Yr oedd y rheolwr dan-ddaear, John Young o Durham, yn amhoblogaidd iawn ymysg ei weithwyr ar y gorau, ac fe ddaeth y mesur newydd â phethau i'r pen. Ffrwydrodd y sefyllfa ar 19 Mai pan ddaeth torf o goliers dan arweiniad Ishmael Jones i'w gyfarfod. Ar ôl methu cael Young i addo gwella'r amodau gwaith troes y gweithwyr at ddull traddodiadol sir Fflint o setlo anghydfod diwydiannol o'r fath, sef rhoi achos y tramgwydd ar y trên yn ôl i Loegr. Yr oedd plismyn yn aros amdanynt yng ngorsaf yr Hôb ger Pen-y-ffordd; achubwyd Young ac fe wysiwyd wyth o arweinwyr y dorf i ymddangos gerbron y fainc yn yr Wyddgrug ar 2 Mehefin. Ymgynullodd cannoedd (mil a hanner yn ôl un amcangyfrif) i ddisgwyl y ddedfryd. Pan ddaeth, am bump o'r gloch, yr oedd yn llym; carcharu dau am fis o lafur caled, a dirwyo'r gweddill yn drwm. Ffyrnigodd y dorf a cheisiwyd rhwystro'r heddlu a'r milwyr a ddaeth o Gaer i'w cynorthwyo rhag hebrwng y ddau garcharor i'r orsaf er mwyn eu cludo i garchar Fflint. Taflwyd cerrig at yr osgordd, gan anafu amryw, a chwalwyd ffenestri'r orsaf a'r trên. Yn ôl tystiolaeth y Prif Gwnstabl Browne yn ddiweddarach, 'the stones were as thick as hail – the air was black with them . . . several of my own men were bleeding copiously, the blood streaming down their uniforms'. Ac yntau'n ofni am fywyd ei ddynion gofynnodd y prif gwnstabl i Capten Blake, arweinydd y milwyr, saethu at y dorf er mwyn ei gwasgaru. Ymataliodd rhag gwneud hynny tan i'r dorf ruthro ar y platfform. Gwasgarwyd y dorf, ond nid heb gost. Lladdwyd pedwar ohonynt, dau ddyn a dwy fenyw. Ar 6 Awst dedfrydwyd pump o derfysgwyr i ddeng mlynedd o garchar gan ynadon yr Wyddgrug. Yn yr un llys yr oedd tri o arweinwyr y glowyr ar brawf am eu rhan mewn ymgais ddiweddarach i esgymuno John Young o sir Fflint, hynny'n dilyn trefnu streic effeithiol yng Nghoed-llai. Un o'r tri oedd David Phillips, cyn-ymladdwr o sir Gaerfyrddin a gawsai dröedigaeth ymhlith y Methodistiaid ac a geisiai bwyso ar ei gyd-weithwyr, fel Bob Lewis yn helynt y Caeau Cochion yn *Rhys Lewis*, i lynu at ddulliau di-drais ac i ymddiried yng nghyfiawnder eu hachos. Phillips a dderbyniodd y ddedfryd drymaf o dipyn, 18 mis o lafur caled. Ar ôl terfysgoedd yr Wyddgrug sylweddolodd y glowyr na ellid defnyddio'r hen ffyrdd Cymreig i ddatrys anghydfod diwydiannol yn llwyddiannus ac y byddai'n rhaid troi at Undebaeth, symudiad a ystyrid ganddynt cyn hynny yn rhywbeth estron. Ddiwedd mis Gorffennaf 1869 cynhaliwyd cyfarfod i lansio'r *Amalgamated Association of Miners* ym Manceinion. Un o'r cynrychiolwyr yn y cyfarfod hwnnw oedd Robert Lewis o Ince ger Wigan, ond yn frodor o'r Wyddgrug. Ef a lywyddodd y cwrdd a gynhaliwyd yng Nglanyrafon yn y dref ar 16 Awst i weithredu penderfyniadau cynhadledd Manceinion.

Erbyn yr hydref yr oedd y dref wedi tawelu drachefn; poenai'r Bwrdd Lleol yn arw am gyflwr tai a charthffosiaeth yn ardal arw Milford St a

Henffordd (rhwng cartref Daniel Owen ym Maes-y-dre a chanol y dref). Rhoddodd dau o'r aelodau, George Bellis a John Jones, adroddiad ar gyflwr pethau gan sôn am 'the open and filthy ditch at the back of the houses at the lower end of the street. Several privies which are completely uncovered open into this ditch, where the soil from them is allowed to accumulate. It is now full of liquid sewage, and its appearance is most disgusting. The effluence rising from this ditch must in the summer season be most offensive.' Achos pryder hefyd oedd bod cynifer o'r trigolion yn dilyn cyngor Thomas Bartley i gadw mochyn, ac yn ei gadw, yn groes i'r ddeddf, o fewn chwe llath i'w hannedd.[14]

Tra poenai'r Bwrdd Lleol am welliannau mewn glanweithdra, ysgogi gwelliannau addysgiadol a moesol oedd y cymhelliad wrth wraidd y gyfres newydd o *penny readings* a ddechreuodd yn yr Ysgol Frytanaidd ym mis Tachwedd; amcan y cyfarfodydd pythefnosol oedd codi arian i greu llyfrgelloedd teilwng i ysgolion y dref. Pwysleisiwyd nad oedd difyrrwch i'w greu ar draul moesoldeb yn y nosweithiau hyn, ac mae'n bur debyg bod Daniel Owen yn bresennol yn y cyfarfod cyntaf.[15] Fe wnaeth ei farc yn sicr yng nghyfarfod cyntaf 1870, a gynhaliwyd yn yr Ysgol Frytanaidd nos Fawrth, 11 Ionawr.[16] Bu'r cyfarfodydd blaenorol yn rhai llwyddiannus, mae'n amlwg, oherwydd cyfeiriodd cadeirydd y noson, y Parchedig J. Myrddin Thomas, at gant o gyfrolau a brynwyd am £5 18s, i'w defnyddio fel llyfrgell gylchynol i'r plant. Cynhwysai rhaglen y noson yr eitemau canlynol, ymhlith eraill: adroddiad, 'Eliza' gan Sergeant Beeston; cân, 'Nid mor ffôl', Mr John Roberts; adroddiad, 'The Man on the Chimney', Mr Joseph Eaton; darlleniad, 'Adda Jones a'i wraig', Mr Ellis 'Eryr Maelor' Williams; ac anerchiad ar y pwnc 'Penny Readings' gan Mr Daniel Owen. Yn y *Wrexham Advertizer*, 22 Ionawr, cyhoeddwyd anerchiad Daniel Owen yn llawn. Rhydd olwg ddadlennol ar y tyndra a fodolai rhwng addysg a difyrrwch o fewn byd y *penny readings*, ac mae'n taflu goleuni hefyd ar bwnc y bu cryn ddadlau a dyfalu yn ei gylch, sef cymhellion llenyddol Daniel Owen. Yn Saesneg y siaradai:

> Mr. Chairman, I have been asked to give an address, and I know of no better history than the Natural history of the Penny Readings. We are all aware that, by this, the Penny Readings have become a national institution and a power that spreads its influence throughout the length and breadth of the country; and it behoves those who are at all interested in the welfare of the people to give it their countenance and best attention, lest what was originally intended for the good of the people, be reduced to an instrument for the diffusion of evil. The first idea of the

Penny Readings was a grand idea. The man who can amuse the people without polluting their morals is a worthy man; but the man who can both amuse and instruct simultaneously is, in every sense of the word, a benefactor and a philanthropist. Now, what the Penny Readings did was this – if I may be allowed to speak John Bunyan-like – they united amusement and instruction in the holy bonds of marriage, and thousands hailed the auspicious event, and thought it a very good match. And for a time they lived happily together and never appeared before the public but together. But, Alas! like many other married couples, their blissful happiness was but of a short duration. Their first love began to cool down. Mr. Instruction began to wear the air of indifference; and Mrs. Amusement became more and more headstrong, and the consequence was that they neglected one another fearfully. Mr. Instruction often remained at home at the time when Mrs. Amusement was entertaining the public. To be sure, this was very wrong. The fault was mutual. But somehow the public laid all the fault to the charge of Mr. Instruction, and the result was when he next appeared in public, he was hooted. All this was done in the presence of his better half. Did she frown? Did she resent the insult thus offered to her partner? To her discredit be it said, sir, she did not. But on the contrary, she rather approved of the public's conduct, and smiled benignantly. Now, this was too much for Mr. Instruction – the blow was too severe; and had he not had the timely advice and support of his friend, Mr. Common Sense, fears were abroad at the time, that he never would have rallied. All this time, Mrs. Amusement was growing very popular; and by-and-bye an appeal was made by the public for a divorce. And it is a remarkable fact that this appeal was made in a very peculiar way. It was not in the form of argument, but in a mysterious rumbling of the feet! And for what I know, I have no objection to that form. For what is there in a form? We are not all the same gifted. Your talents lie in your brains, and in the fluency of your tongue; another man's talents lie in his nether parts, and yours in your upper parts; has he not as much right to show his talents as you have? However the appeal was heard, and the divorce granted. It ought to be said in justification of Mrs. Amusement that she was not so much to be blamed in this affair as another gentleman, who was believed to be her best adviser, and who was a gentleman of some good parts. Far be it from me to say anything disparagingly of this gentleman, for he is still in high favour and very popular with the people. But in this instance, I think, – and here I believe I am only expressing the opinion of great many, he overstepped himself. You know I allude to Mr. Comic. There were then some few sensible men who were shocked at his memorable scandal and who did their best to rescind the divorce and bring about a reconciliation; not that they had any prejudice against Mr. Comic, for he is on the whole, a harmless, innocent fellow, but seeing him thus monopolising all the attentions of Mrs. Amusement, was, they thought, carrying the game too far. From what I have heard of the recent efforts of the sensible men, a reconciliation is likely to be brought about at last. To drop the parabolical way of speaking, what I have endeavoured to say may be compressed into one sentence, viz; − That I have no objection whatever to a feeling of soreness in the sides after a good dose of laughter administered by the Penny Readings; but if our brains are not a little expanded, or in other words, if we are not a little better informed and a little more edified, then I say that the Penny Readings have not answered their original end.

Y mae'r apêl am gadw cytbwysedd rhwng difyrrwch ac adeiladaeth yn un gyffredin i'r cyfnod, ac yn rhagflas o ymadroddion cyffelyb gan Daniel Owen yn ei rageiriau i'w weithiau enwocach. Fe awgrymir weithiau mai arfer dychan a choegni yn unig y mae wrth amddiffyn buddioldeb ei lenyddiaeth, a'i fod yn gorfod cydymffurfio'n groes i'r graen ag ysbryd yr oes, ond mae cynnwys yr araith uchod yn awgrymu mai argyhoeddiad dilys a'i symbylai. Y mae'n debyg mai at y cyfarfod blaenorol ym mis Rhagfyr 1869 y cyfeiriai John Morgan, ('Rambler'), yn ei atgofion.[17] Siaradodd bryd hynny ar thema ddigon tebyg, sef 'The Sisters, the Misses Comedy and Tragedy, their nature and parts'. Yr un oedd ei fyrdwn ag yn yr araith a ddyfynnwyd, sef awgrymu, yng ngeiriau Morgan, bod 'y Penny Readings yn rhedeg i ormod rhysedd, gan aberthu addysg a phwyll i chwerthiniad heb ddim amcan iddo ond chwerthiniad cildarddach drain dan grochan.' Gan fod Morgan wedi difyrru'r dorf ag adroddiad digrif yn gynharach yn y cyfarfod yr oedd ganddo reswm digonol i gofio'r achlysur: 'Wedi y cyfarfod, dywedais wrtho bod ei anerchiad wedi peri i mi gywilyddio, ac atebai yntau nad oedd wedi amcanu hyny, a rywsut neu gilydd dechreuodd cyfeillach rhyngom a barhaodd hyd weddill ein hoes, ac ni chyfododd dim trwy gydol yr amser i ddarfu ar ein cyfeillgarwch.'

Cyn gadael rhaglen y *penny readings* mae'n werth nodi i gyfarfod ym mis Chwefror gynnwys perfformiad dramatig o ddarn o nofel Dickens, *The Pickwick Papers*, perfformiad a barodd ddifyrrwch mawr i'r dorf, yn ôl y gohebydd: 'the celebrated breach of marriage case of Bardell v Pickwick . . . Judging from the mirth and applause of the audience, the whole performance gave general satisfaction.'[18] Fe ddâl i ni gofio bod addasiadau o'r fath yn ddigon cyffredin, ac yn rhan o'r diwylliant cyhoeddus mewn tref ddwyieithog fel yr Wyddgrug.

Y brif ganolfan i weithgarwch cymdeithasol Daniel Owen oedd capel
y Methodistiaid Calfinaidd; yno yr âi i gyrddau rheolaidd yr wythnos
(byddai i ffwrdd yn pregethu gan amlaf ar y Sul). Deuai ambell gwrdd
arbennig hefyd, fel hwnnw ar nos Fercher olaf mis Ionawr 1870 pan
gafwyd cyfarfod anrhegu Edward Drury, a fuasai'n arweinydd y gân ers
deugain mlynedd. Derbyniodd dysteb o dros £45, ynghyd â chyfarchion
teyrngedus ei edmygwyr, Daniel Owen yn eu plith.[19] Yn ei ymateb
brasluniodd Drury dwf caniadaeth y cysegr yn ystod ei oes – gallai gofio
cyfnod pan na ddefnyddid llyfr emynau nac offer cerdd.

Ymdrechai'r Methodistiaid yn ddygn yn ardal dlawd y Pentre, trwy
gynnig darpariaeth ysbrydol ac ymarferol. Sefydlasid ysgol Sul ganddynt
ym Mawrth 1868 ac ymestynnwyd y gwaith ym mis Chwefror trwy sefydlu
clwb dillad (*clothing club*), yn gysylltiedig â'r ysgol Sul er mwyn
cynorthwyo'r tlodion. Daniel Owen (gyda *Rev.* o'i flaen) a enwyd gyntaf o
blith y siaradwyr.[20] Y mae'r cofnodion hyn yn tystio i brifiant sicr Daniel
Owen fel gŵr o bwys a sylwedd yn ei dref. Wrth ystyried datblygiad y
llenor, y mae gan 1870 dystiolaeth fwy manwl berthnasol eto i'w chynnig.
Dyma, hyd y gwyddys, pryd y cyhoeddodd ei ddarnau rhyddiaith
gwreiddiol cyntaf. Wrth ddewis yr ysgrif bortread yr oedd yn cydymffurfio
â ffasiwn ei oes, ffasiwn y newyddiadurwyr a'r llenorion mwy aruchel fel ei
gilydd. Y mae'n ddigon posibl mai ar anogaeth ei gyfaill newydd, y
gohebydd John Morgan, y cyfrannodd ei ysgrif Saesneg i'r *Mold and
Denbigh Chronicle* ym mis Mawrth. Yr oedd Morgan yn cofio'r cyfnod,
a'r hyn a gymhellai Daniel Owen, yn dda: 'Yr oedd y papur [*Mold and
Denbigh Chronicle*] yn un hynod o ddiymhongar. Ni fedrai y gŵr ieuanc
a'i cynrychiolai, er yn feistr purion ar y llaw-fer, ond ychydig o fedr i
ddisgrifio dynion a phethau, er y byddai yn treio ei law ar hynny yn fynych,
a'r hyn a gynhyrfodd ein cyfaill i ddechreu oedd gweled y dynionyn hwn yn
ceisio, ac yn methu.'[21] Felly dyma fynd ati i geisio cywiro diffygion y papur
trwy lunio portread o un o gymeriadau enwog y dref, Edward Williams,
neu 'Ned Sipian', fel y'i gelwid ef gan bawb. Y bwriad oedd llunio cyfres o
bortreadau. 'No.1' oedd hwn. Y mae'r cywair yn ddychanol, yn arfer
Saesneg aruchel yn fwriadol anghydnaws wrth ddisgrifio un o ddini-
weitiaid y dref, gan droi deunydd llafar ffraeth storïwyr y dref (pobl fel
Dafydd ei frawd) yn ymarferiad llenyddol braidd yn faldodus. Yr oedd cael
hwyl am ben ac ar draul yr is-ddosbarth cymdeithasol y perthynai Ned a'i
debyg iddo, yn ymddygiad cwbl dderbyniol ac arferol bryd hynny. Er bod
darnau fel a ganlyn yn ymddangos i ni yn anghysurus o nawddoglyd, nid
felly y byddai darllenwyr y cyfnod yn ymateb, a thrwy'r cwbl trewir rhyw
is-nodyn o gydymdeimlad annwyl:

His face, in keeping with the whole of his outward man, is small and thin, not wholly devoid of whiskers. His mouth is finely cut, and generally supplemented with a small clay pipe. Although perfectly honest, he never looks anyone full in the face. He does not seem cognizant of the existence of anyone but himself. His eyes are almost always cast upon the ground. A physiognomist would pronounce him as a man destined by providence to find. He is not insensible of this himself, for an early riser might descry him, after a fair or market-day, patrolling the streets of Mold, fully vindicating that capacity.

In attire, he does not deal in first-hand clothing, but the variety of his wardrobe is remarkable, comprising all cuts and fashions from the tail-coat to the military tunic, and sometimes a sprinkling of livery. His chief pride seems to be in buttons.[22]

Nid enwid y gwrthrych, a 'Gomer' oedd y ffugenw a ddefnyddiodd yr awdur. Gallai gloi yn hwyliog trwy grybwyll na fyddai Sipian anllythrennog yn darllen ei lith: 'He is not likely to meet with this panegyric, still we wish him a long career, and every success in his humble sphere.' Ym mis Ebrill rhoes Daniel Owen driniaeth gyffelyb, yn yr un cywair, i wrthrych llawer uwch ei barch, a hynny mewn cyhoeddiad pur wahanol ei fwriadau i'r *Mold and Denbigh Chronicle*. Cymysg, fe ymddengys, oedd yr ymateb i'r 'Darlun' a ymddangosodd yn *Trysorfa'r Plant*.[23] Un peth oedd arfer doniau dychanol wrth drafod un o ddiniweitiaid y dref, peth arall yn hollol oedd trin un o hoelion wyth y Methodistiaid Calfinaidd yn un o gylchgronau cenedlaethol yr enwad. Yr oedd yn hysbys i bawb mai'r hybarch John Davies, Nercwys, oedd y gwrthrych. Dyma'r gŵr a achubwyd mewn oedfa yn yr Wyddgrug, a fu'n cydlafurio gydag Angel Jones, y gŵr yn wir a fedyddiodd Daniel Owen! Yn ôl John Morgan, 'digiodd rhai o'i gyfeillion wrtho yn aruthr, ac agos yn anfaddeuol.'[24] Sylweddolodd Daniel Owen mor beryglus yw geiriau, mor barod ydynt i frifo, ac i gael eu camddehongli. Mae'n siŵr mai canmol unigrywiaeth hynod cymeriad Davies oedd prif fwriad Daniel Owen, ond ei fod yn benderfynol o wneud hynny heb arfer gweniaith rad y cyfnodolion enwadol. Llwyddodd i osgoi gweniaith, yn sicr, er bod byrdwn y portread drwyddo yn gadarnhaol. Ond fe dynnodd bobl yn ei ben trwy wrthryfela ryw ychydig yn erbyn yr ysgrif gofiannol gonfensiynol, gan ysgrifennu fel hyn:

Fel pregethwr, ni ellir ei restru ymhlith y dosbarth blaenaf, nac ymhlith un dosbarth arall; oblegid y mae yn ffurfio dosbarth ynddo ei hun. Nid ydyw

yn debyg i neb. Nid ydyw yn ddawnus nac yn ymadroddus; mewn
gwirionedd, y mae arno brinder geiriau; er hyny y mae yn boblogaidd yn
ei ffordd ei hun, ac nid oes odid i neb yn fwy adnabyddus nag ef trwy Dde
a Gogledd Cymru.

Arwydd o benderfyniad hyderus Daniel Owen yw iddo ailgyhoeddi'r
portread yn ddiweddarach adeg marw John Davies, ac iddo ei gynnwys
yn y casgliad amrywiol *Y Siswrn* yn 1886.

Y mae'n bur debyg i'r nyth cacwn a gododd yn sgil y 'Darlun' atal
rywfaint ar yrfa ysgrifennu Daniel Owen, ond ni fu'n rhwystr o fath yn y
byd i'w yrfa gyhoeddus. Pan agorodd y Methodistiaid ysgoldy newydd yn
ei gynefin ym Maes-y-dre ym mis Awst, yr oedd yn naturiol i'r
'Parchedig' Daniel Owen ddweud gair.[25] Y mae angen i ni gofio ei fod yn
feunyddiol yn rhan oddefol o gymdeithas amlochrog yr Wyddgrug, yn
sylwedydd tawel a storiai, heb yn wybod iddo'i hun, ddefnyddiau i
borthi'i ddychymyg. O fewn cylch y capel digwyddiad cofiadwy arall
oedd ymweliad y Parchedig Edward Matthews, Ewenni ym mis Mehefin.
Pregethodd deirgwaith ddydd Sul y deuddegfed, ac fe draddododd ei
ddarlith boblogaidd ar Siencyn Penrhydd y noson ganlynol, i gyfeiliant
cymeradwyaeth a chwerthin y gynulleidfa.[26] Ond 'roedd dosbarth o bobl,
fel y cyfaddefai traethydd *Y Dreflan* yn ddiweddarach, na lwyddai
crefydd nac addysg na'r Bwrdd Lleol i'w cyffwrdd. Ac 'roedd Daniel
Owen yn byw yng nghanol y dosbarth hwn; wrth drin achos Thomas
Owens o Faes-y-dre dywedodd Mr Roper, clerc yr ynadon, fod curo
gwragedd bellach yn arferiad cyffredin gan wŷr Maes-y-dre, a'u bod yn
debycach i fwystfilod gwylltion nag i ddim arall. 'Doedd y lle ddim yn ffit
i unrhyw '*lady*' fentro ar ei gyfyl. Curasai Owens ei wraig Elizabeth ar ôl
iddi ei gyfarch â'r geiriau 'O'r hangmon drwg' wrth iddo ddod adref yn
feddw, ac fe'i carcharwyd am ddeufis.[27] Os oedd 'Another assault upon a
wife' yn bennawd i gywilyddio gwyrda'r dref, yr oedd 'Where people get
drunk on Sundays' yn waeth byth, a'r stori oddi tano yn rhoi cip i ni ar
fyd y mentrwyd iddo yn ddiweddarach yn *Y Dreflan*: 'Margaret Gerarty,
who keeps a table beer shop in Milford Street was charged by P.C. John
Jones with keeping her house open at ten o'clock in the forenoon of
Sunday week for the "Jerry Whack". The officer said he . . . saw a man
named James Doyle drinking table beer out of a jug.'[28]

Yr oedd cyfrannu ysgrifau dan ffugenw ar fywyd y dref a'r cylch yn
weithgarwch poblogaidd. Sais o'r enw Maurice Jones oedd 'Scrutator',
a drigai yn 'The Curiosity Shop', awdur cyfres o ysgrifau 'Mold: Echoes
from Nooks and Corners' yn y *Wrexham Advertizer* yn 1870. Y mae'r

ysgrifau hyn yn llawn disgrifiadau dychanol o gymeriadau'r Wyddgrug. Y mae cyfeiriad diddorol ganddo at aelodau 'The Anecdote-Telling Club', criw o gefnogwyr brwd i'r prif weinidog Gladstone a gwrddai yn *snug* un o dafarnau'r dref i ddweud eu straeon; i'r criw hwn y perthynai Dafydd Owen, brawd Daniel, ac Andreas o Fôn.[29] Y mae'n bosibl mai John Morgan oedd 'Theodosius', awdur y gyfres 'Sunday Sketches from Mold', adroddiadau ar wasanaethau gwahanol addoldai'r cylch, a redodd yn yr un papur yn 1870 ac 1871. Mentrwn ddyfalu mai Daniel Owen oedd 'Cymro', awdur 'Life in Mold: Jottings' a ymddangosodd ym Mawrth 1871;[30] ei lais ef a glywaf i yn hybu cynnydd y gwerthoedd gorau, ond yn gwneud hynny gyda'r awgrym lleiaf o wên ddychanol: 'Mold is a better place now than it was twenty years ago, and what shall it be in twenty years time? Surely what with Penny Readings, Teetotallers, Sunday evening and other lectures, Warming Machines and St David's Days it ought to become a model town, and we hope a model people.'

Egr ddigon oedd bywyd beunyddiol llawer o drigolion y dreflan, fodd bynnag. Y wedd fwyaf ddychrynllyd ar 1871 oedd cerddediad y frech wen trwy wledydd Prydain. Fe gyrhaeddodd yr Wyddgrug, gan daro ardal Coed-llai yn ddrwg a chan ysgogi'r Bwrdd Lleol i ddyblu'u hymdrechion i godi safonau iechyd trwy ddelio â'r cytiau moch tramgwyddus. Bu'n rhaid cynnal cyfarfod arbennig ym mis Tachwedd i drafod yr argyfwng; yr oedd y syrfëwr eisoes wedi diheintio'r dre â '*carbolic acid*'.[31] Deuai'r isfyd i'r golwg yn y llysoedd, fel arfer; carcharwyd Margaret Jones am buteindra ar ôl ei chanfod yn feddw gydag 20 o ddynion mewn ystafell ym Maes-y-dre rhwng un a dau ryw fore Sul.[32]

Dal i brysuro – a pharchuso – a wnâi gwaith y Methodistiaid. Cawsant gan ryw Mrs Evans, gynt o'r Wyddgrug, rodd o glustogau ar gyfer seddi'r capel ym Mawrth 1871. Arwydd sicr o feddalu ysbrydol![33] Ar nos Lun, 1 Mai, cynhaliwyd te parti a chyfarfod llenyddol yng nghapel M.C. Gwernymynydd, pentref ryw ddwy filltir i'r gorllewin o'r dref. Daniel Owen a gadeiriodd y cyfarfod llenyddol, ac fe agorodd y cyfarfod trwy atgoffa pawb a oedd yn bresennol o amcan cwrdd o'r fath. Cafwyd noson hwylus wedyn, yn cynnwys yr eitemau a ganlyn: rhydd-adroddiad, 'Dafydd a Goliath' gan Mr J. Eaton, dadl ar bwnc 'Dirwest a Chymedroldeb' a chytgan gan y côr, 'Dwr gloyw grisialaidd i mi'.[34] Yr oedd Daniel Owen, yn ogystal â phregethu ymhell ac agos ar y Suliau, hefyd yn cael ei benodi (a'i dalu) gan Gyfarfod Misol Sir Fflint i gynorthwyo achosion bychain mewn lleoedd fel Gwernymynydd a Sychtyn – 'cynorthwyo mewn cyfarfodydd eglwysig' yw'r ymadrodd a ddefnyddir.[35]

Trefnwyd gwibdaith i Faes-y-coed, Caerwys, ym mis Medi i ddathlu gosod carreg sylfaen yr ysgoldy a'r capel newydd ym Maes-y-dre.[36] Byddai'n ddiddorol gwybod faint o Fethodistiaid a arwyddodd y ddeiseb yn gofyn i'r awdurdodau leddfu'r ddedfryd ar y rhai a garcharwyd yn sgil terfysg 1869. Yr oedd 250 enw arni.[37]

Ni fu 1871 yn gwbl ddinod yn hanes llenyddol Daniel Owen. Ym mis Ebrill ymddangosodd pryddest o'i eiddo, 'Offrymiad Isaac', yn *Y Traethodydd*.[38] Nid cyfansoddiad newydd mohono ond rhan o gynnyrch cyfnod Glaslwyn wedi'i ailwampio, o bosibl. Ond 'roedd llawer o'i anerchiadau llafar poblogaidd yn gyfansoddiadau a oedd yn cael eu paratoi yn fanwl ar bapur. Gwelwyd enghraifft Saesneg eisoes, sef ei anerchiad ar y 'Penny Readings', ac yn ystod y blynyddoedd hyn hefyd y lluniodd ac y traddododd rai o'r anerchiadau a oedd yn ddigon gorffenedig lenyddol i'w cyhoeddi maes o law yn *Y Siswrn*. Y llwyfan i lawer o'r anerchiadau hyn oedd cyfarfod llenyddol arbennig y capel adeg y Nadolig. Daeth anerchiad blynyddol Daniel Owen yn un o uchafbwyntiau'r ŵyl. Nid oes modd dyddio pob un ohonynt, ond os yw cof John Morgan yn gywir, yng nghyfarfod 1871 y traddododd ei fyfyrdod enwog ar 'Y Bethma', gan gael y fath hwyl arni o flaen torf o fwy na mil o bobl nes gwneud i Morgan gywilyddio oherwydd ei ymdrechion ef i siarad ar y pwnc 'Ymddangos a Bod': 'Gennyf fi 'roedd y testyn gorau', ebe Morgan, 'ond ganddo ef oedd y bregeth oreu tu hwnt i bob cymhariaeth. Yr oedd ef wedi astudio ac ysgrifennu pob brawddeg, a hynny drosodd a throsodd drachefn . . . Penderfynais y noson honno fy mod wedi cyflawni y ddau ben i'm testun beth bynnag – ymddangos a bod yn ynfytyn. Ond am Daniel, onid oedd o'n taro yr hoel ar ei phen bob ergyd a phawb yn eu hwyliau gorau yn gwrando, tra oeddwn innau mewn cywilydd a gwarth yn ceisio cuddio fy wyneb.'[39] Llwyddiant tebyg a gâi Daniel bob blwyddyn; yn ôl 'R. W.' yn yr ymddiddan a gofnododd William Hobley, 'Mi fydde'n sgubo'r cwbl o'i flaen yn i areth yn y cyfarfod llenyddol Ddydd Nadolig. Dyna'r peth gore fydde fo'n wneud.'[40] Y mae 'Y Bethma' yn arddangos clust fain yr awdur at batrymau sgwrs pobl a'i duedd i weld y gymdeithas ddynol yn un braidd yn gomig. Ar ôl pentyrru sylwadau digrif am hollatebolrwydd y gair 'bethma' ('pan fydd dyn yn sal, dywedir ei fod yn bethma, a phan fydd yn iach, dywedir ei fod yn bethma') ychwanegir cynffon mwy addysgiadol a phregethwrol at y difyrrwch, gan feirniadu tueddiadau gwamal a Seisnigaidd ieuenctid yr oes:

Un peth sydd yn fy nharaw i fel peth bethma iawn y dyddiau hyn ydyw y difaterwch dybryd a welir mewn llawer o ieuenctyd ein cynulleidfaoedd am bob gwybodaeth fuddiol ac adeiladol. Mae yr ystyriaeth yn un bwysig fod cenedl – neu o leiaf dosbarth o bobl ieuainc – yn codi sydd yn hynod gydnabyddus â phob *comic song*, a phob *slang*, a phobpeth sydd yn *awfully jolly*, beth bynag a olygir wrth air mor wirion, ac na fedrant adrodd penill o hymn nac adnod yn gywir. Ac y mae y dull rhodresgar yr ymddygir tuag at bob peth Cymreig yn ymddangos i mi yn fwy bethma fyth. Os gafaelir mewn llyfr Cymraeg, cauir ef y fynyd hono – Cymraeg ydyw, bid siwr! . . . Anaml y blinir neb yn y dyddiau hyn gan ddim Cymreig. Anfynych y mae neb yn cael y ddanodd. O na y *tic*, neu y *neuralgia*, sydd ar bawb. Ni flinir neb gan ddolur gwddf – *sore throat* ydyw y poenwr yn awr, oddigerth y bydd dyn mewn sefyllfa led uchel, yna y mae yn *bronchitis* . . . Os nad ydyw peth fel hyn yn bethma, wn i ddim beth sydd yn bethma.[41]

Y mae'n debyg yr honnai rhai mai chwarae i'r oriel, neu i'r sêt fawr, yr oedd Daniel Owen wrth gynnwys yr elfen addysgiadol, ond 'does bosibl nad yr hyn sydd yma yw enghraifft arall o ymarfer yr egwyddor na ddylai hwyl a doniolwch (elfennau amlwg yn natur Daniel Owen yn ôl ei gydnabod) fyth ddisodli buddioldeb yn llwyr. Un o brif bynciau agenda gymdeithasol Roger Edwards, Daniel Owen a'u tebyg oedd creu diwylliant cyhoeddus a oedd yn ddiddorol heb fod yn wamal, ac yn ddeniadol heb fod yn ddi-chwaeth.

I bob golwg, blwyddyn ddigon digyffro oedd 1872 i'r dref ac i Daniel. Y mae patrwm rheolaidd bywyd eglwys yn mynd yn ei flaen, a phed amlhaem gofnodion ni wnaem ond dyblygu deunydd a grybwyllwyd eisoes. Fe dderbyniodd Daniel fwy o gyfrifoldebau gan ei enwad, ei benodi i ofalu am Gyfarfod Ysgolion Dosbarth yr Wyddgrug ac am y Cyfarfodydd Deufisol yn Nosbarth y Dyffryn.[42] Fe gyhoeddwyd yng nghylchgrawn misol ei enwad, *Y Drysorfa*, ddwy gyfres a fyddai o ddiddordeb neilltuol iddo, sef 'Adgofion a Sylwnodion' y Parchedig John Davies, Nercwys, a ffugchwedl newydd Roger Edwards y golygydd, 'Evan Edmund a'i gyfeillion'. Tua diwedd y flwyddyn dechreuwyd paratoi ar gyfer prif ddigwyddiad y flwyddyn ganlynol, sef yr Eisteddfod Genedlaethol yr arfaethid ei chynnal yn yr Wyddgrug. Yr oedd Daniel Owen a'i frawd Dafydd yn rhan o'r pwyllgor cyffredinol o'r dechrau. Yn y cyfarfod cyntaf, nos Fawrth, 15 Hydref, rhoes y Parchedig T. R. Lloyd (Estyn) fraslun o hanes diweddar yr eisteddfod a'i ddatblygiad enfawr ers dydd yr eisteddfod dafarn, ac ar gynnig Andreas o Fôn derbyniwyd enwau nifer o gynrychiolwyr ar gyfer trefi eraill yng ngogledd Cymru.[43] Yr oedd Daniel a'i frawd yn y pwyllgor nesaf y nos Lun canlynol yn y *Savings Bank* pan benodwyd Andreas o Fôn yn ysgrifennydd mygedol ac y dechreuwyd trefnu cyfarfodydd y côr.[44] Erbyn mis Tachwedd yr oedd y côr, dan arweinyddiaeth S. Allen Jones ('Pencerdd Powys'), aelod o'r un eglwys â Daniel Owen, yn paratoi at rihyrsal cyhoeddus nos Galan, rhan o noson a gynhwysai ddarlith gan Hwfa Môn – 'a real, live Welsh bard', chwedl y gohebydd direidus.[45]

Wrth ddilyn helynt Daniel ar ddechrau 1873 y mae gofyn gollwng llinyn yr eisteddfod am ychydig er mwyn rhoi sylw i'w ymwneud llachar â'r byd gwleidyddol. Er bod amryw wedi cyfeirio ato fel Rhyddfrydwr brwd, prin fu'r dystiolaeth fanwl am unrhyw weithgarwch gwleidyddol. Y mae'r hanesion a gofnodir yn y papur lleol yn llenwi rhywfaint ar y bwlch. Y mae'r bennod gyffrous hon, pan yw Daniel Owen yn cyrraedd yr uchelfannau fel dyn cyhoeddus, yn dechrau ar 22 Ionawr, gyda threfnu *banquet* yn yr Wyddgrug er mwyn talu teyrnged i ddau aelod seneddol Rhyddfrydol sir Fflint, sef yr Arglwydd Richard Grosvenor a Syr Robert A. Cunliffe, ac i sefydlu Cymdeithas Ryddfrydol leol. Yn ogystal â'r ddau aelod lleol yr oedd Samuel Holland, aelod seneddol Meirionnydd a W. H. Gladstone AS, mab y prif weinidog, yn bresennol. Yno hefyd yr oedd yr Uwchgapten Cornwallis West, arglwydd raglaw sir Ddinbych. Ond ymhlith y gwesteion hefyd yr oedd cynifer o Fethodistiaid blaenllaw fel ag i awgrymu mai hwynt-hwy oedd asgwrn cefn y blaid yn sir Fflint, hynny braidd yn annisgwyl os ydym wedi arfer meddwl am yr enwad fel un anwleidyddol, adweithiol hyd yn oed, o'i chymharu â'r enwadau eraill. Y mae'n ymddangos mai ychydig o ormodiaith a arferem pe dywedem mai'r blaid Ryddfrydol ar ei gliniau oedd Cyfarfod Misol y Methodistiaid Calfinaidd yn y sir! Yr oedd Roger Edwards ar y blaen yn y maes hwn eto, a gydag ef ei gyfaill mawr y Parchedig Michael Jones, Fflint, P. M. Evans, Treffynnon, argraffydd *Y Drysorfa*, J. Angel Jones (meistr Daniel Owen), Edward Drury, Benjamin Powell a Daniel Owen. Yno hefyd yr oedd Dafydd Owen ac Isaac Foulkes.[46]

Ar ôl i gadeirydd y noson, Mr E. Bate, Celstryn, gynnig llwncdestun i'r frenhines a thywysog a thywysoges Cymru fe ddechreuwyd ar y rhaglen hirfaith o lwncdestunau ac ymatebion iddynt. Y cadeirydd eto a gynigiodd lwncdestun i'r esgob a chlerigwyr yr holl enwadau; atebodd y Parchedig T. R. Lloyd ar ran yr Eglwys, ac yna fe gododd Roger Edwards, i gymeradwyaeth uchel, i ddweud gair ar ran yr Anghydffurfwyr. Prif bwynt ei araith (a gymeradwywyd yn gyson gan y

cwmni) oedd addo cefnogaeth Anghydffurfwyr y sir i'r achos
Rhyddfrydol:

> I may state that the Nonconformists of Flintshire can do something in
> relation to the representation of the county and boroughs in Parliament. I
> say it, not, I am sure, in a captious spirit and a boastful manner, that we
> have always advocated the principles of true freedom, and fought stoutly
> for the Liberal cause – that our voice is not to be silenced, nor our
> grievances to remain always without being redressed – that we are not so
> very insignificant either in quantity or in quality.

Aeth y cyfarchion a'r areithiau yn eu blaen yn ddiarbed; siaradodd y
tri aelod seneddol Cymreig, ymatebodd y Gladstone ifanc i lwncdestun i
Weinidogion ei Mawrhydi. Ymhen hir a hwyr cafwyd llwncdestun
braidd yn wahanol, pan gododd Enoch Lewis i gyfarch y gweithiwr, 'the
working man'. Daniel Owen, yn ôl y trefniant a wnaed o flaen llaw, a
gododd i ymateb. Dyma a ddywedodd:

> The working man deserves a long speech, but knowing that your
> expectations are centred elsewhere, I shall not occupy more than ten
> minutes of your time. The novelty of the toast in a place like this, and the
> flattering future it suggests for the working man, makes one regard it
> almost incredulously; but I trust that the toast is not a farce, but a true
> exponent of the growing conviction of the higher class of society of the
> importance, and, if I may so express it, the dignity of the working man.
> Time was when the working man was looked upon with scorn, and his
> existence hardly recognised, save as a fit object to be trampled upon. But,
> happily, one great characteristic of the present age is the gradual but
> steady elevation of the working class. No longer is work regarded as a
> reproach, a degradation and a curse, but everything tends to show its
> divinity. Now, sir, I am proud to think of the great improvement that has
> been brought about in the general condition of the working classes during
> the last twenty years. They are more respected, they are better paid, and
> best of all, they are better educated. A fair majority, I should say, of the
> working men of this country, can read their books and their newspapers,
> and possess the means of knowing what goes on in the world. And what
> has been the result of this education? You will say uneasiness, discontent
> – I admit it, with a modification. If you want a man to work hard without
> a just return – if you want a man that can never say no – and lick the rod
> of tyranny; then keep him from his books and papers, bar the way to his

intellect, make him read and write his letter by proxy, and you are more likely to succeed. But I maintain that no honest, upright man need shudder at the thought of educating the working man. For it has been amply proved that when labour is adequately rewarded, and the rights and freedom of manhood recognised, that the educated working man is more diligent, a steadier, and a better workman in every sense of the word. Undoubtedly your minds revert to strikes and trades-unions. I am not going to advocate trades-unions here tonight. They are not the best thing for the working man. But on the other hand they are not the incarnation of wickedness that they were represented to be by a gentleman in this room last week. It depends a great deal upon your standpoint. The same institution may wear quite a different aspect to the working man, from that it represents to a country gentleman and a magistrate. I frankly admit that the suffering and calamity caused by strikes are simply tremendous. But all I can say is be patient, the working class now is in a state of transition, and these strikes are but the bold, or perhaps rash leap of a sudden conscious freedom and importance; and when the education of the working class will be somewhat advanced, a better sense will be shown on the part of the employed and let us hope a little less arrogance on the part of the employer, and disputes will melt away under the congenial influence of arbitration. I need not waste your time to prove that the working man is capable of being educated, neither do I intend to rehearse the long stereotyped list of men who have risen from the working class. There may be something in blood – I am not going to dispute that. But I am fully persuaded that nature has made no distinction as regards brains. Perhaps I am wrong there, too, for nature always true to herself has more than made up what was deficient in blood in that of brains, because you will find that the greatest men in science, art and literature, were men with very few exceptions that had no blood in them worth talking about. Now, sir, we want men to represent us in Parliament who will take a lively interest in the working man – men who will exert themselves on his behalf – and do what they can to diminish his temptations – to lessen his burdens, and give their best support to all measures that have a tendency to improve his education and circumstances. I think I may safely say that three-fourths of Welsh workmen are Liberals, and they are Liberals for two reasons – the first is because Liberalism is the politics of nature; and also because they have found that the Liberal party has always been their best friend. And the time has arrived when nothing will satisfy the Welsh working man but a thorough-going Liberal representation. And this he will be sure to have by and by. Two boons have been conferred upon the working man that will be sure to tell a tale at the next general election. The one is the franchise, which I call the political gospel of the working man. The best thing Mr. Disraeli ever did. And it matters little to us that this political gospel – like the other more glorious gospel – was of Jewish origin. [Chwerthin a chymeradwyaeth.] We have had it, and no thanks, for the 'fulness of time' had come when it could not be withheld any longer. The other boon I allude to is the ballot, which is the finest and biggest child of the present prolific Government. We all know that the working classes are dependent classes, and even when they had had the franchise they could not exercise it with security – they were under the big thumb of the employer, the landlord, and worst of all, the steward. And Twm o'r Nant – no mean authority – has truly said –

> Mae digio steward all gystwyo,
> Dynion dylion dan eu dwylo
> Yn fwy na digio Duw.

It was all very well to talk of conscience and principle, but when it becomes a question of daily bread, conscience becomes a very elastic thing indeed. It is hard to make an empty sack stand erect. But we have had heroes in the Welsh constituencies – who, for the sake of principle and conscience, sacrificed their farms, their livelihood, and suffered to be reduced to penury and want rather than bend the knee to the tyrant. Some of them have passed away from amongst us; others are on the other side of the Atlantic, enjoying the full and pleasant conviction that man was not made to live on bread alone. All honour to their names. Had it not been for such men, we would not have had the ballot yet. But those days are gone; we shall no more hear of the 'screw' and 'Welsh evictions'. It is thrown into our faces that the ballot is unenglish and unconstitutional. And what of that? Does it follow that everything English is right? If we can get something better than English, why let us have it, say I.

Eisteddodd y siaradwr i gyfeiliant cymeradwyaeth uchel. Gwnaeth argraff fawr; defnyddiodd y sgiliau siarad cyhoeddus a berffeithiwyd mewn pulpud a chyfarfod llenyddol i roi mynegiant ffraeth, caboledig ac angerddol i Ryddfrydiaeth hyderus y werin Gymraeg a oedd ar ben ei digon ar ôl y llwyddiannau etholiadol diweddar. Cafwyd areithiau wedyn ar ei ôl ef, ond ni wnaeth neb arall gyffelyb argraff, a bu'n rhaid cloi'r noson cyn cyrraedd diwedd y rhaglen faith. Am Daniel Owen yr oedd y siarad drannoeth y loddest. Dathlwyd llwyddiant yr achlysur gan

olygyddol y *Wrexham Advertizer*, a chafodd un siaradwr sylw arbennig:
'In responding to the toast of the Working Classes, Mr. Daniel Owen, a
working man, especially distinguished himself. The toast, and the
talented response which it elicited from Mr. Owen, were among the
most striking and pleasing incidents of the evening.'[47] Yr oedd W. H.
Gladstone yn hen law ar achlysuron o'r fath, a phan ysgrifennodd at ei
dad i roi hanes y noson, dywedodd mai'r teiliwr o'r Wyddgrug a aeth â'i
sylw: 'The most striking speech was by a tailor in Mold, Daniel Owen,
who I was told, went to Bala College to educate himself'.[48] Felly y
cyrhaeddodd y newydd am araith ysgubol Daniel Owen glustiau'r prif
weinidog. Ond ni phlesiwyd pawb. Fe gynhyrfwyd un a oedd yn
bresennol i ysgrifennu llythyr hir a phigog i'r *Wrexham Advertizer*.
Dyma fel y lleisiodd 'A Radical' ei gŵyn :

Sir, – I was present at the Liberal banquet at Mold, and as a patient listener
to all the speeches. There was one amongst them upon which I will venture
to offer a few observations, and that was the speech of a Mr. Daniel
Owens, who was chosen to respond to the toast of 'the Working Men'. I
never saw nor heard of Mr. Daniel Owens before last Wednesday night;
but I was then told that he is a journeyman tailor, that feeling the
deficiencies of his early education, and determined to conquer them, he
entered himself of the college at Bala, and maintained himself there for
two years by his labor. All honor to him! But permit me to say this of Bala
College, that whatever its tutors may teach of the classics or of
mathematics, judging from the speech of Mr. Daniel Owens, they trouble
themselves little as to the inculcation of good manners! Let it be
remembered that there were present at the banquet amongst the other
guests Lord Richard Grosvenor, Sir Robert Cunliffe, Mr. West, and the son
of the Premier. The burden of the speech of Mr. Daniel Owens was – that
whilst some men gloried in their blood, God endowed men with brains
without distinction of caste, rather, that he compensated the poor man by
the superior riches of his intellect. His speech was a watery dilution of the
favorite song of Robert Burns, 'A man's a man for a' that.' In working out
his proposition I am bound to say he made some good hits, and if his
speech had been delivered at a working men's club it would have been one
of singular appropriateness; but the devil of satire was abroad amongst
the audience at Mold, and composed as it was of working men chiefly, all
the hits of the speech were taken up by the audience and directed with
rapturous applause against the blue bloods at the top of the table. Now, all
this I say was in grossly bad taste. First of all, in its spirit it was based on

the assumption that the blue bloods were arrogating to themselves some superiority over the working men. What foundation was there for such an assumption? None at all! Indeed, the appearances were all the other way; for some of these men had gone out of their way on that occasion to mingle with the working men on terms of equality. But false as the premises were, the conceit of the exhibition was the most prominent element of its bad taste. It is a too common thing for men who have good heads on their shoulders, and who know it, to make; for strangely enough vanity is often the accompaniment of ability and even of genius – to make I say a vulgar brag of it and flaunt it unnecessarily in the faces of the blue bloods; as who should say, 'I am as good a man as you, for whilst you boast of your wealth and descent I boast of my brains' I say there is as much vulgarity in such an exhibition as there would be in the arrogant assumption of superiority in wealth or high descent. Modesty as much becomes the consciousness of brains as it does of wealth and proud lineage. Again I think this style of speech is based on a very ignorant assumption; that in truth no man of brains, if he give good proof of it, has reason to complain of his neglect by the 'upper ten'. You know me very well, and you know that I have a very small acquaintance amongst the aristocracy; that the only knowledge I have of great men is through my bookshelves. Judging from this experience, I feel bound to say that I find in all the books of 'Noble authors' I have ever read, the fullest and heartiest recognition of all the men who are entitled to take rank in the commonwealth of intellect. For instance, today only I finished the reading of a book by the Earl of Pembroke, and a charming book it is. Last week I read a book written by the Hon. Emily Eden, and in all my reading, I give the lords a turn now and then. But in none of these books do I find any of the snobbishness of rank – certainly none of the snobbery of intellect. On the contrary, the amplest and heartiest recognition of the lights of English literature, with no previous enquiry, whether your favorite author is patrician or plebeian. Let Mr. Daniel Owens give proof of the brains he brags of by making his mark amongst the intellect of his country, and he will soon find that he is as free of the commonwealth as though

> His blood
> Had crept through scoundrels ever since the flood.

One other point and I have done; it is this: That no man has a right to assume that while society prides itself on its rank and wealth, God has asserted the equality of men in a law of compensation by a larger endowment of brains to poor men. I believe this is a false position, and one based on pride and ignorance. The only natural advantage a poor man has over a rich man that I know of, and that indeed is more the result of artificial life than a natural law, is in fecundity. In respect to brains, I say there is no superiority. You know I am no tuft-hunter – I never was and am not likely to be. I think the hereditary House of Lords in a free constitution an anomaly and an absurdity; but I mean to say that man for man, and in due proportion, there is as fair a distribution of brains amongst the aristocracy as amongst the mobocracy, of which latter I am one; that is to say, taking the population of these kingdoms at thirty millions and the aristocracy at say thirty thousand of these; that as thirty thousand is to near thirty millions, there is an equal if not a larger share of intellect amongst the thirty thousand than in the residue of the thirty millions. As some proof of this, I will take the first thirty books that lie on the shelf next my elbow whilst I am engaged in the writing of this letter. They happen to be the poets, from Chaucer down to Swinburne, but not including 'Twm yr Nant' [*sic*]. A large majority of them are of high scholarly training; a lesser majority, but still a majority, are men of gentle blood.

I have written you a long letter. I have no blue blood in my veins, and am 'Too proud to care from whence I came'. If the people of this country were divided into the two hostile ranks assumed by Mr. Daniel Owens I should stand shoulder to shoulder with him and should wink at his manners; but I am persuaded we are not; that there is a generous community of sentiment and feeling amongst the best men of all ranks in the republic of intellect – the cads of both sides of course being left out of the reckoning. Therefore feeling this I have gone out of my way to read a mild lecture to a good, but I believe slightly deluded fellow-man. Yours obediently,

A Radical.[49]

Yr oedd yn hysbys i bawb, y mae'n amlwg, pwy oedd y radical beirniadol hwn. Pythefnos y bu'n rhaid i gyfeillion eiddgar Daniel Owen ddisgwyl am ei ateb. Fe ddaeth, yn fflachio gan ddychan brathog a milain ar brydiau, yn rhifyn 15 Chwefror dan y pennawd 'A word from D. Owen to "Mr. Radical"'.

Sir, – I feel quite unable to express my grateful thanks and my unbounded obligation to 'A Radical' for his mild and cleverly-written critique on what I said at the Mold Liberal dinner. Ability that can write such a long scholarly letter on such a slight subject as one single sentence uttered by an insignificant individual – and that in a jocular way – and taken, by the way, by those it most affected in good part – such ability, I say, will ever command my admiration. Permit me further to state that my admiration of his letter was greatly intensified as I became more and more convinced that he had written it all without taking off his perfumed kid gloves. Although, as he has already satisfactorily proved, I am ignorant and quite devoid of good manners, I daresay it will be a source of great consolation for him to know that I am not wholly lost to good feeling. And now I am going to prove it. His fine delicacy of feeling and enviable predilections for the aristocracy made me feel quite ashamed of myself. And then, when in that pretty, pretty part of his letter he humbly appeals to his extensive and aristocratic library, and the thirty volumes of poetry next to his elbow – minus 'Twm o'r Nant' – and as to how many books he had read during the last fortnight, together with the pretty names of the authors – dear, dear! it was too much for me. I was overpowered; my heart gave way, and – well, I may as well split – I cried! (Pardon the word split; I am not sure that it is a mannerly word.) You will see from these statements that I am not quite incorrigible. There is yet hope. Sir (you see I am improving in my manners), a gentleman of his extensive reading, with thirty volumes of poetry at one elbow – to say nothing of the other elbow – could not have missed Mr. Gladstone's speech on Sir Walter Scott at Hawarden, in which he says that 'The Bride of Lammermoore' is Sir Walter's masterpiece, inasmuch as it contains the most wonderful combination of the humorous and the tragic. Sir, permit me to express my humble opinion, that whatever he had written before (and some say in Mold that he is a regular contributor to the quarterlies, which is very credible), I maintain that this, his last production is his masterpiece, inasmuch as it contains the most 'wonderful combination' of what pedantic people call the ego and the non ego. This 'wonderful combination' of 'Radical' throws Sir Walter (although a blue blood) for ever into the shade! When he has surveyed the non ego – which, of course, comprises his innumerable bookshelves, and 'the thirty volumes of poetry next to his elbow', and even 'Twm o'r Nant', myself and all, and when with lawyerly precision he has weighed, balanced, and given to everybody their due and proper place – it is truly wonderful how with one graceful, dignified turn he can place his camera in full front of the ego, and smile with self-satisfaction! Allow me to add one more tribute. So thoroughly have I been convinced by 'Radical's' arguments and the pervading truthfulness of his letter, that I cannot make objection to one single word – no, not even to a letter – not even to the letter 's' he has so generously added to my name. He has quite won me over to the orthodox belief that if there is a superiority of brains at all, it is on the side of the blue bloods. For, not to speak of men of science, divines &c, let us but take the three greatest poets the world ever saw – Homer, Milton and Shakespere. Of course, these are amongst 'the thirty next to his elbow.' Were not the three of 'gentle blood'? Who says that Homer was the natural child of an orphan girl? Blasphemy, sir, blasphemy! Who says that Shakespeare was the son of a butcher? It is false, sir. Was he not the son and heir of Sir FitzRobert Starch? To be sure he was. And besides, we can go further than that. We maintain – that is, Radical and I – we maintain, without fear of contradiction, that no plebeian, whose early education had been neglected, was ever able to 'make his mark'; while we can produce hundreds of gentle blood who had had no education at all, and had to suffer all the disadvantages of wealth, and yet signally distinguished themselves. Sir, it is a pity that 'Radical' did not attach to his letter the name by which he is generally known amongst his admiring friends. I am afraid he shall have the story of 'Junius' over again some of these days. But to be serious, if seriousness were possible, he has graciously, though darkly, hinted that I have a good head on my shoulders, which was quite a discovery for me. I did not know that before, much less did I brag of it as he courteously asserts. The compliment coming from such a high quarter has made me quite vain, and I should like to return it; but, owing to my want of courtesy and my vulgar regard for integrity, I cannot. 'Radical' complains that the devil of satire was abroad among the audience at Mold. It will grieve him to know that the old boy is still abroad, and likely to be so until the millenium of sycophancy shall have dawned. One word more and I have done. Be it known to 'Radical' that I am not a fair specimen of the Bala College students; so let me beg of him to exercise a little of his perfect good manners by leaving that good institution alone.

This from your 'ignorant', 'vulgar', 'unmannerly', and 'deluded fellow-man',

D. Owen.[50]

Sawl drafft o'r llythyr hwn a ddarllenodd yr awdur i'w gyd-weithwyr yn siop Angel Jones, tybed? O'i gymharu â thruth hirwyntog ei wrthwynebydd y mae'n gyfansoddiad llenyddol bwriadus sy'n rhoi cyfle i Daniel Owen i gyfiawnhau ei hoffter o'r arfau dychanol a'i barodrwydd (gor-barodrwydd ym marn rhai o'i ffrindiau) i'w defnyddio.

Fis Mawrth 1873 materion eisteddfodol oedd yn mynd â bryd ac amser Daniel Owen a gwŷr eraill ei dreflan. Yr oedd esbonio arwyddocâd yr eisteddfod i drigolion di-Gymraeg yr Wyddgrug yn orchwyl o'r pwys mwyaf er mwyn sicrhau eu cefnogaeth, ac fe wnaeth Daniel Owen ei ran. Ef, yn bur sicr, oedd 'Cymro' a anfonodd lythyr ar bwnc 'English Englynion' i'r *Wrexham Advertizer* ganol Mawrth. Ymateb a wnâi i sylwadau blaenorol yng ngholofnau golygyddol y papur ynghylch y defnydd o gytseinedd ac effeithiau cynganeddol:

The chief characteristic of the cynghanedd is a coincidence and a certain musical ring of the consonants. Your remarks suggested to me the idea of attempting to compose English englynion, and bring the English language under the stern rules of the gynghanedd gaeth. How far I have succeeded the reader shall judge. The subject is good, the sense and the poetry for what they are worth. I have italicised the words that ring for the sake of the English reader.

SO AND SO
Do you *know*, '*so* and *so*' *sir*! A *beauty*
And a *better* creature
You *never saw*; I *aver*, *sir*,
And *count* you'll ne'er *encounter*.[51]

Ceir pedwar englyn arall yn yr un dull, ac o'r un safon!

Nos Fawrth 18 Mawrth cynhaliodd côr yr eisteddfod eu rihyrsal mawr cyhoeddus yn Neuadd y Farchnad (yr oedd Daniel yn aelod). Yr oedd yr ystafell dan ei sang, a'r gwres yn llethol, a phrin fod lle i'r deucant o gantorion ar y llwyfan. Dymunodd y llywydd, T. T. Kelly, Ysw., bob llwyddiant i'r eisteddfod, gan fawr obeithio y byddai tywysog a thywysoges Cymru yn gweld eu ffordd yn glir i fynychu'r ŵyl. Amddiffynnodd yr eisteddfod yn erbyn y rhai a'i cyhuddai o wneud mwy o ddrwg nag o dda. Fe wnâi les mawr i'r iaith Gymraeg, ond nid ar draul yr iaith Saesneg yn sicr. Yr oedd pob Cymro bellach yn gwerthfawrogi anghenraid dysgu Saesneg. Ar ôl yr araith aeth y côr at ei waith, gan ganu tri o gytganau cysegredig Handel yn yr hanner cyntaf. Yn ystod yr egwyl traddododd Daniel Owen, seren ymhlith siaradwyr cyhoeddus y dref bellach, ei araith. Mae'n werth ei dyfynnu'n llawn, er ei bod i fesur yn ailweithio yr anerchiad Cymraeg, 'Y Bethma', a drafodwyd eisoes:

He is a good soloist who can always elicit from his audience a hearty encore. But there are two or three reasons which persuade me that I won't get an encore for my solo. One is, I have no accompaniment, and therefore I am very liable to be out of key. Another reason is, that I don't intend to try for an encore; for you know, sir, if you have an idea of getting an encore you must make a good finish off to your solo. You must either make a flourishing, swaggering ascent to the very pinnacles of the heavens, or, if you happen to be a bass singer, you must descend down, down, and cause a growling vibration in the very bowels of the earth. I am not going to attempt either. And the last reason, but not the least, as the saying goes, and the reason I feel to be the weightiest, is, like the majority of singers, I have got a cold, and either a cold or an encore ought to satisfy any reasonable man. I am supposed to say a few words concerning 'the what you call it' and I feel very confident that whatever I shall say, I won't ramble far from my subject, for 'what you call it' may mean anything, nothing, and everything. And it is a very handy and convenient word, or term, or whatever you may please to call it, for persons such as I, whose vocabulary does not extend much beyond a dozen words, because when you come to a dead stop and the right word does not present itself, you have only to slip in 'what you call it', and immediately an intelligent smile spreads over the face of your friend, evidently saying, 'Yes, yes, go on, I understand.' 'What you call it' is a near relation to our inexhaustible Welsh word *bethma*. I may as well be liberal with my English friends and give them this piece of information gratis. If you want to learn Welsh, you can do it in no time. You have only to learn thoroughly how to pronounce the word *bethma*, and I will guarantee that you can make yourself intelligible to every Welshman throughout the Principality for all practical purposes. Next August, if we are alive and well, some of our Welsh friends say that we are going to have a great *bethma* in Mold; and some of our English friends, that we are going to have a 'what you call it'; and Mr. Brereton, who is the primum mobile of the whole concern, says we are going to have an Eisteddfod, and I believe that they all mean one and the same thing. Now, sir, I think there are many things which prognosticate that this great 'what you call it' will be a great success. The chief recommendation of the Eisteddfod is that it is an institution which embraces all classes of men, of all shades of opinion. We find that the great obstacle in our way to attain almost every good end is our prejudice and narrow-mindedness. We can scarcely see half an inch distance together without the interference of our religious differences. But on the Eisteddfod platform churchmen, dissenters and latitudinarians stand precisely on the same footing. Politics are strictly excluded, and neither Whig, Tory, Radical nor Conservative are recognised: and if the Eisteddfod fails to unite us together, I for one believe that Mold is incurable. Another thing which promises success for the Eisteddfod is the august personages we expect to preside over it. Already the Right Hon. W. E. Gladstone has promised to preside over one day. And depend upon it, Mr. Gladstone himself, will be a sufficient guarantee for the success of that day. A friend of mine told me at Stafford that when Mr. Gladstone was there, he delivered a speech on pottery, and evinced in that speech that he knew more about potteries than all the men of Hanley and Stoke put together. That might be an exaggeration; but we must not be at all surprised if Mr.

Gladstone, when he comes to the Eisteddfod shows that he is as well up in the *maen chwyf, y ddraig goch* – the *gorsedd* and the Druidical rites as Myfyr Morganwg himself. I should not be surprised at all if he makes an *Englyn*. I trust that the Eisteddfod committee will see its way clear to ask the Right Hon. B. Disraeli to preside over another day at the Eisteddfod. I cannot vouch that the committee have that intention; but if they do ask him, I sincerely hope that Peter – like a visionary sheet, knit at the four corners, may be represented before his eyes so as to persuade him to pay a visit also to the gentiles. But the daring audacity of the committee, as some are pleased to term it, does not rest with right hon. gentlemen, but they even aspire for the presence of His Royal Highness, the Prince of Wales. And from all that we hear, and particularly from all that we don't hear, they are very likely to succeed. There are some, sir, I am sorry to say, who have done their best to throw a wet blanket over the whole affair. Many and various are the reasons so called, which are brought forward against asking the Prince to come to the Eisteddfod. We are contemptuously asked who is going to entertain the Prince? I am happy to state on good authority that that difficulty has been done away with. A gentleman, than whom we have not a better patriot – Sir W. W. Wynn, has promised to undertake the work; and he will do it worthy of himself, of the Prince, and the Principality. We are also told that our railway station is not fit to receive the Prince and his suite. I trust that you won't accuse me of bad taste when I say that the objection would have greater force if we expected Tichborne to visit Mold. But there may be something in the objection, and who knows but that the visit of the Prince may lead to have a better station at Mold. We are also told that Mold is too small a town to contain the fifty thousand people the presence of the Prince is certain to draw. And we are asked, what are we going to do with all the people? I consider the question to be a very serious one, and deserving our best thoughts. A wag has offered us a scheme to meet the emergency. His plan is two-fold. In the first place he proposes to have a further diminution in the crinolene; and in the second he proposes to widen all the streets by ten yards. But I am afraid that this scheme is impracticable. The first proposal is rather too round-about, and as to the second, the Local Board, for once are unanimous against. For all that the question is a very grave one. But on the other hand I consider it to be quite as pertinent a question. What are the people going to do with us? Well, they will crush us a bit no doubt, and they will spend a great deal of money in the town during that week, and I believe that there is a great deal of truth in the old Welsh proverb –

Fod llawer scil i gael Will i'w wely.

The great question is how to get the *gwely*, and the skill will not be wanting to get Will there. Time and your patience will not permit me to go over the other attractions of the Eisteddfod, such as the choral competitions, the concerts, and particularly the praiseworthy intention of applying the overplus funds towards erecting a free library at Mold, and establishing an Eisteddfod scholarship at the Welsh University. It is very evident, however, that such a gigantic concern as the Eisteddfod requires all our united energy and co-operation, and almost a perfect organisation; and if we fail not in these indispensables, we may be certain of having a very successful 'What you call it'.[52]

Gwnaeth Daniel Owen ei orau fel aelod o amryw bwyllgorau eisteddfodol. Yr oedd y pwyllgor yn daer am gael tywysog Cymru yn bresennol, ac 'roedd Daniel, ynghyd â'r Parchedig T. R. Lloyd, Benjamin Powell ac Andreas o Fôn, yn rhan o'r gweithgor a gafodd y gwaith pwysfawr o lunio'r llythyr gwahoddiad, llythyr a olygwyd, ac y cynigiwyd gwelliannau pellach iddo gan yr Arglwyddi Mostyn a Grosvenor, a'r prif weinidog ei hun.[53] Llofnodwyd y llythyr gan fyddin o fwysigion lleol a rhanbarthol, ond gwrthod y gwahoddiad a wnaeth y tywysog. Yn ddiweddarach, ar 9 Mai, apwyntiwyd Daniel Owen yn aelod o bwyllgor adeiladu'r eisteddfod.[54] Ac eithrio'r *snub* brenhinol, bu'r paratoadau, a'r eisteddfod ei hun, yn llwyddiannus iawn. Cyngerdd mawreddog gan gôr a cherddorfa'r eisteddfod ym mis Mehefin, gyda Brinley Richards yn bresennol,[55]a'r ŵyl fawr yn dilyn ym mis Awst, pan draddododd Gladstone yr hynaf ei araith enwog yn canmol iaith a threftadaeth y Cymry.[56]

Er gwaethaf y troeon llachar hyn i fyd eisteddfota a gwleidydda, o gwmpas y capel y trôi prif olwynion bywyd Daniel Owen o ddydd i ddydd, o flwyddyn i flwyddyn. Yn 1873 yr oedd y Methodistiaid Calfinaidd yn dal i geisio clirio'r ddyled ar yr ysgoldy a godasid ym Maes-y-dre ddwy flynedd ynghynt ar gost o dros £200; yr oedd y cyngerdd yn gyfrwng hwylus i godi arian ac i gynnig difyrrwch cyfrifol yr un pryd. Ar nos Lun, 14 Ebrill, cynhaliwyd cyngerdd gan blant ysgolion Sul Maes-y-dre, Pentre a Stryd Newydd yn Neuadd y Farchnad. Yr oedd yr ystafell dan ei sang i wrando ar raglen ddwyieithog a gynhwysai 'Deffrowch i weithio dros yr Iesu', 'Two Robin Redbreasts', 'Mae swyn yn enw'r Iesu', 'Jolly Tittle Clacker', 'Wreck of the Hesperus' a 'Gwnewch bopeth yn Gymraeg'. Ar ddiwedd y cyfarfod traddododd Daniel Owen araith hwyliog, gan gynnig pleidlais o ddiolchgarwch i'r cadeirydd, John Jones a gynhwysai englyn Saesneg byrfyfyr a luniwyd yn ystod y cyfarfod:

Jolliest of the jolly – a chairman
Both charming and witty;
Merriest of the merry –
For a jest the best can be.[57]

Yr oedd gwella ansawdd canu cynulleidfaol yn flaenoriaeth hefyd, ac fe gynhaliwyd cyfarfod blynyddol cymdeithas gorawl y Methodistiaid Calfinaidd ym mis Mehefin.[58] Daeth dros fil o bobl i gyfarfod yr hwyr yn y capel; cymerodd Daniel Owen ei le ar y llwyfan gyda Roger Edwards, y Parchedig Michael Jones, Fflint, ac eraill. Yn ôl yr arfer blynyddol cafwyd te parti i blant yr ysgolion Sul ym mis Medi, pan orymdeithiodd tua 500 ohonynt, o dan arolygiaeth Daniel Owen ac eraill, i Fryn y Beili.[59]

Cyn gadael 1873 fe grybwyllwn rai cyfeiriadau at fywyd masnachol a diwydiannol yr Wyddgrug sydd o ddiddordeb wrth i ni geisio braslunio bywyd y dreflan y magwyd awdur *Rhys Lewis* ac *Enoc Huws* ynddi. Suddwyd pwll glo newydd yn y cyffiniau yn ystod y flwyddyn; Bedford Colliery oedd enw swyddogol y gwaith, 'Hard Struggle' ar lafar oherwydd y problemau cyfarwydd gyda dŵr yn amharu ar y gwaith. Y sawl a gafodd y clod am ddatrys yr anawsterau hyn trwy ddraenio'r pwll a'i fricio'n effeithiol oedd Dafydd Owen.[60] Ym mis Medi rhoddodd y perchennog, Mr Williams o Lerpwl, swper i'w weithwyr a'i gyfeillion, ryw 70 i gyd, yng ngwesty'r Royal Oak yn y dref. Cafwyd y llwncdestunau niferus arferol, ac mae'r hyn a godwyd o sylwadau dau o gapteiniaid diwydiannol y fro yn werth ei ailadrodd:

Captain Pryor next proposed 'The Mineral Enterprises of Mold'. He regretted that there was no lead in his neighbourhood, or at least they could not find any – (laughter) – but thank goodness there appeared to be plenty of coal, and he was also glad to assure them that at Vron Vownog mines they had discovered a valuable string of ore . . . Captain Wasley said they had come across a valuable string of lead at Vron Vownog, and he did not know yet to what grand results it would lead to. (Hear, hear, and applause.)[61]

Mae'n amlwg bod y diwydiant plwm ar yr adeg hon yn ffynhonnell daroganau gobeithiol ac eto yn destun sbort i ryw fesur.

Ddechrau 1874, gyda chyhoeddi etholiad cyffredinol, gafaelodd y dwymyn wleidyddol yn yr Wyddgrug. Achos cyffro neilltuol yn sir Fflint oedd hollti'r blaid Ryddfrydol yn ddwy garfan, y naill yn cefnogi'r aelod presennol, Syr Robert A. Cunliffe, a'r llall o blaid y cyfreithiwr Ellis

Eyton.[62] Perthynai dau fab Sali Owen i garfanau gwahanol. Yr oedd Dafydd Owen yn aelod o'r ddirprwyaeth a aeth o'r Wyddgrug i bwyso ar Ellis Eyton i sefyll fel Rhyddfrydwr yn etholaeth Bwrdeisdrefi Fflint; aelod arall oedd John Hughes, tafarnwr y Mostyn Arms, a digon tebyg mai'r dafarn honno oedd pencadlys cefnogwyr Eyton. Ymddengys mai Cyfarfod Misol y Methodistiaid Calfinaidd oedd pencadlys y garfan arall, gan i'r cwrdd a gynhaliwyd yn Greenfield, Fflint ar yr un diwrnod ag yr aeth Dafydd Owen a'i garfan i weld Eyton, benderfynu anfon dirprwyaeth i bwyso ar y twrnai i beidio â pheryglu gafael y Rhyddfrydwyr ar y sedd trwy ddod allan yn erbyn Cunliffe.[63] Y peth a barai gymaint o ofid â dim i garfan Roger Edwards a Daniel Owen oedd cyflwr iechyd Eyton; dioddefasai ergyd o'r parlys ac ni welent ynddo ddeunydd aelod a allai gynrychioli'r etholaeth yn deilwng. Ond dod allan a wnaeth Eyton yn erbyn ei gyd-Ryddfrydwr a'r Ceidwadwr, Captain Conwy. Yr oedd sefydliad yr Wyddgrug yn gadarn y tu cefn i Cunliffe. Cynhaliwyd cyfarfod mawr yn Neuadd y Farchnad ar 6 Chwefror i'w gefnogi. Ymhlith y cefnogwyr amlwg yn y cyfarfod hwnnw yr oedd Roger Edwards, Estyn, y Parchedig D. B. Hooke, A. J. Brereton, Joseph Eaton, Edward Drury, Saphir Lehmann, Benjamin Powell a Daniel Owen. Yn ôl y gohebydd (John Morgan, rhan o'r un criw wrth gwrs) dyma oedd y cyfarfod gwleidyddol mwyaf cyffrous yn yr Wyddgrug ers ugain mlynedd. Yr oedd Roger Edwards yn un o'r areithwyr a chyfeiriodd at Eyton fel 'a helpless and hopeless cripple'. Daniel Owen a ddiolchodd i'r cadeirydd ar ddiwedd y noson, gyda Syr Robert Cunliffe yn eilio.[64] Y nos Sadwrn flaenorol yr oedd cyfarfod tebyg wedi'i gynnal gan gefnogwyr Cunliffe, yn benodol er mwyn apelio at y glowyr a'r dosbarth gweithiol; siaradodd Daniel Owen yn y cyfarfod hwnnw. Er bod yr Wyddgrug i bob golwg yn gryf o blaid Cunliffe, gŵr a alwai ar ei dro yng ngweithdy Angel Jones, y mae'n amlwg bod cefnogaeth gref i Eyton mewn mannau eraill yn y sir, oherwydd efe a aeth â hi. Cafodd bedair pleidlais yn fwy na'r ymgeisydd Ceidwadol, a rhyw 300 yn fwy na dewisddyn Methodistiaid yr Wyddgrug. Y mae'n amlwg bod y berthynas rhwng Cunliffe ac arweinwyr anghydffurfiol y dref yn un gynnes; pan ddiolchodd Daniel Owen i'r Parchedig John Hughes, Lerpwl am ei ddarlith 'Preaching and Preachers' yn Neuadd y Farchnad, nos Lun, 16 Mawrth, manteisiodd ar y cyfle i hysbysu'r cyfarfod bod Cunliffe wedi cydsynio i draddodi darlith ar 'The Holy Land' yn y dyfodol agos, cyhoeddiad a dderbyniodd gryn gymeradwyaeth.[65] Cyflwynwyd tysteb i Cunliffe gan ei gefnogwyr yn yr etholaeth ddiwedd Gorffennaf mewn cyfarfod yn y *Savings Bank*, yr Wyddgrug. Ymhlith y gwŷr blaenllaw a restrwyd gan y gohebydd yr oedd

Roger Edwards, P. M. Evans, yr argraffydd Methodistaidd o Dreffynnon, a
Daniel Owen. Cafwyd cryn drafferth i gael mynediad i'r adeilad gan fod yr
allwedd ar goll, a chwynai'r gohebydd nad peth anghyffredin oedd hyn
pan gynhelid gweithgareddau heb fod ganddynt gysylltiad â'r eglwys![66]

Lledodd cwmwl dros weithgareddau'r Methodistiaid Calfinaidd, a'r
dref yn gyffredinol, gyda marwolaeth yr argraffydd poblogaidd, Hugh
Jones, a fu'n athro ysgol Sul gyda'r achos y perthynai Daniel Owen iddo
ers deugain mlynedd. Cynhaliwyd yr angladd ddydd Iau, 26 Mawrth,
ac fe gymerodd ei gyfaill Daniel Owen ran yn y gwasanaeth ar lan y
bedd ym mynwent yr Annibynwyr, hyn yn dilyn yr orymdaith angladdol
hwyaf a welwyd yn yr Wyddgrug ers blynyddoedd.[67] Dair blynedd yn
ddiweddarach cyhoeddodd Daniel Owen gerdd goffa, 'Adgof am y
diweddar Hugh Jones, Argraffydd, Wyddgrug' yn Y Drysorfa.[68] Penillion
syml i goffáu un annwyl yw'r rhain; yr oedd byd Hugh Jones, gŵr
diniwed a chanddo galon ry feddal i ŵr busnes, yn bendant ei
flaenoriaethau:

> Seiat, Sabboth, a chwrdd gweddi
> Bibl, pregeth, Crist a Duw, –
> Dyna'r pethau aent â'i feddwl
> Tra bu yn y byd yn byw.

Yr elfen lenyddol amlycaf yn y gerdd yw'r modd y ceisir llunio delwedd
yn seiliedig ar grefft yr ymadawedig:

> Llawer cyfrol a argraffodd,
>   Llawer 'gwaith' gan lawer un,
> Ond ei 'olaf' waith oedd hwnw,
> Ystrydebu ef ei hun,
>   Ar galonau ei berth'nasau
> A'i gyfeillion oll yn glau;
> Am y gyfrol hon mae 'galw'
>   Mawr hyd heddyw yn parhau!

Daliai Daniel Owen i fod yn ddi-ball ei weithgarwch yn y cylchoedd a
oedd yn annwyl gan Hugh Jones. Cafwyd prawf diriaethol o ffrwyth
llafur Hugh Jones a'i genhedlaeth yn yr ysgol Sul ym mis Medi pan
drefnwyd 'treat' blynyddol i blant yr ysgolion Sul yn Stryd Newydd,
Pentre a Maes-y-dre. Llogwyd trên arbennig i gludo dros 600 o blant ac
oedolion i Gaerwys, lle 'roedd Mr a Mrs Evans, Maes-y-coed yn agor eu

cartref am y diwrnod. Ar ôl prynhawn o chwarae gemau a bwyta afalau a chnau daeth pawb ynghyd i ganu emynau o flaen y tŷ am chwech, pryd y diolchodd Daniel Owen i'r teulu am eu croeso digymar.[69] Y mis canlynol fe'i cawn yn beirniadu mewn cyfarfod llenyddol yng Ngwernymynydd,[70] yn dweud gair mewn cyfarfod teyrnged i weinidog y Bedyddwyr, W. T. Thomas ('Gwilym Gwenffrwd')[71] ac ym mis Tachwedd bu'n siarad mewn cyfarfod i ddathlu gosod carreg sylfaen ysgoldy'r ysgol Sul yn y Pentre.[72] Traddododd anerchiad diddorol a difyr yng nghyfarfod llenyddol y Nadolig, yn ôl ei arfer ers blynyddoedd.[73]

Er i'w dewisddyn golli yr etholiad yr oedd gan Anghydffurfwyr amlwg yr Wyddgrug achos arall i'w ymladd. Yr oedd ymgyrch ar droed, dan arweiniad brwd Roger Edwards, i sicrhau mynwent gyhoeddus anenwadol i'r Wyddgrug. Collasai pobl y capeli bob ffydd yn ymddygiad y ficer a byddai mynwent gyhoeddus, yn cael ei gweinyddu gan Fwrdd Claddu, yn sicrhau cyfiawnder a thegwch i bob enwad. Ceisiodd yr Eglwys danseilio'r symudiad trwy wneud cais am estyn y fynwent eglwysig ond fe'i gwrthodwyd ar dir iechyd. Mewn cyfarfod cyhoeddus ym mis Awst penderfynwyd gofyn i'r ygrifennydd cartref am yr hawl i sefydlu Bwrdd Claddu yn y dref; y ficer, y Parchedig R. Ellis oedd yn y gadair, hwnnw bellach yn awyddus i gymodi ac i anghofio gwahaniaethau. Awgrymodd o'r gadair y dylid ethol bwrdd yn cynnwys pedwar Eglwyswr, pedwar Anghydffurfiwr, ac un Pabydd. Yr oedd y brodyr Owen yn y cyfarfod, a'r Dafydd ddireidus a fynnodd y byddai tri chynrychiolydd yn ddigon i'r eglwyswyr, o gofio eu niferoedd. Ond 'roedd Roger Edwards yn barod i fod yn fuddugwr graslon, ac anogodd bawb i dderbyn argymhelliad y ficer, a dyna a wnaed.[74]

Ddiwedd y flwyddyn cafodd yr Anghydffurfwyr rhyddfrydol fuddugoliaeth arall, y tro hwn yn etholiadau y Bwrdd Ysgol newydd. Cynhaliodd y Rhyddfrydwyr gyfarfod cyhoeddus nos Lun, 14 Rhagfyr ac i Daniel Owen yr ymddiriedwyd y gwaith o esbonio'r drefn bleidleisio i'r gynulleidfa;[75] yr wythnos ganlynol gallai'r *Wrexham Advertizer* sôn am 'Triumphant Liberal victory'.[76]

Yn 1875 yr oedd trefolion yr Wyddgrug yn dal yn hyderus fod gwell tro ar fyd ar ddod ym myd masnach a diwydiant. Yr oedd y diwydiant glo yn ddigon iach, er gwaetha'r llifogydd yng ngwaith yr Argoed ym mis Mawrth a gaethiwodd ddau löwr dan ddaear am 84 awr. (Cymerodd Daniel Owen ran yn y cyfarfod diolchgarwch a gafwyd yn sgil eu hachub yn ddiogel.)[77] Fel hyn y cyfeiria John Morgan at sefyllfa'r diwydiant plwm – fe'i dyfynnir, wrth gwrs, gydag *Enoc Huws* yn y cof: 'Then there are the numerous mines in the district, which despite the numerous and almost heart-breaking series of disappointments which have occurred, are decidedly looking up, and in the neighbourhood of Rhosesmor, Hendre and Pantymwyn, there are several mines where the appearances are promising.'[78] Geirfa obeithiol debyg a ddefnyddiwyd wrth grybwyll y gwaith yn Fron Fawnog ym mis Tachwedd: 'The present outlook of the company is most cheering, and becomes more so every day, and we cannot but congratulate the directors and Captain Worsley on their prospects.'[79] Dilyn yr un llwybrau cymdeithasol ag arfer a wnaeth Daniel Owen yn ystod y flwyddyn, ond mae'n werth tynnu sylw at un symudiad y bu'n ymwneud ag ef. Yr oedd yn aelod o bwyllgor gweithredol y 'Mold Reading Room and Library', ac yn y trydydd cyfarfod blynyddol ym mis Hydref cadarnhawyd mai'r papurau i'w derbyn ar gyfer y flwyddyn nesaf fyddai'r *Times, Daily News, Hour, Manchester Examiner, Liverpool Courier, Punch, Fun, Public Opinion, Illustrated London News, Building News*, ynghyd â'r papurau lleol.[80] Ddechrau 1876 ychwanegwyd dau deitl adnabyddus a chyfoethog eu cysylltiadau llenyddol at y rhestr, sef *Good Words* a *Cornhill*.

Digwyddodd un peth o bwys mawr yn ei fywyd personol yn y cyfnod hwn, sef sefydlu ei fusnes ei hunan, ar y cyd â James Lloyd, a thorri'r cysylltiad a fu rhyngddo a theulu Angel Jones ers bron i chwarter canrif. (Yn 1874 y bu hyn, meddai John Morgan, tua'r Hydref 1875 yn ôl y wybodaeth a gafodd J. J. Morgan.)[81] Nid oedd ganddo ddewis, mewn gwirionedd. Aeth John Angel Jones i drafferthion gyda'i fusnes, ac 'roedd sefydlu cwmni newydd yn gam rhesymol; cytunodd rhai o gyd-weithwyr Daniel i ymuno gydag ef yn y fenter newydd. Ar sail yr hyn a glywodd yn yr Wyddgrug crynhoes J. J. Morgan y berthynas rhwng y ddau bartner fel hyn: 'Yr oedd James Lloyd yn ŵr o asbri masnachol diderfyn, yn wir hustler. Efo oedd yn gwthio'r busnes, a Daniel yn ei gwneuthur yn werth ei gwthio. James a enillai'r cwsmeriaid a Daniel a'i cadwai . . . Dywedir na ofynnodd Daniel i neb brynu dimeiwerth erioed, ond gwthiai Lloyd nwyddau ar bobl nad oedd arnynt fymryn o'u heisiau. "Talwch rywbryd!" oedd cyswynair James.'[82] Enillodd Owen and Lloyd, Hatters and Outfitters, eu plwyf ar unwaith, diolch i hen brofiad a chysylltiadau Daniel Owen a chyn-weithwyr eraill Angel Jones. Yr oedd bod yn berchen ar ei fusnes ei hun yn ris arall yn nyrchafiad cymdeithasol Daniel Owen, yn cadarnhau ei safle barchus o fewn ei dreflan. Ar ôl llafurio drwy'r wythnos gyda'r busnes, anaml, yn ôl ei dystiolaeth ei hun, y byddai gartref ar y Sul: 'ni byddai gennyf byth Sabboth gwag, a bum yn pregethu yn mhob capel yn Lerpwl, Manchester, a phrif drefydd Gogledd Cymru.'[83] I Langollen yr aeth ym mis Mawrth 1876, o ganol ei brysurdeb masnachol a chyhoeddus, ar daith bregethu. Ei daith bregethu olaf.

4 ❧ Neilltuaeth Cystudd, 1876–1881

Pregethau, Cymeriadau, Nofel

'Ym Mawrth, 1876, torrais *blood vessel* yn yr ysgyfaint dair gwaith mewn ystod pythefnos. Ni feddyliodd neb y buaswn yn byw, a bum yn dihoeni am flynyddau.'[1] Felly y crybwyllwyd yn yr hunangofiant y tro mawr a ddaeth i ran Daniel Owen. Yn ôl J. J. Morgan, buasai yn pregethu yn Llangollen y Sul cynt, ac wrth ddringo at gastell Dinas Brân fore Llun, cyn ei throi hi am adref, baglodd, gan syrthio ar wastad ei gefn.[2] Teimlai effeithiau'r godwm yn ystod y dyddiau canlynol, ac wrth gario rhôl fawr o frethyn i fyny'r grisiau yn y siop un diwrnod

> teimlodd frath sydyn yn ei fynwes, a gwaed cynnes yn llanw ei enau. Gweinodd y teilwriaid brawychus arno gystal ag y gallent, a chyrchu'r Dr. Edwards ar frys gwyllt. Cyn gwawr drannoeth daeth y diferlif eilwaith, a thorrodd y gwaed eilchwyl a thrachefn y pythefnos cyntaf. Darostyngwyd ei nerth hyd oni nesaodd at byrth angau, a phrin y credai neb y dringai mwy o'r dyfnderoedd o wendid ac o waeledd lle y gorweddai.

Dychrynwyd tref yr Wyddgrug gan waeledd disymwth un o'i meibion amlycaf, a bu ei gyflwr yn destun gweddïo dyfal, yn y dirgel ac yn gyhoeddus. Tra arweiniai'r tad, Roger Edwards, yr eglwys at orsedd gras, defnyddiai'r mab, y Dr David Edwards, bob dyfais a feddai i adfer iechyd y claf. Fe giliodd y perygl marwol, ond 'dihoeni' chwedl Daniel ei hun, fu ei hanes am gyfnod hir wedyn, ac ni fu byth ar ôl hyn yn hyderus ynghylch ei iechyd. Yr oedd chwaer Dr Edwards yn briod â chyfaill i Daniel, W. R. Evans, ac aeth Daniel at y teulu ym Mangor-is-coed i geisio ymgryfhau. Treuliodd chwe wythnos ddigon pryderus yno, ond teimlai'n fwy gobeithiol ar ôl llwyddo i gerdded tipyn. Yn ôl J. J. Morgan amharodd yr afiechyd ar ei nerfau ac ni theimlai'n gysurus o gwbl ynghanol torf: 'Ai i'r oedfa, ond eisteddai i wrando yn yr ystafell fechan,sydd naill du i'r pulpud. Yn ddiweddarach dewisodd sedd yng nghefn y capel o dan yr oriel, ac yn ymyl y drws; a hyd yn oed yno, os byddai rhyw dro cyffrous yn y gwasanaeth, collai ei gydbwysedd, a llithrai drwy'r drws cyfagos i'r awyr agored . . . Bu'n faich iddo'i hun ac yn fwrn ar eraill am rai blynyddoedd dan draed y bwgan hwn.'

Y mae'r trawsnewidiad felly yn un syfrdanol; y gŵr cyhoeddus ffraeth, angerddol, hyderus mewn pulpud ac ar lwyfan yn cael ei sigo'n llwyr gan ei dostrwydd ac yn ymneilltuo am rai blynyddoedd o brif ffrydiau bywyd cyhoeddus yr Wyddgrug. Rhoes y gorau i bregethu, a'r farn gyffredin yw na fu ar dân erioed dros y gwaith hwnnw, ond prin y caniatâi ei iechyd iddo deithio dros y Sul am gyfnod. Y mae'n iawn i ni gofio iddo ddiflannu'n llwyr o'r llwyfan cyhoeddus ac nid o'r pulpud yn unig. Bu'n gymeriad cyson yn adroddiadau Joseph Eaton a John Morgan i'r *Wrexham Advertizer* ers 15 mlynedd, ond yn sydyn nid oes sôn amdano. Nid yw'n arolygu'r plant yn ystod gwibdaith yr ysgol Sul, nac yn amlwg yng nghynlluniau'r Rhyddfrydwyr i sefydlu cymdeithas leol yn y dref, nac yn annerch yng nghyfarfod y Nadolig nac yn cymryd rhan yn angladdau y cyfeillion iddo a fu farw ar ôl 1876. Ond mae'n drawiadol hefyd mai bach iawn o fwlch sydd rhwng ymneilltuo o'r byd cyhoeddus a chanfod cyfrwng newydd addas ar gyfer ei ddoniau a'i amgylchiadau. Ym Mawrth 1876 y cafodd ei daro'n wael; ymddangosodd ei gyfraniad cyntaf i'r gyfres 'Offrymau gan bregethwr yn Neillduaeth Cystudd' yn *Y Drysorfa* yn Ionawr 1877, ysgrif a baratowyd ar gyfer y wasg, felly, cyn diwedd 1876. Yr oedd dylanwad Roger Edwards a'i deulu yn ganolog; gallwn ddychmygu Dr David yn crybwyll wrth ei dad mai da o beth fyddai i'r claf ymgymryd â rhyw orchwyl a'i cadwai rhag prudd-fyfyrio ar ei gyflwr ei hun, ac Ellis ddisglair yn pwyso ar y penteulu i geisio ailgynnau doniau llenyddol diamheuol ei gyfaill Daniel. Ni fyddai angen arwain na chymell Roger Edwards; bu'n fawr ei ofal dros Sali Owen a'i phlant er y ddamwain erchyll yng nglofa'r Argoed ryw ddeugain mlynedd ynghynt, a byddai'n ymateb i argyfwng y mab ieuengaf yn awr gyda'r cariad bugeiliol, ymarferol a'i nodweddai bob amser. Gwyddai yn dda bod Daniel Owen yn paratoi yn ysgrifenedig wrth bregethu neu annerch ac mai gwaith cymharol rwydd fyddai iddo baratoi rhai o'i bregethau i'w cyhoeddi yn *Y Drysorfa*. Bu'n cymell Daniel yn ddygn yn ystod 1877, gellid credu, a chyhoeddwyd saith 'offrwm' rhwng Ionawr a

Rhagfyr yn ogystal â'r gerdd goffa i Hugh Jones a gyhoeddwyd ym mis Mai fel y crybwyllwyd eisoes.

Bu cryn drafod ar y saith pregeth hyn. Dyma'r dystiolaeth gadarnaf sydd gennym ynghylch sylwedd pregethau Daniel Owen a sylwyd bod y darpar-nofelydd o bregethwr yn hoff o drafod cymeriadau fel prif nod ei bregethau; dyna a wneir, i ryw fesur neu'i gilydd, ym mhob un o'r 'Cymeriadau Biblaidd' (fel y'u gelwid yn yr is-deitl i'r gyfrol *Offrymau Neillduaeth*), sef 'Yr Anmhosiblrwydd i Grist fod yn guddiedig', 'Ffordd Cain', 'Hunan-dwyll', 'Agar', 'Y Ddau Ddisgybl', 'Simon Pedr' a 'Ffydd y Canwriad'. Gan ei bod yn hysbys i Daniel Owen ffoli ar bregethau cyhoeddedig F. W. Robertson, Brighton, bu beirniaid fel R. Geraint Gruffydd ac Ioan Williams yn pwyso a mesur dylanwad tebygol y gŵr hwnnw ar ei gredo a'i gyfrwng.[3] Canolbwyntiodd beirniad arall ar arwyddocâd yr ysgrif 'Hunandwyll' fel man cychwyn myfyrdod yr awdur ar un o themâu pwysicaf y nofelau aeddfed.[4] Bu farw Robertson yn ŵr ifanc 37 oed yn 1853, ac ar ôl ei farw cyhoeddwyd amryw gyfrolau o'i bregethau. Noda Geraint Gruffydd mai'r elfen fwyaf nodweddiadol ym mhregethu Robertson oedd ei ddadansoddiadau o gymhellion cymeriadau ysgrythurol – pregethai yn aml ar gymeriadau unigol.[5] Yr oedd ei gydymdeimlad â'r dosbarth gweithiol hefyd yn amlwg, elfen ddeniadol i Daniel Owen, sy'n arddel ei aelodaeth o'r dosbarth hwnnw fwy nag unwaith yn ystod ei oes, fel y tystiodd yr araith ar y *'working man'* a ddyfynnwyd yn y bennod ddiwethaf. Nodwedd arall a briodolir iddo gan Ioan Williams yw'r ymgais i ddyneiddio crefydd trwy droi'r llifolau ar natur ddynol Crist. 'Does dim dwywaith nad yw'r elfennau hyn yn bresennol yn yr 'Offrymau'. Y mae Ioan Williams yn bendant ei farn. Yn *Offrymau Neillduaeth*, meddai, 'gwelwn Daniel Owen yn graddol gryfhau'i afael ar elfennau dyneiddiaeth ei gyfnod. Gwelir ymhobman yn y pregethau hyn y duedd i gyffredinoli ar sail y Beibl ac i dynnu profiad beiblaidd yn nes at brofiad ein byw beunyddiol.'[6] Nid wyf yn siŵr beth yw arwyddocâd yr honiad hwn. Onid bwriad pob pregethu yw dwyn 'profiad beiblaidd yn nes at brofiad ein byw beunyddiol'? Nid yw dangos bod nodweddion dynol cyffredinol yn perthyn i gymeriadau'r ysgrythur yn 'dyneiddio'r neges' mewn modd yn y byd nac yn goleddfu ergyd ysbrydol y pregethau. Yr amcan yw cymhwyso gwirioneddau tragwyddol at gyflwr presennol y gwrandawr/darllenydd. Yn yr un modd ag y dywedodd Iago am Elias ei fod yn ddyn yr oedd yn rhaid iddo ddioddef fel ninnau, gwahoddir darllenwyr yr 'Offrymau' i uniaethu â chymeriadau beiblaidd eraill yn eu hamryfal sefyllfaoedd. Ceisir hwyluso'r cymhwysiad trwy dechneg gyfarwydd yr eglureb. Bwriad yr eglureb yw damhegu neu enghreifftio gwirionedd ysbrydol, nid ei ddyneiddio. Tynnir eglurebau Daniel Owen yn aml o'r cyd-destun cyfoes, o fyd masnach neu fyd y trên. Gwrandawn arno ym mhennod 4, 'Agar', yn trafod ymateb dyn i gyfyngder neu brofedigaeth:

> Yr ydym wedi sylwi wrth deithio gyda'r train, pan fyddo y gerbydres yn myned gyflymaf, mae yr adeg honno, fel rheol, y bydd y teithiwr blin yn syrthio i gysgu. A dyna lle bydd yn cael ei gario ymlaen gyda'r buander mwyaf, âg yntau heb fod yn ymwybodol ymha le y mae nac i ba le y mae yn myned. Yn y man mae y train yn agosâu at ryw orsaf; mae yr ager yn cael ei droi i ffwrdd, a'r gerbydres yn dechre arafu, ac o'r diwedd yn sefyll. Ac yr ydym wedi sylwi, pan y bydd y cerbydau yn dechre arafu y bydd y cysgadur yn dechre anesmwytho, yn ystwyrian a dylyfu gên, a phan saif y gludres y bydd yntau yn deffro, yn agor ei lygaid, yn ymholi pa le y mae, ac yn dechre galw i'w gof pa le y mae yn myned. Mor debyg ydyw hyn i ddyn yn ngwahanol amgylchiadau bywyd! Pan y mae'r iechyd yn hoew a chryf, mae dyn yn cael ei gario ymaith gyda chyflymdra esmwyth, mewn cwsg hapusrwydd, heb fod yn ymwybodol o'i Gynnaliwr, yr Hwn sydd yn estyn iddo bob daioni, 'nid yw Duw yn ei holl feddyliau ef'. Ond yn y man dyna law fawr Duw yn cyffwrdd â pheiriant ei iechyd; yna y mae dyn yn deffro, ac yn dechre ymholi pa le y mae, ac i ba le y mae yn wynebu. Yn gyffelyb hefyd y mae gydag amgylchiadau sydd tu allan i ni, ond ydynt yn dwyn cysylltiad uniongyrchol â ni. Pan y mae y fasnach yn talu yn dda, yr amgylchiadau yn gysurus, iechyd yn berwi yn wynebau pob un o'r teulu, a phob peth yn llwyddo ac yn rhedeg yn esmwyth, pa le y mae Duw yr adeg hono? Ymhell tu ol i'r cefn yn rhywle – anfynych yn cael meddwl amdano. Ond ryw ddiwrnod y mae cyfnewidiad yn cymeryd lle; nid yw pethau fel o'r blaen. Mae'r treuliadau yn fwy na'r derbyniadau, mae anghen a thlodi yn dechre talu eu hymweliadau. Nid yw pobpeth yr un fath yn y tŷ; mae rhywun yn edrych yn fwy prudd – wedi colli y gruddiau gwridgoch, y chwerthiniad llawn o iechyd; ac y mae y rhywun hwnw fel am ein gadael. Ai breuddwyd yw? Nage! mae wedi ei gaethiwo i'r gwely; mae y rhês potelau ar y bwrdd fel rhagflaenoriaid angeu yn siarad yn eu hiaith. Mae pawb yn cerdded yn ddystaw i fyny ac i lawr, yn siarad yn ddystaw, rhag tarfu yr ysbryd sydd ar gymeryd ei aden. Ac o'r diwedd y mae yr awr – y fynyd ofnadwy, yn dyfod, a'r galon ddewr yn methu dal, ac yn gorfod dianc megys ergyd bwa oddiwrth yr olygfa. Ac erbyn hyn y mae'r byd wedi ei droi yn anialwch heb ddwfr, a phobpeth yn ymddangos fel breuddwyd. Mae y dyrfa sydd wedi ymgasglu o amgylch y drws, a rhywun yn darllen o lyfr, fel gweledigaeth dychymyg, ac eto mor wir fel y mae yn bwyta adnoddau yr enaid. Pa le y mae Duw yrwan? O yn ein

hymyl – wrth ein hochr! 'Am hyny byddwch chwithau barod' sydd yn disgyn ar y glust fel cloch tragywyddoldeb. 'Myfi yw yr Adgyfodiad a'r Bywyd' sydd yn dyfod, nid o'r llyfr gan y pregethwr neu yr offeiriad, ond yn syth o'r nefoedd. 'Iesu Grist ddoe a heddyw yr un ac yn dragywydd,' sydd yn dystiolaeth wedi ei bwriadu i ni yn bersonol. Mae Duw ymhobman yr adeg hono. Pa le bynag yr ä dyn, mae yn gorfod teimlo ei fod yn ymyl Duw, a Duw yn siarad ag ef. 'Ac Angel yr Arglwydd a'i cafodd hi yn yr anialwch.'

Ymddengys i mi mai'r casgliad rhesymol y gellir dod iddo ar sail darnau fel hwn yw bod cymhelliad yr ysgrifau yn un efengylaidd, a bod yr awdur yn ceisio cyffroi ymateb y darllenydd trwy ddefnyddio eglurebau cyfoes, ffres. (Mae'r eglurebau a ddyfynnwyd bron ag ymestyn yn sgets, arwydd o egni dychymyg yr awdur.)

Yr enwocaf o'r 'Offrymau', a'r un y mae'n werth oedi i fanylu ar ei chynnwys, yw 'Hunandwyll'. Fe gafodd fwy o sylw na'i chymheiriaid am ei bod yn amlwg yn ein cyfeirio at un o brif themâu y nofelydd aeddfed. Y mae hefyd yn crisialu prif gonsýrn Daniel Owen yn y pregethau hyn, sef y perygl i rywun crefyddol dwyllo'i hun ynghylch ei wir gyflwr ysbrydol. Ac wrth ysgrifennu ar y mater yma ni wna'r awdur ond mynegi gofid a leisid yn gyson o'r pulpud Methodistaidd ac o bryd i'w gilydd yn y wasg hefyd. Dylid nodi mai cyfeirio at wendidau'r bregeth a wnaeth Ioan Williams – at fethiant yr awdur i gael 'rhannau gwahanol ei ddeunydd mewn ffocws clir' nac i roi 'ffurf na chyfeiriad i'w sylwadau'.[7]

Y mae'r awdur yn dynesu at galon ei bwnc, sef perygl enbyd hunan-dwyll y dyn crefyddol, trwy ragymadroddi'n fwy cyffredinol am safle twyll a rhagrith yn ein bywyd beunyddiol. Ceisir llunio cyfres o osodiadau gwirebol i gynnal rhediad y rhesymeg: 'Y mae yma ryw wrthdrawiad ym mhawb i dwyll', 'y mae twyll bob amser, cyn gwneyd ei ymddangosiad ymhlith dynion, yn gorfod gwisgo gwedd gwirionedd', 'Y mae i dwyll amryw ffurfiau . . . mae dyn yn twyllo eraill, yn cael ei ddwyllo gan eraill, ac yn twyllo ei hun'. O'r trydydd paragraff hyd at y diwedd canolbwyntir ar hunan-dwyll, 'y rhyfeddaf, a mwyaf anhawdd rhoddi cyfrif amdano'; gwendid yr hunandwyllwr yw ei fod yn ei garu ef ei hunan, ac felly yn amharod i wynebu'r caswir amdano'i hun. O fyd masnach y daw'r eglureb sy'n bywiogi'r traethu haniaethol:

Yr un modd ag y bydd ambell i fasnachwr yn gwneyd: mae rhywbeth yn dywedyd wrtho bob dydd nad ydyw ei fasnach cystal ag y bu: ei fod yn myned yn ôl yn y byd; ei fod yn myned yn dlotach. Mae y masnachwr yn dychrynu wrth feddwl am hyny; ond y mae yn ymattal rhag 'cymeryd stock,' a gwneyd ei lyfrau i fyny, rhag ofn fod yr hyn y mae efe yn ei ofni yn wir, neu ynte yn waeth nag y mae erioed wedi ei feddwl. Felly y bydd dyn yn gwneyd yn fynych gyda'i gyflwr ger bron Duw.

Ac y mae hunan-dwyll yn ogystal 'yn dringo dros furiau yr eglwys, ac yn dynistrio cannoedd o broffeswyr crefydd'. Rhybuddio yn erbyn proffes grefyddol wag a rhagrithiol yw un o amcanion amlwg yr ysgrif. Fel y dywedwyd ni wnâi ond amenio pryder amryw o bregethwyr ei gyfnod, a phob cyfnod o ran hynny; ond teimlid pryder eithriadol o ddwys gan rai yn ystod y blynyddoedd hyn bod ansawdd bywyd ysbrydol yr eglwysi, er gwaethaf – neu'n bur debyg oherwydd – y cynnydd mawr mewn niferoedd a threfniadaeth, yn prysur ddirywio. Awgrymu a wna Daniel Owen yn yr ysgrif hon fod y gymdeithas ysbrydol yn graddol droi'n glwb cymdeithasol: 'Mae lle i ofni fod lliaws yn edrych ar aelodaeth eglwysig yn gyffelyb i aelodaeth mewn "cymdeithas gyfeillgar". Os bydd eu henwau ar y llyfr, a hwythau yn talu eu cyfraniadau yn gyson, y maent yn teimlo yn berffaith dawel.' Ac felly y mae angen pwysleisio mai peth ffôl yw camgymryd ffurf allanol crefydd am grefydd ei hun, neu wrando gormod ar farn dynion amdanom. Wrth holi ein hunain, yr unig faen prawf diogel yw'r ysgrythurau: 'Y drych goreu i ddyn adnabod ei hun ydyw Gair Duw.' Yn y pedwar paragraff olaf y mae'n ceisio cymhwyso'r gwirioneddau hyn at wahanol garfanau, y dibroffes (sef y dosbarth lluosocaf), yr hunangyfiawn a'r rhai sydd yn cloffi rhwng dau feddwl: 'Maent yn gwrandaw bob amser, ac y mae eu cydwybod yn cyd-dystiolaethu â'r gwirionedd. Maent yn tynu plan o'u bywyd bob wythnos, ac y mae y bwriad o fyw yn grefyddol bob amser yn y cynllun; ond yn y cynllun y mae yn aros – nid ydyw byth yn dyfod i weithrediad.' Wrth gloi rhaid crybwyll drychfeddwl arswydus, sef ei bod hi'n bosibl, 'nid yn unig i wrandawyr yr efengyl, ond hyd yn nod i'r rhai sydd yn dal swyddau uchel ynglŷn â theyrnas Crist, dwyllo eu hunain.' Nid yw'n annisgwyl bod yr ysgrif yn cloi gyda chwpled o'r emyn 'Daw dydd o brysur bwyso': 'Yn gwel'd gan bwy mae sylwedd, / A phwy sydd heb y gwir.'

'Na thwylled neb ei hunan', geiriau Paul yn ei epistol cyntaf at y Corinthiaid a gymerwyd yn destun, ond prin y gellid galw 'Hunan-dwyll' yn bregeth Fethodistaidd nodweddiadol; nid oes ynddi nac esboniadaeth destunol, neu gyd-destunol, nac athrawiaethu o fath yn y byd. Er nad yw'n brin o daerineb dilys, cyfansoddiad llenyddol ydyw, yn debycach ar ryw wedd o ran strwythur i ysgrif gan T. H. Parry-Williams nag i bregeth gan John Elias. A hwyrach mai sylwi ar nodweddion llenyddol a wnawn yn bennaf wrth droi at yr ysgrifau eraill: yr ymgais i ail-greu'n gyffrous ddigwyddiadau megis y cyfarfyddiad ar y ffordd i Emáus neu lofruddiaeth Abel, y dadansoddiadau o gymeriadau megis Simon Pedr a'r canwriad, a'r eglurebau estynedig cyfoes eu cyd-destun. Ond sylwir hefyd nad yw'n bregethwr heb neges, er nad yw eto wedi canfod cyfrwng y mae'n gwbl gysurus yn ei drin. Fwy nag unwaith dychwelir at y 'drychfeddwl arswydus', sef y broffes au. Yr oedd Cain, wedi'r cyfan, yn addolwr:

> Ac y mae yma wers i ni fod ar ein gwyliadwriaeth, rhag ein bod yn dwyn cysylltiad â chrefydd yn allanol, ac eto bod yn offerynau yn llaw y diafol i wneyd mwy o niwed i grefydd nag y gallasem pe na buasem yn dwyn cysylltiad â chrefydd o gwbl. Trwy bwy y mae y diafol yn hyrwyddo mwyaf ar ei deyrnas yn ein dyddiau ni ? Ai trwy y meddwyn cyhoeddus? Ai trwy yr anffyddiwr proffesedig? O nage, ond trwy y dyn yna sydd yn cymeryd rhan amlwg yn ngwasanaeth crefydd ar y Sabboth, yn athraw hwyrach yn yr Ysgol Sabbothol, ac yn twyllo ei gymydog tu ol i'r *counter* ddydd Llun y bore, neu yn y dafarn, yng nghanol y meddwon a gwatworwyr, nos Lun.

Dyma feirniadu'r crefyddwr rhagrithiol trwy gyfrwng dicter, nid dychan. Y mae'n cloi'r ysgrif, 'Ffydd y Canwriad' gyda rhybudd difrifol i'w ddarllenwyr beidio â chymryd eu crefydd yn ganiataol, i beidio â bod fel y rheini sy'n treulio'u hoes wrth droed yr Wyddfa heb fyth fentro i'w chopa. Dyma berygl y rhai a fegir yn yr eglwysi:

> Mae perygl i ninnau, wedi ein magu wrth droed mynydd Duw, fod yn amddifad o'r awydd i ddringo i'w ben i weled y Brenin yn ei degwch. Ac y mae yn ystyriaeth ddifrifol fod yn bosibl i ni, wedi gwrandaw yr efengyl trwy ein hoes, ac hwyrach ddadleu llawer uwchben y Bibl yn yr Ysgol Sabbothol, yn y diwedd gael ein taflu i'r tywyllwch eithaf.

Ym mis Rhagfyr 1877 y cyhoeddwyd y geiriau hyn, yn yr olaf o'r 'Offrymau'. Yn y flwyddyn newydd y mae'n myfyrio ymhellach uwchben y newidiadau a welai yn natur y gymdeithas eglwysig, ac mae'n rhoi mynegiant pellach i'w bryderon mewn cyfres o gyfraniadau i'r *Drysorfa* rhwng Mai a Rhagfyr 1878. Fe newidiodd ei gyfrwng, ac mae unrhyw arolwg o ddatblygiad llenyddol Daniel Owen yn rhwym o roi'r pwys mwyaf ar hynny. 'Cymeriadau ymhlith ein Cynulleidfaoedd'

oedd teitl y gyfres newydd. Gwelsom iddo gyhoeddi ysgrifau portread braidd-ddychanol yn 1870, a thynnu nyth cacwn yn ei ben wrth wneud. Y tro hwn y mae'n ddigon doeth i anelu'i ddychan at deipiau dychmygol. Mr John Rhydderch a Robert Matthews yw'r ddau gymeriad a drafodir yn yr ysgrif gyntaf.[8] 'Ein hamcan yn yr ysgrifau hyn', meddai eu hawdur, 'fydd rhoddi desgrifiad, oreu y gallom, o wrandäwyr, yn aelodau ac heb fod yn aelodau eglwysig, y rhai sydd mewn un ystyr yn meddu ar nodweddau personol neillduol iddynt eu hunain, ac mewn ystyr arall yn cynnrychioli dosbarth o wrandäwyr mewn gwahanol gynulleidfaoedd.' Gwrandawr dibroffes, un yn gwybod y geiriau heb adnabod y Gair, yw John Rhydderch, braslun pen-ac-inc y cafwyd yr helaethiad lliwgar terfynol arno yn y darlun o Gapten Trefor yn *Enoc Huws*. Y mae John Rhydderch yn wybodus yn yr ysgrythurau ac yn llafar yn yr 'Ysgol Sabothol', 'a'i allu i esbonio adnod yn fawr iawn, pan na bydd ergyd yr adnod yn cyfeirio at grefydd bersonol neu brofiad cristionogol'. Y mae'n gallu bwrw llinyn mesur dros bregethau a phregethwyr gyda'r gorau 'ond os bydd y bregeth yn un "gyfeiriol", ac yn archolli cydwybodau a chalonau gwrandâwyr anufudd, bydd naill ai yn ddystaw neu yn arddangos awydd i ymddyddan am rywbeth arall'. Dyn y mae ei ddiddordeb pennaf ym mhethau allanol crefydd yw Rhydderch, yn hael ei gyfraniadau, 'yn ofalus am anfon ei blant i'r moddion crefyddol', ac yn ddigon cymwynasgar. Eto 'mae y dafarn felldigedig yn fagl iddo' ac nid yw'n hawdd closio ato a thrafod pethau mawrion crefydd. Y mae'n cynrychioli dosbarth o wrandawyr sydd 'wedi gwrandaw doniau gwychaf y pulpud Cymreig' ond sydd 'yn awr, yn ôl pob ymddangosiad, yn yr un man âg yr ydoedd ugain mlynedd yn ôl'. Ei unig obaith yw bod ei wraig yn para i weddïo drosto.

Cybydd blin yw'r ail gymeriad, Robert Matthews; cynrychiola deip a gystwyir yn ddidrugaredd yng ngweithiau Daniel Owen ar eu hyd, yn enwedig os ydynt yn rhagrithio hefyd yn sgil eu proffes grefyddol. Y mae'n amharod i dalu cyflog i bregethwyr ac yn 'un gorzelog dros yr hyn a eilw yn ddysgyblaeth eglwysig, sef nid gwaith y bugail yn porthi y praidd, neu yn eu cysuro â'i wïalen a'i ffon, ond eu curo â'r wïalen haiarn, os nid cymeryd y twca at ambell hwrdd neu ddafad'. Y mae mwy o droi tu min at y gwrthrych yn y portread hwn, ac o'r herwydd y mae'r coegni a'r dychan yn amlycach.

Yn rhifyn canlynol *Y Drysorfa*, Mehefin 1878, cyflwynir dau gymeriad arall, sef Mr. Jones y *shop* a George Rhodric, ond mewn gwirionedd mae'r awdur wedi ailfeddwl ei gynllun yn llwyr, ac yn dechrau o'r newydd. Oherwydd nid portreadau statig, digyswllt mo'r rhain, ond cymeriadau mewn stori. Er cadw'r pennawd 'Cymeriadau ymhlith ein Cynulleidfaoedd' dyma Daniel Owen, am y tro cyntaf, yn rhoi cynnig ar lunio chwedl. A hwnnw'n gynnig llwyddiannus iawn, yng ngolwg rhai beirniaid: 'O ran ffurf, unoliaeth a chyfanrwydd, hi yw'r peth perffeithiaf a sgrifennodd ef o gwbl', meddai Saunders Lewis, 'Hanes ethol blaenoriaid mewn eglwys, disgrifiad miniog o'r ymgeiswyr am y swydd a'u hymddygiad dan bwys yr etholiad, dyna'r cwbl.'[9] Yr oedd y gwaith cynnar hwn yn debyg o ddenu cymeradwyaeth Saunders Lewis am ei fod yn rhinwedd ei grynoder yn digwydd cyfateb yn gyfleus i un o'r pwyntiau ar agenda Lewis ei hun ar gyfer y nofel Gymraeg yn yr ugeinfed ganrif, ond mae'r gymeradwyaeth yn un haeddiannol, serch hynny. Y mae'r oriel gymeriadau a ddatgelir yn y pum pennod a gyhoeddwyd rhwng Mehefin a Rhagfyr 1878 yn cymell y darllenydd cyfarwydd i chwilio am batrymau o ran themâu, sefyllfaoedd a chymeriadau sy'n rhagfynegi'r hyn a geir yn y nofelau enwog, ac nis siomir yn hynny o beth. Gwneud cam â dawn yr awdur, fodd bynnag, fyddai trin y 'Cymeriadau' fel cloddfa cynddelwau yn unig.

Er mai dewis blaenoriaid yn un o eglwysi'r Methodistiaid Calfinaidd yw conglfaen y chwedl, y mae'n arwyddocaol o'r modd y mae'r awdur yn dechrau lledu'i adenydd mai sylwebaeth graff ar ddigwyddiad cymdeithasol ehangach, sef priodas Mr. Jones, a geir yn y bennod gyntaf. Y mae George Rhodric y teiliwr, a siomir gan benderfyniad Jones i brynu 'dillad newydd o'r dref fawr nesaf' yn wrthrych dychan o'r cychwyn cyntaf; fe'i gwneir yn gwbl glir i'r darllenydd mai ffŵl hunandybus, hunandwyllodrus ydyw. Er bod y darlun o gymeriad Rhodric yn cynnwys beirniadaeth foesol ar ei ragrith, testun difyrrwch yw yn anad dim, nid cyfrwng i gyflwyno moeswers. Gwêl Daniel Owen yn y 'dirywiad' ysbrydol achos gofid, ond gwêl ynddo elfennau comedi a ffars yn ogystal. Fe'i gwelir hefyd yn sylweddoli mor ddefnyddiol yw ymson ac ymddiddan i gyfleu natur y cymeriad; ceir rhagflas gwan o areithiau gorchestol drofáus Capten Trefor yn siarad Rhodric: 'Does gen i ddim i'w ddyweyd am Mr. Jones; ac am Mrs. Jones – wel, nid fy lle i ydi dyweyd dim.' Er mai dyn digon didwyll yw Mr. Jones, y mae'n gynnyrch tueddiadau cymdeithasol sy'n mynnu sylw yr awdur, a chofier mai dyma'r unig gymeriad a gyferchir â'r parchus 'Mr':

Buasai yn beth i ryfeddu ato pe na buasai cysylltiad newydd Mr. Jones â theulu oedd yn dda arnynt, ag yntau ei hun eisoes mewn amgylchiadau cysurus, heb effeithio rhyw gymaint ar fanteision ac ymddangosiad ei fasnachdŷ. Nid hir y bu, pa fodd bynag, heb wneyd y tŷ yn llawer helaethach, a'r *shop* yn llawer mwy cyfleus a golygus. Ond yr hyn a synodd rai o'r cymdogion fwyaf oedd y cyfnewidiad yn y *sign* uwch ben y faelfa. Yr hyn a arferai fod ar yr hen *sign* oedd '*J. Jones,Grocer. Licensed to sell Tobacco.*' Ond ar y *sign* newydd, yr hon oedd gymaint ddwywaith a'r un flaenorol, yr oedd, '*J. R. Jones, Provision Merchant.*'

Er bod arlliw o snobyddiaeth ynghylch ymddygiad Mr. Jones, y peth mawr o'i blaid oedd ei fod yn gefn mawr i'w eglwys yn ariannol ac yn cael ei barchu a'i anwylo gan ei gyd-aelodau tlodion o'r herwydd. Pwysleisir nad unrhyw daeogrwydd a esboniai'r parch hwn; fe darddai 'nid yn gymaint oddiar yr ystyriaeth ei fod yn uwch mewn ystyr fydol na'r cyffredin o honynt hwy, ond oddiar anwyldeb dwfn a gynnyrchwyd gan ei garedigrwydd, ei haelioni crefyddol, a'i gymeriad gloew.' Y mae Mr Jones yn cynrychioli dosbarth newydd o fasnachwyr a ddaethai'n gynyddol amlwg a dylanwadol o fewn yr enwad, ac yn wir yr eglwys, y perthynai Daniel Owen iddi. Dyma un o'r pwyntiau a wnaeth y Parchedig William Williams, Abertawe, wrth gymharu cyflwr yr enwad yn 1854 ac 1879:

Y mae gyda ni gyfartaledd llawer mwy nag ydoedd gynt o ddynion ag ydynt mewn cymhariaeth yn gyfoethogion. Nid fod dynion o safle uwch wedi dyfod atom sydd gymaint yn peri y gwahaniaeth, ond fod llïaws mawr o'n pobl ni ein hunain wedi cyfodi i'r safle hwnw. Y mae llawer o dlodion eto yn ein plith, ond nid ydym mwyach yn gyfundeb o dlodion. Nis mynwn osod pwys gormodol ar y ffaith hon; ond y mae yn bod, ac yn deilwng o'n sylw, yn benaf am ei bod yn rhoddi i ni fwy o ddylanwad, a mwy o allu i wneuthur daioni, a chan hyny yn ein gosod o dan fwy o gyfrifoldeb.[10]

'Dyn cefnog ond digon didwyll', chwedl E. G. Millward,[11] yw Mr Jones, cynrychiolydd y dosbarth masnachol a hunangyflogedig a allai gydweithio'n ffrwythlon â'r hen do o dlodion yn y corff a'r ysbryd. Sêl bendith yr hen flaenor duwiol, William Thomas, sy'n clensio safle Mr Jones o fewn oriel y cymeriadau gonest, didwyll. Y mae'r ail bennod, 'Mr. Jones y *shop* a William Thomas' yn disgrifio ymweliad y siopwr â 'thŷ a siamber' William Thomas, a oedd 'yn byw bellder o ddwy filldir mewn diffeithwch yn y wlad'; y mae'r disgrifiad yn arddangos dawn bortreadol yr awdur, ond try hefyd yn ddelwedd o'r bwlch cymdeithasol rhwng yr hen Fethodist a'r newydd, ac o'r gobaith am briodas ffrwythlon rhyngddynt. Dod i gynnig cadw'r mis a wnaeth Mr Jones, hynny'n symud baich mawr oddi ar feddwl 'yr hen batriarch' ac yn ei gymell i ddweud wrth ei wraig, 'Mary . . . rhaid i ni gael gwneyd Mr. Jones yn flaenor!' Daw un o wendidau amlycaf arddull gynnar yr awdur i'r golwg yn y bennod hon, sef hiwmor 'Anghydffurfiol' gorymdrechgar prentis o lenor; cyfeirir at y twlc mochyn, er enghraifft, fel yr 'adeilad bychan . . . lle y porthid un o hiliogaeth creaduriaid rhochlyd gwlad y Gadareniaid' ac at y ceiliog fel 'y rhybuddiwr a weithredodd mor effeithiol ar Simon Pedr gynt'.

Y mae'r tair pennod sy'n dilyn yn cyfuno portreadaeth a chwedl. Y mae'r cymeriadau i gyd yn rhai y gwelir perthnasau agos iddynt yn y gweithiau eraill. Noah Rees, yr egin-bregethwr y ceir disgrifiad comig ohono ar gownt ei wisg dywyll-bregethwrol a'i arfer rhyfedd o ddarllen llyfrau; Gwen Rolant blaen ei thafod, yr hen wraig dduwiol ddidrugaredd ei hymdrin â'r rhagrithiwr George Rhodric; Peter Watcyn, gŵr 'yr oedd cerddoriaeth wedi cymeryd cymaint o'i fryd fel nad allai edrych ar ddim bron ond trwy farrau yr erwydd, na rhoddi ei farn ar ddim ond wrth sŵn y pitchfork', cynrychiolydd y symudiad brwd newydd ym maes y sol-ffa; a'r glöwr duwiol James Humphreys, 'gŵr diddysg, hywaeth a diniwed' y cyfyngid ei ddarllen i'r Beibl, *Esboniad* James Hughes a *Geiriadur* Charles. Y mae angen cofio bod y deyrnged gynnes i'r hen golier didwyll mor nodweddiadol bob tamaid o ysgrifennu Daniel Owen am faterion crefyddol ag yw'r dychanu ar wendidau'r rhagrithwyr. Y mae'r darn a ganlyn yn cyffwrdd â rhai o'r tensiynau amlwg a anniddigai rywfaint ar Daniel Owen a'i gyfoedion:

O ddyn dedwydd! Pa sawl gwaith y buom yn cenfigenu wrthyt? Ar nos Sadwrn, yn dy fwtri dlawd, pan ymolchit ac y glanheid dy hun oddiwrth barddu a baw y pwll glo, yr oeddit ar yr un pryd yn golchi ymaith olion yr wythnos a gofalon y byd oddiar dy feddwl, a'th ysbryd yn ymadnewyddu ac yn dyheu am y Sabboth, yr hwn a wnaethpwyd er mwyn dyn? Os gwael ac anfedrus a fyddai y pregethwr, pa wahaniaeth a wnai hyny i James Humphreys? Yr oedd ei ystymog ysbrydol â'r fath awch arni fel y byddai yr ymborth mwyaf cyffredin yn flasus ac yn ddanteithiol ganddo. Nid oedd na *shop*, na fferm, na bargeinion, un amser yn croesi ei feddwl, nac yn rhwystro iddo wrandaw ar bob gair a ddeuai allan o enau y pregethwr. Ammheuon! Ni wyddai efe beth oedd y rhai hyny. Yr oedd ei feddwl yn rhy fychan i ganfod anghysondeb, a'i galon yn rhy lawn o gariad i roddi lle i'r posibilrwydd ohono! Tra yr oedd rhai yn rhy fydol eu meddyliau, ac eraill yn rhy ddifater, ac eraill yn rhy feirniadol, i allu mwynhâu y bregeth, byddai efe yn ei bwyta gyda blas, ac yn myned allan o'r addoldy ar ben ei ddigon. Yn yr Ysgol Sabbothol, drachefn, tra yr oedd eraill yn pendroni ynghylch hanes y seren a ymddangosodd yn y dwyrain, yr oedd efe yn cyflwyno anrhegion o flaen y Mab Bychan, fel ei aur, ei thus, a'i fyrr. Tebygem nas treuliodd efe awr erioed mewn gwagfeddyliau uchelgeisiol; a phan glywodd efe y cenadon dros y Cyfarfod Misol yn cyhoeddi ei fod wedi cael ei ddewis yn flaenor, pa ryfedd iddo ymddangos fel pe buasai wedi ei daro â mellten, ac iddo fethu a chysgu y noson hono, ac mai hon ydoedd y noswaith fwyaf anhapus yn hanes ei fywyd?

Ond yr ymryson geiriol rhwng Rhodric a Gwen Rolant sy'n cloi'r stori, ac mae Daniel Owen eisoes yn gryn feistr ar y cyfosod dramatig sy'n caniatáu i'r traethydd gilio o'r llwyfan. Yr hen wraig dduwiol sy'n cael y llinellau gorau, yn sicr, ond cynrychioli byd sy'n prysur ddiflannu y mae hi bellach a chyplysir y dirywiad ysbrydol â'r dirywiad ieithyddol yn ei hasesiad llym hi o gyflwr yr oes:

'Be wyt ti'n ddeyd, George ? . . . Be wyt ti'n ddeyd? na wiw i mi ddim meddwl am gael diwygiad! Wyt ti'n gwirioni, dywed? Gwir a dd'wedaist, ysywaeth, fod yr oes wedi newid. Mae pobl yrwan yn meddwl mwy am wisgoedd a chrandrwydd nag am wledd i'r enaid. A be wyt ti'n sôn fod yr oes o'r blaen yn anwybodus? yr oes hon sy'n anwybodus. Yn fy amser i, 'doedd eisio na *Llyfr Hymns* na '*Fforddwr* gyno ni yn y capel, ond pawb yn i medryd nhw ar dafod leferydd. Ond yrwan wrth adrodd y '*Fforddwr*, rhaid i bawb gael llyfr o'i flaen, ne mi fydd yn stop buan, mi wranta; a phe bae pregethwr ddim ond yn rhoi allan yr hen bennill, "Dyma Geidwad i'r colledig", mi geit wel'd ugeiniau yn sisial yn nghlustiau'u gilydd, "*W'at pêds? w'at pêds?*" hefo'u hen Sasneg. Ydi, mae'r oes wedi newid; ond wyt ti'n meddwl fod Duw wedi newid? "Iesu Grist, ddoe, heddiw, yr un ac yn dragywydd." Ddysgest ti erioed mo'r adnod anwyl ene, dywed? Wyt ti'n meddwl mai Duw yn troi i ga'lyn y ffasiwn ydi'n Duw ni? . . . A phe caet ti, George, weled diwygiad tebyg i'r un a welodd William Thomas a fine, mi neidiet lathen oddiwrth y ddaear, er mor afrosgo wyt ti, ac er balched ydi dy galon.

> "O na ddeuai'r hen awelon
> Megys yn y dyddiau gynt."

Ie, mi âf trosto fo eto er gwaetha dy "do, do, sol" 'ebe yr hen wraig zelog, gan ganu nerth ei phen; ac yn canu y gadawodd Rhodric hi.

Wrth ladd ar elfennau rhagrithiol ym Methodistiaeth Galfinaidd ei ddydd yr oedd Daniel Owen yn taro'r un tant ag amryw o gyfranwyr

Y *Drysorfa*; mae angen tanlinellu mai pryder dwys am ddadfeiliad ysbrydol, nid hyder buddugoliaethus ynghylch y cynnydd mewn niferoedd, yw'r nodyn canolog ar dudalennau'r cylchgrawn yn ystod y blynyddoedd hyn. Y mae'r cyfrannwr cyson, y Parchedig Robert Ellis, Ysgoldy, yn cloi ei ysgrif ddadlennol, a phroffwydol o ran hynny, 'Yr Ymholiad Difrifol ynghylch Adfeiliad gyda Chrefydd', trwy gyfeirio at 'nifer o hen saint sydd yn teimlo yn brudd am y gymanfa, yn galaru am anwiredd y ddinas, ac yn ofni am ddyfodol y genedl.'[12] Byddai Gwen Rolant, ynghyd â Siân Puw yn Y *Dreflan*, Mari Lewis, Dafydd Dafis ac Abel Hughes, yn dymuno sefyll neu syrthio gyda'r 'hen saint' hyn. Yr arwydd digamsyniol o ddirywiad enbyd, yn ôl Ellis, oedd 'bod ei haelodau diras yn bygwth myned yn fwyafrif mewn eglwys'.

Cyhoeddwyd y pregethau a'r cymeriadau (heb y ddau gyntaf) ynghyd yn y gyfrol *Offrymau Neillduaeth* yn 1879, ac yn ei air 'at y darllenydd' fe fynegodd 'yr awdwr' y gobaith y byddai'r 'offrymau' a luniwyd 'yn ystod afiechyd a hir nychdod' yn gwneud 'peth lles a fforddio ychydig o ddifyrwch' i'w ddarllenwyr. Mynegwyd ewyllys da Lewis Edwards tuag at ei gyn-fyfyriwr mewn modd ymarferol wrth iddo gymryd 60 copi i'w gwerthu yn ogystal â chyhoeddi adolygiad yn ddienw yn Y *Goleuad*. Y mae'r hyn a ddywedir am y gyfrol, ac yn enwedig am bersonoliaeth ei hawdur, o ddiddordeb neilltuol:

> Credwn y dylasai y Parch. Daniel Owen – ac yn wir y buasai – yn llawer mwy adnabyddus i'w gydwladwyr nag ydyw oni buasai am ei 'neillduaeth'. Credwn hefyd mai yr hyn fu yn rhoddi cyfrif am ei neillduaeth am lawer o amser oedd gormod gwyleidd-dra neu ddiffyg hyder ynddo ei hun. Eithr ers rhai blynyddoedd bellach y mae cystudd wedi ei gaethiwo i fesur mawr, a rhwng y naill beth a'r llall, y mae ei neillduaeth wedi bod yn llawer rhy llwyr . . . Mae yr awdur yn berchen meddwl cryf, a meddwl yn cael ei nodweddu gan deithi sydd yn ei wahaniaethu oddiwrth feddyliau cyffredin. Y mae hefyd yn fedrus yn y gelfyddyd o ddelweddu a gwisgo ei syniadau yn drefnus a dillyn, a'r hyn sydd yn fwy gwerthfawr na hynny, y mae mater yr ysgrifau, a'r ysbryd eneiniedig sydd yn rhedeg drwyddynt, y fath ag sydd yn sicr o ddiwyllio calon yn ogystal a goleuo deall y darllenydd.[13]

Byddai geirda Lewis Edwards yn galondid i awdur a oedd bellach wrthi yn llunio hanes newydd i'r *Drysorfa*. Yn Ionawr 1879 y cyhoeddwyd pennod gyntaf 'Y Dreflan: Ei Phobl a'i Phethau'. Ni adawodd Roger Edwards lawer o le i beth anwadal fel yr awen rwystro gyrfa Daniel.

Y cyntaf a wyddai'r awdur am ei nofel newydd (a barnu wrth ei hunangofiant) oedd ei gweld hi'n cael ei hysbysebu ar gefn Y *Drysorfa* ar ddiwedd 1878.

Bwriad gwreiddiol Daniel Owen oedd llunio 12 pennod, ond wrth i'r gwaith afael yn ei ddychymyg daliodd ati i gyfrannu pennod fisol yn ddi-fwlch i'r adran 'Adgofion ac Adroddiadau Addysgiadol' tan ddiwedd 1880, 24 pennod a diweddglo. Ni cheir unrhyw arwydd bod y gwaith yn disgyn fel taranfollt ar dudalennau'r *Drysorfa*, na chwaith ei fod yn gorfod moesoli'n ymwybodol er mwyn cael derbyniad gan gynulleidfa 'gul' a 'philistaidd'. I'r gwrthwyneb, y mae'r stori yn cymryd ei lle yn gysurus ddigon yn y cylchgrawn, yn dilyn yn ôl traed ffugchwedlau'r golygydd ei hun ac yn cyflawni'r darlun a dynnid yn yr erthyglau hynny sy'n mynegi gofid dwys am gyflwr Methodistiaeth Galfinaidd. Mae ynddi ddarnau coeglyd-feirniadol o'r Hen Gorff, ond nid mwy felly nag a gaed gan Edward Matthews, Ewenni, ac eraill. Ond nid Methodistiaeth yn unig sydd yma; wrth fabwysiadu safle adroddiadol y traethydd sy'n sylwebydd realaidd ar y byd a'i bethau gellir mynd â'r stori y tu hwnt i furiau'r seiat, gan gwmpasu'r byd a'r betws. (Yn y person cyntaf lluosog y siaradai'r traethydd yn wreiddiol, ac arwydd o hyder cynyddol ar ran Daniel Owen yw iddo ei newid i'r unigol yn y gyfrol argraffedig. Fe gyhoeddwyd yn wreiddiol o dan y ffugenw L.N.M., gan ddatguddio'r gyfrinach gwbl hysbys ar ddiwedd y bennod olaf.) Cofier mai Roger Edwards, o bosibl, a bennodd y teitl; os felly yr hyn a geisiai oedd darlun cyfansawdd o fywyd trefol, a hynny trwy lygaid Methodistaidd. Fe gredai, felly, fod i'r fath ddiwylliant trefol amrywiol a ddatblygasai yn yr Wyddgrug arwyddocâd y byddai'n dda i lenor craff a ffraeth ei ddiffinio a'i ddadansoddi.

Ni chyflwynir prif gymeriad yn y bennod gyntaf, a gwir y dywedodd Robin Chapman mai 'y Dreflan ei hun yw prif gymeriad Y *Dreflan*';[14] Yr hyn a gawn yn hytrach yw arolwg bras o wahanol agweddau ar fywyd y dref; nid yw'r dull sylwebaethol na'r cywair dychanol yn sylfaenol wahanol i'r hyn a gaed gan amryw ohebwyr papur newydd y cyfnod – cyfaill y nofelydd, John Morgan, yn eu plith – a gellid dweud mai cerdded y ffin rhwng '*reportage*' a ffuglen a wneir yn y stori hon. Gwelir hefyd fod yr elfen a feirniadwyd yn aml yn ei waith, sef tuedd i grwydro ac i amrywio cywair yn ddi-drefn, yn amlwg o'r bennod gyntaf. Ynddi fe gawn falchder y trefwr yr amlinellwyd ei gyfraniad cyhoeddus yn y bennod ddiwethaf ynghyd â pharodrwydd i syllu'n fwy beirniadol ar bobl a phethau. Targed amlwg yr Anghydffurfiwr milwriaethus sydd yn ei chael hi'n gyntaf, y 'ficer sydd yn meddwl ei hunan cystal ag esgob', ergyd a roddai bleser neilltuol i'r awdur a'i gymheiriaid yn yr Wyddgrug, gan ei bod yn amlwg bod gwrthrych penodol o dan yr ordd. Y mae'r sôn am yr Eglwys yn tywys y traethydd ar hyd llwybr hunangofiannol y gwneir defnydd helaethach ohono yn *Rhys Lewis*; ac mae'r atgofion am 'holl ofergoelion' yr 'Hen Fam' yn fodd i sicrhau'r darllenydd mai trwy lygaid Anghydffurfiol yr edrychir ar bobl a phethau y Dreflan. Ond mae'r llygaid hynny ar agor, yn mynnu edrych ar yr 'ugeiniau yn gwario pob ceiniog a allant gael gafael arni yn y tafarnau, a'u gwragedd a'u plant yn rhynu gan anwyd, ac yn gwynlasu gan eisieu ymborth', golygfeydd cyfarwydd iddo ym Maes-y-dre. Ceir sylwebaeth goeglyd hefyd ar faterion eraill y bu Daniel Owen cyn ei neilltuaeth gystuddiedig ac ar ei hôl yn rhan ohonynt, ac mae'r frawddeg sy'n cyflwyno'r wedd hon ar fywyd y Dreflan yn adleisio arddull y dychanwr o'r Lasynys: 'Y mae yn y Dreflan ddigon o fyrddau i ddodrefnu palas lled helaeth'. Y mae diwedd y bennod yn cadarnhau nad oedd gan yr awdur fath o syniad am chwedl gydlynol wrth ddechrau ar ei waith. Y braslun newyddiadurol yw'r confensiwn y mae'n gyffyrddus yn ei gwmni, a byddai hwnnw'n ddigonol ar gyfer yr amcan a gyhoeddir: 'yr amser a ballai i mi son am yr holl fyrddau, a'r cwmniau, a'r clybiau, ac yn enwedig y cymeriadau sydd yn ein Treflan, y rhai a ddeuant oll yn eu tro o dan ein sylw, os cawn fywyd ac iechyd hyd fis Rhagfyr nesaf.'

Sylwodd amryw fod Daniel Owen yn troedio llwybr cyfarwydd wrth grynhoi brasluniau ar ddechrau ei yrfa. 'Dyna sut y dechreuodd Dickens', meddai Ioan Williams, 'gyda *Sketches by Boz* (1836–7), a George Eliot, gyda'i *Scenes of Clerical Life* (1858)'.[15] Er mai'r ysgrif newyddiadurol hollbresennol, fel y dadleuwyd eisoes, yw'r confensiwn y mae Daniel Owen yn amlwg ddyledus iddo, y mae'r cyfeiriad at Dickens yn berthnasol iawn, mewn gwirionedd, oherwydd fe agorwyd ail bennod y Dreflan fel hyn:

> Pe gallai rhywun ddyweyd beth ydyw cynnwys y ddau air bach, 'cadw *seiat*', yn eu cysylltiad â Methodistiaeth Cymru, byddai wedi dyweyd, mi a gredaf, y naill hanner o hanes gwirioneddol y Cyfundeb.

'Does dim dwywaith nad yw'r frawddeg hon yn adleisio yn ymwybodol, ac yn ogleisiol, frawddeg agoriadol pennod gyntaf *Sketches by Boz*: 'How much is conveyed in those two short words – "The Parish!"' Bwriad Daniel Owen, yn ddi-os, yw cyhoeddi'n groyw mai'r byd a'r bywyd Cymreig, trwy lygaid Methodist o Gymro, a bortreedir ganddo ef. Gwyddai Anghydffurfwyr darllengar Cymraeg o'r gorau mai

darluniau beirniadol a negyddol o grefydd Anghydffurfiol efengylaidd a
geid, gan amlaf, yng ngwaith nofelwyr fel Dickens ac Eliot ac 'roedd
Daniel yn ddigon parod i droi'r byrddau arnynt trwy bortreadu'r bywyd
Cymreig mewn goleuni cydymdeimladol, er nad yn gwbl anfeirniadol
chwaith.

'Beth bynnag yw'r *Dreflan*, nid stori mohoni. Ceir ynddi frith
ymdrech i gychwyn llawer stori, megis hanes Robert Pugh a Noah Rees a
Jeremiah Jenkins. Erthylod o straeon ydynt.'[16] Dyna ddyfarniad enwog
Saunders Lewis, yn 1936, ar adeiledd y gyfrol, ac mae'r feirniadaeth yn
dal yn ei grym. Gan Ioan Williams y cafwyd y dadansoddiad trylwyraf o
batrymau a thensiynau naratif y nofel. Mae'n gweld ymgais i wneud i'r
'sgetsiau gwahanedig' gynnwys yr un elfennau chwedlaidd a nodwyd
gan Saunders Lewis, sef hanes teulu Jeremiah Jenkins, dirgelwch
melodramatig yr wyneb yn y ffenestr a hanes Noah Rees y bugail o
gyfnod ei alwad hyd at ddydd y briodas. Cyfunir y storïau sy'n
ymwneud â Peter Pugh a Jeremiah Jenkins mewn pennod gyd-
ddigwyddiadol bur anhygoel tua'r diwedd. Y mae Ioan Williams yn
llygad ei le ac yn gwneud pwynt sydd o'r pwys mwyaf i'r neb sy'n
dynesu at nofelau Daniel Owen, sef bod 'ystyr y ffuglen yn codi o natur
y cymeriadau unigol ac o'r cymariaethau rhyngddynt'. Gan nad yw gwir
'ystyr' y nofel felly yn ddibynnol ar nac adeiladwaith cymesur na
chymhendod cynllun, afraid a chamarweiniol tin-droi'n ormodol
ynghylch y diffyg tybiedig hwn, oherwydd 'erbyn diwedd y *Dreflan*', ys
dywedodd Ioan Williams, 'mae'r darllenydd yn ymwybodol o
werthoedd Daniel Owen fel y'u dangosir trwy gyfrwng y gyfres o
gymariaethau rhwng cymeriadau gwahanol.'[17] Er na ddylid anwybyddu
arwyddocâd na thras yr elfennau ffugchwedleuol y ceisir eu himpio ar y
boncyff portreadol, y portreadau a'r gymeriadaeth sy'n mynnu ein sylw,
gan gofio yr un pryd sylw Saunders Lewis mai dychan neu falais yr
awdur sy'n cadw'r cyfan rhag troi'n ddiflastod.

Aros ym myd y cymeriadau Methodistaidd a wnawn yn yr ail bennod,
ac mae rhannau ohoni'n darllen fel marwnad i'r hen fyd Methodistaidd
a oedd yn graddol gilio yn ystod oes y nofelydd. (Bu farw'r pregethwr a
barchai'r awdur yn uwch na neb, Henry Rees, yn 1869.) Er gwaetha'r
pwys a roddir ar y seiat y mae'r gyfeillach ysbrydol a anwyd yn
nhanchwa diwygiad tridegau'r ddeunawfed ganrif bellach yn dechrau
tynnu'i thraed ati. Dibynasai'r seiat erioed nid ar ddefodaeth na
ffurf-wasanaeth ond ar bobl a ddoniwyd gan Dduw, ar arweinwyr a
chynghorwyr ysbrydol cadarn. Prinhau y mae'r rheini; cleddir Mr.
Williams yr hen weinidog gan adael yr hen flaenor Benjamin Prys i alaru

ar ei ôl, ac ar ôl y gogoniant a fu. Hen ŵr methedig yw Benjamin Prys, ond mae Daniel Owen yn gyndyn iawn iddo gilio o'r llwyfan – nid yw'n ffarwelio ag ef tan fis Medi 1880, pennod 21. Eto y mae ei ddefnyddioldeb a'i ddylanwad mawr yn y gorffennol, ac mae'r disgrifiad corfforol ohono a geir yn y bennod hon yn enghraifft o'r amwysedd sy'n nodweddu agwedd Daniel Owen at yr hen gymeriadau duwiol sy'n perthyn i genhedlaeth hŷn nag ef. Er ei fod yn prisio eu rhuddin ysbrydol y mae arlliw o ddigrifwch yn y modd yr ymdrinnir â'u henffasiynoldeb gwerinol a garw. Yr oedd hynny'n wir am William Thomas a Gwen Rolant, ac mae'n wir am frawddegau fel y rhain: 'Yr oedd yr olwg arno yn ddyddorus – gwir type o hen Gymro gonest. Gwisgai glôs a *'leggins'* llwydion, gwasgod o ystwff cartref, côb lâs, cadach India wedi ei droi yn ddwbl am ei wddf, a het â chantel mawr iddi a choryn isel.' Ond nid yw'r disgrifiad yn cael tanseilio syberwyd Benjamin Prys chwaith, oherwydd un o'i bennaf amcanion yn y gwaith yw dangos eiddiled ac ysgafned dynion yw'r blaenoriaid iau, pob un â'i 'Mr' parchus o flaen ei enw, o'u cymharu â'r hen batriarch. Mae'r bennod yn cloi wrth i'r awdur geisio rhoi hwb ymlaen i'w stori ar hyd yr un llwybr â'r dewis blaenoriaid yn ei gynnig blaenorol, ond gan ddefnyddio digwyddiad eglwysig llawn mor gyffredin a dadleuol, sef galw bugail. (Datblygiad cymharol ddiweddar ymhlith y Methodistiaid Calfinaidd oedd y fugeiliaeth gyflogedig; cofier na chafodd Roger Edwards, a fu'n gweinidogaethu yn yr Wyddgrug er 1835, ei gydnabod yn fugail yn ffurfiol tan 1878, pan oedd yn nesu at oed yr addewid.)

Y mae Daniel Owen yn dechrau'r bennod a gyhoeddwyd ym mis Mawrth 1879, y drydedd, yn ei ddull ysgrifol, dull yr anerchiadau cyhoeddus a'r pregethau, trwy agor gyda gosodiad ac yna mynd ati i helaethu ac i eglurebu: 'Mae cryn gyfatebiaeth os nad tebygolrwydd, rhwng gwaith eglwys yn myned i alw bugail â gwaith dyn yn myned i ddewis gwraig.' Ac yna ceir pedwar paragraff yn esbonio hynny. Dyma'r wedd ar ei ysgrifennu a roes leiaf o foddhad i ddarllenwyr diweddarach ac a olygwyd lymaf yn y nofelau hynny y cyhoeddwyd argraffiadau diwygiedig ohonynt yn ystod yr ugeinfed ganrif, a hynny am fod y darnau hyn yn arafu rhediad y chwedl, ystyriaeth nad oedd o fawr bwys i'w lluniwr, ac oherwydd mai yma y gwelir dylanwad arddull chwyddedig a ffuantus ei gyfnod drymaf ar Gymraeg Daniel Owen. Wedi'r rhagymadroddi, fodd bynnag, yr ydym yn y cyfarfod eglwys i drafod cynnig y brawd ifanc y dylid ystyried galw bugail. Ar ôl cadarnhau'r hyn a dybiwyd am ansawdd gyffredin y blaenoriaid, cyflwynir o fewn yr un paragraff ddau gymeriad y bydd yr awdur yn ddibynnol iawn arnynt wrth adrodd ei stori; dau enw cyflythrennol, dau aelod gyda'r Methodistiaid Calfinaidd, y pur o galon a'r rhagrithiwr, yr arwr a'r dihiryn, Peter Pugh a Jeremiah Jenkins.

Yn ddisymwth wedyn fe wyrir oddi ar lwybr cul yr adroddiad Methodistaidd i fanylu ar 'y brawd ieuanc' a gynigiodd yn y cwrdd eglwys y dylid galw bugail, ac yn annisgwyl fe gawn ddigriflun ffraeth ac enwog. *Assistant* mewn masnachdy yw John Jones, ac fe'i cofrestrir gan yr awdur yn un o'r ffyliaid ymhonnus hynny sy'n haeddu ei drin. Wedi meddwi ar ei rôl allweddol yn y cwrdd eglwys rhaid iddo wneud yr hyn y byddai miloedd o'i gyfoedion yng Nghymru'r 1870au yn dymuno ei wneud, sef, ys dywedodd ef wrth yr egwyddorwas ifanc, Walter, 'gysfenu i'r wasg, peth na fedri di na dy dad mo'i neyd', ac fe anfonir adroddiad cryno ar ddigwyddiadau pwysfawr y cyfarfod eglwys i'r newyddiadur. Ac wedi dyfod ohono yn awdur, anghenraid i John Jones oedd cael ffugenw i fywhau cyffredinedd tost ei enw bedydd; ac felly y ganwyd John Aelod Jones, cynrychiolydd un o sgil-gynhyrchion digrifaf y chwyldro mawr yn hanes y wasg Gymraeg yn ystod oes Daniel Owen, sef ciwed o 'ohebwyr' di-glem a hunandybus. Gwneir defnydd comig o ffolinebau John Aelod o bryd i'w gilydd yn y nofel, ond ni chaiff le canolog. Ond y portread ohono, nid unrhyw ddatblygiad o bwys yn y chwedl, sy'n rheoli'r drydedd bennod, a phortread statig a gawn yn y bennod nesaf hefyd, wrth i'r awdur droi ei olygon at sefydliad Methodistaidd hybarch arall, y Cyfarfod Misol, sefydliad y buasai'r awdur yn aelod ffyddlon ohono rhwng 1866 ac 1876.

'Gallasai'r bennod ar y Cyfarfod Misol', meddai John Rowlands, 'yn hawdd fod yn ddisgrifiad o unrhyw gymdeithas seciwlar. Pobl wedi dod ymlaen yn y byd yw'r gweinidogion, yn poeni mwy am eu pryd a'u gwedd a'u dillad, neu am eu boliau, neu am fod yn geffylau blaen yn y cyfarfodydd nag am egwyddorion crefyddol.'[18] Digon teg. Argraff o sefydliad graenus gyda'i arferion a'i ddefodaeth a geir, nid o gymdeithas ysbrydol fywiol. Ond mae'r frawddeg olaf fel petai'n awyddus i briodoli i'r digwyddiad ryw ddilysrwydd ysbrydol: 'Er nad oedd ond gweinidogion y Sir yn cymeryd rhan gyhoeddus yn y cyfarfod, hyfryd yw gallu adrodd fod y weinidogaeth mewn grym mawr, ac arddeliad amlwg ar y gwirionedd!' Yn ôl John Rowlands, 'mae fel petai'r awdur yn cofio bod gofyn iddo grybwyll *raison d'être* y Cyfarfod Misol'.[19] Y mae'n ddigon posibl mai dyna sydd yma. Ond mor gynnar â hyn yn ei yrfa y mae Daniel Owen yn dechrau chwarae mig â ni fel darllenwyr, yn dechrau sylweddoli posibiliadau coegni ac amwysedd o fewn fframwaith y nofel realaidd sy'n cynnig adlewyrchiad ystumiedig o'r gwir. Gall fod y frawddeg dan sylw yn frawddeg gysur ddof a diargyhoeddiad, ond mae modd ei darllen hefyd fel un o'r brawddegau miniocaf ei dychan i'r awdur ei gollwng o'i law hyd yn hyn yn ei yrfa. Yr wyf yn amau ei fod yn parodïo ieithwedd ysbrydol y cyfnod, nid am na chredai fod i'r geiriau cysefin eu hystyr, ond am eu bod wedi'u gorddefnyddio'n ystrydebol ac yn ddiddirnadaeth nes colli pob gwerth. Acen goeglyd a glywaf i ar ei lais, ond rhaid cyfaddef ei bod hi'n gwbl bosibl ei fod yn llefaru'r geiriau yn unplyg ddiniwed.

Ym mis Mawrth 1879 yr ysgrifennwyd y bennod hon. Cafodd Methodistiaid yr Wyddgrug ddwy ergyd drom yn ystod y mis. Ddechrau Mawrth bu farw un o hoelion wyth yr enwad, y Parchedig John Davies, Nercwys, gwrthrych y portread dadleuol gan Daniel yn 1870. (Yn ôl yr awdur ni ddigiwyd John Davies gan yr ysgrif, ac fe'i hailgyhoeddwyd yn ysgrif goffa yn 1879.) 'Doedd dim sôn am Daniel Owen yn y rhestrau hir o bobl a oedd yn yr angladd, hynny'n awgrymu bod ei neilltuaeth gyhoeddus yn parhau. Ond 'roedd un o'i ffrindiau pennaf, Benjamin Powell, yno. Fe ddaliodd hwnnw annwyd trwm yn yr angladd, gwaethygodd ei iechyd a bu farw ar 28 Mawrth a'i gladdu ar 3 Ebrill. Siopwr oedd Ben Powell ac un o wŷr cyhoeddus amlycaf y dref, Methodist Calfinaidd Rhyddfrydol ei wleidyddiaeth o'r un stamp â Daniel Owen, athro ac arolygwr ysgol Sul dawnus ac ymroddedig. Cyfeiriodd John Morgan yn y *Wrexham Advertizer* at ei gariad at y gwirionedd a'i annibyniaeth barn, ac at y natur dda a oedd yn rhan o'i hanfod.[20] Wrth siarad yn yr angladd dywedodd Roger Edwards fod tlodion yr Wyddgrug wedi colli un o'u ffrindiau gorau. Er ei fod yn gallu bod yn fyrbwyll ei ffordd ac yn swta ei ymadrodd gwrthbwysid y gwendidau hynny gan ei haelioni a'i serchogrwydd. Yr oedd Ben Powell ryw ddeng mlynedd yn hŷn na Daniel Owen, ac yn wrthrych parch ac edmygedd i'r cyfaill iau er pan ddaethai i'r Wyddgrug gyntaf ganol yr 1840au. Mynegwyd yr edmygedd hwnnw yn y farwnad syml, uniongyrchol ei dull a luniodd Daniel Owen iddo ar gyfer cyfarfod cystadleuol y Nadolig, 1879.[21] Yr oedd 'cuddiad cryfder' Ben Powell, yn ôl y bardd,

> Yn ngwraidd dy galon eang, haêl
> Yn ngrym dy gydymdeimlad pur â'r gwan,
> A'th garedigrwydd serchog ym mhob man –
> Yn d'onest diddichellrwydd ar bob pryd,
> A'th ddiariangar ddull o drin y byd.'[22]

Dywed John Morgan yn bendant mai Powell oedd gwreiddiol Pugh. Portread, dehongliad llenyddol ohono a geir yng nghymeriad Peter Pugh yn *Y Dreflan*. Yr oedd Pugh wedi cerdded strydoedd y Dreflan cyn colli Ben Powell, ond ar ôl marw'r gŵr hwnnw y mae Peter Pugh yn sydyn yn datblygu yn gymeriad o bwys canolog yn y stori gyfres, yn ŵr sy'n gyfaill annwyl ac yn gydymaith i'r traethydd. I lenor mor ddi-sut ynghylch cynllun â Daniel Owen tybed na throes yr hiraeth am gyfaill yn egni llenyddol a effeithiodd ar holl drefn a chyfeiriad Y *Dreflan?* Y mae'n ddiddorol mai yng nghwmni Peter Pugh y daw'r traethydd yn gymeriad mwy gweithredol yn y chwarae, a hynny wrth iddynt fynd ar daith genhadol i'r rhannau hynny o'r Dreflan nad oedd crefyddwyr yn eu cyrraedd nac yn eu cyrchu. Rhywbeth ffurfiol, parchus a diweledigaeth, fe ymddengys, yw crefydd y mwyafrif:

> A oedd y dyrfa luosog, drwsiadus a pharchus a ddylifent allan o'r capel y bore hwn yn meddwl rhywbeth am y nifer mawr o'n cyd-drefwyr na fynychent dŷ addoliad unwaith yn y flwyddyn . . . A oedd y ciniaw rhagorol yr oeddynt yn myned i'w fwynhâu yn eu gwahanol fannau wedi peri iddynt anghofio yn llwyr y creaduriaid di-ddarbod, diymgeledd, diofal a di-Dduw a breswylient ein hystrydoedd cefn a'n buarthau.

Ond mae Pugh yn fodlon aberthu ei brynhawn Sul; ef yw arweinydd y symudiad ymosodol ymhlith Methodistiaid y Dreflan ac ef sy'n tywys y traethydd i Fuarth Jenkins, ardal, meddai'r traethydd, oedd 'mor ddyeithr i mi â Deheubarth Affrica'. Mae'r cyfeiriad at y cymeriad hanesyddol go iawn, Charles Dinbych, crwydryn a arferai aros yn y Buarth ar ei deithiau, yn rhoi dilysrwydd realaidd i'r disgrifiad a seiliwyd ar ardal Henffordd yn yr Wyddgrug. Cawsom gip eisoes ar y byd go iawn hwn ac ar ymdrechion Daniel Owen gydag ysgolion Sul a chlybiau dillad yn ardaloedd llai breintiedig y dref.

Er bod yr awdur yn mentro cyflwyno byd gwahanol iawn i fyd y seiat a'r Cyfarfod Misol wrth fynd â ni i Fuarth Jenkins y mae i'r ymweliad sawl bwriad. Teflir goleuni nid yn unig ar Ismael, cynrychiolydd radicaliaeth heriol, darllenydd y *Reynolds' Weekly Newspaper*, y papur sosialaidd ei bwyslais y cyfrannodd Dafydd Owen, yn ôl y sôn,[23] rai ysgrifau iddo, ond hefyd ar y ddau fath o Fethodist, Peter Pugh a Jeremiah Jenkins. Crefydd i'w gwrthod a'i gwatwar yw crefydd ragrithiol Jenkins ac esgobion cyfoethog, ac wrth i Ismael ladd ar y rhain y clywir yr anair '*humbug*' yn dod o enau un o gymeriadau'r nofelydd am y tro cyntaf. Jeremiah Jenkins yw perchennog cabanau'r

Buarth, dihiryn Dickensaidd o landlord a werthodd ddodrefn Ismael er bod ei wraig yn wael. Ond ni adewir i grefydd ragrithiol gael ei chondemnio heb ddyrchafu'r gwrthbwynt dilys yr un pryd. Ac felly fe gawn Ismael yn canmol yr hen wraig dduwiol, Siân Jones, a fu'n gefn iddo ef a'i deulu, ac mae Peter Pugh yn cael cloi'r bennod trwy ddweud bod 'dyn fel Jeremiah Jenkins yna yn gwneud mwy o ddrwg i achos crefydd nag y medri di a finnau wneyd o ddaioni trwy ein hoes' a thrwy bwysleisio gwerth crefydd ymarferol sy'n wynebu anghenion corff ac ysbryd dyn.

Yn y bumed bennod hon hefyd y ceir *apologia* enwog Daniel Owen ar ran ei ddull o adrodd stori, a'i ddatganiad mai dull crwydrol tebyg i Spot y ci a fydd ganddo ef:

> Pan fydd Spot yn dyfod gyda mi i roi tro, ni bydd efe byth yn cerdded nac yn rhedeg yn unionsyth; na, bydd weithiau yr ochr yma, ac weithiau yr ochr acw; weithiau yn rhedeg i lawr y groesffordd, bryd arall yn myned dros y clawdd; edrycha yn syn at un peth, a chyfartha at y peth arall; ond gofala yn wastad am ddyfod yn ei ôl.

Dyfod yn ei ôl at stori dewis bugail a wnaeth yr awdur yn ystod y pedwar mis nesaf, Mehefin–Medi 1879, er iddo oedi gyda'r ysgrif bortread o Benjamin Prys ym mis Awst. Ond nid y chwedl sy'n creu argraff chwaith, ond yn hytrach gysondeb y weledigaeth goeglyd a'r modd na chollir yr un cyfle i ddadlennu ac i ddychanu'r agweddau hynny ar yr ymarweddiad Methodistaidd sefydliadol a boenai ac a wylltiai'r awdur. Er nad yw Peter Pugh yn olynydd ysbrydol i Benjamin Prys a William Thomas gall o leiaf gynnig dôs o synnwyr cyffredin yn wyneb ffolinebau gwŷr fel Joseph Wynne y codwr canu a Mr Smart. Y mae'r tri sydd o dan ystyriaeth yn cynrychioli'r gwahanol deipiau o bregethwyr ifainc a gaed bellach o fewn yr enwad – Nathan Morgan, ddi-athrofa ond, sylwer, eneiniedig ei bregethu; Ffredric Lewis, bachgen wedi'i ddifetha, oferwr a darllenwr ffugchwedlau; a Noah Rees, y gŵr ifanc myfyrgar a dwys y daethpwyd ar ei draws yn y 'Cymeriadau' ac a fu ers hynny yn yr Athrofa gyda'r traethydd. Noah Rees a ddewisir, ac mae ei gyfeillgarwch â'r traethydd, a'i ddyfodiad i'r Dreflan, yn cynnig pwynt sylwebaeth newydd i'r awdur.

Ond cyn mynd ymhellach rhaid galw heibio Benjamin Prys, y gŵr a gafodd dröedigaeth dan weinidogaeth John Elias; mantais iddo oedd medru cyfeirio at ddau gyfnod pendant yn ei hanes, 'ac yr oedd y fath wahaniaeth rhwng y ddau gyfnod yn ei hanes ef ag sydd rhwng tywyllwch a goleuni, rhwng uffern a nefoedd, rhwng diafol a Duw'. Nid dyma brofiad Daniel Owen a chynifer o'i gyfoedion a fagwyd o fewn yr eglwys, ac a'i câi hi'n anodd cyfeirio at y 'cynt' ac 'yn awr' yn eu hanes. Dyma, meddai'r traethydd, sy'n esbonio anghysur ac amheuon a diffyg sicrwydd a phrofiad uchel y genhedlaeth hon o grefyddwyr. Un o'r genhedlaeth hon yw Noah Rees, a hanes ei ymadawiad â'i rieni yn y Tyddyn Bach a geir nesaf; er bod ymgodymu mewnol Noah ynghylch dilysrwydd ei alwad yn cael lle amlwg synhwyrir bod yr awdur yn cael llawn cymaint o flas ar ddisgrifio rhieni Noah, cymeriadau annwyl o henffasiwn. Y mae'r awydd i groniclo hen deip a hen arferiad yn cynyddu wrth i'r awdur heneiddio ac wrth i ganrif y cyfnewidiadau mawr fynd rhagddi.

Cyn mynd am dro yng nghwmni'r bugail newydd rhaid i Spot gael gadael y briffordd unwaith eto a dilyn ei drwyn ar hyd strydoedd y Dreflan nes iddo gyrraedd tafarn y White Horse. O fewn strwythur foeswersol y nofel amcan yr ymweliad â'r dafarn yw rhoi cyfle i weld Ismael yn ei hen gynefin yn cael ei wawdio gan y tafarnwr am ei gysylltiadau crefyddol newydd ac yn troi ar hwnnw mewn araith angerddol-gyffesol sy'n dwyn i gof y trueni a ddaeth i'w ran ef a'i deulu oherwydd y ddiod. Wedi tyngu llw nad yfai'r un diferyn fyth eto y mae Ismael yn rhuthro o'r dafarn heb gyffwrdd yn ei wydryn. Daw'r thema ddirwestol yn bwysicach wrth i'r nofel fynd rhagddi, a dadleuir bod mwy na chonfensiwn yn llywio llaw cyfieithydd *Ten Nights in a Bar-room*, ond prif ddiléit yr awdur yn y bennod hon eto yw disgrifio a sylwebu, nid cynnal chwedl na phregethu moeswers. Teg casglu hwyrach mai dyma'r tro cyntaf iddo deimlo ei fod yn mentro ryw ychydig ar dudalennau'r *Drysorfa*. Ar ôl disgrifio'r olygfa yn y White Horse – a seiliwyd, y mae'n bur debyg, ar y Mostyn Arms yn yr Wyddgrug – y mae'n ymddiheuro i'w ddarllenwyr am 'dduo y dalenau hyn â'r darluniad uchod; ond ni bu erioed ar unrhyw ddalenau yr hyn oedd wirach'. Manylyn graffig mewn murlun cymdeithasol yw'r olygfa dafarnol mewn gwirionedd; fe syllwn arni yng nghyd-destun disgrifiad o strydoedd a siopau'r dref sy'n rhoi blas i ni ar allu'r awdur i gonsurio naws lle a chyfnod yn erbyn cefndir sylwebaeth ehangach ar dueddiadau economaidd a chymdeithasol. Adeg o ffyniant economaidd yw'r cyfnod dan sylw:

ychydig a welid yn cardota, a llai o lawer allan o waith os na byddent yn rhy ddiog i weithio . . . Gwelid gwragedd gweithwyr cyffredin yn methu bron a chario eu basgedi gartref gan faint eu beichiau, a llawer o honynt yn gorfod cael help cerbydau i'w cludo. Ar nos Sadwrn, o'r braidd y gallai y siopwyr gau eu masnachdai cyn bore Sul, heb son am gyfrif yr arian.

Ond y garfan fwyaf llewyrchus o bell ffordd oedd y glowyr, a'u llwyddiant hwy i raddau helaeth oedd i gyfrif am y mynd ar fasnach y

Dreflan. Gwelwyd codiadau cyflog trawiadol yn gynnar yn 1870au, ac âi hyn law yn llaw â datblygiad dosbarth gweithiol parchus o dan ymbarél plaid Ryddfrydol Gladstone; ar ran y 'gweithiwr' cymedrol hwn y siaradai Daniel Owen yn y cinio Rhyddfrydol yn 1873, ac adleisir rhai o bwyntiau'r araith honno yn y bennod dan sylw, wrth iddo resynu at draha rhai carfanau o'r dosbarth gweithiol, ac at oferedd y 'glowyr druain', a wariai 'y rhan fwyaf o'u hennillion caled yn y dafarn'. Ac 'roedd gan lowyr yr 1870au fwy na digon i'w wario, oherwydd dyma uchafbwynt y diwydiant yn sir Fflint. Yn 1875 codwyd bron i filiwn o dunelli o lo yn y sir ac 'roedd galw mawr am y glo canel; agorwyd nifer o byllau newydd yng nghyffiniau Bwcle a'r Wyddgrug, a chyflogid miloedd o weithwyr – pum mil yn 1875 yn ôl un adroddiad – yn y diwydiant. Ac eto 'roedd y rhagolygon yn dywyll o ystyried anawsterau daearegol dybryd a newidiadau mawr yn y farchnad yn sgil datblygu meysydd olew yn yr Unol Daleithiau.[24] Erbyn 1880 yr oedd y llanw mawr yn cilio'n gyflym ac fe ddaliodd Daniel Owen awyrgylch y *boom* a'r *slump* yn ei ymweliadau â'r White Horse ar dudalennau'r *Dreflan*. Ceisiodd ambell un ddadlau, ar sail y darluniau manwl a geir o ddwy ystafell y dafarn, fod y bennod hon yn profi'n bendant fod Daniel Owen yn yfwr cyson yn nhafarndai'r Wyddgrug, a bod y gymdeithas honno mor felys iddo â'r un a gâi yng nghapel Bethesda.[25] Y mae'n amlwg y byddai'n galw yn nhafarndai'r dref tuag at ddiwedd ei oes a thrafodir y cyfnod hwnnw gennym maes o law, ac mae'n amlwg hefyd nad ar sail gwybodaeth ail-law y lluniwyd y disgrifiadau yn *Y Dreflan*. Ond peth cwbl ddisgwyliedig fyddai i greadur cymdeithasol fel Daniel Owen fod yn gyfarwydd â thŷ tafarn yn y cyfnod hwn. Yn y tafarndai y cynhelid cyfarfodydd cymdeithasau cyfeillgar niferus y dref; yn y Star y cynhaliai'r gymdeithas y perthynai Daniel Owen iddo, y Mont Alto, ei chyrddau a'i chiniawau. Nid oes lle i gredu bod ei ymwneud â thafarnau, ar yr adeg hon yn ei hanes, yn mynd ymhellach na hynny. Y mae'r darlun o ystafell 'cwsmeriaid *respectable*' y dafarn, 'y cryddion, teilwriaid, seiri meini, &c' yn cyfateb i ddisgrifiad newyddiadurol o nythle Rhyddfrydwyr brwd y Mostyn Arms a grybwyllwyd gennym yn y bennod ddiwethaf. Y mae'r rhaniad yn y White Horse rhwng y bar gorlawn o yfwyr meddw, garw a'r ystafell ar gyfer y 'cwsmeriaid *respectable*' yn enghraifft ddiriaethol o'r rhaniad cymdeithasol pwysicaf un ym meddwl oes Fictoria. Meddai'r hanesydd Geoffrey Best: 'We come to the great Victorian shibboleth and criterion, respectability. Here was the sharpest of all lines of social division, between those who were and who were not respectable: a sharper line by far than that between rich and poor, employer and employee, or capitalist and proletarian.'[26] Ac 'roedd rhai a oedd am sicrhau, doed a ddelo, fod Methodistiaeth Galfinaidd ar yr ochr barchus i'r llinell honno. Dyma un o'r pynciau y mae penodau nesaf y nofel yn troi yn eu cylch.

Yn rhifyn Tachwedd 1879 y mae Noah Rees yn ymuno o ddifrif yn y chwarae, ac mae ei araith gyntaf wrth draethydd y nofel yn trafod pwnc sydd wrth wraidd myfyrdod a meddyliau'r nofelydd, pwnc yr ymdriniwyd ag ef eisoes yn y pregethau cyhoeddedig, sef pwysigrwydd meddu ar grefydd ddilys a 'drychfeddwl arswydus' y broffes wag. O bob rhagrith, dyma'r rhagrith gwaelodol, gwreiddiol nad yw amryfal ffolinebau cymdeithasol y cyfnod yn ddim ond cysgodion gwan ohono. Gellid dadlau yn wir mai'r dimensiwn ysbrydol anniddig hwn yn ei brofiad a'i weledigaeth sy'n cynysgaeddu ymdriniaeth Daniel Owen â'r fath angerdd blaenllym a mawreddog. Nid hunangyfiawnder dyn sy'n llunio llechres o bechodau pobl eraill sy'n cymell Daniel Owen yn gymaint â hunan-ffieiddiad realistig y sawl a ganfu dwyll symudliw ei galon ei hun. Cadarnhau dilysrwydd profiad ysbrydol Noah Rees, wrth gwrs, a wna'r gyfres o gwestiynau dirdynnol a'i sylwadau beirniadol ar ei natur ei hun:

> A oedd genyf fi fy hun grefydd? A oeddwn i yn gadwedig? A oeddwn i yn adnabod Ceidwad dyn? Pa un ai anghenrhaid ai galwedigaeth oedd fy mhregethu . . . Yr wyf yn credu y gallaf ddyweyd yn onest nad oes dim mor gas gennyf â diffyg *reality* – a hyn ydyw y rheswm fy mod yn casau fy hun yn fwy na neb arall a adwaenais erioed . . . yr wyf yn canfod y fath *duplicity* – pa air Cymraeg a gâf? – yn fy nghymeriad, fel ag i gyfiawnhâu llawer ar fy ofnau am ddiogelwch fy nghyflwr, fel y dywedais. A wyt ti yn cofio y desgrifiad o'r pregethwr gau sydd gan Pollock yn ei *Course of Time*? Bum yn arswydo ugeiniau o weithiau wrth ei adgofio.

Yng nghanol ei araith fe ddywed Noah wrth ei gyfaill, 'Nis gallaswn ddyweyd hyn wrth bawb', gan awgrymu bod ei brofiadau bellach yn ddieithr i'r rhan fwyaf o'i gyd-grefyddwyr. Ac er bod Daniel Owen yn codi trywydd y nofel fewnol, gyffesol Fethodistaidd yn y bennod hon, nid yw'n ei ddilyn ymhell, efallai am y gwyddai nad oedd yna archwaeth amdani, efallai oherwydd rhyw swildod neu ddiffyg argyhoeddiad ar ei ran ef ei hun. Faint o ormodiaith fyddai hi i awgrymu y byddai manylu ynghylch profiadau ysbrydol personol wedi bod yn fwy sgandal i rai Methodistiaid na'r olygfa yn y White Horse? Byddai'n mentro eto yn y maes hwn gyda'i nofel nesaf am weinidog Bethel, ond rhaid cytuno â John Rowlands mai 'wrth bortreadu pobl gyda'i gilydd yn hytrach nag ar eu pennau'u hunain y mae yn ei afiaith fel nofelydd'.[27] Yn y cyfamser rhaid i Noah Rees fodloni ar fod yn bwynt sylwebu, ar fod yn gwmni i'r traethydd ac i Peter Pugh. Trwy gyfrwng 'argraffiadau cyntaf' Noah felly fe'n cyflwynir i ddau deulu Methodistaidd cyferbyniol iawn eu natur. Y mae gwraig a merch Peter Pugh mor wladaidd ddi-lol bob tamaid â'r penteulu. Rhinwedd fawr Miss Pugh yw ei bod yn 'lân oddiwrth rodres neu *affectation*' yn wahanol i ferched y cyfnod, llawer ohonynt 'yn pendroni gyda'r Ffrangeg a'r Almaeneg ac yn esgeuluso eu Cymraeg ac yn dod i Gapel Cymraeg i eistedd fel delwau, neu yn hytrach fel paganiaid, heb ddeall iaith y pregethwr'. Prif amcan y bennod hon, pennod 11, yw cyflwyno portread o'r teulu Methodistaidd call, Cymreigaidd, diffuant, gan ein paratoi ar gyfer teulu pur wahanol yn y bennod nesaf. Ond crybwyllir y cwmwl yn ffurfafen y teulu hefyd, y dirgelwch ynghylch y mab, Bob Pugh.

Nid oes dim yn gynnil ynghylch bwriadau Daniel Owen yn yr enw a roes i Mr Smart, y blaenor yr ymwelwyd ag ef a'i deulu yng nghwmni Noah Rees a Peter Pugh ym mis Rhagfyr 1879. A rhag ofn nad yw'r enw'n ddigon mae Pugh yn ei gyflwyno'n lled-ddychanol trwy'r sbectol onest, ddiragrith, cyn i ni ei gyrraedd. Er bod y cyflyru hwn ar ymateb y darllenydd yn rhwym o gyfyngu ar arwyddocâd Mr Smart a pheri na all fod yn fwy na gwawdlun arwynebol ni ellir gwadu afiaith gorawenus yr hiwmor a'r dychan yn y bennod hon. Ceir hiwmor golygfa, disgrifio manwl ar ymddangosiad corfforol Smart, sef yr union beth y rhoddai ef ei fryd arno, a dychan cymdeithasol mileinig ar garfan o fewn yr enwad a oedd yn fodlon anghofio iaith ac ysbrydolrwydd er mwyn sicrhau eu bod yn cael eu hystyried yn '*respectable*' ac yn cadw '*appearance*'. Cymreigrwydd y cywair dychanol sy'n ein taro: y mae yma gymaint, a mwy, o ysbryd Ellis Wynne a Twm o'r Nant (y perthynas y cyhoeddasid argraffiad newydd o'i weithiau gan Isaac Foulkes, cyfaill Daniel, yn 1874) ag o ddylanwad y dadlenwyr '*humbug*' ymhlith y Saeson. Y mae'r lladd ar Seisnigrwydd coegfalch y Smartiaid, a'r gwawdio ar ffolineb y trawsnewid ieithyddol, yn ein hatgoffa am Syr Tom Tell Truth yn lladd ar yr un tueddiadau – ac yn yr un rhan o'r wlad – ganrif ynghynt yn anterliwt enwocaf Twm o'r Nant, *Tri Chryfion Byd*:

> Mae balchder Cymry ffolion
> I ymestyn ar ôl y Saeson,
> Gan ferwi am fyn'd o fawr i fach
> I ddiogi'n grach fon'ddigion.

Chwedl mawr yw bod fis yn Lloegr,
Fe ddysg merch ifanc lawer o fedrusder,
Siarad modest a phletio'i min,
'Run fath â tin y Tanner.

Y mae'r teulu wrth gwrs yn enghreifftio cyfnewidiad mawr a
thrychinebus o fewn Methodistiaeth Galfinaidd, ond gweld ei gyfle i gael
hwyl am eu pennau trwy gyfrwng ffars a dychan a wna'r awdur, nid
galaru'n ymwybodol uwch y dirywiad. Y diniweityn ymddangosiadol,
Peter Pugh, trwy ei ddull digrif o siarad ag ef ei hun, sy'n cael y gwaith o
gynnig sylwebaeth ddychanol ddi-dor ar draethu chwyddedig a ffôl Smart
a Bevan, ei gyd-flaenor. Dyma Smart yn sôn am Benjamin Prys, er
enghraifft: 'Gyda golwg ar Benjamin Prys y mae ef yn gofalu mwy am
ansawdd ysbrydol yr eglwys nag am ei hamgylchiadau allanol ('Poor
Benja,' oddiwrth Mr Pugh).' Smart yw'r llefarydd mawr ar ran y
sibolethau Fictorianaidd, *'respectability'* ac *'appearance'*; ei fwriad yw
sicrhau ei fod yn perthyn i gapel ac enwad sy'n pasio'r prawf yn y pethau
hyn. Dywed Smart iddo ganfod fod *'appearance'* yn mynd ymhell gyda
masnach a chrefydd fel ei gilydd, a dyma weld Daniel Owen, ar ddiwedd
blwyddyn gyntaf *Y Dreflan*, yn sylweddoli fwyfwy fod drwg rhagrith, y
bwlch rhwng *'appearance'* a'r gwir, yn treiddio i bob agwedd ar fywyd ei
gyfnod. Y mae'n amlwg hefyd ei fod yn datblygu'n llenor cynyddol
hyderus a sicr o'i lais ei hun. Amlygir yr hyder hwn mewn llythyr a
anfonodd at 'My Dear Friend' ym mis Gorffennaf 1879.[28] Y mae'r llythyr
yn ddiddorol hefyd oherwydd ei gyfeirio at wraig (Margaret Mostyn
Jones) ac am ei fod yn trafod ei waith yn fwy hyderus a chadarnhaol nag
a wna yn aml yn ei lythyrau. Wedi diolch i'r wraig am ei sylwadau caredig
am *Offrymau Neillduaeth* â'r awdur yn ei flaen i ddweud:

I know that my small book is neither able nor original; but I flatter myself
that there is in it a sprinkling of individuality and possibly a little
freshness + further I feel content that the reading of it cannot do any
harm & might do a little good. At the same time I think, by now, that the
'Dreflan' published in the form of a book would have *sold* better, as the
matter of it is more racy & more out of the common way of Welsh
literature. However, so far, I have no reason to complain of the patronage
I have received from my friends. There are already between three & four
hundred copies of the *Offrymau* sold. It might seem curious to you that
some of what I consider the best chapters in the 'Dreflan' – such as the
'Cyfarfod Misol' and 'Ismael', which as I am told afforded a little

merriment to some readers – were written when I was suffering under great pains and mental gloom. But that is the fact.

Oherwydd pwysau'r busnes ni all dderbyn y gwahoddiad i aros gyda Miss Jones a'i chwiorydd a'i mam yn 'Wern' am ychydig ddyddiau, ac ychwanega'n ddireidus, 'I am a very susceptible character alltho' an old bachelor. The spending of a few days amongst a lot of nice young ladies might interfere with my peace of mind after I had left!'

Yr oedd hen gyfaill dyddiau coleg Daniel, John Evans, yn ddigon gwael ei iechyd yn ystod 1879, ac er mwyn ceisio gwella y symudodd maes ei weinidogaeth o Garston i Groesoswallt. Gorweithio oedd un o achosion pennaf ei wendid, gan ei fod yn ysgrifennu ac yn golygu ar ben ei lafur gweinidogaethol. Wrth weld ei gyfaill Daniel Owen yn blodeuo fel llenor fe gysylltodd ag ef gan ofyn iddo gyfrannu i'r cylchgrawn a olygid ganddo yn Garston, *Cronicl yr Ysgol Sabbothol*. Ufuddhaodd Daniel i gais ei ffrind ac yn ystod 1880, er bod John Evans bellach wedi rhoi'r gorau i'r olygyddiaeth, anfonodd dri chyfraniad i'r *Cronicl*, dwy ysgrif yn perthyn i gyfnod yr anerchiadau cyhoeddus adeg y Nadolig, 'Siarad a Siaradwyr' a 'Rhai o Fanteision Tlodi', a cherdd, 'Tiberias'.[29]

Tebyg iawn fod galwadau yn dod gan fwy nag un golygydd, ond bwrw ymlaen gyda hanes ei dreflan oedd prif waith Daniel yn ystod 1880. Wrth ddechrau ail ran ei nofel y mae'n amlwg yn ystyried bod angen cryfhau'r stori ac fe ddefnyddir confensiwn cyfarwydd ddigon wrth geisio wneud hynny. Ar ôl i'r traethydd a Noah Rees ymweld â'r Pughiaid y mae'r traethydd yn gweld wyneb yn y ffenestr am eiliad a disgwylir i'r darllenydd gymryd yn ganiataol mai Bob Pugh, y mab afradlon, ydyw. Y mae'r chwarae yn symud wedyn i Fuarth Jenkins, lle mae gwraig Ismael Price ar ei gwely angau, a chlywir y dyn dirgel hwn yn sleifio'n dawel o'r tŷ gyda chydweithrediad Ismael. Cyflwynir darlun o Ann Price yn marw gan gofleidio cysuron yr efengyl, ond tanlinellu dirgelwch y dyn dieithr a wneir ar ddiwedd y bennod.

Crwydro'n ymddiheurol a wnaeth Spot ym mis Chwefror 1880 – 'ni ddigiaf wrth y darllenydd coeth a dysgedig [coegni yn ddi-os, fel yr awgrymodd John Rowlands] am neidio dros y bennod hon, gan hyderu y gallaf fod o ddyddordeb i fy nghyfeillion ieuainc y bechgyn'. Portread llawnach o Jim, mab Ismael, a'r modd y'i mabwysiadwyd gan deulu Peter Pugh a geir yn y bennod. Hanes achubiaeth Jim a roddir, ond achubiaeth gymdeithasol, nid ysbrydol, ydyw. Ei symud o dywyllwch y Buarth i oleuni Cartrefle a'r ysgol Sul a wneir; dywedir nad oedd pob crefyddwr yn rhannu sêl Peter Pugh (neu Ben Powell a Daniel Owen os mynner) dros gyrraedd y tlawd a cheisio eu gwella, gorff ac enaid: 'A addysgir plant crefyddol ar yr aelwyd gartref i fod yn dyner a charedig at y *street Arab* tlawd a charpiog? Gwn oddi ar brofiad fod mwy nag un o'r dosbarth hwn wedi eu tarfu o'r ysgol am na allent oddef gwawd a ucheldrem y bechgyn a fagwyd yn yr ysgol.'

Ddechrau Chwefror 1880 bu farw Dafydd Owen. Fe'i gwelsom yn is-gymeriad direidus a bywiog ar lwyfan cyhoeddus yr Wyddgrug, ac mae'r atgofion a gofnodwyd amdano yn tystio i ŵr anghyffredin o ffraeth ac abl mewn sawl maes. Dyma gofnod ei frawd yn yr hunangofiant:

> yr oedd fy mrawd Dafydd yn sicr yn un o'r bechgyn mwyaf talentog – yn naturiol – yn Nghymru. Pe buasai genyf chwarter ei dalent, buaswn yn ddiolchgar. Ond – ie yr "ond" ydyw yr aflwydd! – ac nid oes eisiau son mwy am dano. Ni wnaeth efe niwed i neb ond iddo ei hun. Enillodd Andreas o Fon dair gini mewn bet arno am adrodd ystoriau. Gwastraffodd ei athrylith mewn cylchoedd na ddylasai. Ond cafodd – drwy hir gystudd – amser i edifarhau, a mi gredaf iddo gael trugaredd.

Dyna'r cwbl a ddywedodd Daniel Owen am ei frawd; fe ddylasem fod wedi rhoi mwy o sylw i'r brawd hŷn, ond diffyg tystiolaeth gyfoes ddibynadwy sy'n cyfrif am hynny. Cynhwysodd y nofelydd elfennau o gymeriad ei frawd yn ei nofelau, yng nghymeriadau Wil Bryan a Bob Lewis yn ôl y farn boblogaidd, ond gellid awgrymu yn betrus fod cysgod ei gystudd olaf a'i farwolaeth yn gorwedd ar ail hanner *Y Dreflan* yn ogystal, ar hanes y mab afradlon edifar, Bob Pugh. Ni wyddys a fu gan y ddiod ran uniongyrchol yn nirywiad iechyd Dafydd ond bu'n sicr yn achos gofid i'w deulu wrth i afael dylanwadau bore oes lacio ac wrth iddo gael ei lithio fwyfwy, yn ôl tystiolaeth John Morgan, gan wenieithwyr a garai ei gwmni mewn tafarnau.[30] Y mae cofnod yr hunangofiant yn awgrymu i Dafydd gael tro ar ei wely cystudd a chael gafael ar rywbeth â llai o 'humbug' yn ei gylch na gweniaith dynion. Dyna'n sicr a gredai ei frawd, a thybed nad yw'r dimensiwn personol poenus hwn yn rhoi gwarant i ni honni nad confensiwn y ffugchwedlau dirwestol yn unig sy'n llywio hanes Bob Pugh, ond bod yma ymgais hefyd i ddygymod â buchedd y brawd hŷn ac i ymgysuro ynghylch ei dynged dragwyddol?

Ailafael yn nhaith fugeiliol gyntaf Noah Rees a wneir yn y bennod nesaf ym mis Mawrth, gan roi cyfle yn gyntaf i'r traethydd, Noah Rees a Peter Pugh ddweud eu dweud am berygl '*appearance*' mewn crefydd a masnach. Awgrymodd Robin Chapman i anerchiad John Morgan ar y testun 'Ymddangos a Bod' yn un o gyfarfodydd y Nadolig ar ddechrau'r 1870au gael cryn effaith ar Daniel Owen,[31] gan beri iddo wneud y mater yn bwnc myfyrdod ei nofelau, ond adlewyrchu trafodaeth gyfredol ehangach o lawer a wnâi anerchiad Morgan. Camp Daniel Owen yw'r modd y defnyddiodd y nofel realaidd yn gyfrwng i wyntyllu'r argyhoeddiad bod rhagrith yn treiddio ac yn llifo trwy bob haen ar gymdeithas. Gwelodd masnachwyr fel Daniel Owen a Ben Powell gyfnewid mawr yn arferion eu cymrodyr ym myd busnes, gyda delwedd a marchnata yn dod yn fwyfwy amlwg a'r hyn a oedd yn ffenestr y siop yn addo mwy nag a allai'r siopwr yn gyfrifol ei gyflawni yn aml. Peter Pugh sy'n mynegi'r pryderon ar y pen hwn: 'Mr. Rees bach, ydach chi ddim yn meddwl, erbyn i ni 'styried, fod yr oes hon yn gofalu mwy am *appearance* nag am fôd? Be ydi'r holl redeg i ddyled a'r tori fyny yma ond effaith gofalu am yr *appearance* yn lle am y bôd.' A dyma, meddai wrth Noah Rees, y math o gymeriadau a geid ymhlith eu cynulleid-faoedd bellach: 'mae yna hogia yn perthyn i'n capel ni yn 'u menig cid, eu *sigars*, a'u *mirshams*, eu ffyn â thopia arian iddynt, na fedra nhw yn eu byw las fforddio rhoi ceiniog at y weinidogaeth.' Ond mae Benjamin Prys eto ar dir y byw, a chanddo ef 'mi gawn rwbeth . . . heblaw *appearance*' chwedl Peter Pugh. Yr hyn a geir ganddo yw cyngor ysbrydol doeth ac ymarferol. Byddai dyn yn disgwyl bellach y byddai'r awdur yn canlyn hanesion Noah Rees a Peter Pugh, ond nid felly; sgets annibynnol o Sharp Rogers a gafwyd yn Ebrill 1880, gwawdlun o'r masnachwr cybyddlyd. At ddelwedd draddodiadol y cybydd (daw Twm o'r Nant i'r meddwl eto) ychwanegwyd y nodweddion ffilistaidd ac iwtilitaraidd a ddychanwyd mewn modd mor gofiadwy gan awduron oes Fictoria. Dyma'r gŵr y 'gellid yn hawdd grynhoi ei fywyd i dri gair – *shop*, *ledger*, a *bank*.' Y mae'r gyffes ffydd a briodolir i Rogers yn crisialu'n ddeifiol fateroliaeth ffilistaidd y cyfnod, ac yn dwyn i gof broffes enwog Mr Gradgrind ('Facts! Facts!') ar ddechrau *Hard Times* Charles Dickens. Un o erthyglau'r gyffes yw 'fod beirdd a llenorion i'w hystyried fel rhai â chrac yn eu penau' a hwyrach ein bod yn medru estyn y radd leiaf o gydymdeimlad i Rogers o gofio bod y darpar-fardd a llenor John Aelod Jones yn brentis iddo ac yn byw o dan yr un to ag ef. Rhydd hyn gyfle i'r awdur i gyflwyno darlun chwareus-goeglyd arall o'r diwylliant newyddiadurol newydd a flodeuasai ar ôl dileu'r dreth bapur newydd yn 1855 a'r dreth ar bapur yn 1861, ynghyd â darlun hanesyddol ddiddorol o'r prysurdeb diwylliannol a gysylltid â chapel Anghydffurfiol mewn tref fel yr Wyddgrug. Un o olygfeydd gweladwy enwoca'r nofelydd sy'n cloi'r bennod, honno lle mae Sharp Rogers yn ymddangos heb ei wig yn y *garret* i geryddu John Aelod a Walter, hynny'n rhoi cyfle i John Aelod fynd â'r gwynt o'i hwyliau, ac i'r nofelydd ychwanegu'n gynnil hyfryd am Rogers, 'a thrôdd ymaith ar ei sawdl ddihosan'.

Pontir â'r bennod nesaf, 'Sefydlu y Bugail', Mai 1880, trwy grybwyll yn goeglyd y cam mawr a gafodd John Aelod gan olygydd *Udgorn y Werin* pan gwtogwyd yn ddidrugaredd ar ei adroddiad o'r cyfarfod sefydlu. Fe gawn adroddiad cyflawn gan y traethydd, fodd bynnag, ond gwneir hynny trwy adael i'r siaradwyr ddatguddio'u hunain trwy eu siarad. Dyma un o arfau dychan miniocaf Daniel Owen, am ei fod yn ymddangos yn un sy'n rhydd o ymyrraeth awdurol, ond mewn gwirionedd clust fain yr awdur wrth gofnodi gwahanol gyweiriau siarad ei gyfnod sy'n awgrymu is-destunau coeglyd i ni fel darllenwyr. Yn ei gyflwyniad o Capten Trefor y byddai'r awdur yn meistroli'r dechneg hon, ond mae digon i'w fwynhau yma, mynegiant blêr a thrwsgl Smart, er enghraifft, ac arddull ryfeddol y pregethwr Wesle ('yr wyf eisoes, yn ystod fy myr arosiad yn eich plith, wedi dyfod i ddamweiniol gysylltiad â'ch gweinidog newydd ar achlysuron fwy nag un'). Rhag ofn fod rhai darllenwyr yn arafach na'i gilydd rhoddir i Peter Pugh 'naturiol' y cyfle i dafoli'r siaradwyr, ac i'w dosbarthu'n ddefaid a geifr. 'Yr ydw i'n leicio rhw hen sort fel ene' yw ymateb Pugh i araith yr hen William Thomas (y 'Cymeriadau Methodistaidd' gynt) ac mae Cymraeg diledryw sir Fflint yr hen sort, ynghyd â'i sylwadau synhwyrgall yn cyhoeddi gwerthoedd yr awdur yn fwy effeithiol na'r un truth awdurol.

Ond beth ddigwyddodd i Jeremiah Jenkins? Gorfod 'cydnabod fy anfedrusrwydd fel hanesydd' am beidio â dwyn y cymeriad hwnnw i mewn i'w stori yw rhan yr awdur y mis canlynol, a byrgofiant i'r dihiryn a gawn, ac er mai creadur cardbord ydyw o'i gymharu â Richard Trefor, y mae'n arwyddocaol bod yr awdur yn barod i gydnabod cieidd-dra Jenkins yn curo'i wraig, un o hoff ddifyrion amryw o'i gymdogion ym Maes-y-dre, fel y gwelsom.

Y mae'r diffyg ffocws y soniodd Ioan Williams amdano yn dal i boeni'r awdur. Heb linyn storïol argyhoeddiadol ffordd amlwg o gael trefn ar ei feddyliau yw dwyn yr elfennau strwythurol pwysicaf, sef y cymeriadau, i gyd at ei gilydd ar y llwyfan. Arolwg o'u sefyllfa a geir yn 'Crynodeb', pennod sy'n llawn cyffyrddiadau difyr, ond cadarnhau'r hyn a wyddom am y cymeriadau eisoes a wneir; cawn bortread o Siân Jones dduwiol yn ei chaban ym Muarth Jenkins 'fel Lot yn Sodom', ac yna gyfeiriad deifiol at ei 'brawd crefyddol', Mr Smart; y mae'r un ymadrodd hwn yn cyfleu'r pellter a ddatblygasai bellach rhwng rhith a gwirionedd o fewn eglwysi'r Hen Gorff. Diwylliant dosbarth canol y dydd sydd dani wedyn yn y cyfeiriad at Miss Smart: 'yr oedd hi, debygid, yn ateb y dyben yr anfonwyd hi i'r byd, sef i chwareu y berdoneg, gweithio'r *crochet* ac astudio y *Journal of Fashion*.' Cymharer sylw Geoffrey Best ar y cyfnod:

> Cheap upright pianos came within the means of a much larger group, but the bourgeois desire to own one and have the girls perform on it had already been a joke for Rowlandson . . . Hours and hours weekly, even daily, continued to be devoted to needle-work in all its varieties by mothers and daughters with any pretensions to gentility: ornamental, strictly useless needlework for the most part; the useful stuff . . . was done by working women.[32]

Y mae Aelod Jones bellach ar y llithrigfa, a'i wiriondeb yn amlwg i bawb; y mae Noah a'i fryd ar briodi Miss Pugh ac mae'r traethydd yn cloi trwy gyfeirio at y gofid a fydd yn wynebu Mr. Pugh.

Pennod 20, 'Jeremiah Jenkins yn eisieu' yw'r bennod fwyaf cyffrous-ddigwyddiadol yn y nofel i gyd, ond troi eto i fyfyrio ynghylch y pwnc mawr, rhagrith, a wneir ar ei dechrau, gan sylwi'n ddwys ac yn ffraeth ar y modd y mae twyll a hunandwyll yn rhan o wead dyn a'i gymdeithas. Try'r siarad rhwng Noah Rees, Peter Pugh a'r traethydd at Jeremiah Jenkins pan ddaw'r newydd fod ei dŷ ar dân. Erbyn iddynt ruthro i'r fan mae torf liwgar o dreflanwyr wedi ymgynnull, gan roi cyfle i Daniel Owen i arfer ei ddawn i ddisgrifio golygfa gymdeithasol fywiog a thorfol. Ond tân rhagrithiol ydyw; fe'i cynheuwyd yn fwriadol gan Jenkins er mwyn hawlio arian yswiriant, ac er i Peter Pugh fynd i'r afael ag ef, y mae'n llwyddo i ddianc, gan adael dyledion fyrdd o'i ôl.

Ni fydd y dihiryn yn cael dianc yn ddi-gosb chwaith, ond cyn ei setlo y mae Daniel Owen eisiau ein hatgoffa am y tro olaf am yr hen deip o Fethodist, Benjamin Prys. Yn y bennod 'Yr Ymweliad Olaf â Benjamin Prys' y mae'n awyddus i dalu gwrogaeth i'r hen wron sydd bellach ar ei wely angau ac i'w wraig hynod, Becca. Y mae'n ddiddorol nad yw Benjamin Prys, er cyfoethoced ei gynhysgaeth ysbrydol, yn ddyn 'neis' a 'llednais'. Y mae'n bosibl iawn nad ystyriai Smartiaid y byd ei fod yn *respectable* chwaith. Yn wir, gellid cymhwyso'r hyn a ddywedir amdano at hen bererinion duwiol y nofelau i gyd: 'Yr oedd rhai o'r pethau gorau a ddywedai ar brydiau wedi eu gwisgo mewn Cymraeg gref a gafaelgar, ond a ystyrid, o bosibl, gan yr oes fursenaidd hon yn aflednais.' Ac mae cymharu Becca Prys ddiflino â'r ferch fodern yn tanio arf ddychanol yr awdur, gan beri iddo dynnu ar ei atgofion bore oes wrth wneud hynny:

> Chwi wrageddos moethus, sydd yn dreng-glwcian ar eich esmwyth-feinciau clustogaidd oherwydd eich mân anffodion, ni wyddoch mo'ch geni eto o'ch cymharu âg ambell wreigan a adawyd yn weddw gyda llon'd tŷ o blant bach, heb yr un geiniog at eu cynnaliaeth, neu Becca Prys, yr hon oedd raid iddi ymladd am fywoliaeth iddi hi a'i hybarch briod.

Rhydd Benjamin Prys ei dystiolaeth wrth wynebu angau, ac ar ôl ei farw Mr Pugh sy'n gofalu bod yna 'gofadail hardd a gwerthfawr' uwch ei fedd. Ond datgelir arwydd clir o'r amserau yn y bennod ganlynol pan ddywedir mai Mr Smart snobyddlyd, ddiafael sy'n mynd i eistedd yn hen gadair Benjamin Prys o dan y pulpud. Yn y bennod hon hefyd y mae'r awdur yn dechrau tynnu hynny o linynnau storïol sydd ganddo ynghyd, a hynny yn annisgwyl trwy gyfrwng Miss Pugh, darpar-wraig Noah Rees a chwaer y mab afradlon y mae'r dirgelwch yn ei gylch. Erbyn diwedd y bennod yn wir ymddengys bod ysgerbwd ei brawd yn gwneud cymaint o sŵn yng nghwpwrdd y teulu fel ag i wneud y briodas yn amhosibl, a rhaid dwyn y cyfan i'r golau ym mhennod 23, 'Ismael unwaith eto'. Ar ymweliad arall â'r Buarth mae Ismael yn agor ei galon wrth y cwmni ac yn cyffesu wrth Mr. Pugh mai ef a arweiniodd Bob Pugh ar gyfeiliorn gyntaf trwy rannu syniadau newydd a ddarllenasai mewn llyfrau Saesneg ag ef, trwy greu rhagfarn ynddo yn erbyn crefydd a thrwy ei gyflwyno i'r cwmni yn y White Horse. Y mae'r cof am Dafydd Owen, y mae'n ddigon posibl, yn lliwio'r brawddegau 'Yr oedd yn hoffi cwmni, a'r cwmni yn ei hoffi yntau . . . Cawsai yr addysg a'r dygiad i fyny gorau, ac yr oedd yn fachgen talentog a charedig, ond llithiwyd ef gan gyfaredd y ddiod feddwol. Gwnaeth ei deulu a'i gyfeillion bob ymdrech i'w ddiwygio, ond yn ofer.'

Y mae Robert Pugh bellach yn glaf yn llofft Ismael, a'i stori ef a gawn ym mhennod 24, 'Yr Afradlawn'; er i ni awgrymu dylanwad posibl amgylchiadau teuluol ar y wedd hon ar yr hanes, rhaid cydnabod mai moeswers ddirwestol gonfensiynol ddigon yw'r bennod, gyda Bob Pugh yn adrodd hanes ei grwydro afradlon yn America, a'i gyfarfyddiad rhyfedd â Jeremiah Jenkins mewn ysbyty yn y wlad bell honno. Er i'r dihiryn roi pres i Bob Pugh allu teithio adref i'r Dreflan, ar ei wely angau 'yr oedd yn hollol anedifeiriol, ac yn cynddeiriogi wrth feddwl fod yn rhaid iddo farw'. Nid felly y mae Bob Pugh yn marw yn y bennod ddiweddglo a ddilynodd yn yr un rhifyn; awgrymir ei fod yn marw fel crediniwr. Wrth gloi y mae'r nofelydd yn bwrw golwg ehangach ar amgylchiadau'r dydd. Y mae bellach yn ddiwedd Rhagfyr 1880, a chyfnod o ddirwasgiad ar fin gafael, ac adlewyrchir y newid byd ym musnes y White Horse, er i John Aelod bellach ddatblygu'n fardd-lymeitiwr brwd o'r enw Ffrochwyllt, a chael ei ddiaelodi gan yr eglwys. Diweddglo clasurol y gomedi gymdeithasol a gawn, sef priodas, uno Noah Rees a Miss Pugh.

Cyhoeddwyd Y *Dreflan* yn gyfrol yn 1881. Yr oedd un o ddarllenwyr Y *Drysorfa* eisoes wedi canmol 'awdwr doniol a galluog'. 'Os nad ydwyf yn camgymeryd,' meddai 'Methodist o Droed yr Wyddfa', 'gwerthfawrogir ei ysgrifau yn fawr gan bob dosbarth. Ymdrinir ynddynt â phethau ag yr oedd eisiau eu dwyn i sylw y wlad; a gwneir hyny mewn dull mor naturiol a didramgwydd, fel nas gallant lai na bod yn ddyddorol i bawb a'i darllenant.'[33] Mae'n arwyddocaol bod yr un llythyrwr yn canmol cyfres gyfredol Robert Ellis ar yr hen ddiwygiadau, ac yn dweud amdano 'ei fod yn un o'r ychydig hyny sydd yn cofio gwedd wahanol iawn ar Fethodistiaeth yn ein gwlad, i'r hyn ydyw yn bresennol'. Wrth ddechrau cyfres newydd 'Teulu y Castell' yn yr un adran o'r cylchgrawn â nofel y sylwebydd dychanol o'r Wyddgrug yn rhifyn Awst 1880, yr oedd Ellis eto yn chwyrn ei feirniadaeth ar dueddiadau crefyddol ei oes, a'i safbwynt yn gwbl gydnaws â'r hyn a fynegid yn Y *Dreflan*: 'Os bydd i'r ysbryd ymosodol hwn roddi ei le i foethau crefyddol, yna bydded farw Methodistiaeth, ac eled ymaith o'r ffordd.'[34] Y mae cynfas y nofelydd wrth gwrs yn ehangach, ei weledigaeth yn gymhlethach, a'i safbwynt ar adegau ychydig yn amwysach. Wrth ladd ar dwyll a rhagrith o fewn crefydd a busnes a'r gyfathrach rhwng pobl a'i gilydd y mae'n ddyledwr i ddwy ffrwd wahanol o feddwl, sef y pwyslais hunanymholgar o fewn y ffydd Gristnogol ar y naill law ('profwch chwychwi eich hunain a ydych yn y ffydd; holwch eich hunain', 2 Corinthiaid 13:7) – pwyslais y pregethodd John Elias ac eraill yn gyson arno – a'r pwyslais radical, diwygiadol ym meddwl a gwleidyddiaeth y cyfnod ar y llaw arall – pwyslais a dynnai faeth o ysgrifennu Carlyle a'i ymosodiadau ar *shams* o bob math. Yr hyn sy'n rhoi nerth a min, fe ddadleuwn i, i'r modd y mae Daniel Owen yn dadlennu'r *rotten boroughs* mewn gwlad ac eglwys yw ei fod yn gwybod rhywbeth hefyd am fwrdeisdref bwdr y galon.

1. Sarah ('Sali')
Owen, mam y
nofelydd.

2.Y Parchedig
Roger Edwards,
golygydd *Y
Drysorfa* a 'thad'
ysbrydol a
llenyddol Daniel
Owen.

3. Dafydd Owen,
brawd Daniel,
c.1860.

4. Daniel Owen yn
fyfyriwr yn y Bala.

5. Daniel Owen (yn sefyll ar y chwith) gyda'i gyd-weithwyr, *c*.1860.

6. Stryd Fawr yr Wyddgrug yn y bedwaredd ganrif ar bymtheg lle gweithiai Daniel
Owen am gyfnod yn siop deiliwr Angel Jones.

7. Daniel Owen (yn sefyll, yr ail ar y chwith) yn seremoni gosod carreg sylfaen capel Maes-y-dre, c.1871

8. Roedd Daniel Owen yn aelod gweithgar o bwyllgor Eisteddfod yr Wyddgrug, 1873. Yn y llun hwn o aelodau'r pwyllgor, fe'i gwelir yn eistedd yn bumed o'r chwith yn y rhes flaen.

9. Un o daflenni hysbysebu y teiliwr.

AT

ETHOLWYR

CYNGOR DINESIG

RHANBARTH YR

WYDDGRUG.

GYD-DRETHDALWYR,

Dydd Sadwrn nesaf, Rhagfyr 15fed, gelwir arnoch i ethol Cyngor sydd i ddisodli y diweddar LOCAL BOARD o dragywyddol, os nad o fendigedig goffadwriaeth. Mae llu o ymgeiswyr am eich ffafr, ac yn eu plith y mae eich anheilwng was. Nid wyf yn bwriadu eich canfasio, ond yr wyf yn anfon atoch y peth tebycaf i mi fy hun a welsoch erioed. Wedi byw yn eich mysg fy holl oes dylech wybod rhywbetb. am danaf. Nid oes genyf ddawn i ganmawl fy hun, a phe buassi y ddawn genyf ni buaswn yn ei defnyddio. Os oes gwell dynion ar y maes—os ydynt yn cynnrychioli eich dymuniadau yn well, ar bob cyfrif dewiswch hwynt. Ond cynghorwn bob etholwr sydd yn perthyn i'r Dosbarth Gweithiol, fel fy hunan, ofyn y cwestiwn hwn i bob ymgeisydd :—

A wyt ti 'n dyfal dal yn dyn
Mai iachus yw cadw mochyn ?

Gwyddoch yn burion fy mod wedi dadleu hyn ar y Bwrdd Lleol oreu y gallwn. Peidiwch a gwrando ar ddyeithriaid dibrofiad, ond cofiwch hen air ein cyn-dadau : —

Mae nhorob dda, a ham,
Yn nhop y tŷ 'n gytun ;
A llwyth o datws yn yr hog
Yn hendwr i bob dyn.

Os dewiswch fy ethol fel un o'ch cynnrychiolwyr gwnaf fy ngoreu i'ch gwasanaethu yn ol fy ngallu fel yr ydwyf wedi gwneyd eisoes. Os byddwch yn hytrach yn dewis rhywun arall— pobpeth yn dda—ni fyddwn yn llai cyfeillgar,

Yr eiddoch, mewn natur dda,

DANIEL OWEN.

Argraffwyd gan P. M. Evans & Son, Treffynnon, a Chyhoeddwyd gan Daniel Owen, Wyddgrug.

10. Taflen etholiad Daniel Owen, 1894.

11. Daniel Owen tuag at ddiwedd ei oes.

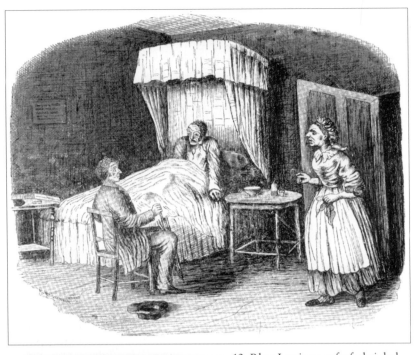

12. Rhys Lewis yn cyfarfod ei dad. Un o ddarluniau B. M. Lewis ar gyfer argraffiad Hughes a'i Fab o Rhys Lewis. (Y mae awgrym mai Daniel Owen ei hun oedd B. M. Lewis, gw. 'Elis Gwyn a dirgelwch B. M. Lewis: ai Daniel Owen oedd yr artist?', *Y Casglwr*, 31 (Mawrth 1987), 5.)

13. Cofeb Daniel Owen yn yr Wyddgrug.

5 ❧ Hunangofiant Rhys Lewis, Gweinidog Bethel, 1882–1885

'Ni chefais lonydd wedi hyn gan Mr. Edwards heb ddechreu chwedl arall, ac er mwyn heddwch dechreuais ysgrifenu Rhys Lewis – pennod ar gyfer pob mis, heb fod genyf air wrth gefn. Parhaodd am dair blynedd.'[1] Yn Y *Drysorfa*, Ionawr 1882 yr ymddangosodd darnau cyntaf y gwaith newydd, 'Rhagarweiniad', a 'Cofiaint', darnau a fu'n destun dehongli a dadlau gan ddarllenwyr beirniadol byth ers hynny. Pwrpas y rhagarweiniad yw dweud wrth ei ddarllenwyr ei fod am ddefnyddio confensiwn adroddiadol gwahanol i'r un a gaed yn Y *Dreflan*. Nid y sgets newyddiadurol y tro hwn, ond yr hunangofiant 'gwir' na fwriadodd yr awdur erioed iddo weld golau ddydd. Gyda chaniatâd 'ysgutores yr ymadawedig' y cyhoeddir y gwaith yn awr. 'Yn *Rhys Lewis*', meddai E. G. Millward, 'defnyddiodd Daniel Owen ffurf lenyddol a oedd eisoes yn gonfensiwn cyfarwydd yn rhyddiaith Saesneg yr oes.'[2] Un o nofelau Dickens sy'n cynnig yr enghraifft fwyaf adnabyddus, sef *The Personal History, Adventures, Experience and Observation of David Copperfield the Younger of Blunderstone Rookery. Which He never meant to be Published on any Account*, ond yr un mor berthnasol, fel y nododd E. G. Millward, yw sôn am gyfrol gyntaf William Hale White, *The Autobiography of Mark Rutherford*, sy'n agor gyda'r geiriau, 'Now that I have completed my autobiography up to the present year, I sometimes doubt whether it is right to publish it.'[3] Dyddiad cyhoeddi cyfrol Hale White, 1881, sy'n ennyn chwilfrydedd, ynghyd â'r ffaith fod tebygrwydd arwynebol amlwg rhwng penodau agoriadol hunangofiannau Rutherford a Rhys Lewis. Fe ddadleuwyd felly mai dilyn confensiwn llenyddol a wnâi'r awdur yn y rhagarweiniad, yn hytrach na cheisio cuddio y tu ôl i ffurf lenyddol yr hunangofiant er mwyn lleddfu rhagfarnau gwrth-ffuglennol carfan o ddarllenwyr Y *Drysorfa*, fel yr awgrymodd beirniaid eraill.

Cyn crybwyll ei hanes yn canfod yr 'ysgrif drwchus' a gynhwysai atgofion diweddar weinidog Bethel – hynny yw, cyn trosglwyddo traethiad y nofel i Rhys Lewis – y mae Daniel Owen eisoes wedi noethi'r dannedd dychanol a gawsai flas ar waed wrth sôn am bobl a phethau *Y Dreflan*. Hyder y dychanwr sy'n gwybod bod ei ergydion yn cyrraedd y nod, ynghyd â dirmyg at rai o dueddiadau crefyddol ei gyfnod, a glywir yn y brawddegau canlynol:

> Nid oedd yn boblogaidd fel pregethwr, a hyny yn benaf am nad allai ganu, yr hyn oedd yn anffawd fawr iddo . . . Fel bugail bu yn lled hapus a llwyddiannus. Ond y mae yn rhaid cydnabod nad oedd hyny ond dygwyddiad; oblegid y prif reswm am y ffaith oedd, fod mwyafrif yr eglwys yr oedd efe yn weinidog iddi yn meddu gradd helaeth o synwyr cyffredin, ac ychydig o deimlad cristionogol.

Ond y mae'r llais awdurol hwn yn gorfod tewi, neu o leiaf chwilio am gyfrwng newydd, ar ôl trosglwyddo'r awenau i'r hunangofiannydd. Nid bod hynny yn ein rhwystro rhag synhwyro is-destunau coeglyd, o bryd i'w gilydd, yng ngeiriau ymddangosiadol ddiniwed Rhys Lewis. Cymerer y bennod gyntaf go iawn, 'Cofiaint', er enghraifft. Y mae'r bennod 'ar ei hyd yn ddarn o ddychan bwriadus', meddai Hywel Teifi Edwards,[4] a phwrpas 'y diniweidrwydd eironig mwyaf sicr ei gyffyrddiad' yw amau gwirionedd a dilysrwydd ffeithiol y cofiant a'r hunangofiant, ffurfiau poblogaidd odiaeth yn ystod y bedwaredd ganrif ar bymtheg, ond ffurfiau yr ystumid eu dehongliad llenyddol o'r gwir 'ffeithiol' gan ffugwyleidd-dra neu weniaith. Ni all yr awdur sy'n ysgrifennu ag un llygad ar ei gynulleidfa fyth ddweud 'y gwir, yr holl wir, a dim ond y gwir', ac felly, er mwyn gwarantu dilysrwydd ei fyfyrdod dywed Rhys Lewis fod arno 'flys ysgrifenu hanes fy mywyd fy hun, nid i eraill, ond i mi fy hun; ac yn sicr nid i'w argraffu, ond yn hytrach fel math o hunangymundeb'. Gwelodd Daniel Owen fod ganddo fwy o ryddid i ddefnyddio ac i ddehongli'i gynhysgaeth hunangofiannol ei hun (ac 'roedd pawb o'i gyfeillion yn gytûn mai dyna a wnaeth yn *Rhys Lewis*) trwy osod confensiwn ffuglennol rhyngddo a'i gynulleidfa. 'Tric dyfeisgar oedd hwn', meddai John Rowlands, 'i fynnu rhyddid llawn y nofelydd.'[5]

Yr oedd yn naturiol ei fod yn awyddus i gloddio maes ei atgofion. Byddai marwolaeth ei frawd yn 1880, a'i fam, yn 85 oed, yn Awst 1881, wedi deffro llawer o atgofion myfyrdodus am droeon yr yrfa, ac am y blynyddoedd cynnar, caled yn enwedig. Ac felly, er bod defnyddiau atgofiannol *Rhys Lewis*, y penodau agoriadol yn arbennig, yn cyfateb yn dwt i rai o batrymau cyfarwydd chwedlau'r dydd (cyfeiriwyd at debygrwydd i *Dombey and Son* gan Dickens er enghraifft) y mae lle i gredu i'r colledion personol hyn chwarae rhan mor amlwg â'r un confensiwn wrth iddo wregysu llwynau ei feddwl gogyfer â llunio stori gyfres newydd.

Y mae'r onestrwydd a enillir trwy dwyll y confensiwn sy'n mynnu na fwriadai'r awdur i'w eiriau gael eu hargraffu yn rhyddhau'r awdur i sôn yn fanwl am ddigwyddiadau a ystyrid yn blentynnaidd ac yn ddi-chwaeth mewn cofiannau swyddogol. Plentyndod go-iawn, plentyndod trwy lygaid plentyn, a gofnodir ym mhenodau agoriadol *Rhys Lewis*, nid plentyndod dan benawdau fel 'yr argraffiadau crefyddol cyntaf', fel ag a gaed mewn aml i gofiant 'ffeithiol'. Fe brisid yr onestrwydd hwn yn fawr gan nofelwyr a beirniaid y cyfnod a'i ddyrchafu'n egwyddor, *truth-to-life*; 'I am content to tell my simple story', meddai George Eliot mewn geiriau y byddai Daniel Owen, 'does bosibl, yn barod i'w heilio, 'without trying to make things seem better than they were; dreading nothing, indeed, but falsity, which, in spite of one's best efforts, there is reason to dread. Falsehood is so easy, truth is so difficult.'[6] A siars traethydd hunangofiannol *Rhys Lewis* wrtho'i hun ar ddechrau'r hanes yw 'Rhys, beth a ddywedi am danat dy hun? Cofia ddwyeyd y gwir.'

Y cymhelliad atgofus (neu hunangofiannol) sydd amlycaf yn y penodau agoriadol; o'r ail bennod hyd at y seithfed cawn hanesion am ddigwyddiadau ym mhlentyndod Rhys ac argraffiadau annwyl o gymeriadau fel ei hen athro ysgol Sul, Hwsmon Gwernyffynnon. Y capel yw'r sefydliad cydlynol sy'n rhoi strwythur i'r atgofion, ac mae'n rhaid pwysleisio'r gwahaniaeth sylfaenol rhwng agweddau Rhys Lewis a Mark Rutherford yn nofel William Hale White at eu magwraeth Anghydffurfiol. Carchar negyddol a chaethiwus oedd y Sul a'r capel i Rutherford: 'It was a season of unmixed gloom. My father and mother were rigid Calvinistic Independents.' Defnyddir atgofion y plentyn i fynegi argyhoeddiadau gwrth-grefyddol yr oedolyn o ryddfeddyliwr sydd am sôn am 'horrible hypocrisy' y gweddïo a phethau cyffelyb. Gweinidog Anghydffurfiol yw traethydd *Rhys Lewis* wrth gwrs, a chanddo ef cawn deyrnged ddisgwyliedig i ddylanwad y capel arno: 'yr hen gapel anwyl! ti a adewaist lawer argraff ar fy nghof, ac ar fy nghydwybod hefyd, mi obeithiaf'. Ond er mai cadarnhaol, at ei gilydd, yw cywair yr ymdriniaeth, y mae'r geirwiredd a osodwyd yn amod anhepgor i'r traethu yn rhyddhau'r nofelydd i edrych ar weithgareddau nodweddiadol y Methodistiaid Calfinaidd o bwynt sylwebu gwahanol i'r hyn a gaed fel arfer ar dudalennau'r *Drysorfa*. Yn y drydedd bennod, felly, y mae'r plentyn yn gallu cynnig i ni ddarlun grotésg-ddigrif o bregethwr ('Wedi bod yn siarad yn faith, fel y tybiwn i, dechreuodd "y dyn" edrych yn ddig, a chochi yn ei wyneb, a gwaeddi yn uchel') ynghyd â darlun ysgafn, lled-gableddus o'r gwasanaeth cymun. Yng nghynnwys eu hatgofion y mae ambell gyfatebiaeth drawiadol rhwng geiriau Mark Rutherford a Rhys Lewis, digon i awgrymu i Daniel Owen ddarllen nofel Hale White a chael ei annog ganddi i fentro cyflwyno darlun realistig o agweddau plentyn at fagwraeth o fewn diwylliant crefyddol. Yn y bedwaredd bennod, felly, meddai'r traethydd, 'ac i mi ddyweyd y gwir – yr hyn yr wyf yn benderfynol o wneyd – rhaid i mi addef nad oeddwn yn hoffi myned i'r capel. Yr oedd y gwasanaeth yn rhy faith o lawer genyf.' Er cymaint ei barch at ei fam rhaid iddo feirniadu'r 'addysgiaeth grefyddol' a gafodd ganddi, ac wrth iddo fentro i fyd cyfarwydd y portread o'r cymeriad Methodistaidd, Evan Jones, hwsmon Gwernyffynnon, rhaid glynu at egwyddor geirwiredd a chydnabod bod yr hen athro ysgol Sul yn hoff o 'gymeryd nap' ar ôl dysgu'r plant. Nid yw, wrth gwrs, wrth lunio portreadau realistig, diweniaith, ond yn cyflawni'r amcanion llenyddol a amlygwyd gyntaf yn y 'darlun' dadleuol o John Davies, Nercwys, yn 1870. Wrth drin Evan Jones, 'un oedd wedi profi pethau mawrion crefydd', ac Abel Hughes, y blaenor y mae fersiwn garw ac annhymig o'i gymeriad yn ymddangos yn y bennod hon, ceir yr un cyfuniad o ddychan ysgafn ar eu henffasiynoldeb a gwerthfawrogiad o'u dilysrwydd ysbrydol ag a welwyd yn y gweithiau cynharach. Ac fe'u defnyddir yma hefyd yn fodd i geryddu'r oes bresennol am y dirywiad yn ansawdd y bywyd ysbrydol. Ym mharagraff rhagymadroddol y bumed bennod, 'Y Cyfarfod Plant', crybwyllir llymdra disgyblaethol Abel Hughes yn galw yr absennol i gyfrif, cyn dweud am gyflwr pethau yn 1882:

Mae ymron yn anmhosibl yn awr cynnal wrth ei gilydd gyfarfod plant am ychydig wythnosau yn ystod misoedd y gauaf. A beth pe gelwid rhieni i gyfrif cyhoeddus yn y dyddiau hyn am esgeuluso anfon eu plant i'r seiat? Meddylier am funud am geryddu Mrs. Dowell y *shop*, plant yr hon na welir unwaith yn y pedwar amser yn y cyfarfod eglwysig. Gwarchod pawb! pe rhyfygid gwneyd y fath beth, y mae yn gwestiwn genyf a ddeuai hi na'i phlant i'r capel byth, heb sôn am ddyfod i'r seiat. Ond pe buasai Abel Hughes yn fyw, buasai ef wedi galw Mrs. Dowell i gyfrif, a llawer Mrs. arall, gan nad beth fuasai y canlyniadau. Yn sicr, dywedasai ef wrthynt mai yn Eglwys Loegr yr oedd eu lle, ac mai goreu po cyntaf iddynt fyned yno. A ydyw yr hen flaenoriaid gonest i gyd wedi meirw?

Wrth i mi alw amryw o honynt i'm cof, yr wyf yn gorfod cydnabod fod cryn lawer o erwindeb yn perthynu iddynt; ond gyda'u holl erwindeb, yr oedd ynddynt ryw unplygrwydd, a gonestrwydd ag sydd yn ffurfio gwrthgyferbyniad ffafriol i'r oes felfedaidd a gweniaethus hon o grefyddwyr.

Ond castiau Wil Bryan ddireidus yn newid bysedd y cloc er mwyn i Abel Hughes orffen y cwrdd yn fuan sy'n mynd â'r prif sylw yn y bennod hon, a gwyddai'r awdur yn dda mai dyma a barai fwyaf o ddifyrrwch i'w ddarllenwyr, ond nid yw'r awdur yn fodlon adrodd yr hanes heb ychwanegu cyngor dwys i Wil Bryan y presennol wrth gloi. Bydd Wil Bryan yn chwarae rhan allweddol ym myd dychmygol Daniel Owen yn ystod y blynyddoedd nesaf, ond nid yw'n amlwg bod yr awdur ar hyn o bryd yn glir ei fwriadau ar ei gyfer ac mae'n ddigon posibl bod cysgod hiraeth chwithig ac amwys am ei frawd Dafydd ar y paragraff clo sy'n edliw i Wil gynghorion ysbrydol a gweddïau taer Abel Hughes. Ni ellir peidio â sylwi eto ar y modd y mae rhai o gyfraniadau eraill Y *Drysorfa* fel petai'n cynnig glòs ar sylwebaeth y nofelydd. Dyna'r Parchedig George Jones yn cyhoeddi ei bregeth ar Eseia 54:7 yn rhifyn Chwefror 1882 ('Onid oes genym yn y dyddiau presennol achos i ofni, os nad ydyw Duw wedi ein gadael, ei fod eisoes wedi pellhau i raddau oddiwrthym?')[7], a hen gyfaill coleg Daniel, y Parchedig Griffith Ellis, Bootle, yn rhifyn y mis dilynol, pryd y cyhoeddwyd pedwaredd bennod *Rhys Lewis*, dan y pennawd, 'Pregethu yn yr Oes Hon a'r Oes o'r Blaen' yn cynnig dadansoddiad o'r dirywiad: 'Mae y pregethau gennym; ond nid yw y nerth, nid yw yr awdurdod ynddynt, nid yw y nerth ynddynt ag oedd yn gwneyd pregethu y tadau yn fywyd o feirw i'w gwrandawyr.'[8]

Wrth iddo ennill hyder a chlod fel llenor, rhoddai Daniel Owen ambell brawf pellach i'w ddarllenwyr iddo ddewis ei brif gyfrwng llenyddol yn ddoeth, oherwydd clogyrnaidd tost oedd yr englyn a gyhoeddodd yn rhifyn Ebrill dan y ffugenw 'L.N.M.'[9]

Nid yw'n syndod i ni gael yr argraff mai cymeriadau digon annatblygedig yw Abel Hughes a Wil Bryan ar ddechrau'r gwaith; fel yn achos Y *Dreflan*, meddwl yn nhermau stori a redai am ddeuddeg rhifyn a wnaeth awdur *Rhys Lewis*, meddwl, y mae'n bur debyg, yn nhermau deuddeg ysgrif atgofiannol ddiddelfrydiaeth am y bobl a'r pethau a fowldiodd ei fywyd. Hwyrach mai wrth ysgrifennu'r chweched bennod, 'Y Gwyddel', gan ddarlunio sefyllfa deuluol Rhys am y tro cyntaf, y dechreuodd y cymeriadau feddiannu dychymyg eu crëwr o ddifrif. Y mae'r trafod rhwng mam a chwaer y traethydd ar yr aelwyd yn

paratoi'r llwyfan ar gyfer yr ymrysonau geiriol ysblennydd sydd o'n
blaenau, ac mae dyfodiad 'y Gwyddel' (ewyrth Rhys, brawd ei dad
afradlon, erbyn gweld) yn rhoi i'r hanes elfen o ddirgelwch
disgwyliadwy, ac yn rhoi i ddarllenwyr cyfoes ddeunydd digonol ar
gyfer astudiaeth seicolegol o gymeriad Daniel Owen, a fagwyd, fel Rhys
Lewis, heb adnabod ei dad, er am resymau tra gwahanol. Elfen newydd
y mae Bob Lewis y colier ifanc yn ei dwyn i fyd ffuglennol yr awdur yw
ieuenctid nwyfus cyhyrog.

Egyr y seithfed bennod gydag un o'r darnau ysgrifol, myfyrdodus
hynny a dociwyd mor ddidrugaredd gan Thomas Parry yn yr argraffiad
newydd o'r nofel a gyhoeddwyd yn 1948, yr argraffiad a fu mewn bri
hyd at gyhoeddi argraffiad cyflawn, newydd yn 1993. Hwyrach i'r
rhagymadrodd ysgrifol ennyn beirniadaeth gyfoes yn ogystal, gan i'r
traethydd y mis canlynol ddathlu'r rhyddid a oedd ganddo, fel un na
fwriadai i'w hanes gael ei gyhoeddi: 'nid oes neb i'm galw i gyfrif am
wneud rhagymadrodd i bob pennod, os byddaf yn dewis.' Dychwelyd at
un o'i hoff bynciau y mae'r awdur yn y rhagymadrodd ysgrifol dan sylw,
sef y modd y mae rhagrith, y wedd arno a elwir yn ffugostyngeiddrwydd
y tro hwn, yn elfen annatod, angenrheidiol hyd yn oed, o wead y
gyfathrach rhwng dynion a'i gilydd. Er bod pawb yn gwybod yn dda fod
'Dr. ———' [at Lewis Edwards, prifathro Coleg y Bala yn ddiau y
cyfeirir] yn alluocach na neb o'i frodyr yn y weinidogaeth, pe dywedai
hynny wrthynt yn gyhoeddus, edrychent arno fel un ' yn dechre dyrysu'.
Ond wrth adrodd ei brofiadau ei hun gall Rhys Lewis fod yn onest 'heb
fawr berygl i neb dybied dy fod yn hunanol nac yn ffugostyngedig'. Ac
unwaith eto, yn fwy amlwg nag yn achos Y *Dreflan*, y mae'r elfen
Fethodistaidd gyffesol, hunanymholiadol yn rhoi fframwaith i'r
ymdriniaeth. Yn y pen draw y mae hunandwyll ac anonestrwydd yn
gyflyrau ofer am eu bod yn digwydd yng ngolwg 'yr Hwn a ŵyr
bobpeth'. Ac felly fe geisir llunio hunanasesiad onest o bryd a gwedd a
gallu y traethydd.

Ar ôl 'ysgrifenu rhagymadrodd mor faith' ailafaelir yn hanes
plentyndod Rhys, a'i hanes yn ymuno â rhengoedd Robyn y Sowldiwr
a'i helyntion cynnar yng nghwmni Wil Bryan a adroddwyd yn afieithus
er difyrru darllenwyr Y *Drysorfa* yn ystod misoedd haf 1882. Trawiadol
yw'r symud rhwng yr ymsonau myfyriol a'r cofnodi diriaethol byrlymus
ar y diwrnod cyntaf yn yr ysgol, y gwasanaeth yn yr eglwys pryd y
clymwyd coes y Sowldiwr, a chanlyniadau alaethus y cast hwnnw, sef y
gurfa enbyd a gafodd Rhys gan ei athro, a'r modd y'i harbedwyd gan
Bob ei frawd. Bod yn nes na'r hanesydd at y gwir di-goll yw un o

amcanion y nofelydd realaidd, ail-greu yn arwyddocaol ac yn adleisiol le a chyfnod a chywair. Ac fel y dywedwyd wrth drafod blynyddoedd cynnar y nofelydd, gwnaethpwyd hynny mor llwyddiannus yn y penodau hyn ac mewn rhai tebyg iddynt, nes i'r nofelau ennill statws ffynonellau hanesyddol dibynadwy. O bryd i'w gilydd cyfeirir at bobl go iawn fel Glan Alun, defnyddir yn gyson enwau priod yr Wyddgrug. Yr oedd Bryan a Beck, er enghraifft, cyfenwau cyfeillion Rhys, yn enwau ar deuluoedd yn yr Wyddgrug yn ystod plentyndod Daniel.[10]

Ym mis Medi 1882, y mis y bu farw John Evans, ei gyfaill ers dyddiau coleg, yng Nghroesoswallt, y cyhoeddwyd y ddegfed bennod, 'y Pwngc o Addysg', pennod sy'n cynnwys yr ymryson grymus cyntaf rhwng Bob Lewis a'i fam. Dyma bennod y mae'n rhaid i ni oedi uwch ei phen, o gofio'r dadlau a'r dehongli a fu arni, ac o ystyried y modd y mae'r nofel yn awr yn difrifoli ac yn dwysáu. Yr ymateb i'r helynt yn yr ysgol sy'n cynhyrchu'r gwrthdrawiad rhwng Bob a'i fam. Gwrthdrawiad ydyw, meddai W. Beynon Davies, 'rhwng yr hen Galfiniaeth arallfydol a ffydd . . . ar y naill law, a'r ysbryd pagan a sosialaidd diweddar a dysg . . . ar y llaw arall'.[11] Dyrchafwyd Bob gan amryw ddarllenwyr yn arwr ifanc a heriai gulni crefyddol cenhedlaeth ei fam ac a geisiai ymgodymu â gwrthdrawiadau cymdeithasol ei ddydd ac â'i syniadaeth newydd hefyd. O holl gymeriadau Daniel Owen, Bob Lewis, 'Bob wych' fel y'i gelwid gan Derec Llwyd Morgan,[12] a enillodd ddychymyg a chalonnau darllenwyr yr ugeinfed ganrif, o O. M. Edwards, a'i cymharodd yn ei farw ifanc â phroffwydi eraill Cymru, Golyddan, Tom Ellis ac Islwyn,[13] hyd at Siôn Eirian, mab un o weinidogion Bethesda'r Wyddgrug, a'i hailddehonglodd yn ei nofel fer *Bob yn y Ddinas* (1978). Y mae'r ymateb beirniadol i gymeriad Bob yn faes astudiaeth ynddo'i hun, ond fe geisiwn sylwi yn awr ar dystiolaeth y testun gwreiddiol, gan adael i'r cyd-destunau ehangach y ceisiwyd eu hagor oleuo'r darlleniad.

Y fam sy'n agor y symudiad, yn edliw i'w mab ei ymddygiad wrth ymosod ar Robyn y Sowldiwr yn ei chyfuniad rhywiog ac urddasol o ieithwedd ysgrythurol a Chymraeg sir Fflint. Y mae ffraethineb rhwydd Bob yn ateb trwy awgrymu hwyrach nad oedd gan Satan ddiddordeb personol mor frwd ynddynt fel teulu ag y tybiai ei fam, yn ein tywys i gredu mai cyflwyno darlun cydymdeimladol ohono yw amcan yr awdur, ond ei ffraethineb, ei 'siarad mor ysgafn am bethau mor bwysig' yw'r union beth sy'n tanio ymateb y fam. Hi yw'r cyntaf i weld bod yr anghydweld rhyngddi a'i mab yn un o arwyddion yr amserau, ac fe briodola hi'r newid yn yr hinsawdd ysbrydol i'r datblygiad diwylliannol grymusaf a welsai hi yn ystod ei hoes, sef y papur newydd. Fel Gwen

Rolant o'i blaen, y mae hi o'r farn fod a wnelo cyfnewidiadau ieithyddol rywbeth â'r peth:

> Pan oeddwn i yn hogen, 'doedd fawr sôn am bapyr newydd oddigerth gan wr y plas, a rhyw ychydig o Saeson dienwaededig, tylwyth y coegddigrifwch a'r cwn hela. 'Doedd neb â rhyw gownt o'u henaid yn meddwl am ddarllen dim ond y Beibil, *Pererin* Bunyan, *Geiriadur* Charles, a llyfr Gurnal. Ond yrwan, ysywaeth, mae gan bawb ei bapyr newydd a'i lyfr Sasneg, nad wyr neb beth sydd ynddo. A beth ydi'r canlyniad? – cenedl ddiofn Duw, ddiorchwyliaeth, falch, rodresgar.

Ac â'r dadlau yn ei flaen; hiraethu a wna Mari Lewis am yr hen eneiniad adnewyddol a nodweddasai oedfaon ei hieuenctid, a galaru uwch y cyfnewidiad presennol:

> y bobl oedd wedi cael calon newydd, ysbryd newydd, a blas newydd arni [yr efengyl] trwy ddarllen y gair, gweddïo Duw, a chael tywalltiad o'r Ysbryd Glân. Ond yrwan, . . . mae pobol yn darllen y papyr yn lle'r Beibil, ac yn cael mwy o flâs ar y consyrt a'r steddfod nag ar foddion grâs; a 'does dim lle i ddisgwyl bendith ac arddeliad ar y weinidogaeth tra y bydd pethe yn aros fel hyn . . . mae lle i ofni – gobeithio mod i'n camgymeryd – fod crefydd y dyddie hyn yn fwy o ffasiwn nag o fater bywyd.

Plediwr addysg a chynnydd yw Bob; 'mae yr oes yn myned yn ei blaen, mam', meddai '. . . ac ni wiw i chwi feddwl i bethau aros fel yr oeddynt pan oeddych chwi yn hogen'. Fel cynifer o'i gyfoedion cymer gysur yng nghynnydd ystadegol y diwylliant crefyddol:

> Rhaid i chi addef, mam . . . fod mwy o wrando'r efengyl nag a fu erioed; fod gennym fwy o gapelydd a chyfleusderau crefyddol, a mwy o weinidogion yn pregethu'r efengyl yng Nghymru nag a fu erioed o'r blaen. Yr adeg yr ydych chwi yn cyfeirio ati, nid oedd ond ychydig boblach dlodion ynglyn â'r achos, ac nid oedd ein pregethwyr yn gyffredin ond dynion plaen, anwybodus a diddysg. Ond yn awr y mae ein pobl oreu a mwyaf *respectable* yn grefyddwyr, a'n gweinidogion gan mwyaf yn ddynion coeth a dysgedig.

Bu cryn ddyfalu ynghylch 'safbwynt' Daniel Owen yn yr ymrysonfeydd hyn. Ym mhle y mae ei gydymdeimlad ef? Ai gyda'r hen wraig gadarn ond gor-geidwadol gyda rhai phethau, ynteu gyda'r colier radical? Y mae gan bob cymuned ddehongli ei hateb ei hun i'r cwestiwn hwn. Fel yr awgrymwyd eisoes, tuedd barod darllenwyr yr ugeinfed ganrif fu priodoli i Daniel Owen eu cydymdeimlad hwy â safbwyntiau cwestiyngar Bob, tan i ni gael ymateb yn y pegwn arall gan feirniaid efengylaidd fel R. M. Jones yn ei gyfrol *Llên Cymru a Chrefydd*.[14] Y mae'r ymatebion amrywiol yn tystio i'r hyn a alwodd E. G. Millward yn 'amwysedd creadigol' yng ngwaith yr awdur, ac un o rinweddau Daniel Owen yng ngolwg mwy nag un beirniad yw'r modd y cilia o'r llwyfan gan ymatal rhag ymyrryd yn llawdrwm yn y digwydd. Ond dyfais gynnil, goeglyd yr awdur fel arfer yw gadael i'w lleferydd fradychu'r siaradwyr, ac mae hynny'n wir am Bob Lewis. Oherwydd y mae'n siarad yr un iaith yn y bôn â chymeriadau diamheuol hunandybus a dirmygedig y 'Cymeriadau Methodistaidd' a'r *Dreflan*. Dweud yr un pethau â George Rhodric a Mr Smart, yn enwedig, y mae ef. Pan yw'n dadlau fod 'ein pobl oreu a mwyaf *respectable* yn grefyddwyr, a'n gweinidogion gan mwyaf yn ddynion coeth a dysgedig', y mae'n llefaru'r ystrydebau cyhoeddus a watwerir gan Daniel Owen ar hyd ei yrfa lenyddol. Ac yn y cyswllt hwnnw, y mae idiolectau cyferbyniol y fam a'r mab hefyd yn arwyddocaol; llafar gwydn, 'naturiol' Dyffryn Alun yn erbyn iaith ffurfiol 'wneud' Bob Lewis. Ond, wrth gwrs, nid brasluniau amrwd, gwrthwynebus fel, gellid dadlau, yn achos Gwen Rolant a George Rhodric, sydd gennym bellach, ond yn hytrach ymgais i 'ddweud y gwir', a hwnnw'n gymhlethach ac yn amwysach nag a addefwyd hyd yn hyn. Wedi'r cyfan, nid oes amau edmygedd y traethydd o'i frawd, na grym ateb olaf Bob i gerydd ei fam, 'Adnod i esgob, ac nid i golier ydyw honyna, mam'.

'Ar y carped' oedd teitl gwreiddiol pennod 11 a gyhoeddwyd ym mis Hydref; erbyn cyhoeddi'r gyfrol fe'i newidiwyd yn 'Wil Bryan ar Natur Eglwys', sy'n tanlinellu pwysigrwydd canolog cydymaith ffraeth y traethydd. Gwerth mawr Wil Bryan i'r awdur yw ei fod yn siarad yn wahanol i bobl eraill; mae ei draed yn gwbl rydd o hualau ystrydebol yr iaith gyhoeddus dderbyniol, ac o'r herwydd gall gynnig dehongliad craffach a mwy mentrus o sefydliadau y mae haenau o siarad gofalus a '*respectable*' wedi ymgaregu o'u cwmpas. Ac felly, meddai Wil Bryan, 'seiat ydi lot o bobl dda yn meddwl 'u bod nhw yn ddrwg, ac yn cyfarfod 'u gilydd bob nos Fawrth i feio ac i redeg 'u hunain i lawr.' Â yn ei flaen i esbonio wrth yr Eglwyswr ifanc, Beck, mai'r 'gwahanieth rhwng yr Eglwys a'r Capel' yw bod 'chi pobol yr Eglwys yn meddwl bod chi yn dda a chithe yn ddrwg, a phobol y capel yn meddwl 'u bod nhw yn ddrwg a nhwthe yn dda'. Wil sy'n ein paratoi ar gyfer yr olygfa sydd o'n blaen trwy esbonio trefn ddisgyblaethol y seiat. Rhydd y traethydd atgofiannol wedyn fraslun o hen gymeriadau'r seiat, gan neilltuo'r sylwadau mwyaf difrïol ar gyfer y cybydd John Lloyd – 'coffa cas amdano: dyn tal, main, gwyneblym, croendew a blinderog' – ac o'r hyn a ddigwyddodd yn y cyfarfod neilltuol hwn, sef cynghori'r bechgyn ynghylch eu hymddygiad, a diarddel Bob Lewis am iddo beidio â phlygu a chydnabod ei fod ar fai wrth ymosod ar y Sowldiwr fel y gwnaeth. Y mae hyn yn arwain at yr ail rownd yn yr ymryson rhwng Bob a Mari Lewis. Rhoddir i Bob, mewn cyfres o areithiau huawdl, gyfle i gyfiawnhau ei safbwynt ei hun, i edliw i'w fam yr addysg ddiffygiol a gawsai, i wawdio 'opiniynau pobl hen ffasiwn pan fydd fy syniad i fy hun yn groes i hyny', ac i roi mynegiant i farn ffasiynol ryddfrydig am gymeriad Duw. Y mae'n cyrraedd uchafbwynt ei berorasiwn yn yr ymosodiad ar ragrith o fewn yr eglwys, araith a adleisiwyd droeon yn y dramâu cymdeithasol hynny, o gyfnod *Beddau'r Proffwydi* (1913) ymlaen, a gynhwysai arwr ifanc a seilid i raddau helaeth ar y dehongliad poblogaidd o gymeriad Bob Lewis a gafwyd yn yr addasiadau dramatig dylanwadol o'r nofel: 'Pan ddêl Efe . . . bydd ganddo wmbreth o gybydd-dod a chrintachrwydd, pethau sydd yn pasio yn awr o dan yr enw cynildeb, i'w carthu allan o'r eglwysi.' Ond er taered ei feirniadaeth ni wna ond rhoi cyfle i'w fam i ddannod iddo ei hunangyfiawnder: 'Rwyt ti yn gadel un peth allan . . . y dydd hwnw mi fydd pawb â'i law ar bla ei galon ei hun, ac nid yn pigo brychau pobl eraill, ac yn ymgyfiawnhau ynddynt eu hunain.' Unwaith eto yn yr ymrafael rhwng yr hen a'r newydd dadleuwn i mai safbwynt sylwebydd a fabwysiedir gan yr awdur, ond un yr awgrymir tuedd ei gydymdeimlad gan yr ieithweddau a roddir i'r chwaraewyr. Er bod Bob Lewis yn mynegi llawer o safbwyntiau'r awdur ei hun ar gyflwr pethau yn yr eglwysi goleddfir y darlun gan yr is-destunau coeglyd a gyflëir gan ddull ffurfiol, hunandybus braidd, Bob wrth siarad. Wrth ddyfynnu'r llenorion gwerinol, garw rheini, Twm o'r Nant a'r Ficer Prichard, lleolir Mari Lewis o fewn y cywair Cymreigaidd, difaldod hwnnw a oedd mor annwyl gan Daniel Owen; ac mae'n arwyddocaol mai'r hyn a wna Mari Lewis mewn gwirionedd yw cyhuddo ei mab o Phariseaeth a hunan-dwyll, y pechod a drafodwyd mor drwyadl mewn ysgrif gynharach:

Wyddost ti be? . . . 'rwyt ti yn swnio yn debyg iawn i ddyn hunangyfiawn. 'Rwyt ti yn gneyd i mi feddwl am y dyn hwnw oedd yn dechre y cyfarfod gweddi yn y demel ers talwm. Mae 'i dinc o gynat ti i'r dim. Mae can lleied o sŵn y publican yn dy lais ar ôl dwad gartre' ag oedd ynddo yn y seiat. Be sydd wedi dwad drostot ti, dywed? . . . Bydase ti o flaen dy well yn y chwarter sesiwn, mi fase yn burion i ti sôn am dy rinweddau; ond yn y seiat ac o flaen dy Farnwr, gore po leiaf y soni di amdanyn' nhw ond wrth yr enw y daru i Paul eu bedyddio nhw, sef 'tom a cholled'.

Wrth gloi'r bennod fe ddywed y traethydd yn bryfoclyd, 'beth a roddaswn heno pe na buasai gennyf ddim mwy anhyfryd i'w ddweud amdano'. Ond nid oes arno frys i adrodd mwy o helyntion Bob chwaith; yn gwbl nodweddiadol o ddull y nofelydd hwn ac o arfer y nofel Fictorianaidd cymerir egwyl i sôn am 'Seth y bachgen gwirion', plentyn diniwed a gwan ei feddwl Thomas a Barbara Bartley, dau o greadigaethau mwyaf poblogaidd yr awdur, sy'n ymddangos am y tro cyntaf ym mhennod 13. Byr yw arhosiad Seth druan, ac mae Rhys yn dyst i'w farw, neu fel y syniai Seth am y peth, ei fyned i 'ffwrdd ymhell, i gapel mawr Iesu Grist'. Wrth gerdded adre'n fyfyrgar o dŷ Thomas Bartley y noson honno, y noson pan ddaeth i'w feddwl gyntaf mai pregethwr ydoedd i fod, mae Rhys yn dod ar draws 'wyneb hagr a milain y dyn budr a drwg' hwnnw a adwaenai wrth yr enw 'y Gwyddel', sydd wrth ei waith yn herwhela. Caiff Rhys wybod rhai pethau am hanes ei deulu ganddo, ac fe gyflawnir y darlun gan Bob y noson honno. Bydd i'r tyndra rhwng yr ymdeimlad o alwad ar ran Rhys ac o fygythiad o du'r sgerbydau teuluol ran bwysig yn yr hunangofiant. Nid yw Seth wedi diflannu'n llwyr o'r llwyfan, oherwydd fe rydd yr hanes am ei angladd gyfle i'r nofelydd i gofnodi'r hen arferion claddu nad yw'r grefydd newydd wedi gallu eu diwreiddio. Mor hyderus ffraeth ydyw wrth ddweud, ar ôl difyrru ei gynulleidfa gyda hanes yr angladd a'r gyfeddach ar ei hôl, 'O drugaredd, y fath ddiwygiad sydd wedi cymeryd lle gydag angladdau erbyn hyn', cyn troi ar y gynulleidfa gyfoes hunanfodlon gyda'r rhybudd bod digon o le i wella eto: 'Os ydyw y cwrw wedi ei alltudio, y mae y tê a'r coffi a'r *ham* a'r *beef* wedi cymeryd ei le.'

Yn Ionawr 1883 y cyhoeddwyd y bennod hon. Byddai cymeriadau pwysicach na Seth yn marw yn ystod y flwyddyn honno ar dudalennau'r *Drysorfa*, dau gymeriad amlycaf y nofel hyd yn hyn yn wir, sef mam a brawd Rhys Lewis. Erbyn diwedd y flwyddyn honno y mae arwyddion bod Daniel Owen yn dechrau blino ar y gwaith ac awydd ganddo ddirwyn y nofel i ben; ond nid oedd golygydd *Y Drysorfa*, Roger Edwards, am i hynny ddigwydd ar unrhyw gyfrif. Wrth ysgrifennu at fab y golygydd, ei hen gyfaill Ellis Edwards, ddechrau Hydref 1883, mynegodd y nofelydd ei ansicrwydd, ansicrwydd a ddyfnhawyd, y mae'n ymddangos, wrth ddarllen copi Ellis Edwards o nofel fawr George Eliot, *Middlemarch*: 'Wedi darllen peth fel hyn bydd arnaf gywilydd o nghalon i mi fod ffasiwn ffwl â cheisio gwneud rhywbeth yn y ffordd o chwedl! Diolch nad ydyw Methodistiaid y mynyddoedd yn darllen llyfrau George Eliot a'r cyffelyb. Pe gallasai yr awdures hon ddarllen *Y Dreflan* – bum yn dychmygu fel y buasai hi yn chwerthin yn ei llawes! Onid ydych – yn onest yrwan – yn credu fod *Rhys Lewis* yn fflagio? Da chwi perswadwch eich tad i adael llonydd i mi.'[15] Y mae'n ddigon posibl, wrth gwrs, mai ystryw i dderbyn clod ac anogaeth gan un y parchai ei farn oedd hyn. Ond 'does dim dwywaith nad yn ystod y flwyddyn hon y cofnododd Daniel Owen rai o ddigwyddiadau mwyaf cyffrous ei weithiau, ac y cyflwynodd rai o'i olygfeydd mwyaf dadleuol.

Yr helynt yng ngwaith glo'r Caeau Cochion yw canolbwynt y chwedl yn ystod 1883. Gwelsom iddo'i seilio ar helyntion go iawn yn yr Wyddgrug 14 blynedd ynghynt, ac mae'n cael hwyl eithriadol ar ailgreu'r hanes a'i gydio wrth brifiant Rhys a'i berthynas â'i fam a'i frawd. Caiff ei gyfareddu wrth glywed ei frawd yn annerch ei gyd-weithwyr am y tro cyntaf, 'ei lygaid fel dwy lamp yn llosgi mewn dwfr, ei wefusau yn crynu, a'i wyneb can wyned â'r calch'; y mae'n llygad-dyst i'r helynt pan gipir Strangle a'i hebrwng i'r orsaf, er gwaethaf ymdrechion Bob a'r arweinwyr cymedrol i rwystro hynny, a'r modd y daw'r plismyn i'r cartref y noson honno i'w arestio; trwy gastiau hirben Wil Bryan llwyddodd i gael mynediad i'r llys lle talodd Bob yn ddrud am yr atebion herfeiddiol a roddodd i gadeirydd y fainc, gŵr y plas, gŵr heb gymwysterau i fod ar y fainc 'heblaw ei fod yn Dori rhonc, yn Eglwyswr zelog, yn ŵr cyfoethog, a'r ffaith ei fod bob amser yn gwisgo yspardynau oddieithr pan fyddai yn ei wely'. Prin grybwyll yr elfennau mwyaf difrifol yn yr hanes gwreiddiol a wneir, 'gan nad oes a wnelo hyny â fy hanes'. Tanlinellir arwyddocâd 'cenedlaethol' yr helynt, trwy droi y John Young gwreiddiol yn 'Mr Strangle', a gwneud defnydd o enw priod mewn dull a oedd yn gyffredin iawn yng ngwaith nofelwyr fel Dickens a Trollope. Gwawdlun o gymeriad ydyw sy'n dwyn i gof 'John Bully' Emrys ap Iwan a 'does dim dwywaith nad oedd y dehongliad hwn o helynt y Caeau Cochion, a'r cymeriadau a fu â rhan ynddo, yn un y bu Cymry sir Fflint yn dyheu amdano. Byddent wrth eu boddau gyda'r darlun hwn o Strangle, er enghraifft:

Gŵr canol oed ydoedd, byr, boldew a thrystiog, a chariai yn ei berson ei hun holl erwindeb, afledneisrwydd, ac anwybodaeth ei wehelyth yn Wigan. Yr oedd ei iaith yn grâs ac anghoeth; a gwenai hyd yn nôd y glöwyr annysgedig wrth ei glywed yn dyweyd 'Ah' am *yes*, a 'mun' am *must*. Ond nid oedd ei iaith ond diffyg bychan ynddo o'i gymharu â'i hunan-bwysigrwydd annyoddefol, a'i ddiystyrwch o bawb o'i gwmpas. Cafodd y llysenw *bulldog* y diwrnod cyntaf y daeth i'r gwaith; ac yn wir, wrth i mi alw i'm côf ei drwyn byr pantiog, a'i ên lydan, yr wyf yn meddwl pe buasai yn honi perthynas â'r rhyw hwnw o greaduriaid na fuasai neb yn ammheu ei linach . . . Ond dywedai Bob y gallai siaced wlanen Abraham Jones [y cyn-oruchwyliwr o Gymro] oruchwylio gwaith y Caeau Cochion yn llawer rhagorach na Mr. Strangle. Yn sicr ni chystedlid gwrthwynebiad y gweithwyr at Mr. Strangle gan ddim ond ei gasineb yntau at Gymry a Chymraeg.

Er bod y nofelydd yn adrodd yr hanes yn gyffrous, yn ymateb gwahanol gymeriadau i'r helynt a'i effeithiau – yn enwedig carchariad Bob Lewis – y mae ei ddiddordeb pennaf. Fel yn achos yr helynt yn ysgol Robyn y Sowldiwr yn gynharach yn y nofel, y mae'r ymrysonfeydd geiriol sy'n dilyn lawn mor gyffrous â'r rhai corfforol sy'n eu cymell, ac yn fwy arwyddocaol o ran cyflwyno gweledigaeth y nofelydd. Nid un i lynu'n glòs wrth un wythïen storïol mo'r awdur hwn chwaith ac nid yw'n gollwng gafael yn llwyr ar ddwy o geinciau eraill yr hanes, sef hunangofiant mewnol, ysbrydol y traethydd ('gwnawn gam â fy hanes pe dywedwn nad oeddwn yn gwybod rhywbeth am argraffiadau crefyddol') a'r dirgelwch teuluaidd sinistr ynghylch y 'Gwyddel'. Ac mae ganddo ddigon o amser o hyd i oedi'n annwyl gyda rhai cymeriadau; yn wir y mae bwrw golwg fras ar benawdau'r penodau yn tanlinellu gryfed oedd gafael y portread o gymeriad ar ddychymyg y nofelydd – 'Seth', 'Wil Bryan', 'Thomas a Barbara Bartley', 'Abel Hughes', 'Person y Plwyf', 'Bob'. Y mae'r berthynas rhwng digwyddiadau a chymeriadau, fodd bynnag, yn un gyfoethog ei chyfrodedd yn y nofel hon, yn fwy felly nag yn *Y Dreflan*.

Dadleuwyd eisoes bod agweddau'r awdur, i'r graddau y mae modd eu canfod yn y gwrthdaro rhwng Bob a Mari, yn cael eu datgelu yn y ffyrdd o siarad a roddir i'r cymeriadau. O ystyried y dystiolaeth hon y mae'n ymddangos bod y portread o Bob Lewis yr arweinydd radical yn un llai cydymdeimladol o dipyn nag a dybiwyd yn gyffredin gan rai beirniaid diweddar. Yn ôl John Rowlands, er enghraifft, 'gwneir popeth i ennyn cydymdeimlad â Bob a'i achos yn y nofel, ond ni theflir goleuni ffafriol iawn ar bobl y capel.'[16] Er cydnabod bod pob darlleniad o destun cyfoethog fel *Rhys Lewis* yn cael ei liwio gan brofiadau a rhagfarnau'r darllenydd, ni allaf dderbyn bod hwn yn ddehongliad boddhaol, ac mae'n sicr nad yw'n gwneud cyfiawnder â mawredd angerddol yr ymdaro syniadol rhwng Bob a'i fam, ymdaro sy'n enghreifftio brwydr athrawiaethol fawr ynghylch hanfodion y ffydd Gristnogol. Tuedd barod Bob Lewis, er gwaethaf, neu, y mae'n debyg, oherwydd ei holl rinweddau, yw ei gyfiawnhau ei hun, tuedd sy'n ei gondemnio yng ngolwg ei fam. 'Nid yw Bob', fel y sylwodd Ioan Williams, 'yn rhydd o falchder, hunan-ddigonolrwydd, hunan-dosturi.'[17] Er bod y bwlch rhyngddynt ar un olwg yn fwlch rhwng y dysgedig a'r annysgedig, rhwng yr ifanc darllengar a'r hen ragfarnllyd, nid dyna galon y mater. Y mae cymhlethdod merthyr yn dechrau gwreiddio yn Bob Lewis, ac mae'r gred gyfoes a fyddai'n cael ei hystyried ar y pryd yn wyriad athrawiaethol gan Fethodistiaeth Galfinaidd – honno sy'n gweld marwolaeth Crist yn esiampl neu egwyddor yn hytrach na gweithred hanesyddol unigryw ei harwyddocâd – yn gweddu i'w ffordd ef o edrych ar bethau. 'Rhaid i rywun ddioddef er mwyn y llïaws,' meddai wrth ei fam, 'mae egwyddor aberth y groes yn cael ei hactio ar raddfa fechan bob dydd'. Y mae hyn yn cymell ymadroddi chwyrn gan ei fam, a 'does bosibl na fedrwn gytuno ei bod yn rhoi pin yn swigen hunandybus ei mab: 'Taw â dy lol . . . wyt ti'n cymharu angau'r groes hefo notis i madel o'r gwaith?'Ac eto, rhag i ni ddyfarnu'n rhy derfynol ynghylch cydymdeimlad yr awdur, onid un o brif hyrwyddwyr y pwyslais a leisir gan Bob oedd F. W. Robertson, Brighton, y pregethwr y ffolasai Daniel Owen ar ei bregethau cyhoeddedig?[18] Rhaid cydnabod y posibilrwydd bod Bob a Mari yn gorfod ymladd brwydr a oedd yn cyniwair o fewn y nofelydd ei hun, a bod gwir yn honiad Ioan Williams fod Daniel Owen yn cytuno â Bob ac â Mari, ac yn anghytuno â'r ddau.[19]

Ar ôl carcharu Bob ym mhennod 17 y mae Mari Lewis yn cael y llwyfan iddi'i hun a'i gwerthoedd, fel petai. Trwy ddyfais y llythyr at Bob yn y carchar yn y bennod honno a'r drioleg o ymweliadau â Mari a Rhys yn y tair pennod sy'n dilyn caiff yr awdur gyfle i ddatgelu gwahanol onglau ac agweddau ar gymeriad ac argyhoeddiadau Mari. Yn y llythyr y mae Mari Lewis, meddai Derec Llwyd Morgan, yn 'ymollwng i ddefnyddio'r unig iaith a rydd iddi huodledd, iaith y Beibl';[20] dyma enghraifft arall o briod-ddull hardd y cymeriad sy'n enghreifftio'n loyw ddylanwad y diwygiadau a'r ysgolion Sul (a Beibl William Morgan y tu cefn iddynt, wrth gwrs) ar iaith cynifer o'r werin. Gwir a ddywedodd Derec Llwyd Morgan, oherwydd cyn iddi ddechrau plethu dyfyniadau o Job a'r Galarnad a'r Salmau i'w brawddegau y cyfan y medrai Mari ei ddweud oedd ei bod 'yn teimlo yn gymysglyd ac yn bethma iawn'! Y mae cyfraniad yr ysgrythur i'w meddwl a'i ffordd o siarad yn amlwg o'u cyferbynnu ag iaith werinol ddi-Feibl Thomas Bartley ym mhennod 18. 'Dau hen ben syml ddiniwed' yw Thomas a'i wraig Barbara ond y nhw yw'r cyntaf i ymweld â'r teulu trallodus, yn achub y blaen ar aelodau'r eglwys, ac yn ffraeth ac ymarferol eu cydymdeimlad â gwraig a bachgen tlawd. (Gweld yr achlysur yn foddion i achub eneidiau'r ddau a wna Mari, gan eu perswadio i ddod i oedfa'r Sul canlynol.) Abel Hughes, 'yr hen flaenor hybarch', yw'r nesaf i ymweld, ac mae pennod 19 yn un gyfoethog ei chynnwys a'i harwyddocâd, nid yn unig am y darlun a geir o'r hen flaenor ond hefyd oherwydd y defnydd a wna Daniel Owen o'i gynhysgaeth hunangofiannol a'i brofiad o dlodi. (Y mae Rhys yn gorfod ymbil ar ei fam i beidio â chychwyn ar daith gardota.) Y mae'r hyn a ddywed y traethydd am y berthynas anniddig rhwng syniadau newydd a hen yn ei brofiad yn arbennig o ddiddorol yng nghyd-destun yr astudiaeth hon, ac anodd ymatal rhag priodoli'r sylwadau hyn i Daniel Owen lawn cymaint ag i Rhys Lewis:

> Yr wyf yn gwenieithio i mi fy hun fy mod wedi dilyn yr oes yn weddol, ag ystyried fy anfanteision. Ond rywfodd, y mae hen syniadau a ffurfiais pan oeddwn yn fachgen yn glynu ynof er fy ngwaethaf. Byddai cywilydd arnaf eu harddel, ond yn fy myw nis gallaf eu dilëu o fy meddwl. Pe gofynid i mi gan ŵr ieuanc o dref Seisonig am fy ngolygiadau ar y peth yma a'r peth arall, dywedwn hwynt yn rhwydd ac yn onest; ond o dan y rhai hyny gwyddwn y byddai yn codi ynof syniadau tra gwahanol, y rhai a ffurfiwyd ymhell yn ôl, ac nas gallaf mewn modd yn y byd gael gwared o honynt. Un o'r rhai hyny ydyw fy syniad am flaenor.

Nid rhyfedd bod yr awdur yn medru rhoi cystal mynegiant i safbwyntiau Bob a Mari fel ei gilydd, ac onid oes yma awgrym bod Daniel Owen y nofelydd yn ei chael yn haws arddel 'yr hen syniadau' na Daniel Owen y dyn? Abel Hughes (fel William Thomas a Benjamin Prys o'i flaen), 'gŵr cadarn yn, a zelog dros yr athrawiaethau efengylaidd . . . difwlch yn moddion gras . . . hwyliog a gwlithog ar ei liniau', yw 'ei syniad o flaenor' ac fe'i portreedir yn gyntaf drwy ei gyferbynnu â dau o gynrychiolwyr y genhedlaeth newydd o flaenoriaid, 'Theophilus Watcyn, Ysw., o'r Plâs uchaf', y dyn cyfoethog sydd 'yn cadw ei was lifrai – yn cymeryd ei wraig a'i ferched *in full dress* i'r prif gyngherddau', ac 'Alexander Phillips (*Eos Prydain*) y gŵr ieuanc llafurus gyda'r canu', gŵr 'hywaeth a llawen, ac yn hoff o *joke*'. Er bod y gyfeillach ysbrydol rhyngddynt yn dangos ysgafned yw'r blaenoriaid newydd, nid yw heb ychydig o densiwn wrth i Mari blaen ei thafod edliw i Abel na ddaethai ynghynt i ymweld â hi, ac Abel yn gorfod cyfaddef iddynt fel brodyr benderfynu pwyllo rhag cael eu cyhuddo o gydymdeimlo â'r terfysgwyr a dwyn anfri ar 'yr achos mawr'.

Ond ni fwrir unrhyw amheuaeth gan Abel Hughes na Mari Lewis na neb arall ar ddilysrwydd cwyn y glowyr, 'eu hymdrech yn erbyn gorthrwm', chwedl Abel. O safbwynt Anghydffurfiwr o radical a welodd ddigonedd o enghreifftiau o anghyfiawnder yn cael eu gweinyddu gan ynadon yr Wyddgrug yr adroddir hanes yr achos, ac ym mherson Mari Lewis yn ei hymwneud digyfaddawd â Mr Brown y Person, aelod o'r fainc a garcharodd ei mab, wrth i hwnnw ddod i gynnig help y plwyf iddi, yr ymgorfforir balchder urddasol gwerin Anghydffurfiol y ganrif. Fel y nodir am frodyr a chwiorydd ysbrydol iddi yn y gweithiau eraill, nid gwraig 'neis' yw Mari Lewis, ac mae'n ei rhoi hi i'r person gyda'r fath nwyf ac ynni fel bod Rhys yn cyfaddef fod arno gywilydd o'i hyfdra. Y mae'n ymosod ar ymddygiad a gweithredoedd Mr. Brown gyda'r fath nerth nes i hwnnw ebychu'n syn '"Mrs. Lewis! Mrs. Lewis"', ymateb sy'n tanio araith ysgubol arall y mae ei brawddeg gyntaf – '" Mary Lewis ydi fy enw i, Mr. Brown, gwreigan dlawd, a 'does gen i ddim eisio cael fy meistresu, os gwelwch chi'n dda"' – yn cyfleu ei hysbryd i'r dim.

Wedi iddo ddod adref o'r carchar y cawn yr ymryson derfynol rhwng Bob a'i fam (pennod 23), ac mae'n uchafbwynt teilwng ar gyfres ysblennydd. Bob sy'n agor y symudiad trwy amddiffyn yr ymchwilwyr gonest am oleuni a thrwy gyhoeddi beirniadaeth lem ar anghysonderau disgyblaeth eglwysig, y duedd (nad yw Mari Lewis yn ei gwadu) i ddisgyblu'r rhai sy'n euog o bechodau amlwg fel meddwdod ac i anwybyddu cybydd-dod a chrintachrwydd; (y mae mwy nag un cyfeiriad yn nofelau Daniel Owen at y modd yr oedd y pwyslais dirwestol yn yr eglwysi yn troi yn aml yn Phariseaeth fên a chwerw). Areithiau fel hon a wnaeth Bob yn arwr i lawer o ddarllenwyr yr ugeinfed ganrif, ond pryder mawr ei fam wrth ei ateb yw nad oes 'mwy o dinc y publican', yn ei lais, ffordd o ddweud wrtho mai Pharisead hunangyfiawn yw'r sawl sy'n cuddio y tu ôl i bechodau pobl eraill. Y mae Mari Lewis wedyn yn ceisio torri trwy ei amddiffynfeydd a'i ymresymiadau trwy ofyn iddo ateb cwestiynau uniongyrchol, efengylaidd, ynghylch cyflwr ei enaid a'i olwg ar bethau. Ymateb i gwestiynau ei fam a wna Bob yn ei araith olaf; yn hon y mae'n cyffesu ei fod yn rhodio mewn tywyllwch ysbrydol, yn methu cyrraedd y goleuni y mae ei fam yn ei fwynhau ac mewn cyflwr prudd a thruenus mewn gwirionedd. Unwaith eto fe ddehonglir yr araith olaf hon mewn gwahanol ffyrdd; amheuaeth onest y rhyddofynnwr sy'n chwilio am oleuni sy'n gydnaws â'i reswm ac â'i ddeallusrwydd ei hun sydd yma yn ôl rhai, ond nid felly y dehonglai ei fam ei eiriau. Gweld tystiolaeth ei fod dan argyhoeddiad o bechod, bod ei alar am ei gyflwr yn un real, ac felly bod ei gyflwr yn un nad oedd angen iddi anobeithio o gwbl yn ei gylch, a wnaeth hi. A chafwyd yr un ddeuoliaeth, wrth reswm, yn yr ymateb i eiriau olaf Bob ar ei wely angau, wedi iddo gael 'ei losgi yn golsyn' gan y *damp* yn y Caeau Cochion: 'mae y goleuni o'r diwedd wedi dyfod . . . Doctor, it is broad daylight!' Tro melodramatig i blesio darllenwyr *Y Drysorfa*, medd rhai, neu weledigaeth o flaen y wawr sosialaidd yn torri; nage, medd eraill, ond yn hytrach dilyniant credadwy i'r sgyrsio rhwng Bob a'i fam ar faterion ysbrydol.

Ni fu Mari fyw'n hir ar ôl colli Bob, mwy nag y bu mam y nofelydd ar ôl colli ei mab Dafydd. Ond nid yw Mari yn hen, a'r awgrym yw ei bod hi'n ewyllysio marw, 'fel un oedd yn codi ei bys ar angeu ac yn ei wahodd', gan gymaint ei harswyd rhag gorfod 'pwyso ar garedigrwydd ei chyfeillion, ac yn enwedig ar elusen plwyf'. Y mae ei thŷ mewn trefn, y mae Rhys wedi ei brentisio gydag Abel Hughes (lle y caiff ei enaid chwarae teg, fel yn achos prentisiaeth Daniel gydag Angel Jones) ac mae Thomas a Barbara wedi eu derbyn i'r seiat. 'Aeth i'r gwely i farw', felly, 'fel y gwelir yn fynych yn yr orsaf fenyw yn myned o'r gwynt oer i'r *waiting-room* i aros y trên, a chan ddangos ei hwyneb yn y drws fel pe byddai yn blino dysgwyl'. Myfyrdodau olaf Mari a theyrnged Rhys iddi a gafwyd ym mhenodau olaf 1884, 'Adgofion Prudd a Dyddanol' a 'Marwnad Ryddiaethol'; 'pe buaswn yn perchenogi yr awen wir, canaswn i ti farwnad odidog', meddai Rhys, ond mae mwy o gyffro llenyddol yn ei deyrnged i'w fam, y fam Fethodistaidd *par excellence*, na dim a gafwyd yng ngherddi coffa Daniel Owen. Ond 'roedd yna gysgod dros ei bywyd; fe'i twyllwyd yn ferch ifanc gan ei gŵr, 'ragrithiwr mileinig', 'y filain annynol' a'i curodd â'i 'ddyrnodiau creulawn' fel y curwyd llawer o wragedd y cyfnod.

Ar ddiwedd cyfraniad Rhagfyr 1883 yn *Y Drysorfa*, ychwanegwyd y 'Nodiad' canlynol:

Pan ddaeth ysgriflyfr Hunangofiant Rhys Lewis gyntaf i law anfonydd y pennodau hyn i'r DRYSORFA, yr oedd efe yn tybied y gallesid cyhoeddi y cyfan mewn deuddeg rhifyn ohoni, ac felly i'r gorpheniad fod yn niwedd y flwyddyn. Ond, wele, dyma ail flwyddyn wedi dyfod i ben heb i'r Hunangofiant derfynu. Yr oedd yr anfonydd wedi penderfynu peidio myned ymlaen gyda y rhelyw, oddiar feddwl mai 'nid da gormod o ddim'. Ofni yr oedd rhag iddo flino y darllenwyr; a pha fodd bynag, yr oedd yn ei flino ei hun wrth orfod adysgrifio cymaint. Eithr, wedi y cwbwl, nid oedd wiw iddo ymesgusodi o flaen Llywodraethwr y *Drysorfa*, yr hyn a wnaeth iddo, agos er ei waethaf, addaw myned ymlaen eto y flwyddyn nesaf, nes gorphen yr oll a ysgrifenodd Rhys Lewis am dano ei hun a'i gyfeillion, gan sicrhau fod 'bôdd a bûdd' y darllenwr yn galw am ei barhâd.[21]

'Does wybod faint o'r nofel a oedd eto i'w hysgrifennu ganddo pan luniwyd y geiriau hyn. Y maent yn awgrymu mai dal ati yn groes i'r graen a'i fwriad y mae'r awdur, ond cofier bod yna linynnau storïol yn ymwneud â pherthynas Rhys â'r 'Gwyddel' a'i dad heb eu dirwyn i'r pen. Bid a fo am hynny, daliodd Daniel Owen ati i gyhoeddi yn Y *Drysorfa* ar hyd 1884. Rhoes y gorau iddi ar ddiwedd y flwyddyn heb ddwyn ei chwedl i ben, ond gan hysbysu'r darllenwyr o'i fwriad i gyhoeddi'r hunangofiant 'yn gyfrol ddestlus, ac am bris rhesymol', a chan wahodd tanysgrifiadau.

Y mae'n deg dyfalu na fyddai cynulleidfa gyfoes y nofelydd o'r farn fod y nofel yn gwanio ac yn colli cyfeiriad ar ôl marw Bob a Mari Lewis. Bu darllenwyr yr ugeinfed ganrif yn fwy diamynedd o dipyn, gan ei chael yn anodd derbyn i Daniel Owen wneud y cyw-bregethwr lleddf ac ofnus braidd yn brif gymeriad ei chwedl. Oni ddadleuodd rhywun rywdro mai trychineb fawr y nofel Gymraeg oedd mai Rhys Lewis ac nid Bob ei frawd a ddaeth yn batrwm i'w phrif gymeriadau hi? I lawer o ddarllenwyr diweddar, yn enwedig y rhai hynny sy'n darllen Daniel Owen drwy sbectol wrth-grefyddol, merfeidd-dra diflas sy'n nodweddu'r adrannau hynny sy'n troi o gylch y traethydd wedi iddo ddod i oed. Ac mae llawer o'r beirniaid mwy cydymdeimladol sy'n gweld gwerth i'r penodau sy'n adrodd hanes argyfwng ysbrydol Rhys Lewis yn gytûn nad oes llawer o egni yn y nofel ar ôl i Abel Hughes a Wil Bryan, y cynghorwyr anghymarus ond nid cwbl anghyson â'i gilydd, gilio o'r llwyfan. Yn ôl Saunders Lewis, er enghraifft, yr oedd Daniel Owen wedi gorffen ei ddarlun o'r gymdeithas Fethodistaidd erbyn marw Abel Hughes: 'y mae'r cwbl a oedd yn safadwy ac yn bosibl yn amcanion gwreiddiol y nofelydd wedi ei gyflawni. Atodiad aflêr ac eilradd yw gweddill y llyfr.'[22] Wrth gytuno i ryw fesur â beirniadaeth fel hon rhaid cofio unwaith eto na osodai nofelwyr y bedwaredd ganrif ar bymtheg bwyslais mawr ar drefn ac unoliaeth yn eu chwedlau, a chofio hefyd bod yr 'atodiad aflêr' yn cynnwys darnau o ysgrifennu ffraeth a hynod boblogaidd. ('Persons attempting to find a plot in it will be shot' meddai Mark Twain ar wynebddalen ei nofel *The Adventures of Huckleberry Finn*, a gyhoeddwyd yn gyfrol yn yr un flwyddyn â *Rhys Lewis*.)

Gellid rhannu deunyddiau penodau 26 i 42 yn dri thrywydd: yn gyntaf, hunangofiant ysbrydol Rhys Lewis, yn enwedig y penodau hynny sy'n ymdrin yn ingol â'i gyfnod dan argyhoeddiad o bechod a'r cynghorion amrywiol a roddir iddo wrth droi ei olygon at y weinidogaeth; yn ail, y stori sy'n troi o gwmpas y sgerbwd yng nghwpwrdd y teulu, stori y byddai ei dadleniad yn dwyn gwarth ar gymeriad *respectable* Rhys, ac yn drydydd, y darnau difyr hynny sy'n croniclo hynodion a dywediadau Thomas Bartley. Y mae'r ail drywydd a'r trydydd yn rhai cyfarwydd yn nofelau Daniel Owen; hoff iawn ganddo fraslunio cymeriadau, a defnyddiodd ryw ddirgelwch neu sgandal deuluol yn ei nofelau i gyd. Teg dweud, o gofio confensiynau llywodraethol ffuglen ei gyfnod, iddo wneud defnydd cymharol gynnil o droeon hynod a chyd-ddigwyddiadau annisgwyl yn ei nofelau – y mae'n gynnil o'i gymharu â Dickens, er enghraifft. Yn nherminoleg feirniadol oes Fictoria, *realist* o nofelydd yw Daniel Owen, nid *sensationalist*, er y byddai hwyrach yn gwerthfawrogi honiad Trollope y dylai nofel dda gynnwys elfennau o'r ddau.[23]

Y mae'r trywydd cyntaf a nodwyd, yr un a ddilynir yn arbennig ym mhenodau 26 i 28, yn llai nodweddiadol o waith Daniel Owen, ac mae hynny ar ryw olwg yn beth annisgwyl. Wedi'r cyfan, gan mai llenor Methodistaidd ydyw yn ysgrifennu mewn cylchgrawn Methodistaidd, fe ddisgwyliem fwy o ysgrifennu cyffesol, hunanddadansoddol nag a gafwyd ganddo, fwy o adrodd troeon gyrfa bywyd mewnol y cymeriadau. Ond rhaid cytuno eto â Saunders Lewis a John Rowlands mai yn y nofel gymdeithasol y mae ei ddiddordeb mawr ac mai wrth bortreadu cymeriadau yn taro yn erbyn ei gilydd y mae hapusaf. Dyn tref ydoedd, wedi'r cyfan, a honno'n fwrlwm byw, anniben o dref. Y mae'r penodau hyn sy'n trafod cyflwr Rhys yn rhai arwyddocaol, fodd bynnag, am eu bod yn cynnig allwedd i ddeallwriaeth weddol gyflawn ar olwg Daniel Owen ar y byd, allwedd a wrthodir gan amryw o ddarllenwyr am nad ydynt am gydnabod bod yr olwg honno yn bod. Hanes ymwneud Duw ag enaid dyn a geir yn y penodau hyn, pwnc yr oedd nofelwyr fel Daniel Owen yn tybio ei fod yn chwaethus ei grybwyll a'i drafod, er iddo droi'n bwnc tabŵ i raddau helaeth gan genedlaethau diweddarach. Y mae darlleniadau diweddar o'r herwydd yn tueddu i lastwreiddio neu ddileu unrhyw arwyddocâd ysbrydol neu oruwchnaturiol i brofiadau Rhys, ac yn eu hesbonio yn hytrach yn nhermau seicoleg. 'Nid "tywalltiad o'r ysbryd" a gafodd Rhys felly,' meddai John Rowlands, 'ond teimlad o euogrwydd yn wyneb cyhuddiad ei fam.'[24] Nid yw'r dadansoddiad undimensiwn hwn yn gwneud cyfiawnder â hyd a lled y frwydr ysbrydol y gwelwn Rhys yn ymgodymu â hi yn y penodau hyn. Trafodwyd nodweddion y frwydr hon gan R. M. Jones, brwydr y disgrifir ei mân ysgarmesoedd hi i gyd mewn ffordd mor fanwl nes ei bod hi'n anodd gwadu grym dadl y rheini sydd am ei defnyddio'n dystiolaeth hunangofiannol, ac mae ef o'r farn fod y penodau hyn yn cynnwys 'rhai o dudalennau mawr llenyddiaeth y ganrif'.[25]

Er mai profiadau mewnol Rhys sydd dan sylw, nid yw'r awdur yn colli'i gyfle i'w drafod mewn cyd-destun cymdeithasol, ac mae pennod 27, er enghraifft, yn cynnwys beirniadaeth gyffredinol ar ansawdd crefydd ysbrydol yn eglwysi Methodistaidd y cyfnod wrth i Rhys edrych yn ôl ar ei sefyllfa cyn iddo gael ei ddeffro i'w wir gyflwr. Rhagrith oedd prif nodwedd ei fywyd crefyddol ef bryd hynny, ac yn hynny o beth nid oedd yn eithriad o fath yn y byd yn ei genhedlaeth: 'mae cofio hanes fy hunan yn peri i mi ddychrynu ac arswydo wrth feddwl beth all fod cyflwr a stad ysbrydol cannoedd o bobl ieuainc ein trefydd, y rhai a ddygwyd i fyny fel fy hunan gyda chrefydd o'u mebyd.' Ac oherwydd y dirywiad yn yr eglwysi o ran tymer ysbrydol a disgyblaeth, y mae'r rhagrithiwr yn gallu byw yn gwbl gyfforddus o fewn 'Eglwys Cymeryd-popeth-yn-ganiataol'. Dyma wedd ar fywyd ei gyfnod y byddai'r awdur yn ymdrin yn gyffrous â hi yn ei nofel nesaf, *Enoc Huws*.

Y mae agoriad pennod 28 hefyd yn allweddol bwysig er deall meddwl Daniel Owen. Sôn y mae'r traethydd am hollbwysigrwydd dweud y gwir: 'y mae'r *gwir*, hyd yn oed yn ei hagrwch, ei galedwch, a'i anferthwch, yn fwy cymeradwy ganddo ef [sef Duw] na'r celwydd rhagrithiol, hyd yn oed pan yw'n cael ei guddio gan ocheneidiau a dagrau.' Yr oedd dweud y gwir onest, diragrith yn nod gan amryw o awduron y cyfnod, ac i amryw o nofelwyr Saesneg yr oedd ymosod ar bopeth yn ymwneud â chrefydd yn rhan anhepgor o hynny. Fel y dywedwyd o'r blaen, cymhelliad dyneiddiol, rhyddofynnol, 'goleuedig' a oedd wrth wraidd eu pwyslais. Nid felly Daniel Owen; dengys y darn hwn fod ei ymdriniaethau mawr â rhagrith yn y byd a'r betws wedi'u seilio ar fyd-olwg cwbl Gristnogol sy'n mynnu mai hunan-dwyll dyn pechadurus gerbron ei Grëwr yw'r rhagrith gwreiddiol, gwaelodol. Dyma'r ystyriaethau sy'n rhoi i'r penodau hyn le canolog bwysig yng nghyfangorff gwaith y nofelydd.

Yn dilyn y penodau sy'n croniclo argyfwng ysbrydol canolog y prif gymeriad, y mae Daniel Owen yn gafael yn weddol dynn yn yr awenau hunangofiannol. Profiadau ysbrydol Rhys, ei berthynas â'i gyfeillion, yn arbennig Wil Bryan, a'i helynt ar gownt ei deulu, yw deunydd y nofelydd. O ran amser y mae dau symudiad: y mae penodau 29 hyd at 37 yn sylwi ar ddatblygiad Rhys fel ymgeisydd ar gyfer y weinidogaeth; fe'i gwelwn yn dweud gair ar bennod am y tro cyntaf, pan yw'n mynd yn nos arno, ac yn mynd i'r coleg yn y Bala yn wyneb anawsterau ariannol dybryd. Y mae bwlch o bedair blynedd yn y digwydd rhwng penodau 37 a 38 ac mae penodau olaf y nofel yn ymwneud â datrys dirgelwch teuluol Rhys cyn y ceir crynodeb o'i yrfa weinidogaethol ym Methel gan y traethydd nychlyd yn y bennod olaf.

Y mae'n eglur bod cysgod rhannau o fywyd Daniel Owen yn drwm ar benodau 29–37. Gwelsom iddo fynd i drafferth y tro cyntaf iddo bregethu'n gyhoeddus mewn tŷ yn yr Wyddgrug yn 1864, a gorfod estyn ei nodiadau o'i boced er mwyn mynd ymlaen. Ac fe aeth i goleg y Bala yn 1865, a hynny, yn ôl ei dystiolaeth ef ei hun, 'dan fil o anfanteision'. Yr hyn sy'n gwneud y penodau hyn yn rhai cyfoethog yw'r modd y mae'r awdur yn cyfrodeddu cronicl hunangofiannol Rhys â'i bortreadau o gymeriadau eraill sy'n cynghori Rhys neu'n cynnig sylwadau ar ei amgylchiadau. Y pedwar cymeriad amlwg yn hyn o beth yw'r hen flaenoriaid Abel Hughes – sy'n marw ym mhennod 34 – a Dafydd Dafis, a'r ddau ŵr ffraeth a chraff, Thomas Bartley a Wil Bryan. Perthyn i'r un dosbarth o gymeriadau unplyg a chymeradwy y mae'r rhain i gyd ac nid oes wrthdaro mewn gwirionedd rhwng y cynghorion a roddant i'r traethydd. Yn wir, y maent yn cyfoethogi ysgrifennu coeglyd Daniel Owen, agwedd amlycach ar *Rhys Lewis* nag y mae amryw yn ei gydnabod, trwy ganiatáu iddo ymosod ar rai o dueddiadau crefyddol y dydd o gyfeiriadau cwbl wahanol; esiamplau o Fethodistiaeth Galfinaidd ar ei gorau yw'r blaenoriaid, cynghorwyr ysbrydol yn nhraddodiad clasurol y seiadau, gwŷr y mae eu sylwedd profiadol yn absennol yn y to newydd o flaenoriaid. Cynrychiolydd y rheini yw Alexander Phillips (*Eos Prydain*), hyrwyddwr brwd y symudiad sol-ffa a lwyddodd i ddisodli'r hen gymdeithas lenyddol yn yr eglwysi; ac mae'r modd y mae'r traethydd, Rhys Lewis, yr arferwn feddwl amdano fel gŵr swil, dihyder, yn arfer yr iaith gyhoeddus grefyddol, swyddogol, wrth gyfeirio at gymdeithas y sol-ffa yn golygu bod y coegni yn hyfryd o gynnil:

Yr oedd y bendithion a ddilynodd y gymdeithas hon yn lluosog ac yn amlwg iawn . . . dan ddylanwad cymdeithas y Sol-ffa, dysgwyd hwy i ddal eu pennau i fyny fel dynion, ac i ddangos i'r byd eu bod yn gwybod 'be oedd be'. Y pryd hynny y daethant i ddeall eu bod yn ddynion, a bod eisiau iddynt actio fel dynion a rhoi ar ddeall i'r crachfoneddigion nad hwy oedd i gael yr holl fenig a'r modrwyau.

Swyddogaeth Bryan a Bartley yw cyflwyno sylwebaeth goeglyd ar rai o dueddiadau'r oes o safbwynt answyddogol, trwy gyfrwng priod-ddull amgen. Yr oedd amryw o ysgrifenwyr y bedwaredd ganrif ar bymtheg yn hoff o ddefnyddio tafodiaith y dyn cyffredin fel cyfrwng i gwestiynu neu i gael hwyl am ben y drefn, ac mae ymsonau Bartley ym mhennod 34, a Wil Bryan ym mhenodau 29, 32 a 33 yn y traddodiad hwnnw. Gan fod yr iaith gyhoeddus 'swyddogol' a arferid gan y sefydliadau Anghydffurfiol wedi ymrigoli i'r fath raddau erbyn y cyfnod hwn, y mae i ieithweddau afieithus y ddau gymêr eu hapêl a'u hiws amlwg iawn.

Ond nid cymêr yn unig mo Wil Bryan, ac nid llipryn goddefol o draethydd yn unig mo Rhys Lewis chwaith. Er iddo dderbyn cynghorion lawer yn ystod y cyfnod hwn, y mae'n dechrau siapio'n gymeriad mwy cyhyrog sy'n sefyll ar ei wadnau ei hun ac yn ddigon cadarn ei argyhoeddiadau i fentro cynghori eraill, Wil Bryan ar fater ei gyflwr ysbrydol, er enghraifft. Wrth ymateb i gyngor Rhys cyn ymadael â'i gartref (pennod 33) y cafwyd adroddiad diragrith Bryan ar ei gyflwr ysbrydol, a'i sylw enwog 'y mod i wedi digio Duw am byth wrth neud *parodies* o hymne yr hen Bant-y-celyn – achos mi gymra fy llw fod y Brenin Mawr a'r hen Bant yn *chums*, a faddeuiff o byth imi am hynny'. Y mae cysgod tywyll ei dad a'i ewythr yn cymylu ffurfafen y traethydd o bryd i'w gilydd; ym mhennod 30 cawn y disgrifiad rhyfedd, gothig o gartref a chymeriad Niclas y Garth Ddu, ac ym mhennod 35 y mae Rhys fel pe bai'n drysu ei uchelgais ei hun i fynd i'r coleg trwy ildio i flacmêl ei ewythr am y tro olaf. Darlunnir Rhys Lewis yn y penodau hyn, yng nghanol ei helbulon a'i ansicrwydd ar ôl marw Abel Hughes, fel rhywun sy'n wynebu anawsterau a themtasiynau fel Cristion, ac yn ymddiried yn naioni sicr rhagluniaeth, ac mae'r adrannau hynny lle mae Rhys yn mynegi ei feddyliau yn estyniad o'r ysgrifennu cyffesol grymus a gafwyd ym mhenodau 26–8.

Gwobrwyir gonestrwydd Rhys gan chwaer Abel Hughes, a chaiff fynd i'r Bala a'i ofidiau ariannol wedi eu lleddfu. Y mae Daniel Owen yn tynnu'n drwm ar ei atgofion yn y penodau sy'n disgrifio bywyd y coleg. Mewn pennod gynharach fe ddyfynnwyd o ysgrifau atgofiannol gan gyn-fyfyrwyr Coleg y Bala, ond ni chafwyd dim tebyg i'r penodau hyn o ran consurio lle ac awyrgylch. Ceir yma gyfeiriadau at bobl go iawn, at

Rice Edwards, y 'cymeriad adnabyddus' garw a ofalai am geffylau i'r myfyrwyr, ac at y prifathro Lewis Edwards. Dyma'r unig dro i Daniel Owen a Roger Edwards benderfynu peidio â chynnwys pennod yn *Y Drysorfa*, a hynny oherwydd y parch aruchel a ddangosid gan bawb at Lewis Edwards. Fel hyn yr esboniai golygydd *Y Drysorfa* y penderfyniad i beidio â chynnwys hanes ymweliad Thomas Bartley â'r Bala: 'gan fod hanes yr ymweliad yn dwyn ger bron gymeriadau enwog – cymeriadau ag y mae gan y darllenwyr lawer o barch iddynt, byddai ei gyhoeddi braidd yn *invidious*, ac yn ymddangos fel pe dygid yr elephant ar y llwyfan i ddangos pranciau y lygoden.'[26]

Bedair blynedd yn ddiweddarach yn ei hanes, ar ddechrau pennod 38 y mae Rhys Lewis yn disgrifio ei gyfnod yn y coleg mewn geiriau tebyg iawn i'r rhai a ddefnyddiwyd gan Daniel Owen yn ei ysgrif hunangofiannol ychydig flynyddoedd yn ddiweddarach. Yn ystod y bennod hon y mae'r traethydd yn derbyn dau lythyr, y naill yn cynnig galwad i'w hen eglwys a'r llall ynghylch marw ei ewythr James Lewis mewn carchar yn Lloegr. Dyma'r ddyfais a ddefnyddir gan y nofelydd fel agoriad i act olaf ei chwedl.

'Nid oes raid treulio llawer o amser uwchben penodau olaf y nofel,' meddai Ioan Williams,[27] gan fynd yn ei flaen nid yn unig i gydnabod bod yr awdur yn dangos 'cryn ddyfeisgarwch', ond i'w feirniadu am 'yr olygfa echrydus rhwng Rhys a'i dad'; ym marn yr un beirniad amlygir yn y penodau hyn 'yr un hen fethiant i fewnoli gweithgarwch ac i wreiddio ffydd grefyddol ym mywyd cyfnod'. Barn nodweddiadol arall yw bod y penodau hyn yn ddiweddglo anniben i stori sydd wedi hen chwythu'i phlwc, ond cafwyd darlleniadau mwy cadarnhaol hefyd. Yn y nofel ar ei hyd, meddai Bobi Jones, gwelwn brif gymeriad y mae 'Methodistiaeth ei hun wedi siglo'i fodolaeth ac wedi rhoi i'w gydwybod ac i'w ymwybod brofiad uchel o gyfathrach â Duw . . . mater y dyfnderoedd a geir, cynnyrch aeddfetaf Methodistiaeth y ganrif ddiwethaf.'[28] Gweld achos i ganmol a wnaeth Hugh Bevan hefyd, er iddo ddod at y gwaith o safbwyntiau diwinyddol a beirniadol gwahanol iawn. Y pwyslais cyfarwydd ar allu'r dychymyg creadigol i gyfannu elfennau gwrthgyferbyniol a glywir wrth iddo sôn am 'yr elfennau cymysg a ddygir ynghyd yn hunaniaeth gyfansawdd y nofelydd'.[29] Wrth 'elfennau cymysg' golygir y ddau Rhys Lewis, y plentyn a'r dyn, yn ogystal â'r syniadau a'r pwysleisiadau gwahanol a fynegir gan amryfal gymeriadau'r nofel. Dygir Bob a Mari Lewis a Wil Bryan a Dafydd Dafis ynghyd, nid mewn ffordd simplistig a gorffenedig, ond yn 'y cyflwr meddwl anesmwyth' a gynrychiolir gan y traethydd. Argyhoeddiad

Rhys sy'n rhoi unoliaeth i'r nofel medd y naill feirniad, ei ddiffyg argyhoeddiad medd y llall, ac mae'r amrywiaeth barn yna'n nodweddiadol o'r ymateb beirniadol i'r nofel drwyddi draw. Fe geisiwn gloi ein hymateb i'r nofel trwy gynnig rhai sylwadau ar werth penodau 39 i 42.

Y mae penodau 39 a 40 yn cyflwyno darlun cyffredin yn oriel lenyddol y cyfnod, sef y Cymro oddi cartref, y mab afradlon a fagwyd yng nghôl y seiat ond a aeth yn aml yn ysglyfaeth i ddeniadau dinas estron. Yr oedd rhai o ganeuon mwyaf poblogaidd y dydd yn cael eu llefaru o safbwynt alltud yn hiraethu am ei hen gartref neu am sŵn nant y mynydd, a chynhyrchid yn ogystal lawer o lenyddiaeth foeswersol, rybuddiol i gynghori'r miloedd o Gymry ifainc a âi i weithio i ddinasoedd Lloegr. Un o'r dorf alltud yw Wil Bryan, ond yn y modd y mae'n trafod deunydd a sefyllfa a fyddai'n farwanedig o ystrydebol yn nwylo un o'i gyfoeswyr y gwelir yn aml athrylith Daniel Owen. 'Yn y manion mae einioes' y nofel realaidd, a chofnodi diriaethol yr awdur ar sgwrs a lle a digwyddiad sy'n ei gadw rhag y maglau ystrydebol. Fe gawn o'r herwydd ddarlun graffig o Wil Bryan yn ei '*bed-sit*', a darlun cymharol brin yn y Gymraeg o fywyd dinesig. Y mae'r cyfan yn gefndir i hunangofiant Wil ac i ymchwil Rhys i'r gwirionedd am ei dad, ond mae hoffter yr awdur o bortreadu, a'i hoffter o Wil Bryan yn arbennig – y deryn sy'n medru dweud y caswir deifiol mewn priod-ddull answyddogol – yn drech nag unrhyw ystyriaethau am gynllunio taclus. Ac felly fe gaiff Wil ormod o raff i draethu'n ddifyr am nodweddion pregethwyr y gwahanol enwadau, er bod yr hyn y mae'n ei gofnodi am ymweliad y '*town missionaries*' ag ef yn gofnod diddorol o'r newid pwyslais a welwyd o fewn yr eglwysi yn sgil dylanwad yr efengylwyr Americanaidd Finney a Moody. O gofio natur gweledigaeth yr awdur, y mae'n arwyddocaol bod Wil wedi newid ei enw i Walter Bateson, ffurf ar dwyll neu ragrith y mae Rhys yn ei geryddu o'r herwydd. Ond etyb Wil trwy fynnu mai dyna ffasiwn yr oes, a ffasiwn y beirdd Cymraeg yn arbennig: 'Mae mwy o reswm i mi alw fy hun yn Walter Bateson nag i rw John Jones alw'i hun yn Llew Twllylwl.' Defnyddir y ffugenw hefyd fel math o symbol o hunan-dwyll ysbrydol pob dyn nad yw'n dod adref, nad yw'n wynebu'r gwir amdano'i hun: 'yr ydw i'n gweled bob dydd wrth deimlo fy hun yn dwad yn ôl y bydd raid imi ddropio yr 'alter' a'r 'ateson' a sybstitutio 'illiam'a 'ryan' cyn y bydda i wedi cyrraedd fi fy hun.' (Teg dweud bod Ioan Williams yn condemnio hyn i gyd fel techneg slic sy'n ceisio cuddio problem yr awdur o fethu gwybod beth i'w wneud â Wil.) Datrysir y dirgelwch teuluaidd a fu'n gysgod tywyll dros obeithion Rhys

yn ddigon ffwrbwt, gyda chymorth cyfleus a chyd-ddigwyddiadol
Sergeant Williams ym mhennod 41, ac nid yw marw chwerw, diedifar tad
Rhys Lewis yn gwneud mwy o argraff arnom na thynged debyg Jeremiah
Jenkins yn *Y Dreflan*.

Myfyrdod prudd y traethydd sy'n gweld ei oes yn tynnu i'w therfyn a
geir yn y bennod olaf, 'Gweinidog Bethel'. Y mae'n sicr mai teimladau
Daniel Owen, ar derfyn tair blynedd o ysgrifennu, a glywir yn y
sylwadau clo sy'n dweud bod 'ysgrifennu'r rhannau olaf i mi wedi bod
yn feichus' ac sy'n cymell y darllenydd 'i'w roi heibio pan fydd wedi
blino.' Y mae'n bennod amlwg hunangofiannol wrth i'r awdur dynnu ar
ei brofiad o salwch corff ac iselder ysbryd. Y mae hynny'n ei gymell i
ailgydio yn y trywydd cyffesol yng ngwead y nofel wrth i Rhys adrodd
am ei frwydr galed, ond nid aflwyddiannus, i ddygymod â rhagluniaeth
Duw ar ei gyfer. Ac mae'r traethydd yn gorfod amddiffyn buddioldeb yr
'ysgrif faith' unwaith eto cyn cloi'r gloddfa gyfoethog, aml-haen hon o
nofel.

6 ☙ *Rhwng Dwy Nofel, 1885–1890*

'Wedi ei chwblhau, cyhoeddais hi yn llyfr 4s., a gwerthais ddwy fil o gopïau – sef yr argraphiad – mewn chwe mis.'[1] Yr oedd tua hanner y gwerthiant hwn ar *Rhys Lewis* wedi ei warantu trwy danysgrifiadau. Cyhoeddwyd rhestr gyflawn o'r tanysgrifwyr yn yr argraffiad cyntaf ac yn ei air 'at y darllenydd' y mae'r awdur yn 'cymeryd y cyfleusdra hwn i ddiolch i fy nghydwladwyr am y gefnogaeth – annghydmarol, ymron, mewn llenyddiaeth Gymreig – a dderbyniais'. Mae'n wir ei fod yn taro nodyn amddiffynnol yn y rhagair hwn, nid yn unig trwy ailadrodd y dymuniad arferol na fyddai 'ynddo rywbeth a'i duedd heb fod i adeiladu yn ogystal a difyru y darllenydd', ond hefyd trwy gydnabod bod 'rhaid i'r hwn a gyhoeddo lyfr ddysgu bod yn ddyoddefgar erbyn y daw diwrnod y rhostio'. Eto, prin bod gan yr awdur na neb o'i gydnabod unrhyw amheuaeth mewn gwirionedd ynghylch natur yr ymateb a fu i'r nofel yn ei ffurf fisol ar dudalennau'r *Drysorfa.* 'Nid i'r doeth a'r deallus yr ysgrifenais, ond i'r dyn cyffredin,' meddai Daniel Owen, ond cafodd *Rhys Lewis* dderbyniad ysgubol gan bob dosbarth. Cafwyd y canmol disgwyliedig yng nghyhoeddiadau'r Hen Gorff (tebyg mai Roger Edwards oedd yr adolygydd dienw yn *Y Drysorfa,* Awst 1885) ac yn ehangach.[2] Llwyddiant beirniadol felly, a llwyddiant masnachol na ddihysbyddwyd ei botensial gan argraffiad cyntaf o ddwy fil; gwerthodd Daniel Owen yr hawlfraint i gwmni Hughes a chyhoeddwyd argraffiad arall. Yn sgil y datblygiadau hyn yr effeithiodd gyrfa lenyddol Daniel Owen ar ei sefyllfa fydol am y tro cyntaf. Dywed Isaac Foulkes mai gydag elw *Rhys Lewis* y cododd Daniel Owen dŷ newydd iddo'i hun, sef Cae'r Ffynnon, ar lechwedd Bryn y Beili.[3] Ac er bod enw da iddo yn y cylchoedd llenyddol cyn cyhoeddi'r nofel hon, *Rhys Lewis* a'i gwnaeth yn ffigur cenedlaethol ac yn arwr cenedl, yn ŵr y byddid yn codi cofgolofn iddo wedi ei farw.

Rhwng 1878 ac 1884 bu'n gweithio yn ddi-dor i bob pwrpas ar ryw chwedl neu'i gilydd, hyn ar ôl oriau gwaith yn y busnes, busnes a redai ar ei ben ei hun ar ôl terfynu'r berthynas â James Lloyd wahanol iawn ei anian trwy brynu cyfran ei bartner yn y busnes yn 1881. Tystia Foulkes ei fod yn fasnachwr cydwybodol: 'Ychydig ddyddiau yn ôl gwelais ei gyfrifon gydag un o farsiandwyr brethynau Lerpwl; yr oedd ei daliadau yn brydlon i'r diwrnod.'[4] Yn sgil ei enwogrwydd deuai galwadau gan olygyddion gwahanol gylchgronau am gyfraniadau, ac nid yw'n syndod yn y byd fod Daniel Owen fel pe bai'n aros i gael ei wynt ato cyn dechrau ar nofel newydd. Y mae bwlch o bum mlynedd rhwng cyhoeddi *Rhys Lewis* ac ymddangosiad pennod gyntaf *Enoc Huws* mewn papur newydd, ond prin bod modd cyfeirio atynt fel blynyddoedd segur nac anarwyddocaol. Dyma flynyddoedd dygymod â cholli Roger Edwards, ymateb i'r helynt a gododd yn sgil llwyfannu fersiwn dramatig o *Rhys Lewis*, cyhoeddi *Y Siswrn*, arbrofi'n llenyddol, cynllunio ac ysgrifennu nofel newydd, ac ailymuno â gwleidyddiaeth leol fel cynghorydd.

Yn *Y Drysorfa*, Tachwedd 1885, yr ymddangosodd 'Llythyr fy Nghefnder', sef ymateb dychanol Daniel Owen i helynt yr achosion Saesneg, yr 'Inglis Côs', ymhlith y Methodistiaid Calfinaidd. Dyfalu sydd raid am berthynas a chysylltiad tebygol rhwng y nofelydd o'r Wyddgrug a'r ysgrifwr miniog-ddeallus o Ddyffryn Clwyd, Robert Ambrose Jones ('Emrys ap Iwan'); yr oedd y ddau yn bregethwyr Methodistaidd ac yn perthyn i gyfarfodydd misol ffiniol â'i gilydd. Yr unig gysylltiad y deuthum i ar ei draws oedd nodi enw Emrys ap Iwan ymysg y rhai a ymddiheurodd am fethu bod yn angladd Daniel yn 1895. Ac 'roedd y ddau, er yn wahanol eu pwysleisiadau a'u harddull, yn defnyddio dychan i herio safbwyntiau a thueddiadau a oedd yn sawru o '*humbug*' yn eu tyb hwy. Cyhoeddasai Emrys gyfres o lythyrau yn beirniadu symudiad yr achosion Seisnig ar dudalennau'r *Faner* rhwng 1878 ac 1884, gan ymosod yn rhyfeddol o hyderus ar Lewis Edwards a'i wneud ei hun yn gymeriad mwyaf dadleuol ei enwad.[5] Yr oedd Daniel Owen wedi dangos ei gydymdeimlad yn y dychanu ar Mr Smart yn *Y Dreflan*, ond yn awr y mae'n ymuno yn fwy uniongyrchol yn y ddadl ac yn dangos ei ochr yn glir. Yr ydym wedi arfer meddwl am Emrys ap Iwan fel gŵr na ddylanwadodd ar ei gyfoedion ond yn hytrach ar genedlaethau diweddarach. Ond ffôl fyddai diystyru dylanwad 'seicolegol' tebygol ei ysgrifau ar y nofelydd sydd eisoes yn dechrau troi yn ei feddwl y weledigaeth goeglyd ynghylch natur y gymdeithas Gymraeg gyfoes a fyddai'n galon ei nofel nesaf, *Profedigaethau Enoc Huws*. Crëwyd cymeriad 'Fred, fy nghefnder' sydd 'yn dipyn o wag' ac sydd yn aelod mewn achos Seisnig, er mwyn rhyddhau doniau dychanol yr awdur. Yr hyn a wna Fred yw esbonio sut y'i cafodd ei hun yn aelod gyda'r Saeson. Y mae ei dref, Tresaeson, wedi newid yn ddirfawr yn sgil datblygiadau chwyldroadol Oes Fictoria, dyfodiad y '*railway*' a ffurfio '*Gas Company*', ac mae arferion ac iaith Lloegr yn prysur ddisodli'r patrwm brodorol. Dywedir hyn i gyd wrth gwrs yn y llais coeglyd priodol, llais sy'n ein hatgoffa o Emrys ap Iwan, ond a glywyd eisoes yn Y *Dreflan* ar ddiwedd yr 1870au:

> Gwelsom yn fuan ogwydd yn ein pobl ieuainc i efelychu y Saeson, yn gyntaf yn eu rhagoriaethau, sef i ddal eu penau i fyny, i gerdded yn gyflymach, ac i wisgo yn dwtiach; yna yn eu ffaeleddau, sef i fod yn fwy cymhenllyd, cellweirus, a dihidio am bawb; yna yn eu ffolineb, sef i gredu fod y Sais wedi ei wneyd o well clai na'r Cymro, ac fod cymaint o wahaniaeth rhyngddynt ag sydd rhwng potiau Bwcle a *porcelain* Stoke-upon-Trent.

Y mae Fred yn mynd yn ei flaen wedyn i nodi'r problemau sy'n codi yn sgil y trawsnewid ieithyddol, a'r modd y mae amryw o'r genhedlaeth iau yn analluog i wrando'n ddeallus ar bregeth Gymraeg. Rhydd ei hanes wedyn yn helpu rhyw 'Miss Jones' i ddysgu Cymraeg: 'Anogais hi i ddarllen yn ddiffael bob dydd adnod neu ddwy o'r Bibl Cymraeg, neu ynte chwe llinell o unrhyw lyfr Cymraeg a ddewisai, a mynu gwybod, gyda chynnorthwy Geir-lyfr Cymraeg a Saesoneg, ystyr pob gair nad oedd yn ei ddeall.' Gan fod Fred ar y pryd yn arolygwr yr ysgol Sul fe roes Miss Jones yng ngofal twr o blant bach 'lle 'roedd i siarad Cymraeg, a dim ond Cymraeg'. A'r canlyniad? 'Yr oedd Miss Jones yn Gymraes ragorol mewn llawer llai na blwyddyn!' (Y mae'n bur debyg bod yr hanesyn hwn yn seiliedig ar brofiadau'r awdur yn nhref ddwyieithog yr Wyddgrug, lle buasai yn un o arweinwyr amlycaf ysgolion Sul y Methodistiaid.)

Ond mae'r galwadau am achos Saesneg yn Nhresaeson yn cynyddu, a chan fod cynifer yn pwyso arno, y mae Fred yn cytuno i ymuno â'r symudiad. Â yn ei flaen wedyn i adrodd ei brofiad 'ynglyn a'r achos Seisonig', sef darparu cyfle i Daniel Owen i'w dweud hi am rai pethau a'i blinai! Crybwyllir yr angen am lenyddiaeth boblogaidd Gymraeg i ddiwallu chwaeth ac anghenion y to iau: 'Mae ein llenyddiaeth yn rhy unrhywiol, *classic*, trom, a phrudd. *Yn eisieu* – llyfrau Cymraeg *Cymreig* – gwreiddiol, swynol, hawdd eu darllen, ond pur ac adeiladol.' Er cydnabod bod gwir angen am achosion Saesneg mewn rhai amgylchiadau (un o lenorion y ffin sy'n ysgrifennu, wedi'r cwbl), rhoddir cic i'r achosion hynny a sefydlwyd 'heb ddim mwy yn galw amdano na rhodres a mursendod hanner dwsin o bersonau bydol a choegfalch, y rhai a ystyriant wybodaeth ammherffaith o'r Gymraeg yn barchusrwydd, os nad yn rhinwedd hefyd.' Bu dylanwad y diwylliant Seisnig yn un andwyol: 'y *Penny readings* a andwyasant ein cyfarfodydd llenyddol, y cyngherdd gwagsaw, y *Bazaar* ("Nodachfa," pondigrybwyll!) a'r hapchwareu – "yr elw at ddyled y capel"'. Trafodir hefyd duedd yr aelodau mewn achosion Seisnig i ddibynnu'n ormodol ar un dyn, gan symud i gyfeiriad clerigiaeth gwbl groes i egwyddorion Anghydffurfiaeth. Y mae'n cloi trwy leisio galwad ar i'r Cymry amddiffyn Cymreictod y pulpud a'r ysgolion Sul: 'Mae'r Eisteddfod wedi dirywio i fod yn lle i Gymry wyntio eu Saesonaeg, ac i ennill gwobrwyon am ganu; ac os cyll y pulpud a'r Ysgol Sabbothol eu nodweddion Cymreig, byddwn yn fuan wedi ein llyncu i fyny gan Ddicsiondafyddiaeth.'

Cyfeiriwyd eisoes at yr ysgrif goffa i Glan Alun a luniwyd ar gais golygydd *Y Geninen* a'i chyhoeddi ym mis Ebrill 1886. Cyfuniad o adrodd atgofion a phortreadu ffraeth a geir yn yr ysgrif sy'n gofnod difyr o rai agweddau ar fywyd yr Wyddgrug. Y mae'r darn sy'n cyflwyno disgrifiad corfforol o'r gwrthrych yn nodweddiadol o realaeth ddiweniaith yr awdur, ac mae'n anodd barnu a yw'r awdur yn cydymffurfio ag ieithwedd chwyddedig y dydd ynteu yn ei pharodïo'n goeglyd:

Gyda gwyneb heb fod o gwbl yn serch-hudol, yr oedd ei gorff ymhell o fod yn gyfluniaidd. Yr oedd ei freichiau fel pe buasent wedi eu gadael iddo mewn llythyr cymun rhyw berthynas ymadawedig; a'i ddwylaw, y rhai oeddynt bob amser can oered a llysywen-bendell, yn hollol amddifad o *grip*. Nid hardd ychwaith ydoedd y coesau, oblegid yr oeddynt fel yr eiddo Bendigo, yr hen ymladdwr, yn curo'r penliniau ac yn troi'r traed allan. Buasai yn anhawdd taraw eu perchenog i lawr. Gwisgai Glan Alun ffroc cot, yr hon a fyddai bob amser wedi ei botymu – nid gyda'r amcan o ymddangos yn fwy golygus – ni fyddai peth felly yn croesi ei feddwl ef, eithr, yn hytrach, mi dybygaf, er mwyn hel ei hun ato. Cerddai yn brysur, fel pe buasai yn ceisio dal amser; ac ar yr un pryd ymddangosai yn absenol ei feddwl, ac na wyddai yn y byd mawr ymha le y gallai ei ddal. Cerddai fel dyn o fusnes, ac edrychai fel bardd. Ac fel yr ymddangosai, felly yn hollol yr oedd efe.

Yr oedd gwrthrych yr ysgrif goffa arall a luniodd Daniel Owen yn ddyn tra gwahanol i Glan Alun. Afradu ei ddoniau oedd tuedd hwnnw, defnyddio pob eiliad o'i amser yn bwrpasol weithgar oedd un o brif nodweddion Roger Edwards a fu farw ym mis Gorffennaf 1886. Bu'n gymeriad pwysig yn natblygiad llenyddol Daniel Owen a phrin bod angen tanlinellu anferthed ei gyfraniad i fywyd ei dref – sawl agwedd arni – ac i fywyd crefyddol a diwylliannol ei genedl. Mynegodd Daniel Owen ei deimladau am Roger Edwards yn yr ysgrif 'Diweddar Olygydd y Drysorfa',[6] ac mewn cerdd goffa 25 pennill a argraffwyd ar ffurf poster maint A3, 'Er Cof am y Diweddar Barchedig Roger Edwards.' Defnyddio'r mesur a welodd yng ngherdd Tennyson, 'In Memoriam A.H.H.' a wnaeth yr awdur, ond nid yw'r mesur yn rhyddhau ei awen farddol o'r llyffetheiriau a'i blinai ar hyd ei hoes a llafurus ac ymdrechgar yw'r canlyniad. Y cyffyrddiadau personol yn y ddau bennill olaf, ac yn y cymal olaf un yn enwedig, yw'r unig ddarnau gwerth eu crybwyll:

> Ond Wyddgrug deimla'r gwagder mwya' gyd –
> Gwagder na lenwir ond gan hiraeth prudd:
> Fel trefwr, a gwleidyddwr yn dy ddydd,
> Tydi a fu ein genau yn y byd!
>
> Chwith yw bod heb y gwenau siriol, mad!
> Ac heb y weddi dynai'r nef i lawr;
> Ac heb y cynghor – heb y dagrau mawr!
> Ac heb y Cyfaill pur! y Brawd! Y Tad!

Afraid tanlinellu arwyddocâd yr ebychiad clo; edrychai'r nofelydd ar ei weinidog fel ei dad yn y ffydd, ond yr ydym yn ymglywed, 'does bosibl, ag islais mwy ingol angerddol na hynny yng ngeiriau un nad adnabu ei dad naturiol. Lluniodd Daniel Owen deyrnged fwy cyflawn a deheuig yn yr ysgrif goffa swmpus, gan roi sylw i'r penodau pwysicaf yng ngyrfa'r gwrthrych yn ogystal â chynnig portread nodweddiadol ffraeth a byw o'i gymeriad.

Wrth ysgrifennu at ei hen gyfaill ers dyddiau coleg, y Parchedig O. G. Owen ('Alafon') ym mis Mehefin 1885 dywedasai Daniel Owen bod 'oddeutu 1300 o gopïau [o *Rhys Lewis*] wedi eu hanfon ymaith. Ond nid yw hyn o angenrheidrwydd yn tybio y telir amdanynt. Nid yw "talu am lyfr" ar doriad bogail rhai pobl. Pla arnynt!'[7] Golygai profiadau plentyndod a byd busnes na allai fod yn ddifater ynghylch y wedd ariannol ar bethau, ac 'roedd drwgdalu yn enghraifft lachar hefyd o dwyll rhagrithiol. Peth arall a'i blinai, yn ddiweddarach yn sicr, oedd y perygl i argraffiadau o'i weithiau gael eu cyhoeddi yn yr Unol Daleithiau heb ganiatâd na chydnabyddiaeth. Yn ystod 1887 hefyd cododd helynt arall, annisgwyl ym maes hawlfraint, a hynny yn sgil gwaith cwmni drama o Drefriw yn llwyfannu addasiad o *Rhys Lewis* ac yn wir yn ymffurfio yn gwmni proffesiynol i fynd â'r cynhyrchiad ar daith. (Llwyfannwyd fersiwn ddramatig arall o'r nofel gan gwmni yn y Bala yn 1886.) Yn ôl D. R. Davies, a adroddodd yr hanes ar sail tystiolaeth arweinydd cwmni Trefriw, y Parchedig John Owen ('Ap Glaslyn'), derbyniodd y cwmni lythyr oddi wrth Daniel Owen 'yn hawlio swm arbennig o arian fel hawlfraint am ganiatâd i chwarae'r ddrama'.[8] Gan i'r cwmni honni iddynt seilio'u haddasiad ar y chwedl yn ei ffurf gyfresol ar dudalennau'r *Drysorfa*, llwyddwyd i osgoi talu hawlfraint.

Nid dyna ddiwedd helyntion Ap Glaslyn a'i gwmni chwaith. Pan oeddent ar ganol taith genedlaethol lwyddiannus mynegwyd gwrthwynebiad cyhoeddus i'w cynhyrchiad gan Gyfarfod Misol sir Fflint ac yna gan Gymdeithasfa'r Gogledd yng Nghorwen, 26–28 Ebrill, 1887. Yr oedd o leiaf un adolygiad o'r cynhyrchiad wedi ymddangos yn y wasg Fethodistaidd cyn y Gymdeithasfa. Wrth gyfeirio at berfformiad yn Ninbych ym mis Mawrth sicrhawyd darllenwyr *Y Goleuad* gan ohebydd dienw 'nad oedd dim yn yr hyn a ddygwyd ymlaen y tro hwn a fuasai yn briwo y teimladau tyneraf a chysegredicaf.'[9] Ond ni fodlonwyd y Parchedig William Williams, Abertawe, gan yr adroddiad, ac ymatebodd iddo mewn ysgrif yn rhifyn Mai o'r *Drysorfa*. Y mae teitl yr ysgrif, 'I ba le yr ydym yn myned?' yn arwyddocaol, gan awgrymu mai enghraifft yn unig o'r dirywiad a'r cyfeiliorni cyffredinol a wêl yr awdur yng ngwaith Ap Glaslyn a'i gwmni.[10] Yr hyn a achosai boen neilltuol iddo yw i'r cwmni gynnwys golygfa holi Thomas Bartley yn y seiat: 'nid wyf yn petruso dywedyd ei fod yn eithafol o ddrygionus, ac yn myned ymhellach nag ymylu ar gabledd. Chwareu edifeirwch? Chwareu ffydd yn Iesu Grist? Chwareu y mynediad trwodd o farwolaeth i fywyd? Dyma gymysgfa! A ellir meddwl am ffordd fwy effeithiol o dristáu Glân Ysbryd Duw?' Erbyn i'r ysgrif ymddangos yr oedd Cymdeithasfa Corwen wedi trafod y genadwri a ddaethai o Gyfarfod Misol sir Fflint, ac wedi ymateb mewn ffordd a fyddai wrth fodd calon William Williams.

Siaradwyd o blaid cynnig sir Fflint y dylid anghymeradwyo gwaith Cwmni Dramayddol Trefriw gan y Parchedig Griffith Ellis, Bootle, a'r Parchedig John Hughes, Lerpwl, ymhlith eraill. Penderfynwyd:

Ein bod yn dymuno galw sylw ein heglwysi at y rheol yn y *Cyffes Ffydd* gyda golwg ar chwareuaethau, yr hon sydd yn dadgan i'n holl aelodau 'fod wedi ymroddi i ymwrthod â phob llwybr pechadurus . . . gan ymadael â gorwagedd y byd a'i arferion llygredig, megys cymdeithasau oferwag, gwylmabsantau, dawnsiau, chwareuaethau, gloddesta, cyfeddach, diota, a'r cyffelyb' ac yn wyneb cynydd diweddar ar amryw bethau

orchestol. Mewn monolog di-dor fe grëir cymeriadau, rhamant, ysmaldod a thrychineb, dyfnder chwerwedd a chwerthin. Ni all a'i darllenodd anghofio'r weddw o Aberdâr, y rhyfeddaf, y fwyaf annisgwyl yn oriel gyfoethog yr awdur.'[20]

Hanes meddyliau ac argraffiadau teithiwr ar y trên i Landrindod sydd yma. Ceir yn y stori bedwar cymeriad, y traethydd a'r tri sy'n ymuno ag ef yn y '*smoking compartment*', sef yr ysmygwr o ffermwr a rydd i'r chwedl ei theitl, y weddw ifanc o Aberdâr a'r person plwyf ystrydebol; yn ôl y disgwyl datguddir y cymeriadau trwy eu priod-ddulliau eu hunain. (Yn achos y wraig o Aberdâr, rhydd yr awdur gynnig, nad yw'n gwbl argyhoeddiadol, ar atgynhyrchu patrymau'r Wenhwyseg.) Ymdriniwyd yn fanwl â'r stori gan Ioan Williams sy'n sylwi'n arbennig ar ddull yr awdur o greu cymeriadau y gall ef fynegi ei ragfarnau trwyddynt, ac ar y modd y mae'r traethydd yn ymbellhau oddi wrth y wraig weddw anghysurus ei neges a'i chymeriad 'trwy gyflwyno un o gymeriadau stoc y traddodiad rhyngddo ef ei hun a hithau'.[21] Awgrymir bod yna brofiadau a meysydd y byddai Daniel Owen, fel traethydd y stori, yn cilio'n reddfol rhagddynt am eu bod yn ddieithr iddo, a dadleuir yn ddigon teg mai 'ei ddychymyg ef a greodd Mary; ei greadigaethau ef yw hi a'i chariad, druan; eto ni wyddai sut i'w trin na beth i'w wneud â nhw.'[22] Yn hytrach na datblygu unrhyw lun ar berthynas ystyrlon rhwng y wraig a'r cymeriadau eraill, fe'i gwneir yn asgwrn cynnen rhwng yr ysmygwr a'r person ac yn gyfle i hyrwyddo dadleuon yn erbyn y degwm ac o blaid Datgysylltiad mewn ffordd ddigon amrwd. Prin o gynildeb yw'r olygfa lle mae'r ysmygwr yn trefnu casgliad i'r weddw ac yn methu â pherswadio'r person – diffaith a rhagrithiol, wrth gwrs – i gyfrannu dim at ei hanghenion truenus. Cynilach a mwy coeglyd yw deg tudalen agoriadol y stori, pan nad oes neb ond y traethydd ar y llwyfan. Yma cawn enghraifft arall o'r awdur yn canlyn y trywydd hunanymholiadol, yn gwawdio rhagrith anorfod awduron dyddiaduron ('Os ydyw eu bywyd yn gyffelyb i'r eiddo fi ac i eiddo dynion yn gyffredin, ac os ydynt yn onest gyda'r gwaith hwn, da fyddai ganddynt, mi gredaf, gael hamdden cyn marw i'w losgi') ac yn dychanu'r crefyddwyr hynny sy'n arddangos mwy o arwyddion bywyd ac egni ar ddiwrnod dyfodiad yr '*engine*' ddyrnu nag a wnânt odid fyth yng ngwaith y deyrnas. Y mae'n troi'r tu min dychanol yn ôl ato ef ei hun hefyd, yn edliw iddo'i hun ei duedd i chwarae cast â'i gydwybod, ac i'w berswadio'i hun ei fod yn symol ei iechyd er mwyn cyfiawnhau gwyliau yn Llandrindod. Anodd peidio ag ymglywed ag islais hunangofiannol, o gofio mor ddihyder a nerfus fu Daniel Owen am ei iechyd ar ôl tostrwydd llym 1876. Diwedda'r stori wrth i'r traethydd fynegi ei edmygedd o siarad plaen yr ysmygwr, ond wrth wneud hynny gollyngir saeth hunan-fychanol, a hunan-ddychanol arall: 'Bore dranoeth, yn Llandrindod, mi a yfais – fel ynfydion eraill oedd yno – wyth gwydriad o iechyd da i'r ysmygwr, a hyny cyn brecwest.' Ynfyd, felly, yw'r sawl sy'n mynd i Landrindod gan gredu bod yn y dŵr adfywiol rin. Hunan-dwyll yw'r cyfan ar ran y rhai sy'n cyrchu'r lle, oherwydd yn y bôn dŵr rhagrithiol ydyw, heb fwy o rinwedd ynddo nag a gaed o grefydd yn Mr. Smart, neu o blwm ym Mhwll-y-gwynt. Pennaf nodweddion pellgyrhaeddol y byd a'r bywyd hwn yw twyll a rhagrith, argyhoeddiad sy'n lledu ac yn dwysáu yn ystod y blynyddoedd hyn.

Canolbwyntio ar ragrith yn y byd crefyddol a wnaethai yn ei weithiau blaenorol. Ond yn ystod 1885–6 y mae'n dechrau cynllunio nofel newydd ar gynfas ehangach. *Profedigaethau Enoc Huws* fyddai'r nofel honno, ond yn ôl tystiolaeth lawysgrifol nid ar y cynnig cyntaf y trawodd ar gynllun cwbl wrth ei fodd. Y mae'r llawysgrif dan sylw (LlGC Llsg. 15327B) yn cynnwys copïau o ysgrifau a drafodwyd yn y bennod hon, 'Fy Nghefnder', 'Glan Alun', 'Yr Ysmygwr' a 'Diweddar Olygydd y Drysorfa', yn ogystal â phenodau'r chwedl newydd. Y mae trefn y deunydd yn y copi-bwc yn awgrymu iddo lunio drafftiau cyntaf y chwedl newydd, a oedd yn ddi-deitl ar y pryd, yn ystod 1886. Ceir yn gyntaf fersiwn o ran o'r hyn a gyhoeddwyd wedyn yn 'Rhagarweiniad' i'r nofel, lle mae'r awdur yn cyhoeddi ei fwriad i'r hanes fod yn 'rhyw fath o attodiad' i *Rhys Lewis*.[23] Brawddeg ryfedd o ddiuchelgais yw honno mewn gwirionedd, yn enwedig o ystyried y gamp aruchel a gyflawnir yn *Enoc Huws*; brawddeg, hwyrach, sy'n adlewyrchu bwriadau annelwig 1885–6 yn hytrach na gorchestwaith hyderus 1890–1. Y mae'r llawysgrif, yn wir, yn helaethu'r frawddeg ac yn ei hesbonio:

Bwriedir i'r gwaith hwn ffurfio math o attodiad i *Hunangofiant Rhys Lewis*, yr hwn olaf oedd o angenrheidrwydd yn anorphennol. Rhoddir ar ddeall i mi gan ddarllenwyr y gwaith hwn mai dymunol a fyddai cael mwy o wybodaeth am rai o'r cymeriadau y cyfeirir yn brin atynt gan Rhys Lewis, ac am eraill y traethwyd yn ehelaeth arnynt ac eto a adawyd ynghanol eu hanes megys . . . Er y daw amryw gymeriadau dan sylw yn y gwaith hwn, y dasg bennaf, bwysicaf a osodais o fy mlaen ydyw portreadu y rhan honno o fywyd Wil Bryan na chyffyrddwyd â hi gan Rhys Lewis ac yn enwedig geisio, hyd y gallaf groniclo ei [sylwadau] ar y natur ddynol yn ei gwahanol agweddau.

Cawn argraff yma o awdur sydd ar fin plygu i ddisgwyliadau poblogaidd cynulleidfa a ffolodd ar elfennau arwynebol ffraeth cymeriadaeth y nofel flaenorol heb werthfawrogi'r weledigaeth ddwysach. Wil Bryan, felly, oedd i fod yn arwr y dilyniant. Nid felly y bu hi wrth gwrs, gan iddo fynd yn gymeriad mwy ymylol o lawer yn *Enoc Huws*, er y gellid dadlau – fel y gwnaeth Ioan Williams – i'r nofelydd fabwysiadu safonau Wil Bryan yn ei erlid ar *humbug* o bob math.

Y mae'n bosibl bod darn arall yn y llawysgrif a hepgorwyd yn y rhagarweiniad cyhoeddedig yn taflu goleuni ar yr hyn a oedd yn corddi yn nychymyg llenyddol Daniel Owen ar y pryd. Oherwydd y mae'r traethydd, ar ôl gwneud y sylwadau a ddyfynnwyd uchod, yn bwrw iddi i feirniadu Rhys Lewis yn hallt am anghyflawnder ei atgofion. Gan fod Rhys Lewis bellach wedi cilio o'r llwyfan rhaid i'r traethydd newydd sefydlu ei fod mor gyfarwydd â Wil Bryan ag oedd Rhys Lewis; ac â ymlaen i ddweud:

> Goddefer i mi ddyweyd hyn oblegid yr wyf yn caru bod yn onest – fy mod wedi fy siomi yn fawr ac wedi fy mriwo nid ychydig ar y *pryd* – pan gefais allan nad oedd Rhys Lewis yn sôn gair am fy enw yn ei Hunangofiant a minnau wedi ymwneyd cymaint ag ef ymhob cyfnod ar ei fywyd . . . onid oeddwn i cydag ef yn ysgol Robyn y Sowldiwr? Ai diffyg yn ei gof, ai beth a barodd iddo ef beidio son am y cweir a roddais iddo yn yr hen Office? . . . Ai anghof llwyr a barodd i Rhys Lewis beidio crybwyll am yr adeg y torodd efe fagl y bachgen cloff, ac y dedfrydwyd ef gan y 'boys' i sefyll ar ei ben am dri mynyd, ac i gario ar ei gefn y bachgen cloff gartref? A oedd efe wedi anghofio, yr oedd ei ddagrau, pan yn sefyll ar ei ben, yn rhedeg i lawr ei dalcen i'w wallt . . . Mae'n wir y cydnebydd Rhys Lewis fwy nag unwaith yn ei Hunangofiant ei fod yn dueddol i grïo, ond ni sonia efe air y byddai y bechgyn yn ysgol Robyn y Sowldiwr pan ddigwyddai yr inc fod yn dew a stiff yn passio y botel at Rhys Lewis gyda dymuniad gostyngedig [sic] iddo wylo tipyn iddi. Ddim un gair. Nid ydyw ychwaith yn sôn am un a elwid yn 'Rhys Babi Malw' [?] Wrth gwrs nid oeddwn yn sôn am yr hyn a ddigwyddodd iddo, neu yn hytrach, ynddo – un tro, ac a edliwiwyd iddo tra y bu yn yr ysgol, er hwyrach, nad allai efe ddim wrtho, ac nad oedd gan neb arall law, beth bynnag am gyfran ynddo – Buasai hyn yn arddangosiad o ddiffyg chwaeth, yr hyn nad oedd efe yn euog ohono – fel ysgrifennydd o leiaf.

Sut mae deall y dannod didostur a dialgar hwn ar wendidau anghyhoeddedig Rhys Lewis? Beth sy'n peri i'r crëwr droi'r tu min at greadigaeth a roes iddo glod a sylw cenedlaethol? Yn sicr gwedir gallu'r hunangofiannydd i ddweud y cyflawn wir amdano'i hun ac awgrymir mai methiant, yn y pen draw, fu ymgais Rhys Lewis i ddweud y gwir. Y mae yma gydnabod yn ogystal gyfyngiadau'r dull naratif a ddefnyddiwyd yn *Rhys Lewis*. Onid oes yma ymwroli ar ran Daniel Owen, hefyd, i ddefnyddio'r ysgrifbin yn onestach byth, yn fwy ciaidd a chaled os oes raid? Synhwyrodd Saunders Lewis beth oedd ar waith yn ystod y blynyddoedd hyn, gan ddadlau bod Daniel Owen, ar ôl ennill clod y dorf, yn barod i ufuddhau i 'hawliau ei athrylith greadigol ei hun'.[24] Ac 'roedd ffurf yr hunangofiant dychmygol yn anghymwys ar gyfer y gomedi gymdeithasol gyflawn y dymunai ei llunio.

Y darn nesaf a geir yn LLGC 15327B yw drafft o ran gyntaf pennod gyntaf *Profedigaethau Enoc Huws* ('Mab llwyn a pherth . . .'). Ymddengys mai fel golygfa unigol y lluniwyd hon gyntaf, heb fod yr awdur yn sicr am ei lle yng nghyd-destun unrhyw nofel, oherwydd fe'i dilynir yn y llawysgrif gan ail bennod sydd yn cyflwyno prif gymeriad, debygem, o'r enw Eliseus Probert, siopwr a gŵr busnes gweithgar a diwyd, gŵr priod hefyd. Yn ddiweddarach, felly, y gwnaed Eliseus Probert yn Enoc Huws ac yn ŵr dibriod. Yn y drafft llawysgrifol Miss Price, merch Cadben Price Ty'nyrardd, yw gwraig Probert; ond ar ganol brawddeg yn y llawysgrif try 'Miss Price' yn 'Miss Trevor'! Rhoddir ar ddeall i ni beth oedd drychfeddyliau Mrs Probert cyn priodi, ac y mae'r rheini wrth gwrs yn cyfateb i '*ideas*' Susi Trefor yn y nofel.

Y mae'r darn mwyaf sylweddol ac arwyddocaol yn y llawysgrif yn cyfateb i benodau 7 hyd at 14 yn y nofel, ac ar wahân i'r enwau ni ddiwygiwyd llawer ar y penodau hyn. Dyma gnewyllyn cychwynnol *Profedigaethau Enoc Huws*, sef cymeriad a gweithredoedd trofaus a rhagrithiol Cadben Price/Capten Trefor; ei gynlluniau ar gyfer Pwllygwynt a Choed Madog a'i ymgais i dwyllo diniweitiaid fel Denman a Probert i fuddsoddi arian mewn mentrau ofer. Yn ôl pob tebyg, felly, fe ysgrifennwyd calon yr adran agoriadol, yr adran y cyfeiriodd Saunders Lewis ati fel '[c]ampwaith o gomedi gymdeithasol', yr 'enghraifft fawr gyntaf o gelfyddyd greadigol bur, celfyddyd yn byw yn ei byd ei hun ac ynddi ei hun, a gafwyd yn ein rhyddiaith ni er y Dadeni Dysg'[25] yn ystod 1886. Yr oedd y blynyddoedd 1885 a 1886 yn gyfnod o ddirwasgiad, a'i effeithiau ar yr Wyddgrug yn enbyd. Erbyn dechrau 1886 yr oedd bron i 200 o dai gwag yn y dref, ac 'roedd rhenti tai wedi disgyn i tua hanner yr hyn fuasent ddeuddeng mlynedd ynghynt. Yr oedd pyllau wedi cau a chyflogau wedi'u haneru.[26] Yn wyneb amgylchiadau felly dychrynllyd o beth oedd bod proffeswyr crefydd, aelodau gyda'r Methodistiaid Calfinaidd, nid yn unig yn peidio â gweithredu fel halen y ddaear ond yn hytrach yn rhoi halen ar friwiau cymdogaeth glwyfedig. Agorwyd y maes hwn yn yr ymdrin â Jeremiah Jenkins yn *Y Dreflan*, ond dychwelir ato yn awr mewn hwyliau mwy hyderus a chydag arfau gloywach.

Ar ôl llunio'r penodau hyn dychwelodd yr awdur at ei olygfa agoriadol, geni Enoc Huws, a llunio ail ran y bennod gyda'r olygfa rhwng Mr Davies ac Elin. Y mae'r llawysgrif yn gorffen ryw baragraff yn brin o'r ffurf gyhoeddedig, gyda Mr Davies yn melltithio Enoc. Rywbryd yn ystod ail hanner y degawd, felly, y cyfunwyd y defnyddiau hyn, gan wneud 'Eliseus Probert' yn 'Enoc Huws', a 'Chadben Price' yn 'Gapten Trefor' yr un modd. Gan i'r nofel gael ei chyhoeddi yn wythnosol y mae pob lle i gredu iddo lunio'r rhan fwyaf ohoni cyn 1890, ac mai dyna a aeth â'i awen a'i amser yn ystod ail hanner yr 1880au. Sylwer hefyd iddo gyhoeddi fersiwn o bennod 24 yn *Enoc Huws*, 'Dafydd Dafis ar y Seiat Brofiad', yn *Y Drysorfa* yn 1888 dan y teitl 'F'Ewyrth Hugh o'r Ty Coch'.[27] F'ewyrth Hugh, y cymeriad y 'mae rhywbeth yn ei olwg sydd bob amser yn peri i mi feddwl am yr oes o'r blaen' sy'n traethu ar y seiat ac ar gyflwr pethau ymhlith y Methodistiaid yn yr ysgrif. Y mae'n amlwg mai traethu syniadau a sylwadau Daniel Owen am gyflwr crefydd yn yr 1880au y mae F'Ewyrth Hugh, am y dirywiad a fu yn hanes y seiat, a'r modd yr oedd angen diwygio agweddau ynghylch mynychu'r seiat ac ynghylch ei threfn a'i phwrpas hefyd. Pam creu'r ewyrth uniaith henffasiwn i ddweud hynny yn hytrach na'u traethu'n blaen ei hunan? Y dehongliad caredig yw bod Daniel Owen am atgoffa'i ddarllenwyr o ruddin y Methodist Cymraeg ar ei orau, a bod portread o deip yn foddion i wneud hynny; mewn darn a hepgorwyd yn *Enoc Huws* dywedir nad oes 'ond ychydig o ôl *modern thought* arno', ond ei fod yn gallu 'adrodd ar ei dafod-leferydd Farwnadau Grace Price a Daniel Rowlands, gyda rhanau helaeth o Theomemphus a Golwg ar Deyrnas Crist'. (At weithiau gan Williams Pantycelyn y cyfeirir.) Ond cofir i draethydd *Rhys Lewis* gyfaddef fod gan hen syniadau y byddai arno gywilydd eu harddel yn gyhoeddus afael ystyfnig a diollwng arno. Onid ymgodymai Daniel Owen i ryw fesur â thyndra tebyg, ac onid y llwybr hawdd oedd llefaru trwy gymeriadau'r dychymyg, er bod perygl i'r argyhoeddiadau golli eu min trwy gael eu priodoli i gynrychiolydd yr hen bethau?

Cymeriad Methodistaidd go iawn oedd pwnc yr ysgrif goffa a gyhoeddodd yn 1889, sef 'Adgofion am Ioan Jones, Rhuthyn'.[28] Y mae'r awdur ar dir cwbl gyfarwydd iddo, ac mae'r awydd a fynegir i ddathlu arbenigrwydd 'cymeriad' mewn oes pan yw dynion yn prysur fynd yn unffurf yn un a fyddai'n gymhelliad cryf wrth iddo lunio *Gwen Tomos* a *Straeon y Pentan* yn y 1890au. 'Cymeriad rhyfedd mewn gwirionedd oedd

Ioan Jones, ac y mae'r byd yn llwmach lawer o'i golli. Mae pawb ohonom mor debyg i'n gilydd, ac addysg, neu rywbeth, wedi gwneyd *job-lot* o'r natur ddynol, fel, erbyn hyn, y mae yn anmhosibl ymron cyfarfod a dyn anhebyg i'w gymydog!' Adrodd yn ffraeth am rai o hynodion Ioan Jones (a fuasai farw yn 1883), a hynny ar sail ei adnabyddiaeth bersonol ohono, a wna Daniel Owen yn yr ysgrif. Ceir ambell gyfeiriad mwy amwys at sefydliad Methodistiaeth Galfinaidd ond yn rhy ofalus a phryfoclyd gynnil o lawer i ni fedru dosbarthu safbwyntiau'r awdur yn dwt. Arferai Daniel Owen fynd yn gyson i bregethu i Gapel y Rhos, lle'r oedd Ioan Jones yn aelod ac yn flaenor ac mae'r adroddiad hwn ar un o'i ymweliadau yn enghreifftio'r hyn sydd gennym dan sylw:

Yr wyf yn cofio un nos Sabboth, yn y *Society* yng Nghapel y Rhos. Ar ol myn'd trwy y *routine* cyffredin, aeth yn ddistawrwydd hollol yn y sêt fawr, a gwelwn y blaenoriaid yn amneidio ar eu gilydd ac yn anog eu gilydd gyda'u penelinau i hysbysu rhywbeth, fel y dyfalwn, oedd yn anhyfryd, ac nad oedd un ohonynt yn awyddus i'w wneyd. O'r diwedd syrthiodd y gorchwyl annymunol i ran Ioan. Cyfododd ar ei draed yn bwyllog, ac ebe fe:–

'Yr ydw i'n cofio y bydde yn yr hen glochdy ene, estalwm, gloch a chrec ynddi; a fydde nhw byth yn canu yr hen gloch grec ond pan fydde tân yn rhywle. Pan fydde tŷ neu dâs wair ar dân, mi ga'ech glywed yr hen gloch grec! Wel, gyfeillion, mi ellech fod yn siwr fod ene dân yn rhywle heno, ne fe gawsai yr hen gloch grec lonydd. 'B'ydase 'ma rywbeth dymunol i'w hysbysu i ch'i, mi fase Mr. Evan Jones, ne Mr. Davies ar ei draed; ond gan mai rh'wbeth digon anhyfryd sy' gynon' ni i 'neyd, rhaid i'r hen gloch grec fyn'd ati.'

Dyna oedd rhagymadrodd Ioan cyn myned at y gwaith o ddiarddel rhyw lodes am na fuasai wedi priodi yn gynt. Ond er fod ei ragymadrodd rhyfedd wedi cynyrchu tipyn o chwerthin, yr oedd wyneb pob un oedd yn bresenol yn ddigon *sad* a sobr cyn i Ioan eistedd i lawr. Gwnaeth argraff ddofn, yr wyf yn credu, ar feddwl pawb oedd yn y Seiat y noswaith hono, o ddifrifwch y gorchwyl anhyfryd o ddiarddel aelod eglwysig.

Y mae'r gair '*routine*', ynghyd â'r modd cydymdeimladol ac ysgafn ddigon y cyfeirir at achos y diarddeliad yn arwyddo anniddigrwydd Daniel Owen â threfn sydd wedi ymrigoli o ran arfer ac agwedd, ac eto ni chollwyd llais y 'Parchedig' Daniel Owen yn llwyr chwaith yn y deyrnged ddilys i ddoniau Ioan Jones.

Prin yw'r cyfeiriadau at ymwneud Daniel Owen â'r byd cyhoeddus yn y cyfnod 1885–90, ond yn 1889 ailafaelodd yn ei ddiddordebau gwleidyddol pan etholwyd ef yn aelod o Fwrdd Lleol newydd yr Wyddgrug a gyfarfu am y tro cyntaf ar 8 Mai. Bu farw ei chwaer wan ei hiechyd, Leah, ar 31 Mawrth 1890. Rywbryd ar ôl ei cholli hi, ac ar ôl cyfrifiad 1891, y penderfynodd werthu Cae'r Ffynnon a symud i ystafelloedd yn nes at ei weithdy yng nghanol y dref.

7 ∞ Profedigaethau Enoc Huws, 1890–1891

E r na ellid amau maint a lled y bwlch a adawyd ym mywyd Daniel
Owen wedi marw Roger Edwards, byddai'n naturiol i'r nofelydd
deimlo bod ei draed yn fwy rhydd, serch hynny, heb orfod cael ei
lywio gan gyngor a chyfarwyddyd un a edrychasai ar yrfa lenyddol
Daniel Owen o'r dechrau fel rhywbeth a gymerai le'r weinidogaeth
gyhoeddus y bu'n rhaid rhoi'r gorau iddi oherwydd afiechyd. Ar
dudalennau'r *Drysorfa* y gwelodd y rhan helaethaf o waith Daniel Owen
olau dydd gyntaf rhwng 1877 ac 1886, ond nid yw'n llwyfan ar gyfer
gwaith o bwys ar ôl yr ysgrif deyrnged i'r diweddar olygydd yn Hydref
1886. Yr oedd yr awdur bellach yn sicr yn barod, ys dywedodd ef ei hun
mewn cyswllt arall yn ei ragarweiniad i *Profedigaethau Enoc Huws*, i
sefyll ar ei wadnau ei hun. Rhaid peidio â gwneud gormod, er hynny, o'i
waith yn cyhoeddi ar dudalennau papurau a chylchgronau 'seciwlar' (*Y
Cymro* a *Chymru'r Plant* yn bennaf) yn ystod yr 1890au. Cysylltiadau a
theyrngarwch personol ac ufudd-dod i Roger Edwards a barodd mai'r
Drysorfa oedd ei gyfrwng naturiol yn ystod rhan gyntaf ei yrfa, a rhaid
dyfalu bod amryw olygyddion yn awyddus iawn i sicrhau ei wasanaeth.
Un o'r rheini oedd y cyhoeddwr a'r golygydd toreithiog o Lerpwl, Isaac
Foulkes (Llyfrbryf).

Erbyn 1890 yr oedd Foulkes wedi hen ennill ei blwyf fel un o
hyrwyddwyr mwyaf diwyd ac effeithiol y diwylliant llenyddol
Cymraeg.[1] Cyhoeddasai eisoes *Cymru Fu,* ei gasgliad hudolus o
hanesion, chwedlau a thraddodiadau Cymreig, y geiriadur
bywgraffyddol *Enwogion Cymru* ynghyd ag argraffiadau newydd o'r
Mabinogion a gweithiau Dafydd ap Gwilym a Twm o'r Nant, ymhlith
eraill. Yr oedd hefyd wedi ysgrifennu ffugchwedlau ac wedi cyfrannu
erthyglau fyrdd i'r wasg. Erbyn diwedd yr 1880au yr oedd ganddo
uchelgais newydd, sef cyhoeddi wythnosolyn Cymraeg newydd yn
Lerpwl. Yr oedd Isaac Foulkes yn gyfarwydd â Daniel Owen trwy
ymdroi yn yr un cylchoedd llenyddol a gwleidyddol (nid oedd Foulkes yn

aelod mewn unrhyw eglwys) ac fe wyddai y byddai medru cyhoeddi nofel newydd awdur *Rhys Lewis* yn mynd bellter o'r ffordd at sicrhau llwyddiant y fenter newydd. Ac felly y bu: cyhoeddwyd 'Rhagarweiniad' yr awdur i'r nofel newydd ar dudalennau 2–3 yn rhifyn cyntaf yr wythnosolyn newydd, *Y Cymro*, 22 Mai 1890, ac yna bennod neu ddwy bob wythnos, ar yr un tudalennau, yn ddi-fwlch hyd at y bennod olaf, 4 Mehefin 1891. Cafwyd ymateb cadarnhaol i'r chwedl newydd ar ffurf llythyr gan 'Dyn y Train' a soniai am weld gŵr a gwraig yn yr un cerbyd ag ef yn cyd-ddarllen pennod ddiweddaraf 'Profedigaethau Enoc Huws' ac yn eu dagrau wrth wneud: 'Allan yr aethum dan fawr edmygu yr ysgrifenydd galluog a wyr ei ffordd mor ddi-feth i galon ei gydwladwyr. Hir oes iddo ef a'r *Cymro*.'[2] Y mae'r *cameo* bach hwn yn denu ein sylw; dyma gipolwg ar y nofel Gymraeg fel ffurf gyfoes ac iddi ei throedle ym myd prysur, diwydiannol siroedd Fflint, Caer a Chaerhirfryn; ond mae yma synhwyro tyndra hefyd rhwng bwriadau'r awdur a'r rôl yr oedd ei gynulleidfa am ei phriodoli iddo. Awdur teimladwy a ŵyr ei ffordd i galonnau'r Cymry yw'r dymuniad. 'Does dim dwywaith ynghylch gallu'r awdur i gyflawni'r amcan hwnnw. Nodweddid *Rhys Lewis*, yn ôl Saunders Lewis, gan 'ddwyster ac ireidd-dra teimladol'. Ond â'r un beirniad yn ei flaen, yn arwyddocaol: 'Ni cheir hynny yn *Enoc Huws*. Ceir yn hytrach galedwch ymenyddol canol oed. Diau; a gwych o beth yw hynny.'[3] Ac mae'r ymennydd ar ei galetaf yn y pennawd a'r frawddeg agoriadol:

Cymru Lan
Mab llwyn a pherth oedd Enoc Huws, ond nid yn Sir Fôn y ganwyd ef.

Nid oes raid mentro ymhellach na'r pennawd cyn gweld yr awdur yn gwawdio un o ystrydebau cyhoeddus ei ddydd, y ddelwedd amddiffynnol o genedl y Cymry a hyrwyddwyd yn rhan o'r ymateb i adroddiadau'r Comisiynwyr Addysg yn 1847. Cyfeirio a wneir at ymadrodd a ddefnyddiwyd fwy nag unwaith gan feirdd y cyfnod, yn englyn enwog Taliesin o Eifion, 'Cymru', er enghraifft:

Cymru lân, Cymru lonydd, – Cymru wen,
    Cymru annwyl beunydd,
    Cymru deg, cymer y dydd,
    Gwlad y gân, gwêl dy gynnydd.

Ond yn y paragraff agoriadol y mae Daniel Owen yn cyfeirio'n benodol at eiriau Talhaiarn, 'Cymru lân, gwlad y gân', rhan o gytgan y gerdd 'Calennig i Gymru', cerdd sy'n cynnwys dymuniad y bardd ar i'w Gymru weld 'mwy o gynnydd, mwy o ganu'. 'Yr oedd "Cymru lân, Cymru lonydd"', meddai Hywel Teifi Edwards, 'yn greadigaeth na châi ffeithiau atgas am fywyd bob dydd ei hacru. Gan ddyfned yr angen seicolegol a borthai'r gred ym mhurdeb moesol y bobol, gellid anwybyddu gwrthdystiolaeth styrbiol y wasg a'r llysoedd er mwyn cynnal . . . amryw gyffredinoliadau cysurlon ar draul profiadau dolurus unigolion a dreisiwyd mewn llawer dull a modd gan y gymdeithas y perthynent iddi.'[4] Afraid dweud nad yw Daniel Owen yn cael ei lyffetheirio'n ormodol gan y cymhlethdodau hyn; yr oedd hynny'n amlwg yn nyddiau'r *Dreflan*. Ond prin bod enghraifft fwy llachar na'r frawddeg agoriadol hon, ac fe geisiodd sawl beirniad bwyso ei harwyddocâd. Yn ôl Saunders Lewis 'y mae teitl a brawddeg gyntaf *Enoc Huws* mor herfeiddiol fel na ellir amau bod eu hawdur yn talu'r pwyth am ei ddygn ymatal yn *Rhys Lewis*.'[5] 'Mae'n anodd i ni ddychmygu', meddai John Rowlands, 'gymaint o sioc a roddai brawddeg fel yna ryw ganrif yn ôl . . . 'Alla'i yn fy myw ddim gweld arlliw o'r piwritan yn y frawddeg hon. Yn hytrach tôn un sy'n meiddio troi pechod yn destun ysgafnder a glywaf i.'[6] Cywirach, dybiaf i, fyddai dweud mai llais un sy'n meiddio troi rhagrith a hymbyg ei gyd-Gymry 'yn destun ysgafnder' a glywir yn y geiriau, y math o ragrith a geisiai awgrymu bod pechodau wedi diflannu oddi ar ddaear gwlad y gân oddeutu 1848. Herio yr hyn y byddai Saunders Lewis, ymhen yrhawg, yn ei alw yn 'ddallineb sentimental' y mae Daniel Owen yn ei baragraff agoriadol, a gwawdio ieithwedd barchusol ei gyfnod wrth wneud hynny, fel y dengys ei ddewis o ansoddeiriau yn y darn canlynol:

> Mi a wn ei fod yn bwnc tyner a llednais i'w grybwyll – mi a wn mai mwy hyfryd i'r teimlad yw gwrando ar leisiwr da yn canu, 'Cymru Lân, gwlad y gân', a rhoi *encore* iddo, ac iddo yntau drachefn roddi i ni 'Hen wlad y menyg gwynion'. Ond ynfytyn a fyddai y dyn a dybiai ei fod wedi cael holl hanes Cymru yn y ddwy gân.

Er bod ei gyfoedion o blith y beirdd, Ceiriog yn enwedig, wedi mygu eu doniau dychanol er mwyn plesio chwant y lliaws cyngherddgar am ganiadau sentimental, 'llednais', yr oedd Daniel Owen wedi ymroi ers blynyddoedd i lynu'n ddigyfaddawd wrth werthoedd a roddai bris ar onestrwydd diweniaith, ac yng ngoleuni'r hyn a welsai ac a glywsai ym Maes-y-dre a'r Wyddgrug, y meddwi a'r mochyndra, y trais gan wŷr yn erbyn eu gwragedd a'r puteindra, gwyddai mai ynfytyn yn unig a geisiai wyngalchu bywyd y genedl yn unffurf ddifrychni.

Y mae ail hanner y paragraff agoriadol yn dra arwyddocaol. Diddorol i Saunders Lewis yn ei 'Llythyr ynghylch Catholigiaeth' (1927) esbonio'r 'dallineb sentimental' a welai yng nghanu'r beirdd telynegol trwy ei weld yn ganlyniad rhyddfrydiaeth ddiwinyddol a wadai'r pechod gwreiddiol. Y mae Daniel Owen yntau yn awgrymu bod cyd-destun diwinyddol i'r amharodrwydd i edrych ar y byd fel y mae. Dywedir am yr hen flaenor duwiol, Abel Huws, 'a phe buasai efe fyw yn awr diau y buasai yn cael ei ystyried yn ddyn bras'. Y mae'r ieithwedd gyhoeddus bellach fel pe bai'n gwadu bodolaeth rhai pethau annymunol, neu'n cuddio'u cywilydd mewn idiom chwyddedig o ffuantus. Ac un o wrthrychau'r *airbrush* parchusol yw uffern yr ysgrythur a'r pregethwyr Methodistaidd:

A oes y fath le ag uffern yn bod yn y dyddiau hyn? Arferid sôn am le felly er's talwm, ond anfynych y clywir crybwylliad am y fath le yrwan, oddigerth gan ambell un go hen ffasiwn. A oes y fath beth ag anniweirdeb? Byddwn yn clywed weithiau am 'Achos anhyfryd'. Ond diau fod y byd yn dyfod yn foneddigeiddiach, ac fod eisiau cymeryd gofal sut i siarad âg ef.

Enghraifft arall o'r modd y gwatwerir yr idiom gyhoeddus yw'r frawddeg lle cyfeirir at y meddyg yn bwriadu cynnig 'rhyw feddyglyn i gynorthwyo mam Enoc i groesi yr afon, neu mewn geiriau ereill, i farw'.

Canlyniad 'achos anhyfryd', wrth gwrs, yw prif gymeriad y chwedl, a hanes ei eni a marwolaeth ei fam ddibriod edifeiriol a gawn yn y bennod gyntaf hon, pennod, fel y sylwodd Ioan Williams, y ceir cyfatebiaethau iddi yn nofelau Dickens.[7] Pennod ydyw sy'n sefydlu Enoc Huws fel cymeriad sylfaenol gomig mewn gwirionedd, yn ôl John Rowlands, a chefnogi hynny a wna'r cyfeiriadau corfforol ato; mynegodd Ioan Williams ei edmygedd o'r modd y condemnir gwerthoedd cymdeithas gyfan yng nghyfyng-gyngor creulon a dianghenraid Mr. Davies. Perthyn ychydig o amwysedd i'w eiriau cynddeiriog, melltithiol, ' "Enoc Huws! Os nad wyt eisoes yn uffern, bydded i felldith Duw dy ddilyn bob cam o dy fywyd!" '. Er mai'r unig Enoc y gwyddom amdano ar yr adeg hon yw'r baban 'gyda'i wyneb pinc, ei drwyn fflat, a'i ben moel', mae'n siŵr mai cyfeirio at yr Enoc Huws hynaf, y gŵr a symudodd o'r ardal ac a newidiodd ei enw i Richard Trefor, y mae Davies. Daw'r bennod i ben gyda Mr Davies yntau yn gadael y wlad, ond nid y nofel.

Dwy bennod yn unig a neilltuir i fraslunio taith Enoc o fod yn faban amddifad i fod yn ddyn, ac ynddynt cadarnheir mai safbwynt coeglyd a dirmygus bron ynghylch safonau a sefydliadau'i gyfnod a fydd gan yr awdur-draethydd. Y mae pawb bron dani: '*guardians*' y '*workhouse*' lle y magwyd Enoc (targed cyfarwydd i nofelwyr oes Fictoria), Mrs Amos y famaeth feddw sy'n gwario'r arian a roddwyd iddi at fagu Enoc ar chwisgi iddi'i hun ac ar lodom (*laudanum*) i wneud i Enoc gysgu, gweinidog y Methodistiaid Calfinaidd, phariseaidd braidd ei agwedd wrth wrthod bedyddio'r baban, ynghyd â'r hinsawdd cymdeithasol milain sy'n gosod nod y '*workhouse*'ar Enoc ac yn peri na all fyth fod yn '*respectable*' heb symud i ardal arall, ac nad yw'n ddim byd ond creadur ofnus, dihyder yn ei ymwneud â phobl, ni waeth faint o lwyddiant masnachol a ddaw i'w ran.

I 'dref enedigol Rhys Lewis a Wil Bryan' y mae Enoc yn symud, i gynorthwyo'r wraig weddw sy'n berchen Siop y Groes. Y mae ei ddiwydrwydd gonest (twyllwyr lladronllyd oedd y rhan fwyaf o'i ragflaenwyr) yn ennill lle iddo yng nghalon ac ewyllys ei feistres, ac wedi ei marw y mae'n etifeddu'r busnes ac yn tyfu'n ddyn o barch ac o sylwedd yn y dref. Cwrddasom eisoes â'r siopwr gonest yng ngwaith yr awdur yng nghymeriad Mr. Jones yn y 'Cymeriadau Methodistaidd', a sefydlir mai perthyn i oriel y cymeriadau cymeradwy y mae Enoc, oherwydd 'ni byddai byth yn taenu celwyddau mewn hysbysleni ar y paradwydydd, ac yn y newyddiaduron'. Ond er gwaetha'i unplygrwydd a'i swildod cynhenid, golyga'i lwyddiant bydol y bydd Enoc Huws yn siŵr o gael ei ddyrchafu gan ei gyd-grefyddwyr am resymau nad ydynt yn ysbrydol ddilys. O mor ffraeth yw dull Daniel Owen o herio'i gyd-gapelwyr radicalaidd eu gwleidyddiaeth trwy ddannod iddynt nad yw eu tuedd reddfol i roi swyddi eglwysig i ddynion sy'n llwyddo yn y byd yn wahanol i'r modd 'y mae y *Lord Lieutenant of the County* yn cael ei dueddu – yn anymwybodol hwyrach – i benodi un yn Ynad Heddwch am ei fod yn fab i foneddwr'. Dyma enghraifft arall o'r modd y diflannodd y ffin rhwng y byd a'r eglwys – 'nid oes dim, mewn byd nac eglwys, yn llwyddo fel llwyddiant'.

Er dedwydded amgylchiadau allanol Enoc Huws, fodd bynnag, arall yw helynt dirgel ddyn y galon, oherwydd y mae calon yr hen lanc yn hiraethu am serch un sy'n 'wrthddrych anghyrhaeddadwy', sef merch Capten Trefor, Ty'nyrardd. Wedi crybwyll ei enw a'i gysylltiad â'r diwydiant plwm yn y drydedd bennod y mae'r llwyfan yn barod ar gyfer ymddangosiad un o greadigaethau mwyaf ysblennydd yr awdur, Capten Trefor, y cymeriad a feddianasai ddychymyg ei greawdwr ers iddo ddechrau llunio'r chwedl ganol yr 1880au.

Fel masnachwr o Fethodist yn ystod yr 1870au a'r 1880au ni allai Daniel Owen beidio â sylwi ar y modd y cydgynyddai rhai tueddiadau anffodus, y pwyslais Smartaidd ar *appearance* yn fwyaf arbennig, ym myd crefydd a busnes fel ei gilydd. (Yn wir yr oedd y daflen a oedd ganddo yn hysbysebu ei fusnes ei hun yn ceisio ymgadw rhag y math o farchnata digywilydd a oedd yn atgas ganddo: 'Ni phroffesa D.O. ei fod wedi prynu y nwyddau hyn am y nesaf peth i ddim, a'i fod yn eu gwerthu am lai na hyny – ni all fforddio, ac ni all neb arall er eu bod yn dyweyd felly – ond gwerthir pobpeth am elw bychan a rhesymol.')[8] Crefydd ffenestr siop oedd gan amryw o aelodau'r Methodistiaid Calfinaidd. Yn awr y mae'n cymryd gafael mewn delwedd ddiriaethol newydd a grymus, sef y gwaith mwyn. Dangoswyd mewn pennod gynharach fod dyfalu ynghylch rhagolygon amryfal weithfeydd mwyn yn weithgarwch difyrrus yn yr Wyddgrug yn yr 1870au, ac mae'r nofelydd yn awr yn gweld ei gyfle i wneud y sgandal leol hon yn symbol pwerus o'i fyfyrdod ar dwyll calon dyn. Cyfnod digon llwm ac ansefydlog ar y diwydiant plwm yng nghylch yr Wyddgrug oedd oes Daniel Owen, ond cyfnod pryd y gwelodd rhai siawnsfentrwyr eu cyfle:

> this was the period when company legislation encouraged speculation in lead-mining by a wider public, and allowed the pushing of shares in mining concerns whose prospects could at best be described as mixed. It is these sort of ventures which form part of the background to Daniel Owen's novel *Enoc Huws*.[9]

Faint o ddarllenwyr Y *Cymro* ym mis Mehefin 1890, tybed, a synhwyrodd arwyddocâd coeglyd y cofnod nad oedd Richard Trefor, 'mwy nag Enoc Huws, yn frodor o'r dreflan', a'i fod yn 'gadael i'w farf dyfu' pan ddaeth i'r ardal gyntaf. Fel yn achos ei ddwy nofel flaenorol y mae'r awdur yn goglais y darllenydd â dirgelwch teuluol chwithig a sinistr. Y mae'n drawiadol hefyd mai'r peth cyntaf a wneir â Trefor yw ei ddwyn yn ôl i fyd *Rhys Lewis*, a'i bwyso, a'i gael yn brin, yng nghlorian gwerthoedd Mari Lewis ac Abel Hughes. Er ei fod yn ganwaith cyfoethocach cymeriad na George Rhodric a Jeremiah Jenkins y gweithiau cynnar, y mae ei safle yn oriel gymeriadau'r awdur yn gwbl ddiamwys, ac fe ddadleuwyd eisoes mai braslun gwan o'i deip a gafwyd yn y cyntaf o'r 'Cymeriadau ymhlith ein Cynulleidfaoedd' ar dudalennau'r *Drysorfa* yn 1878. Rhagrithiwr ydyw, a rhagrithiwr crefyddol yn gyntaf oll, gŵr y mynnai Wil Bryan ei fod 'rywdro, wedi llyncu Johnson, Webster, a Geiriadur Charles fel dyn yn llyncu tair pilsen'. 'Mi glywes

Bob yma'n deyd' meddai Mari Lewis, 'fod y Beibl ar bene'i fysedd o, ond mi fase'n well gen i glywed fod tipyn o hono yn 'i galon o.' Pan wnaeth Richard Trefor gais am gael ei dderbyn i'r seiat, fe'i holwyd yn anghyffredin o galed gan Abel Huws, ac y mae'r traethydd wrth gofio'r noson honno yn awgrymu bod yr oes bresennol wedi colli *'insight'* a *'concert pitch'* yr hen bobl, rhinweddau a'u galluogai i wahaniaethu rhwng gwir a gau grefydd, rhwng 'y lleidr a'r ysbeiliwr'. Ond fe lwyddodd Trefor yn ei amcan er gwaethaf gochelgarwch Abel Huws, ac yn ei uwch-amcan hefyd, sef priodi un o ferched yr eglwys, Miss Prydderch, gwraig sydd, 'yn grefyddol, a gadewch i ni obeithio, yn dduwiol hefyd', sylw sydd eto'n tanlinellu'r consyrn ynghylch dilysrwydd proffes a leisiwyd gyntaf yn y bregeth 'Hunan-dwyll' yn 1877. Y mae i unig ferch y teulu, Susan, ei safle arwyddocaol yn nirywiad ysbrydol ei heglwys a'i henwad hefyd, oblegid 'hi (ar ôl marw Abel Huws) oedd y gyntaf i gael ei smyglo yn gyflawn aelod heb ei holi'. Yr hyn a ddychenir yn anad unpeth ym mhenodau pedwar a phump, y penodau sy'n cyflwyno'r Capten a'i ferch, yw taeogrwydd cymdeithasol a diffyg rhuddin ysbrydol Methodistiaid Calfinaidd, yn fodlon tynnu eu hetiau i'r Capten a galw ei bechodau'n wendidau oherwydd ei safle a'i lwyddiant bydol, ac yn gwneud ei ferch (benwag a ffolfalch ym marn rhai) yn 'safon ein holl ferched ieuainc'.

Nid bod Susi yn gwbl anobeithiol chwaith, oherwydd o'i gosod yng nghlorian werthoedd *Rhys Lewis* fe ddywedir wrthym fod Wil Bryan 'yn edmygydd mawr ohoni, a bod Susi yn teimlo'r un fath tuag ato ef'. Coeglyd, serch hynny, yw prif gywair agwedd yr awdur ati, fel y tystia pennawd deifiol y chweched bennod, 'Cyffes Ffydd Miss Trefor'. Yr oedd i'r Gyffes Ffydd, sef crynhoad o gredoau athrawiaethol y corff, le canolog yn enwad y Methodistiaid Calfinaidd. Yr oedd hi'n seiliedig, wrth reswm, ar gyffesion eglwysig cynharach, ond 'roedd ffurfioli a mabwysiadu ei gyffes ei hun yn gam tra arwyddocaol yn natblygiad yr Hen Gorff. Cyhoeddwyd y gyffes yn aml ynghlwm wrth *Hyfforddwr* Thomas Charles, ac am y gyffes y dywedodd Saunders Lewis fod ei rhyddiaith fel miwsig organ. Trylwyredd athrawiaethol, myfyrdod dwys ar briodoleddau Duw, difrifoldeb pwrpas diysgog ac arucheledd mynegiant – dyna briodoleddau amlycaf Cyffes Ffydd y Methodistiaid Calfinaidd. Ond er bod Susi Trefor yn aelod gyda'r Methodistiaid Calfinaidd, nid athrawiaethau ei henwad sy'n llywio 'ei chredo a chyffes ei ffydd'; hi ei hunan, yn hytrach, sy'n penderfynu ar bwyntiau ei chyffes, neu, fel y dywed hi, 'Fy *ideas*'. Wrth gyfeirio at y modd y rhoddwyd trefn ar ei meddyliau y mae Daniel Owen yn adleisio'n fwriadol goeglyd eiriau o adnodau cyntaf Genesis, 'afluniaidd . . . a gwag'. Nodweddion amlycaf cyffes Miss Trefor yw balchder, hunanoldeb ac ymffrost, heb yr awgrym lleiaf o'r grasusau y byddai ymlyniad crediniol wrth gyffes ffydd ei heglwys yn eu hamlygu. Ond fe'i hesgusodir i ryw fesur am fod ei hunan-dyb, ei 'drychfeddyliau' a'i 'ideas' yn seiliedig ar un 'idea' canolog cwbl gyfeiliornus, sef bod ei thad yn ŵr cyfoethog. O gwmpas cymeriad mawreddog drofaus Capten Trefor y bydd y tair pennod nesaf yn troi.

Arwyddbost coeglyd arall a roddir yn bennawd ar y seithfed bennod. I'r darllenydd diweddar mae'r ymadrodd 'Dedwyddwch Teuluaidd' yn awgrymu darluniau ffuantus a chysurlon Oes Fictoria o'r teulu perffaith dilychwin, a dyna'r union ddelweddau yr oedd Daniel Owen yntau am eu herio. Y mae ei annel yn ddigyfaddawd o gywir; yn y bennod hon a'r rhai sy'n dilyn bydd yn datguddio beth yw gwir gyflwr buchedd dau o deuluoedd parchus eglwys Bethel, sef y Treforiaid a'r Denmaniaid. Teulu Ty'nyrardd yw'r teulu y dadlennir simsanrwydd ansawdd a seiliau ei ddedwyddwch ym mhennod saith. Ar dwyll a chelwydd y crëwyd y safleoedd breintiedig o ran pethau'r byd hwn ac o ran agwedd ddarostyngedig pobl atynt y mae'r Capten a Mrs Trefor a Susi yn eu mwynhau.

Wrth i ni gael ein tywys gan draethydd ffraeth a llygatgraff i Dy'nyrardd canfyddwn ar unwaith, a hithau'n 'noswaith ddigon oer a niwliog' ym mis Tachwedd, fod yna'r 'fath beth weithiau ag asthma ar feddwl ag amgylchiadau dyn pryd nad ŵyr ba le i droi ei ben i gael gwynt'. Dyma'r fogfa argyfyngus y mae'r Capten bellach yn gaeth iddi, ac fe ymunwn ag ef wrth iddo eistedd wrth y bwrdd yn ceisio, gyda chymorth 'llestr yn cynwys Scotch Whiskey', ysgrifennu llythyr, at ei gredydwyr debyg, er lliniaru ychydig ar ei amgylchiadau caeth. O ehangu'r olygfa fe welwn Mrs Trefor a Miss Trefor, y fam a'r ferch Fictoraidd ystrydebol, yn ddistaw brysur gyda rhyw waith llaw neu'i gilydd. Fe'u gwaherddir rhag siarad pan fydd y Capten wrthi yn ysgrifennu llythyrau, ac fe ddywedir bod y tri aelod o'r teulu 'can ddistawed a llygod eglwys', cymhariaeth chwareus sy'n awgrymu, cyn i hynny gael ei ddatgelu, eu bod cyn dloted hefyd. Ymddengys bod y gwragedd yn derbyn eu darostyngiad fel un o amodau eu dedwyddwch diofal dosbarth canol, ond chwelir eu hunan-dwyll cysurus wrth i'r Capten gyrraedd pen ei dennyn a gorfod lleisio ei rwystredigaeth ddig a'i gyngor enbyd o gyfyng. Er mai twyll a rhagrith y cymeriad hwn fydd un o brif wythiennau'r chwedl y mae ei weithredoedd a'i eiriau cyntaf, er eu garwed, yn rhai naturiol a di-dwyll, wrth iddo esbonio i'w deulu (ac i'r darllenwyr) mai ysgrifennu celwyddau yw hanfod y gwaith y mae wrtho, ac edliw iddynt eu hanwybodaeth ddifater o'u gwir sefyllfa ariannol ynghyd â'u hafradlonedd. Yn ei natur wyllt y mae iaith Capten Trefor yn arw werinol, yn frith o eiriau fel 'rifflo' a 'ffylal', yn gwawdio ieithwedd ffuantus Seisnig ei ferch ('" *The idea*, faw!"', meddai wrthi), ond ar ôl cael ei arafu gan ddagrau ei wraig y mae'r Capten yn pwyllo, 'wedi oeri digon i siarad yn lled fanwl a gramadegol'. Ystyr hynny yw ei fod yn rhoi yn ôl yn ei le fwgwd ei *idiolect*, y briodiaith drofaus amlgymalog sy'n rhan anhepgor o ddull Capten Trefor o drin y byd. Ni all beidio â gorffen y gwaith o ddweud y gwir wrth ei deulu chwaith, a dyna a wneir ar ddiwedd y bennod ac yn yr un sy'n dilyn, fel y tystia pennawd honno, 'Capten Trefor yn Ysgafnhau ei Gydwybod'.

Y mae'r pennawd yn awgrymu mesur o edifeirwch ac ymarfer ysbrydol, ond nid oes mwy o sylwedd ysbrydol i'r ymarferiad nag a gafwyd yng nghyffes ffydd Susi. Oherwydd rhagrithiwr yw Richard Trefor a chydwybod wedi ei serio sydd ganddo, ac mae'n ddigon craff i sylweddoli hynny. Er ei holl bechodau fe fu amser pan fyddai'n cael rhywfaint o flas ar foddion gras, pan fyddai ei gydwybod, y mae'n debyg, yn cytuno, yn 'cyd-wybod' â barn Duw ar ei gyflwr. Ond fe ŵyr fod ei gydwybod wedi hen galedu bellach, a dyna ergyd ei eiriau wrth ei wraig: 'Ddaeth o 'rioed i 'ch meddwl chi, Sarah, faint a gostiodd i Richard Trefor ddyfod yn Gapten Trefor!' Y mae wedi ennill parch a bri yr holl fyd ar draul colli ei enaid ei hun. Rhaid iddo hysbysu ei deulu o'u gwir sefyllfa er mwyn iddynt ddechrau cynilo rhag blaen, ond 'does dim argoel y bydd y llewpart yn colli ei frychni, oherwydd ei gynllun ar gyfer y dyfodol yw 'cadw yr *appearance* cyd ag y medraf, a dechreu gwaith newydd gynted ag y gallaf'. Er mwyn gwneud hynny rhaid parhau i dwyllo a rhaffu celwyddau, a gwneud hynny trwy fanteisio ar ei gyd-aelodau yn eglwys Bethel – Denman druenus, hygoelus, a'r siopwr ifanc ffyniannus, dibriod, Enoc Huws. Y mae datgelu mesur rhagrith Trefor yn gynnar yn y nofel yn golygu na all y gynulleidfa beidio ag amgyffred dyfnder diegwyddor ei ddrygioni wrth iddo gynnig gobaith gwag i Denman – a ddifethwyd eisoes gan ei ymwneud ffôl â Phwllygwynt (tebyg bod yr enw yn adleisio Pant-y-mwyn, pentref ger yr Wyddgrug a safle gweithfeydd plwm) – gobaith y bydd agor gwaith newydd Coed Madog, yn rhydd o ddylanwad llyffetheiriol y cyfarwyddwyr Seisnig absennol, yn eu gwneud ill dau yn ddynion cyfoethog. Ond fe ŵyr Trefor yn dda fod Denman wedi chwythu'i blwc fel buddsoddwr, a bod angen ffynhonnell newydd i'w hecsploetio. Hawdd gweld pam y bu i John Rowlands honni bod crefydd yn y nofel yn rhywbeth sy'n gwrteithio rhagrith,[10] oherwydd y mae'r sefydliad crefyddol dirywiedig – a dyna, yn ôl tystiolaeth y testun, yw cyflwr eglwysi'r Methodistiaid Calfinaidd erbyn chwarter olaf y bedwaredd ganrif ar bymtheg – yn sicr yn rhoi pob cyfle i Trefor i dwyllo dan gochl crefydd a thrwy fanteisio'n llawn ar ambell agwedd benodol ar y dirywiad, enwadaeth blwyfol, er enghraifft. Wrth drafod gyda Denman pwy ddylai gael y cynnig cyntaf ar y *shares* yng Nghoed Madog, dywed y Capten: 'Os gallwn wneud daioni i gyfeillion y capel, goreu oll, ond os bydd raid mynd at enwadau eraill, fydd mo'r help.'

Ar anogaeth ddisgwyliedig Denman anfonir nodyn at Enoc Huws i'w wysio i Dy'nyrardd, ac mae brawddeg olaf y nawfed bennod yn enghraifft ragorol o'r awdur yn manteisio ar ryddid ei ddull adroddiadol, rhyddid, chwedl Ioan Williams, 'nid yn unig i ysgrifennu fel adroddwr hollwybodol, ond hefyd i newid ffocws yr adroddiad a'i bellter oddi wrtho':[11] 'Tra mae y Capten yn ysgrifenu y nodyn, a'r forwyn yn ddilynol yn ei gymeryd i Siop y Groes, hwyrach mai goreu i mi fyddai rhoi i'r darllenydd gipolwg ar amgylchiadau a sefyllfa meddwl Enoc, druan.'

Pam 'Enoc druan'? Dyna a eglurir yn mhennod 10 wrth i ni gael ar ddeall fod Enoc Huws yntau yn gwisgo mwgwd gerbron y byd, yn fodlon iawn i'r byd fynd yn ei flaen heb wybod am ei wir sefyllfa, yn enwedig parthed ei berthynas â'i '*housekeeper*', Marged Parry. Fe'i gwneir yn eglur y byddai bywyd Enoc Huws yn gwbl annioddefol oni bai ei fod yn defnyddio mân ystrywiau a dichellion fyrdd i ddygymod â byw yn yr un tŷ â Marged. Oherwydd Marged yw meistres y tŷ mewn gwirionedd, a'r meistr ymddangosiadol yn gaeth gan ei ofn ohoni, a chan ei ofn y daw'r gwir i glyw ei gyfeillion a'i wneud yn gyff gwawd. Caiff yr awdur roi rhwydd hynt i'w ddychan wrth gyflwyno portread corfforol anffafriol iawn o Marged; gormodiaith yw un o'r dyfeisiau a ddefnyddir wrth greu darlun grotèsg o gartwnaidd ohoni: 'Ni fuasai llawer o waith cŷn a morthwyl ar Marged i'w gwneud yn gron, a phe digwyddasai iddi syrthio ar ymyl crib y Foel Famau, ar y cwr deheuol, ni pheidiasai a throelli nes cyrhaedd Rhuthyn.'

Nid Marged yw'r unig fenyw sy'n poeni Enoc Huws. Rhoddodd ei fryd ar Susi Trefor, heb feddu'r hyder na'r gwroldeb i'w hysbysu o'i deimladau. Dull ymson a ddefnyddir i adael i Enoc ddatgelu ei wir feddyliau, ac i resynu ei fod yn y peth hwn hefyd yn rhy lwfr i adael i'r gwir ddod yn hysbys: 'sut mae Enoc wedi gneud? Caru yn ei ddychymyg, ar ei ben ei hun, heb symud bŷs na bawd i ddod â hyny i boint. Yr hen het gen i! Y fath drugaredd na ŵyr neb am feddyliau dyn!' Siarad fel hyn ag ef ei hun y mae Enoc pan ddaw morwyn Ty'nyrardd â'r neges gan y

Capten, yn mynegi ei awydd i 'ymddyddan â chwi ar fater pwysig i chwi ac i minau'. Un o ganlyniadau sylwi'n weddol fanwl ar y penodau hyn yw ein bod yn cael gweld bod gwahanol agweddau ar dwyll a hunan-dwyll yn rhan mor annatod a rhemp o'r byd y mae'r nofelydd yn ei ddehongli. Y Capten yw'r corryn yng nghanol y we, y mae'n wir, ond nid oes neb na dim yn union fel yr ymddengys. Ac mae i ragrith ysgeler ei berthnasau mwy diniwed hefyd, camddealltwriaeth, er enghraifft, sef cnewyllyn y ddwy bennod nesaf sy'n rhoi hanes cyfarfod Enoc â'r Capten.

Y mae'r dull traethu yn newid eto ym mhennod 11 wrth i'r awdur gyflwyno'r digwyddiadau trwy lygaid Enoc Huws. Y mae Enoc yn ei chychwyn hi am Dy'nyrardd yn siŵr bod Trefor am drafod yr un pwnc ag a fu'n cyniwair yn ei feddwl ef, sef ei berthynas debygol ef â Susi. Wrth iddo fynd fe'n hatgoffir na all fyw heb gelwydda, oherwydd y mae'n gorfod taflu llwch i lygaid Marged trwy raffu rwdl am y '*Fly Wheel Company* wedi myn'd allan o'i *latitude*, a mae rhywbeth y mater efo'r *bramoke*'. Y mae'r dull traethu yn addas ar gyfer y math o realaeth seicolegol sy'n golygu bod modd cyfleu mân ofnau a phryderon Enoc, ei feddyliau gwamal a gwibiog, a hynny mewn modd sy'n cadarnhau hunanasesiad bychanus y siopwr ynghyd â'r argraff a grëwyd ers dechrau'r nofel mai cymeriad comig ydyw yn y bôn. Y mae nerfusrwydd lliprynnaidd Enoc yn wir yn cael y gorau arno, ac ar ôl gwrando tipyn ar faldorddi amlgymalog y Capten (gan gamddeall ei amcan yn llwyr), y mae'n agos at lewygu, ac yn gorfod gorwedd ar y soffa, lle y daw Susi â brandi i'w ddadebru yn yr olygfa gyntaf i'r awdur ei llunio lle mae cyffyrddiad corfforol gwirioneddol rhwng mab a merch, er na wna Susi ddim mwy na rhoi ei braich am wddf Enoc i gynnal ei ben.

Wedi dadebru o effeithiau'r llesmair a'r gwirod y mae Enoc yn ymateb yn gadarnhaol iawn i falu awyr annelwig y Capten, gan gwbl gredu mai symud tuag at daro bargen briodasol a wneir. Y mae areithiau Capten Trefor yn y nofel hon yn uchafbwynt athrylithgar ar ddyfais awdurol y cyfeiriwyd ati droeon eisoes, sef gadael i leferydd y cymeriad ei ddiffinio a'i fradychu. Idiolect neu briodiaith Trefor yw coron ymdrechion Daniel Owen yn y wythïen hon. Yr arddull yn wir ydyw'r dyn. Y mae isgymalau a sangiadau diddiwedd ei areithiau yn gohirio ac yn cuddio'r gwir, yn ein rhwystro rhag cyrraedd gosodiadau diamwys a dealladwy, a hynny yn aml gyda defnydd hael a chwbl wynebgaled o gyfeiriadaeth ysgrythurol. Cymerwn, er enghraifft, frawddeg agoriadol ysblennydd drofaus pennod 12, 'Enoc Huws yn Dechreu Amgyffred y Sefyllfa':

Efallai, Mr. Huws, a chymeryd pobpeth i ystyriaeth, y gellwch chwi a minnau ddweud fod ein llinynau wedi disgyn mewn lleoedd tra hyfryd, a dichon y gall Mr. Denman fyn'd lawn cyn belled a ni yn y ffordd yna. Er fod genyf lawer o destynau diolch, hwyrach fwy na'r cyffredin o ddynion, nid y lleiaf, Mr. Huws, ydyw fy mod, fel offeryn gwael yn llaw Rhagluniaeth, wedi cael y fraint o fod mewn cysylltiad, a'r cysylltiad hwnw heb fod yn un dirmygus, â gwaith a fu yn foddion – os nad yn uniongyrchol, yn sicr yn anuniongyrchol – i roddi tamaid o fara i rai canoedd o'n cydgenedl, ac i helpu ereill i ddarparu ar gyfer diwrnod gwlawog – yn mhlith y rhai olaf yr wyf yn eich ystyried chwi, Mr. Huws, – ac hefyd cysylltiad a fu yn foddion, nid yn unig i ddarparu ar gyfer y corph, ond, mewn ffordd o siarad, ac yn wir, fel mater o ffaith, a fu yn gefn ac yn swcwr i anghenion ysbrydol y gymydogaeth, drwy ein galluogi mewn gweinidogaeth gyson a difwlch – gan nad beth a ddywedwn am ei hansawdd, i ddiwallu, neu o leiaf, i roddi cyfleustra i ddiwallu, anghenion yr enaid, yr hyn, mae'n rhaid i ni oll gydnabod, ydyw y peth penaf, pa un a ystyriwn ni bersonau unigol neu gymdeithas fel cymdeithas.

Nid rhyfedd i Enoc ddweud wrtho'i hun ar ddiwedd y truth rhyfeddol hwn, 'I ble yn y byd mawr mae o'n dreifio rwan?'! O dipyn i beth y mae gwir amcanion y Capten yn gwawrio ar Enoc, ond er mwyn rhoi'r argraff iddo ei fod ar yr un donfedd â'r capten gydol eu sgwrs rhaid iddo dorri 'ar ei arferiad cyffredin oblegid ei arfer a fyddai dweud y gwir yn syth a gonest'. Am yr eildro mewn noswaith, felly, y mae Enoc Huws yn gorfod dweud celwydd; nid oes arlliw o gondemniad yn agwedd y nofelydd, yn hytrach fe synhwyrwn ei fod yn braidd-awgrymu bod celwyddau diniwed o'r fath yn rhan anochel o'n perthynas â'n gilydd. Y mae ateb Enoc i'r Capten yn un hunanfeddiannol ac nid cwbl annhebyg i ddull y Capten ei hun (ac mae i hynny ei ergyd eironig, wrth gofio'r hyn a ddatgelir am berthynas y ddau yn nes ymlaen) ond ni chaiff Enoc gystal hwyl ar drin merch y Capten, fel yr awgryma pennawd pennod 13, 'Carwr Trwstan'.

Y mae i gamddealltwriaethau eu lle canolog yn y bennod hon hefyd. Camddeall geiriau yn fwriadol, yn chwareus bryfoclyd fwriadol, y mae Susi Trefor, wrth iddi ymateb i ymdrechion Enoc i gyfleu ei deimladau tuag ati. Er nad yw'n gwbl ddi-glem, colli'r dydd y mae Enoc yn yr ymryson â'r wraig ifanc y mae ei soffistigeiddrwydd ffraeth a direidus yn ymestyn tipyn ar y delweddau arferol o'r ferch ddibriod yn oes Fictoria. Caiff Susi gyfrannu hefyd i fyd-olwg canolog y nofel wrth iddi honni bod iaith dynion yn ddrych o'u rhagrith gwaelodol. Ceisio esbonio nad cyfeirio at unrhyw ddiffyg prydferthwch yr oedd wrth ddweud bod Susi yn 'un arw' y mae Enoc druan, a bod 'i rai geiriau ddau ystyr' ond y cyfan a wna yw agor drws ymadrodd ffraeth i'w wrthwynebydd:

> Dau ystyr, Mr. Huws? . . . dywedwch fod i bob gair haner dwsin o ystyron genych chwi, y dynion, achos 'dydach chwi byth yn meddwl y peth ydach chwi'n ddeyd, nac yn deyd y peth ydach chwi'n feddwl, pan ddaw'ch geiriau a chwithau i wynebau eich gilydd.

Rhaid i Enoc ddioddef ergyd eiriol arall cyn galw Susi yn 'hen jaden glyfar' yn ei chefn. Ond nid dyna ddiwedd ei helyntion, oherwydd ceir enghraifft arall o gamddealltwriaeth ar ôl iddo fynd adref, anfwriadol y tro hwn, a llawer mwy difrifol ei ganlyniadau. Er mai mewn chwarae yr edliwiodd Susi ei amwysedd geiriol i Enoc, buasai'n dda iddo pe cymerasai ei geiriau'n rhybudd, oherwydd nid yw'n ystyried am eiliad y fath botensial ar gyfer camddehongli sydd yn y geiriau diniwed y mae'n eu llefaru wrth Marged: 'Yr ydach chi bob amser yn feddylgar iawn, Marged . . . Yn wir, mae'n biti mawr, Marged, na fasech chi wedi priodi – mi neuthech wraig dda, ofalus.' Nid yw chwaith yn ddigon effro i ddeall arwyddocâd y newid yn ymddygiad Marged tuag ato, er ei bod hi'n eistedd 'yn nes at ei meistr nag a wnaethai hi erioed o'r blaen'. Ac felly y mae'r bennod yn cloi, yn blethwaith o gamddealltwriaethau a hunan-dwyll – Enoc, yn ddiniwed, yn twyllo Marged, Marged yn ei thwyllo'i hun, y ddau yn camddeall ei gilydd.

Y mae pennod 14, 'Pedair Ystafell Wely', yn anad yr un bennod arall, yn dangos aeddfedrwydd a hyder Daniel Owen yng nghyfnod ysgrifennu'r nofel hon, a hynny o ran ei agwedd at ei ddeunydd a'r modd y mae'n ei draethu. Y mae'r ddwy ymson a'r ddau ddeialog a gofnodir yn rhoi golwg banoramig ar y sefyllfa gyfredol heb i ni fod yn ymwybodol o draethydd o gwbl. Nid yw'r strwythur heb ei ergyd eironig chwaith: yr ymsonau gan Enoc a Susi yn cofnodi, yn un peth, ddyhead mab a merch am gymar cymwys, y deialogau dilynol, yn enwedig yr ail rhwng Denman a'i wraig, yn rhoi golwg ddiarbed o gywir i ni ar rigolau dadrithiedig bywyd priodasol. Gweld agoriad i ddechrau perthynas â Susi y mae Enoc, er gwaethaf helyntion y noson, ac er y gŵyr y dyn busnes ynddo yn dda mai 'Swindle ydi'r rhan fwya' o'r gweithydd mines yma', y mae'n fodlon chwarae gêm y Capten, yn wir mi fyddai'n fodlon mentro 'yn Jupiter' pe bai ganddo obaith am Susi. Rhoddir ddwywaith y gofod i'r hyn sy'n mynd trwy feddwl Susi yr un pryd, hynny'n arwydd o arwyddocâd dwysach yr hyn sydd ganddi i'w ddweud. Oherwydd y mae hon yn noson fawr yn hanes Susi Trefor, trobwynt o noson pryd y mae'n teithio ar hyd ffordd ddisathr yng ngwaith y nofelydd o wersyll y rhagrithwyr a'r 'humbugs' i blith yr eneidiau cymeradwy hynny sy'n adnabod y gwir ac yn ceisio byw wrtho. Ni fu erioed yn gwbl golledig, gan ei bod yn hen gariad i Wil Bryan, ac y mae ganddi hen athrawiaethau ffraeth Wil yn awr i afael ynddynt a'u cofleidio: '"Humbug," fel y bydde Wil, druan, yn deyd, ydi *ymddangos* heb ddim byd ond ymddangos . . . Os tlawd yden ni – tlawd y dyle ni ymddangos.' Ac felly y mae'n rhaid ymwadu ag arwyddion llachar ei hunan-dwyll – 'Dim chwaneg o honoch chi, *bracelets* a *gold brooch*!' – ac estyn yr hen 'ffroc gotyn' er mwyn ei haltro a'i gwisgo fel math o sachliain symbolaidd o'i darostyngiad cymdeithasol. Ond er bod ei delwedd ffuantus ohoni'i hun fel merch i ddyn cyfoethog wedi'i chwalu'n deilchion, nid felly ei hysbryd herfeiddiol, fel y dengys ei sylwadau ar ferfeidd-dra dof Enoc: 'Dda gen i mo'r hen sant – mae o'n rhy dduwiol – yn rhy lonydd. Bydase fo'n haner dyn, mi fase'n trio cael cusan gen' i wrth y *gate*; ond bydase fo'n gneud hyny, mi faswn yn rhoi *slap* iddo yn 'i wyneb.' Ac eto y mae'n sylweddoli bod 'rhaid gwneud rhywbeth rhag llwgu' hyd yn oed os bydd hynny yn golygu ystyried Enoc Huws. Y mae ymson Susi yn arddangos adnoddau llenyddol y nofelydd ar eu bywiocaf wrth iddo gofnodi ieithwedd ac agweddau merched ifainc yr Wyddgrug yn ei gyfnod yn afieithus; y mae ei ddefnydd o offer llwyfan hefyd i gynrychioli tryblith meddwl y cymeriad yn ein hatgoffa o ddechnegau dramodwyr fel Ibsen a John Gwilym Jones.

Mewn llofft arall yn Nhy'nyrardd y mae'r Capten wrthi'n ceisio dadwneud rhywfaint o ddrwg y noson trwy roi haenen newydd o dwyll ar y gwir a ddaeth i'r amlwg. Y mae'n deffro'i wraig o'i chwsg i ddweud wrthi iddo orliwio'r sefyllfa ac mai'r unig beth a'i cadwodd rhag dweud mwy o'r gwir wrthi yn y gorffennol oedd ei ordynerwch a'i ofal neilltuol am ddedwyddwch ei gymar. Y mae'r Capten am grybwyll ei gynllwyn newydd i ddwyn Enoc a Susi ynghyd hefyd, ond 'does gan ei wraig fawr o amynedd i wrando arno'n 'boddro' a 'chodlo' ac fe fynegir ei dirmyg ato wrth iddo fynd yn ôl i gysgu'n drwm a'i gadael hi'n bryderus effro:

Hene, chwyrnwch, 'rwan fel mochyn tew. Ond fe geir taw bellach arnoch chi, tybed. O diar mi! mae rhw gath yn nghwpwrdd pawb, fel y clywes i mam yn deyd. Ond ddylies i 'rioed y base hi'n dwad i hyn. Mi fase'n dda gan 'y nghalon i daswn i 'roed wedi priodi.

Denman sydd wedi ei ddal dynnaf yn rhwydi twyllodrus y Capten ac ef sy'n dioddef fwyaf o'u herwydd. Y mae'r olygfa olaf yn y bennod yn cofnodi'r ymddiddan heriol, chwerw rhyngddo a'i wraig ar ôl iddo ddod adref o Dy'nyrardd. Maent yn aelodau gyda'r Methodistiaid Calfinaidd, ond mae eu bywyd teuluol wedi hen ddiflasu'n dalwrn cecrus ac edliwgar, ac fe'i cofnodir mewn deialog sy'n tystio i gywirdeb honiad Ioan Williams nad 'oes yr arwydd lleiaf o sentimentaleiddiwch yn agwedd Daniel Owen'.[12] Ymwneud Denman â Phwllygwynt sydd wedi llygru'r ffynnon a gwenwyno dŵr y briodas i gyd, ac mae'n arwyddocaol bod Mrs Denman yn deall natur mentrau'r Capten yn iawn, wrth iddi edliw i'w gŵr ei waith yn 'hel pob ceiniog i'r hen Gapten y felltith ene'. Ond yn ei gŵr, sylwer, y mae Mrs Denman wedi colli ffydd, nid yn y 'Rhwfun' a ŵyr bob peth, 'Y Brenin Mawr' yr awgrymir ei bod yn pwyso arno yn ei dagrau.

Canlyniadau'r noson hon ym mherthynas aelodau teulu Ty'nyrardd â'i gilydd yw deunydd y pedair pennod nesaf, dwy yn adrodd y trafod a fu rhwng y gŵr a'r wraig, a dwy wedyn yn rhoi hanes yr ymryson rhwng y fam a'r ferch. Ond brwydr foesol rhwng y Capten a Susi, y ddau gymeriad nad ydynt yn ymryson yn uniongyrchol â'i gilydd, sydd yma mewn gwirionedd, wrth i'r fam gael ei hudo o'r newydd i fyd hunan-dwyll gan ei gŵr, a cheisio perswadio Susi i ymuno â hi. O ystyried dirmyg Mrs Trefor at ei gŵr wrth i'r haul fachludo ar ei digofaint y noson gynt y mae ei pharodrwydd i lyncu ei resymu trofaus rhagrithiol fore trannoeth yn ymddangos yn anghredadwy ac yn wendid yn yr hanes. Ond mae gan Mrs. Trefor bob math o resymau dros wthio'r gwir anghyfleus o'r neilltu a cheisio gwneud y gorau o bethau. Awgrymodd Marion Eames gyfatebiaethau diddorol iawn rhwng ei sefyllfa a sefyllfa Dorothea yn *Middlemarch*, y nofel fawr y gwyddom i Daniel Owen ei darllen yn ystod yr 1880au, ac awgrymu hefyd fod i ymostyngiad Mrs Trefor ei arwyddocâd cymdeithasol pendant:

Yn yr oes honno, os oedd gwraig yn anhapus gyda'i gŵr, neu'n darganfod ei fod o'n ddihiryn, beth oedd hi i'w wneud? Yr oedd ysgariad, neu hyd yn oed ymwahaniad, yn farwolaeth gymdeithasol . . . I fedru bodoli o gwbl mewn amgylchiadau fel hyn byddai'n rhaid iddi ei disgyblu ei hun i fod yn ddall i bob gwendid o eiddo ei gŵr, a pho fwyaf ysgeler y gwendid, mwyaf y rheidrwydd am ddallineb. Trwy ddweud celwyddau wrthi hi ei hun y gallodd Mrs Trefor ddioddef ei sefyllfa.[13]

Y mae'r sylwadau craff hyn yn rhagargoel, 'does bosibl, o'r ymagweddu at y testun y gellir ei ddisgwyl gan feirniadaeth ffeministaidd y dyfodol,

ac yn ein hatgoffa bod modd dod at waith aml-haen fel *Enoc Huws* o
sawl ongl feirniadol. Yn y penodau hyn, fodd bynnag, y mae'r ieithwedd
a ddefnyddir gan y cymeriadau yn golygu na ellir gwadu nad y cyd-
destun crefyddol yw'r un llywodraethol, yr un nad yw'n bosibl ei
anwybyddu. Y mae safle Trefor fel rhagrithiwr wynebgaled wedi'i hen
gadarnhau, ac ym mhenodau 15 ac 16 fe'i gwelwn yn gwneud defnydd
aruthrol o sinigaidd o iaith brofiadol, ysgrythurol y seiat Fethodistaidd,
a hynny'n un swydd er hyrwyddo'i gynlluniau masnachol twyllodrus
trwy ennill ei wraig yn ôl i'w rengoedd. Y mae'r dyn a oedd yn ddigon
cywir ei eiriau a llithrig ei ymadroddion i gael mynediad i'r seiat heibio i
gwestiynau Abel Huws yn hen feistr ar y gamp, ac mae'r rhyferthwy o
cyfeiriadau   ysgrythurol   a   rhesymu   ysbrydol   digon   cywir   ac
argyhoeddiadol yn rhoi achos digonol i'w wraig ddewis peidio â
chredu'r gwir. Y mae ei araith hir ar ddechrau pennod 16, er enghraifft,
yn defnyddio rhai o adnodau 'clasurol' y seiat, gyda'u pwyslais ar
gyffesu pechod ac archwilio drwg y galon. Llwydda'r Capten i gynnwys
'Mewn llawer o bethau yr ydym ni bawb yn llithro' (Iago), ac i grybwyll
datganiad cyfarwydd Jeremeia fod 'y galon yn fwy ei thwyll na dim – yn
ddrwg diobaith'. Y mae'n sôn am ei holl helyntion yng nghyd-destun
rhagluniaeth y nef, ac yn rhyfygu adleisio ymadrodd enwog Eleias wrth
gyfeirio at ei obaith gwan am waredigaeth o'i argyfwng ariannol trwy
gyfrwng Enoc Huws yn nhermau 'gweled cwmwl megis cledr llaw gŵr'.
Y mae ei rethreg ryfygus yn llwyddo yn ei hamcan, ac mae Mrs Trefor yn
addo gwneud ei gorau i droi golygon ei merch tuag at Enoc Huws. Wrth
restru'r gwahanol agweddau ar ragrith y Capten rhaid i'r darllenydd
ystyried un posibilrwydd eironig neilltuol o ffiaidd, sef ei fod yn
hyrwyddo'r berthynas rhwng Susi ac Enoc gan wybod eu bod yn hanner
brawd a chwaer – fe ddatgelir yn ddiweddarach mai Enoc Huws yw enw
cywir Capten Trefor a bod ei fab anghyfreithlon wedi ei enwi ar ei ôl.
Rhyfedd, felly, na fyddai gŵr mor fydol-graff â'r Capten wedi synhwyro
cysylltiad.

Er i'r fam fodloni rhoi'r cen yn ôl ar ei llygaid, nid felly'r ferch. Deil
Susi at benderfyniad chwyldroadol y noson gynt i beidio â bod yn
'*humbug* ddim chwaneg. Os geneth dlawd ydw i, fel geneth dlawd rydw i
am wisgo.' Y mae hi bellach, fel rhai o wragedd straeon byrion Kate
Roberts, yn gweld pob peth o'r newydd: ''Rydw fel bydawn i wedi bod
yn breuddwydio ar hyd f'oes, ac newydd ddeffro i realeisio sut y mae
pethe.' Un o ganlyniadau hunan-dwyll ewyllysgar a thruenus ei mam yw
ei bod wedyn yn gorfod dehongli pawb a phopeth yn ngoleuni ei darlun
gwyrdroedig a chelwyddog o wir natur ei gŵr. O ran ei golwg foesol ar y

byd y mae Mrs Trefor bellach yn byw yng ngwlad pob-peth-o-chwith, yn credu bod cyffes y Capten yn un loyw ysbrydol ('Chlywes i neb erioed – hyd yn oed yn seiat – yn deyd ei brofiad yn fwy rhydd a melus.') Wrth iddi fethu cael perswâd ar ei merch y mae'n troi ar honno'n ffyrnig, yn edliw i Susi ei diffygion ysbrydol, gan ddefnyddio iaith Mari Lewis, er mai parodi pathetig o'r fam honno ydyw mewn gwirionedd: 'Mae gen' i ofn, 'y ngeneth i, nad wyt ti ddim wedi d'ail eni. Gweddïa am ras, 'y ngeneth bach i.' Er bod beirniaid fel John Rowlands a Marion Eames yn gadarn o'r farn mai tröedigaeth seciwlar a ddaeth i ran Susi Trefor, nid yw'n amhosibl o bell ffordd ei bod hi'n profi effeithiau gras yn ei chalon am y tro cyntaf ar yr union adeg ag y mae ei mam ddryslyd yn dweud wrthi am weddïo amdano. Byddai'n annoeth dibrisio cynnwys ysbrydol y *metanoia* sy'n ei chymell i ebychu 'O, *vanity* felldith! Os ca'i fyw, mi dy groga di gerfydd corn dy wddw'. Pa ansawdd bynnag sydd i'w chyfnewidiad, ni ellir amau ei drylwyredd na'i ddidwylledd: ' 'Rydw i am newid 'y meddwl am bobpeth, Mam, er neithiwr . . . 'Rydw i wedi byw mewn *balloon*, ac wedi dwad i lawr fel careg.' Y mae'n sicr wedi'i hargyhoeddi o'i dieithrwch oddi wrth wir grefydd, ac mae ei hateb i'w mam yn gondemniad arswydus, nid yn unig ar ei rhieni, ond hefyd ar y gyfundrefn grefyddol gysurus a ffyniannus y'i magwyd o'i mewn. Y mae'n ddieithr, meddai, i 'ddylanwad crefydd y Beibl . . . mor ddieithr i betha felly a bywyd *Lucifer* ei hun. A deyd fy meddwl yn onest wrthoch chi, mam, 'does dim mwy o debygrwydd rhwng y grefydd a ddysgwyd i mi â chrefydd y Beibl, nag sydd rhwng Beelzebub a Gabriel.'

Yr ydym wedi ceisio sylwi ar batrymau arwyddocaol 18 pennod gyntaf *Profedigaethau Enoc Huws*. Rhoddwyd clod gorawenus i'r hyn a gyflawnodd Daniel Owen yn y penodau hyn gan Saunders Lewis yn 1936. Y maent, meddai, 'yn gampwaith o gomedi gymdeithasol ac yn gwbl ar ei ben ei hun mewn llenyddiaeth Gymraeg hyd heddiw'.[14] Y mae'r dramodydd o feirniad yn eu hystyried yn 'un act gyfan, ddi-dor, gyflym, chwyrn, yn unedig megis drama glasurol Ffrangeg'.[15] Meini prawf Saunders Lewis oedd clasuron y traddodiad brodorol a goreuon llenyddiaeth y gwledydd Lladinaidd. Y mae'r penodau hyn yn pasio ganddo ar y ddau gownt. Dyfynnwn eto'r honiad mai 'dyma'r enghraifft fawr gyntaf o gelfyddyd greadigol bur, celfyddyd yn byw yn ei byd ei hun ac ynddi ei hun, a gafwyd yn ein rhyddiaith ni er y Dadeni Dysg',[16] ac fe gyffelybir Capten Trefor i gymeriadau mwyaf Molière.[17] Ond cofir mai rhan arall dadl y beirniad yw bod y nofelydd yn colli stêm ac yn llacio'i afael ar y deunydd ar ôl hyn, a bod y nofel yn mynd yn wasgarog a digyswllt. Tueddu i gadarnhau hynny wna crynodeb arwynebol o'r digwydd, oherwydd ar ôl pennod 18 y mae Trefor yn cilio o'r llwyfan, ac ni ddaw yn ôl tan bennod 32. Troi yn ei ôl at y dull crwydrol, portreadol, y mae'r nofelydd, dull nad yw'n ymestyn cymaint ar ei adnoddau er cymaint meistr yw arno. Y mae'r ymlacio ymenyddol yn amlwg yn y modd y mae Thomas Bartley, un o lwyddiannau poblogaidd *Rhys Lewis*, yn cael dychwelyd i'r llwyfan yng nghwmni oriel frith o gymeriadau nad yw'n anodd eu dosbarthu'n dwt yn y naill neu'r llall o garfanau arferol Daniel Owen, sef y diffuant a'r ffuantus, yr onest a'r *humbug*. Fe ddadleuodd Dafydd Glyn Jones yn 1967 ei bod hi'n bwysig cadw golwg ar y gwahaniaeth rhwng stori a thema wrth roi adeiladwaith *Enoc Huws* yn y glorian. Wrth gyfeirio at y penodau sy'n ymwneud â hynt a helynt a siarad y mân gymeriadau dadleuodd y beirniad eu bod 'er nad oes a wnelont ryw lawer â'r brif stori . . . yn dwyn cysylltiad clòs iawn â'r brif *thema*, sef thema hunan-dwyll'.[18] Nid difyrrwch gwacsaw ac anghymarus, felly, yw'r ymryson rhwng Bartley graffwerinol a'r rwdlyn hunandybus Sem Llwyd, oherwydd Llwyd yw cynrychiolydd Trefor, ac wrth ddatgelu ei dwpdra a'i dwyll fe danseilir hygrededd y Capten ymhellach. (Y mae truth enwog Bartley ar fuddioldeb cyllidol cadw mochyn yn wrthbwynt llachar i'r diffyg synnwyr cyffredin a didwylledd economaidd sy'n nodweddu'r diwydiant plwm, diwydiant y mae Bartley yn ddilornus ohono.) Y mae'r dirywiad ysbrydol a ganiatâi le anrhydeddus i rag1ithiwr rhemp fel Trefor wedi'i archwilio yn ddidrugaredd eisoes, ond dychwelir ato wrth ailymweld ag eglwys Bethel ac fe welir bod y pry' sydd ym mhren seddau'r capel wedi gafael yn y pulpud bellach, fel y tystia'r gweinidog newydd anghynnes a rhagrithiol, Obediah Simon, gŵr wrth fodd calon y blaenor cerddaddolgar ac anysbrydol, Eos Prydain. Ni adewir Thomas Bartley yn ddigyfeillach, chwaith, yng ngwersyll y gwrthhymbygiaid. Y mae Dafydd Dafis yn flaenor unplyg o'r un stoc â Benjamin Prys ac Abel Huws, ac enbydrwydd oer y machlud ysbrydol yn amlwg o'i gyfosod ef â Simon swynwr. Ar ysgwyddau'r gohebydd ffraeth a delwddrylliol, Didymus, y mae mantell Wil Bryan yn disgyn. Y mae Didymus, a seiliwyd ar John Morgan, cyfaill brwd Daniel Owen, yn medru ei rhoi hi i'r ffyliaid a'r rhagrithwyr mewn dull y mae ei raslonrwydd yn ei warafun i gymeriad fel Dafydd Dafis. Gwelwyd droeon yn ystod yr astudiaeth hon mai wrth ddod â chynrychiolwyr y ddwy garfan at ei gilydd mewn ymryson geiriol y mae Daniel Owen yn cyflwyno'i werthoedd. Y mae'r dull a ddefnyddiodd gyda Gwen Rolant a George Rhodric yn ei chwedl gyntaf mor ddefnyddiol iddo ag erioed, fel y tystia'r ymddiddan esgynnol goeglyd rhwng Didymus ac Eos Prydain ym mhennod 23, wrth i'r dychanwr hudo'r Eos i fradychu ei werthoedd simsan yn ogystal â gwir natur Obediah Simon, cyn troi'r tu min ato wrth gyhoeddi'r gwir plaen am y gweinidog newydd:

> mor hawdd ydyw camfarnu dyn, *at a distance!* Mae Mr. Simon yn amgenach dyn o lawer nag y tybiais i ei fod. Yr ydych chwi, Philips, ar ol cael y fraint o fod yn ei gymdeithas, wedi cael mantais i'w 'nabod yn drwyadl. Goddefwch i mi ofyn cwestiwn neu ddau arall yn ei gylch – a chadw mewn côf, fel y d'wedais o'r blaen, amrywiol nodweddion a thueddiadau aelodau a chynulleidfa Bethel – a ydyw Mr. Simon – ag i chwi ro'i barn onest – yn hoff o *parties?* a oes ganddo lygad i wneud arian? A fedr o chware *cricet* ? A fedr o chware cardiau? A fedr o chware *billiards?* Neu, mewn gair, a ydio'n *perfect humbug?*

Y mae'r gyfres o benodau amrywiol 19–24 yn cloi gyda phortread o'r hen flaenor duwiol Dafydd Dafis. Er ein bod yn ailymweld â thir cyfarwydd yn y portread ohono, y mae'n arwyddocaol nad yw Daniel Owen yn fodlon hepgor yn y nofel hon ddarlun o grefydd fywiol a diffuant. Er na allai'r nofelydd dychanol wneud heb Didymus dafodrydd a'i debyg, Dafydd Dafis sy'n darparu'r awdurdod moesol diargyhoedd y gellir gweld brychau byd a phobl y nofel yn ei oleuni. Ac mae hwnnw'n fyd y mae ei fydolrwydd cynyddol yn tristáu'r hen flaenor, yn enwedig o ganfod ei effeithiau'n eglur o fewn yr eglwys. Yn groes i'r hyn a ddywedai'r ystadegwyr wrthym, machludo y mae crefydd ymhlith y Methodistiaid Calfinaidd. 'Pwnc pobl y dyddiau yma yw bywioliaeth ac nid *bywyd'*, rhyw draean o'r aelodau sy'n mynychu'r seiat ganol wythnos, y mae'r ffin rhwng byd ac eglwys yn mynd yn fwyfwy anodd ei diffinio, a phrofiadau crefyddol cyffrous yn brinnach yn y tir:

> Mae y dyn digrefydd wedi dyfod i fucheddu yn debycach i'r dyn crefyddol, a'r dyn crefyddol, yn rhy fynych, yn bucheddu yn debycach i'r dyn anghrefyddol. Mae lle i ofni, mewn llawer amgylchiad, fod rhyw fath o fargen wedi ei tharo rhwng y byd a'r eglwys. Mae troedigaeth hynod, ysywaeth, erbyn hyn, yn anaml, a bod o fewn ychydig i fod yn Gristion yn ffasiynol . . . y rheswm penaf, yn ddiau, fod cyn lleied yn dyfod i'r cyfarfod eglwysig ydyw, diffyg chwaeth grefyddol, os nad diffyg hollol o grefydd. Mae y byd rywfodd, erbyn hyn, wedi cael y llaw uchaf arnom.

Prawf arall o bwysigrwydd Dafydd Dafis, ac o weledigaeth sylfaenol sobr y nofelydd, yw'r modd y mae difrifoldeb pennod 24 yn bwrw rhywfaint o'i gysgod dros y symudiad a gofnodir ym mhenodau 25 i 31, er mai ffars yw cywair hanfodol y symudiad hwn. Dychwelyd at berthynas fregus Enoc a Marged a wnawn, gan amau'n gryf fod dedwyddwch hunandwyllodrus y ddau ar fin chwalu, ac felly y mae. Unwaith y sylweddola Marged nad hyhi ond yn hytrach 'rhyw ddoli a ffifflen anfedrus', 'yr hen lyngyren ene', sef Susi Trefor yw gwir wrthrych serch Enoc Huws, â'n danchwa yn Siop y Groes. Y mae Enoc yn wynebu ymosodiadau geiriol a chorfforol, ac yn cael ei gyhuddo o un o bechodau cyhoeddus ysgeler ei gyfnod, torri amod i briodi. Y mae'r bennod argyfyngus, 'Tori Amod' (26), yn defnyddio patrwm naratif triphlyg cyffredin yng ngwaith yr awdur, sef sylwadau'r traethydd, cofnod o ddigwydd cyffrous ac yna ddeialog sy'n cofnodi ymryson geiriol sy'n ymateb i'r digwydd. Wrth gael ein difyrru gan hurtrwydd chwerthinllyd caethgyfle Enoc Huws a stranciau Marged ni fedrwn lwyr ddiystyru chwaith yr arswyd sy'n meddiannu'r siopwr wrth iddo ofni dialedd corfforol o du ei howscipar a gwarth stigmatig o du'r gymdeithas pe credid dehongliad Marged o natur eu perthynas. Wrth wynebu rhyferthwy'r cyhuddiadau benywaidd y mae'r hen lanc o siopwr o nofelydd yn mynnu cynysgaeddu'r hen lanc o siopwr o gymeriad â gwroldeb a ffraethineb ymadrodd nad yw bob amser yn elfen amlwg ynddo, fel pe bai Daniel Owen, a wyddai rywbeth, y mae'n debyg, am beryglon delicet cadw howscipar ar ôl symud i Gae'r Ffynnon, yn mynnu na chaiff Enoc fod yn gwbl fud yng ngŵydd ei elyn. Y mae'n cael dweud y gwir plaen wrth Marged felly, iddi ei thwyllo'i hun, na feddyliodd Enoc fwy am ei phriodi 'nag am briodi *boa-constrictor*', a 'bydase neb ond y chi a fine ac un wranwtang yn y byd, ac i mi orfod priodi un ohonoch, fe gawsech chi, Marged, fod yn hen ferch'. Gogleisiol hefyd yw awgrym E. G. Millward fod y nofelydd yn troi un o sefyllfaoedd stoc yr oes ar ei phen, gan beri mai'r wraig o howscipar yw'r elfen fygythiol, ymosodol yn y berthynas.[19] Ac fe ŵyr honno'n iawn hefyd sut i beri'r annifyrrwch mwyaf i Enoc, oherwydd mae'n ei gyhuddo o ragrith, yn edliw ei broffes grefyddol iddo, ac yn bygwth dial: 'Crefyddwr braf yn wir, pan fedrech chi dwyllo geneth myddifad a digartre . . . os na sefwch chi at y'ch gair, mi fyna'ch torri chi allan o'r seiat, a mi'ch gna chi can dloted a Job.' Er ei fod yn ymwroli ar y pryd ac yn dweud wrth Marged am hel ei phac y mae saethau Marged yn cyrraedd eu nod, ac yn peri bod yr Enoc a ddisgrifir ym mhennod 27, 'Penbleth', yn gyfuniad credadwy o'r pathetig ofnus a'r dilys ysbrydol. Wedi baricedio'r drws rhag y gythreules sy'n cyd-fyw ag ef 'troai Enoc yn ei wely o'r naill ochr i'r llall fel anifail â'r cnoi arno'. Wrth roi trefn ar dryblith ei feddyliau fe sylweddola y gallai'r amgylchiadau ei gondemnio er ei fod yn ddieuog, a daw'n glir iddo am y tro cyntaf i Marged dderbyn ei eiriau gwenieithus 'fel geiriau cariadfab'. Gan nad oes obaith iddo brynu Marged y mae'n ystyried hunanladdiad 'am foment', ond mae hynny'n arwain ei feddwl at uffern ac at Dduw, gan ddod ag Enoc yn ôl at ei goed, ac i ddechrau edrych ar ei sefyllfa o safbwynt ysbrydol, 'oblegid yr oedd Enoc yng ngwraidd ei galon yn grefyddol yn anad dim. Dechreuodd ei gydwybod edliw iddo ei bechodau'. Daw i weld yr argyfwng fel barn Duw arno am ei wrthgiliad ysbrydol, am ei waith 'yn rhoi mwy o bris ar gael cyd-gerddded â hi [Miss Trefor] adref ar fore Sul . . . nag ar y bregeth odidocaf', ac mae'n cwympo ar ei fai, 'bai nad allai beidio edrych arno ond fel gwrthgiliad ysbrydol', ac 'wylodd ddagrau o edifeirwch pur'. Hyd yn oed yn y fwyaf byrlymus-gymdeithasol o nofelau Daniel Owen, felly, fe welir nad yw'r nodyn mewnol, ysbrydol yn absennol nac yn ddibwys.

Ond nid yw'r moddion y mae rhagluniaeth yn eu defnyddio i waredu Enoc o'i gyfyngder yn rhai crefyddol o fath yn y byd, ac mae eironi direidus yn y modd yr achubir croen y Methodist gan un o blant callach y byd hwn, sef Jones y Plismon, un o fân gymeriadau mwyaf cofiadwy'r nofelau. 'Hen lwynog oedd Jones, y plismon, callach na'r cyffredin o lwynogod', ac ef sy'n llywio llong dymhestlog Enoc Huws i harbwr rhagluniaethau tawelach yn ystod penodau 28 i 30. Wedi bod yn dyst i ran o'r helynt daw Jones heibio fore trannoeth a chanfod Enoc yn ei drybini, a dau lygad du yn dystiolaeth weledig o'i helynt. Y mae Jones yn rhoi cynllun ar waith i dawelu Marged trwy fygwth y gyfraith arni. Twyll yw prif arf Jones, wrth gwrs, twyllo Marged a wna trwy siarad dwli a manteisio ar ei hanllythrennedd er mwyn bygwth carchar a Seilam Dinbych arni, a'i hudo wedyn i roi croes ar gytundeb ffug rhyngddi a'i meistr. Pe dibynnai'r cynllun ar wroldeb Enoc y mae'n debyg mai methu a wnâi, gan ei fod yn ymddwyn 'mor grynedig fel y dymunasai Jones yn ei galon roi rhegfa dda iddo', ond crafter a dichell llwynogaidd Jones sy'n cario'r dydd, nes bod y siopwr o Fethodist edifeiriol yn edrych arno 'fel ei angel gwarcheidiol'. Y mae'r angel o lwynog yn defnyddio iaith ysgrythurol yn wir wrth gyhoeddi ei fod 'wedi bwrw yr ysbryd aflan allan o honi' ond yn rhoi cyngor llai ysgrythurol i'r siopwr dioddefus, sef bod rhaid iddo droi'n 'dipyn o deirant am wythnos' er mwyn cadw'r 'hen Wenhwyfar' yn ei lle. Afraid dweud mai hunanol oedd cymhellion Jones o'r cychwyn, a bod Enoc Huws bellach yn ei ddyled tra byddo. Ceir atodiad i'r hanes wedyn ym mhennod 31, 'Breuddwyd Enoc Huws'; aeth Enoc i'w wely gan osod cig eidion amrwd dros ei lygaid (yn ôl cyngor Jones, eto), er mwyn ceisio eu gwella cyn mynd i swper yn Nhy'nyrardd, ac mewn hunllef erchyll y mae Marged yn ymosod arno gan dynnu ei lygaid a chrafu'r tyllau. Trafodwyd un dehongliad seicolegol posibl yn ochelgar gan E. G. Millward,[20] ond y mae'r breuddwyd yn amlwg yn rhyddhau'r awdur i wyro oddi ar y llwybr realaidd er mwyn tanlinellu'n fwy egr yr arswyd a'r trawma a feddianasai Enoc yn ystod yr oriau a'r dyddiau blaenorol.

Ar ôl yr anterliwt hon y mae Daniel Owen o'r diwedd yn ailafael o ddifrif yn y llinyn storïol a gynhaliwyd mewn modd mor orchestol yn y 18 pennod cyntaf ac yn dwyn y Capten yn ôl i ganol y llwyfan. Bron nad yw pennawd pennod 32, 'Darganfyddiad Sem Llwyd', yn ein rhybuddio, fodd bynnag, i beidio ag anwybyddu arwyddocâd yr hyn a gafwyd yn y cyfamser, oherwydd y mae ei ergyd goeglyd yn amlwg. Prin y gall unrhyw ddarganfyddiad a wneir gan un y dadlennwyd ei ffolineb gan Thomas Bartley fod yn un dilys. Newydd dorri'r newydd eu bod 'wedi torri ar y faen yng Nghoed Madog' y mae'r Capten pan yw Enoc yn ymuno â'r cwmni sy'n cynnwys Denman ac Obediah Simon. Ar ôl iddi fynd yn ymryson fywiog rhwng Susi a Simon, y mae Trefor yn ceisio esbonio ymddygiad ei ferch mewn termau gloyw ysbrydol, 'yr wyf yn credu fod fy merch wedi cael cyfnewidiad calon a chyflwr' (fe all yn wir ei fod yn llygad ei le), ond mae'n ddigon rhyfeddol o wynebgaled i gymryd y clod am hynny i'r fagwraeth a roesai ef iddi ('mor sicr a'ch bod yn fore wedi hau eich had, fe ddwg ffrwyth ar ei ganfed, yn ei amser da Ef ei hun'). Ac mae'n ddigon craff i weld bod Simon yn ŵr o anian nid cwbl anghyffelyb iddo ef ei hun, ac yn 'hen stager'. Y mae camera'r awdur wedyn yn dilyn Susi ac Enoc i fyny'r grisiau i ystafell Mrs Trefor, sy'n glaf ar ei gwely angau. Y mae Mrs Trefor erbyn hyn wedi dychwelyd o wlad pob-peth-o-chwith, ac nid parodi o Mari Lewis mohoni bellach, ond chwaer iddi, un sy'n cyffesu wrth Enoc ei bod wedi 'rhoi rhw bris mawr ar y peth mae nhw'n alw yn *respectability*' ond sy'n diolch bellach bod 'Susi wedi cael gras'. Gan fod Enoc a Susi ill dau wedi eu dwysáu'n ysbrydol yn ddiweddar, y naill gan ei helbulon gartref a'r llall wrth ddarganfod y gwir am ei sefyllfa deuluol, cywair ysbrydol dwys a chredadwy sydd i'r siarad a'r hinsawdd yn yr ystafell. O ganlyniad i hynny, y mae'r Capten, pan yw'n ymddangos, i'w weld nid yn unig yn ddihiryn ond hefyd yn ffŵl nad oes gan neb o'i deulu bellach ddim amynedd ag ef na pharch ato. O ran tir moesol a ffraethineb ymadrodd Mrs Trefor sydd â'r llaw uchaf yn awr; ar ôl dod i mewn yn llawn gwamalu y mae'r Capten yn dweud wrth ei wraig fod ganddo newydd iddi, 'yr hyn sydd wedi ein llenwi â llawenydd a gorfoledd heno'. Y mae ei hateb yn un o linellau coeglyd mwyaf cofiadwy Daniel Owen – 'Beth ydio, Richard? Oes ene ddiwygiad wedi tori allan?' Nid yw Trefor, er mor graff ydyw, yn deall yr ergyd, ac â yn ei flaen i rwdlan yn ffug-grefyddol tan i Susi dorri'n ddirmygus ar ei draws. Y mae Susi'n mynnu dweud y gwir wrth Enoc am Goed Madog a phicil ariannol ei theulu, ond carwr trwstan yw hwnnw o hyd, ac mae'n rhoi ei droed ynddi wrth ymateb, gan roi cyfle i Susi ei gwneud yn glir nad yw dwyster ysbrydol (y mae'n gallu dyfynnu Gurnal bellach!) a herfeiddiwch benywaidd yn anghymarus: 'Rwyf yn meddwl fy mod yn ofni Duw, ond dydw i'n hidio 'run botwm am opiniwn nac ysgorn un dyn ar wyneb y ddaear.'

Er bod doniau areithyddol y Capten mor loyw ag erioed, fel y tystia'r truth ardderchog a draethir wrth hebrwng Enoc adref ym mhennod 36, y mae'r ddelwedd yn ymddatod, ac mae mor gyfyng arno bellach fel ei bod yn rhaid iddo ofyn i Enoc (gan ddweud celwydd am ei wir amgylchiadau), am fenthyg canpunt, a hynny 'mewn aur neu *notes*'. Nid yw Enoc eto wedi ymysgwyd digon o'i ddiniweidrwydd i adnabod y twyll, ac felly y mae'r Capten yn gadael Siop y Groes 'yn hollol foddlon ar lwyddiant ei neges.' Ailymwelir ag aelwyd Denman wedyn, mewn golygfa lawn eironi dramatig wrth i'r truan, ar sail tystiolaeth wacsaw Sem Llwyd, rannu ei lawenydd gyda'i wraig a dweud y gwir wrthi am ddyfnder eu trybini ariannol yr un pryd. Y mae'r dathlu gorfoleddus sy'n digwydd wedyn rhwng tad a mam a phlentyn yn ingol drist.

Cyfrodedd hyfryd goeglyd o olygfeydd a seilir ar garwriaethau cyferbyniol a gawn ym mhenodau 38 i 41, carwriaeth rwystredig, aflwyddiannus Enoc a Susi ar y naill law, a charwriaeth sydyn, anghymhleth a chwbl lwyddiannus Marged a'i chariad newydd, Twm Solet, ar y llaw arall. Y mae dychweliad Jones y Plismon i'r llwyfan yn ateb sawl diben. Y mae'n cyhoeddi i'r darllenydd ein bod am ailgydio yn y wythïen ddigrif o fewn y naratif, ond rhydd gyfle hefyd i ŵr y mae ei grafter bydol wedi'i sefydlu eisoes i ddirmygu tystiolaeth Sem Llwyd ynghylch Coed Madog ac i gynghori Enoc Huws i fynd i weld drosto'i hun – 'choeliwn i byth feinar'. Gwelir yr un sinigiaeth yn agwedd Jones at gariad a phriodas wrth iddo edliw i'r siopwr claf gan serch 'mai y syniad hen ffasiwn sy gynoch chi, Mr. Huws, am gariad – y cariad y mae y ffugchwedlau yma yn sôn am dano', yn hytrach na'i olwg mwy economaidd ef ar bethau; ac ar ôl canfod Marged mewn ystafell gefn gyda'i chariad newydd, Twm Solet, gwthiwr berfa (carthion, debyg) gyda'r *Local Board*, a gŵr a gladdasai ei wraig ddiwethaf 'er's tro byd – gryn dri mis', caiff Jones gyfle i enghreifftio ei agweddau di-lol at garu trwy drefnu priodas y ddau ddiniweityn yn y fan a'r lle, gydag Enoc Huws i roi'r *'wedding breakfast'*.

Cymysg yw ymateb Enoc, druan, i gyplu disymwth Twm a Marged; y mae Jones wedi datrys problem y forwyn anystywallt iddo (nid heb dderbyn tâl am ei lafur) ond mae ymgyrch ddidrafferth Twm yn ei synnu, ac yntau 'yn yr helbul er's blynyddau'. Ond 'O'r Diwedd', chwedl teitl pennod 39, y mae Enoc yn rhoi cynnig ar wneud ei deimladau yn gwbl hysbys. Pan ddaw'r cyfle i gael gair gyda Susi fe ddywed Enoc wrthi ei fod yn ei charu; etyb hithau nad oes diben yn y byd iddo feddwl amdani yn y termau hynny, a phan fynn Enoc reswm am ei wrthod fe ddywedir wrtho 'yr yden yn rhy debyg i'n gilydd', brawddeg y gall y darllenydd ei dehongli fel rhagargoel eironig o'r dadleniad a wneir am y berthynas waed rhwng y ddau ar ddiwedd y chwedl. Chaiff Enoc ddim ateb clir chwaith wedi iddo ofyn i Susi a roes ei bryd ar rywun arall a'i gair iddo (fe wyddom ni mai Wil Bryan yw'r dyn hwnnw), ac ni ŵyr ef ddim am y cyfyng-gyngor sy'n peri bod Susi yn ei thaflu'i hun ar ei gwely ac yn wylo yn hidl ar ôl ei ymadawiad. Prin y gallasai'r creadur rhwystredig a hunanymwybodol amgyffred yr ymddygiad aeddfed, ystyriol a roddir i Susi gan y nofelydd wrth gloi'r olygfa: '"O! bobl anwyl! Y fath *row* sy'n y byd! A fyddwn ni yma fawr! Sut mae mam, druan, erbyn hyn?"Ac i ystafell ei mam yr aeth can llawened a'r gôg, fel pe na buasai dim wedi digwydd.'

Y mae Enoc yn ymateb i'w wrthod gan Susi trwy dyngu llw nad â eto i Dy'nyrardd heb ei wahodd, llw sydd yn fath 'o deyrnged dyledus i'w urddas clwyfedig'. Ond o gwmpas ei berthynas â Susi y mae myfyrdodau Enoc yn dal i droi, a hynny am oriau beunos ar ôl swper. Gwrthbwynt gweithredol afieithus i ddioddef goddefol Enoc yw priodas Marged a Twm, ac y mae gorfod mynd ynglŷn â'i ran ef yn y trefniadau yn lles i Enoc, oherwydd, chwedl y nofelydd a wyddai hynny o brofiad, 'nid oes dim yn well i ddyn mewn profedigaeth ac iselder ysbryd nag ymgymysgu â phobl'. Yn y penodau hyn y mae Mr Brown y person, Jones y Plismon a Didymus i gyd yn tynnu Enoc o'i feddyliau ac yn profi gwerth cyfeillach ddiddan. Enoc sydd i fod i 'roi' Marged yn y gwasanaeth, ac mae coegni diniwed yn y ffaith ei fod yn cysgu'n hwyr ar gyfer y gwaith y mae wedi hiraethu amdano ers blynyddoedd, sef cael gwared â'r howscipar a fu'n ei blagio cyhyd. Caiff Daniel Owen fodd i fyw yn cofnodi'r math o briodas werinol nad yw parchusrwydd yr oes wedi gallu mennu dim arni, ond yng nghanol y ffars hwyliog, y mae cyfeiriad cynnil eto at wir gyflwr priodasau tebyg i rai Twm a Marged, oherwydd at ei hen feistr y daeth Marged i adrodd ei chŵyn o fewn ychydig ddyddiau i'w phriodas. Arwydd bod yr awdur yn dechrau tynnu llinynnau ei stori ynghyd yw ei fod yn yr un bennod yn rhoi tro newydd yn y chwedl ar waith er mwyn datrys perthynas Enoc a Susi. Daw gwraig ifanc brydweddol i Siop y Groes i gynnig ei gwasanaeth, a'r tro hwn nid yw ei phrydferthwch yn rhwystr i Enoc ei chyflogi. Y mae pennod 41 yn gorffen wrth i'r awdur ofyn, yn ddianghenraid braidd, 'a oedd ryw ysbryd wedi sisial yn nghlust Miss Trefor fod ganddi hi yn awr gydymgeisydd?'

Pan ddaw'r cais o gyfeiriad Ty'nyrardd i Enoc fynd yno, y mae'r amgylchiadau'n brudd. Y mae Mrs Trefor yn wael iawn, ac yn wir erbyn i Enoc gyrraedd, mae hi 'wedi myn'd'. Perthynas Enoc ag aelodau byw'r teulu sy'n bwysig ym mhennod 42, wrth gwrs. Ceir awgrym o *frisson* rhywiol anamserol wrth ddweud bod Miss Trefor wedi gwasgu llaw Enoc 'yn dyn a *nervous*, yr hyn a yrodd ias drwy ei holl gorph', a phan yw Enoc yn cynnig mynd ynghylch y costau claddu o barch at Mrs Trefor (fe ŵyr yn dda erbyn hyn fod y blaidd wrth ddrws Ty'nyrardd), rhaid iddo ef a'r Capten ymroi i *charade* estynedig er mwyn achub anrhydedd y Capten trwy beri iddo ganiatáu hyn fel ffafr i Enoc Huws. Nid o boptu'r gwrych y maent yn siarad bellach, gan fod y ddau yn deall natur y gêm yn iawn. Nid ymryson defodol y dynion yw uchafbwynt y bennod chwaith, ond ymson Susi ar ddiwedd y nos. Wrth i'r nofel fynd rhagddi y mae'r ymson yn datblygu'n rhan mor bwysig o gymeriad Susi ag o'i thad, ac mae'r gwahaniaeth rhyngddynt yn amlwg yn ei geiriau, y tad yn amlgymalog drofaus, y ferch yn gryno dryloyw. Nid oes ganddi afael mor gaboledig â'i thad ar iaith yr ysgrythur, ond ceir tystiolaeth gynyddol gadarn bod disgwyl i ni gredu bod ganddi afael sicrach o lawer ar ei chenadwri:

O! na fase nhad yn dduwiol! Ond dydio ddim – waeth heb wenieithio. Mae o'n slâf i'r ddiod, ac yn rhagrithio bod fel arall, fel bydae hyd yn nod y fi ddim yn gwybod. Fy nyledswydd, 'rwyf yn meddwl, ydi glynu wrtho hyd y diwedd. O! Dduw, bendithia yr amgylchiad hwn er ei iachawdwriaeth.

Wrth gymharu geiriau'r wraig ifanc hon ag '*ideas*' Susi benchwiban gynt, daw'n eglur na ellir, heb anwybyddu'n fwriadol dystiolaeth y testun, wadu i'r nofelydd amcanu darlunio tröedigaeth ysbrydol yn ei hanes. 'Ymson Capten Trefor' yw pennawd y bennod ddilynol, ac fe ddisgwylir i ni weld mor ddiedifar o ddrwg yw'r tad o'i gymharu â'i ferch. Nid yw'r Capten yn feistr ar ei fyd a'i amgylchiadau bellach, a phan glyw nad yw Susi wedi gwneud unrhyw addewid i briodi Enoc Huws y mae'n rhyfedd i'r sawl a dwyllodd gynifer orfod amau ei fod wedi'i dwyllo'i hun. Ond mae mwy o dwyll ar y gweill, gan fod 'yn rhaid gwneud rhywbeth i gael tamaid' a "does dim arall am dani, ond ceisio codi cwmpeini a thyngu fod yn Nghoed Madog faint fyd fyw fynom o blwm, ond fod eisiau arian i fyn'd ato'. Fe ddatgelir hefyd bod drwg wrth wraidd perthynas y Capten a Sem, gan fod gan y naill wybodaeth am gyfrinach y llall. Wrth ddatgelu bod gan y Capten 'secret' y mae'r awdur fel pe bai'n paratoi'r darllenydd ar gyfer act olaf y nofel, pan dry hubris Richard Trefor yn nemesis haeddiannol.

Ond llacio'r tyndra a wneir wrth ddychwelyd at gymeriad amheus y Parchedig Obediah Simon (perthynas agos i'w gyd-weinidog Obediah Slope yn nofel Trollope, Barchester Towers!) Ceir sylw gan y traethydd iddo fwriadu sôn mwy am hwn, ac mae'n amlwg i Daniel Owen gael ei gynhyrfu gan y modd y llwyddasai gwŷr o'i fath i esgyn grisiau'r pulpud Methodistaidd a'i fod yn ei weld yn enghraifft arall o'r modd yr oedd y twyllwyr a'r rhagrithwyr yn ennill tir yng nghymdeithas respectable ei gyfnod. Oherwydd, unwaith eto, er gwyro oddi ar briffordd y chwedl, ni chollir gafael ar brif drywydd myfyrdod y nofelydd ac fe ddygir y dadlenwyr humbug difyr Thomas Bartley a Didymus yn ôl i'r llwyfan yn ogystal â Dafydd Dafis gadarn ei fuchedd a'i gredo. 'Does fawr ar ôl o Simon erbyn i'r tri hyn a'r traethydd orffen ag ef, gyda Didymus yn fwy llawdrwm na neb, ac yn ei gondemnio fel 'dyn y livery', un y mae appearance, chwedl Smart yn Y Dreflan, yn bopeth iddo. Ond byr yw arhosiad Simon ym Methel, a mynd i'r America yw ei hanes. Y mae'r gohebydd Didymus, wrth drafod gyda Dafydd Dafis beth y dylai ei gynnwys yn ei adroddiad am y cwrdd ymadawol, yn dweud bod ffugio a thwyllo yn rhan o'i grefft newyddiadurol, gan na all beidio â chywiro areithiau carbwl gwleidyddion lleol a'u tebyg.

Y mae'n bryd dod â'r chwedl i'w dénouement. Ceir pennod o fanion cyn dechrau arni o ddifrif ym mhennod 47, 'Y "Brown Cow"'. Er mwyn i'r hyn sydd ganddo i'w ddatgelu fod yn wir ysgytiol y mae gofyn clensio rhyw lun ar gytundeb rhwng Susi ac Enoc, ac fe ddywedir wrthym heb helaethu ar ddechrau'r bennod hon i Enoc lwyddo yn ei gais. Disgynneb wan o ddatgeliad sydd yma ar ôl yr holl ymrafael poenus, ac arwydd o brofiad hunangofiannol y nofelydd o bosibl, profiad o ymryson, nid 'o gipio'r gaer'. Digon swrth yw esboniad y traethydd, sef na roddai disgrifiad llawn o lwyddiant Enoc 'fwynhad i neb ond i ychydig hogenod – ac nid i hogenod yr wyf yn ysgrifenu yr hanes hwn, ond i ddynion synwyrol'. Y mae tafarn y Brown Cow yn ganolog i'r digwydd; yno y byddai'r Capten yn troi ar noson waith ers colli Mrs Trefor. Ceir disgrifiad caruaidd o'r hen dafarn ac fe hiraethir am fel yr oedd pethau 'yn yr hen amser dedwydd gynt, cyn bod papyr newydd Cymraeg mewn bod, a chyn bod sôn am ddirwest', pan oedd yn aelwyd gymdeithasol ddifyr i 'hen *gojers* Bethel', cyn i'r lle gael ei feddiannu gan '*lager louts*' yr oes, y 'gwag hogiau difarf, penwag, sydd yn eu mynychu erbyn hyn, a hyny fel anifeiliaid i yfed Kelstryn, ac yn myn'd adref yn waeth eu sut na'r anifail'. Hyd yn oed wrth dynnu at derfyn ei nofel fwyaf, y mae Daniel Owen y sylwebydd a'r portreadwr yn bygwth cael y llaw uchaf ar y ffugchwedleuwr, a rhaid iddo ymysgwyd gyda'r geiriau 'I dori'r stori yn fêr'. Y mae gŵr dieithr yn aros yn y dafarn, 'hen fonheddwr' cyfoethog o'r America. Wedi ei ddiystyru fel buddsoddwr posibl oherwydd ei oed, ei gefndir a'i ddirwest, ni chymer Trefor sylw ohono tan iddo gael ei ddychryn a'i gyffroi un noson wrth ganfod y bonheddwr yn ei astudio'n graff. Cyll y Capten bob blas ar y cwmni a throi am adref, yn amau ei fod yn adnabod y gŵr dieithr, ond yn ceisio ymgysuro, oblegid 'beth na ddychmyga cydwybod euog?' Y mae gweld ei thad yn dod adref yn gynnar ac yn sobr yn plesio'i ferch ac yn rhoi cyfle iddi i ddweud wrth ei thad am y newid yn y berthynas rhyngddi ac Enoc Huws. Y mae eironi dramatig amlwg yn y modd y dywed y Capten y buasai cyn hyn wedi ei gweld hi'n rhyfedd iawn fod rhywun wedi cael addewid gan ei ferch heb ofyn caniatâd ei thad, 'ond nid Capten Trefor yw Capten Trefor erbyn hyn – y mae pawb, ysywaeth, yn gwybod hyny'. Ar fin dod i wybod hynny yn yr ystyr lawnaf y mae pawb, wrth gwrs, a Susi yn eu plith. Y mae dychmygion cydwybod euog yn dal i'w blagio, a rhaid gofyn i Sem Llwyd fynd i'r *Brown Cow* i astudio'r henwr ar ei ran. Pan ddaw Sem yn ôl a'i adroddiad, ieithwedd amwysedd anwadal sydd ganddo. 'Dydio ddim byd tebyg,' meddai am y bonheddwr, 'ac eto mae ene rwbeth yn debyg ynddo. Ond nid y fo ydio, mi gymra fy llw . . . fedr neb y 'nhwyllo i'. Mewn gwirionedd, meddai'r traethydd, y mae gan Sem ei amheuon. Daeth yr amser i'r Capten ddweud y gwir wrth Susi ac Enoc am sefyllfa Coed Madog. Hyd yn oed wrth wneud hynny, ni all beidio â chydblethu'r gwir â'r honiad celwyddog mai dyma'r 'unig gamgymeriad mewn *mining* a wnaethum yn fy oes'. Oes ydyw sy'n dod i ben ym mhennod 50, 'Y "Fentar" Olaf', ar ôl iddo dderbyn ymweliad gan yr hen fonheddwr, sef Mr Davies, y tad a'r taid dicllon a adawodd y llwyfan ar ddiwedd y bennod gyntaf, ond sy'n dychwelyd yn awr liw nos i weini dialedd cyfiawn ar y dihiryn a'i twyllodd ef a'i ferch ac a fu'n byw dan gochl enw ffug Richard Trefor. Y mae Trefor yn farw erbyn y bore, a'i lythyr olaf diffuant i'w ferch yn cyffesu bod ei fywyd 'wedi bod yn un llinyn o dwyll a rhagrith' ac yn ei rhybuddio na all fyth briodi Enoc Huws. Caiff Enoc yr un neges, ac esboniad llawn ar ei chyd-destun, gan ei daid. 'Yr Olwg Olaf' yw pennawd y bennod olaf; wedi marw'r Capten a dinoethi ei holl dwyll gellir defnyddio un o'i hoff eiriau, 'golwg', yn ddiniwed ddigoegni, ac fe ddaw'r diragrith Bryan a Bartley yn ôl i'r llwyfan, Wil i briodi ei Sus ac i ddod yn berchennog Siop y Groes ac yn ddyn o sylwedd yn y Dreflan. Darparwyd Miss Bifan yn wraig gyfleus ar gyfer Enoc cyn iddynt ymfudo gyda thaid Enoc i'r Amerig. 'Daw â'r llyfr i ben yn ddigon twt', meddai Ioan Williams am awdur *Enoc Huws*, 'ond wrth wneud hynny fe'i difetha'.[21] Haws cytuno gyda sylw mwy cytbwys John Rowlands, a dderbyniodd mai dilyn confensiwn y gomedi gymdeithasol y mae'r diweddglo, ac felly er nad yw'n bodloni 'chwaeth yr ugeinfed ganrif . . . nid yw'n difetha effaith y nofel ei hun yn llwyr, chwaith, ac felly awgrymaf na ddylid cymryd y diwedd ormod o ddifri.'[22] Aem ymhellach a dileu'r ymadrodd 'yn llwyr' o frawddeg John Rowlands, oherwydd 'does dim dwywaith na lwyddodd Daniel Owen i gyrraedd ei nod yn y nofel hon, gan ddangos i Gymry ei genhedlaeth ei hun a chenedlaethau diweddarach y fath gamp y gall llenor angerddol ei argyhoeddiadau a gloyw ei arfau llenyddol ei chyflawni trwy gyfrwng y nofel realaidd.

8 ⊗ Wrth y Pentan, 1891–1895

*P*rofedigaethau *Enoc Huws*, yn ddi-os, yw uchafbwynt gyrfa lenyddol ei hawdur. Yma y gwelir penllanw aeddfed ei fyfyrdod ar dwyll calon dyn ynghyd â'i sylwebaeth ddeifiol ar ei fyd a'i oes ei hun. Disgyn y mae'r llinell ar y graff ar ôl cyhoeddi'r gwaith ar ffurf llyfr yn 1891, ac fe synhwyrir bod yma awdur sydd wedi dweud y peth mawr yr oedd ganddo i'w ddweud ac sydd bellach yn barod i ddifyrru ei gynulleidfa awchus gyda deunydd llai angerddol ac uchelgeisiol. Er ei fod wedi ailgydio yn yr yrfa gyhoeddus a drafodwyd ym mhennod 3 (fe'i hetholasid yn aelod o'r *Local Board* yn 1889, a bu'n aelod cydwybodol o'r cyngor weddill ei oes), nid ei oes ei hun fydd ei ddiddordeb pennaf fel llenor yn awr. Bydd yn cyhoeddi ambell bwt o sylwebaeth gyfoes, ond wrth i'r ganrif dynnu at ei therfyn ac wrth i'w iechyd wanio bydd yr hiraeth am hen ddyddiau a hen bethau (na fu'n absennol cyn hyn, wrth reswm), yn tyfu'n gywair llywodraethol yn ei waith, a'r gwaith o'u cofnodi yn dod yn brif gymhelliad.

Priodol felly mai'r peth cyntaf a wna ar ôl gorffen *Enoc Huws* ar dudalennau'r *Cymro* yw bodloni i gyhoeddi ysgrif hunangofiannol fer, a hynny 'ar ein taer gais' yn ôl y golygydd. (Dyma'r ysgrif y dyfynnwyd ohoni droeon yn y gyfrol hon.) Cryfed oedd ymwybyddiaeth Isaac Foulkes o'i ddyled i'r nofelydd fel y cawn yr argraff y buasai wedi cyhoeddi llyfr cyfrifon y teiliwr o'r Wyddgrug pe cawsai. Gŵyr mai chwedl eilradd ('Min y Morfa' gan Isalaw) sydd wedi cymryd lle'r dogn wythnosol o Daniel, ac mae'n sicr iddo bwyso'n ddiarbed ar y nofelydd i roi cychwyn ar chwedl newydd. Y mae'n ddigon tebyg fod Daniel Owen yntau yn awyddus, oherwydd byddai'r tâl anrhydeddus ddigon a gâi gan Foulkes am ei gyfraniadau wythnosol (cyfanswm o £63 10s) a chan Hughes a'i Fab am yr hawlfraint i *Enoc Huws* yn gyfraniad defnyddiol iawn i'w incwm ar adeg pan nad oedd rhyw lewyrch mawr ar y busnes.[1] Bu'n rhaid i Foulkes arfer amynedd, fodd bynnag, oherwydd ni ddeuai'r chwedl newydd yn rhwydd, a chafwyd bwlch o 17 mis cyn i waith Daniel ymddangos eto ar dudalennau'r *Cymro*.

A phryd hynny nid nofel newydd a gafwyd ond pytiau ac ysgrifau dan ffugenw.

Cadwyd fersiynau llawysgrif o'r gweithiau a luniodd Daniel Owen yn ystod blynyddoedd olaf ei oes mewn copi-bwc trwchus sydd bellach yn Llyfrgell Genedlaethol Cymru.[2] Mae'n cynnwys darnau o *Gwen Tomos* ynghyd â nifer o'r ysgrifau a gyhoeddwyd yn y golofn 'Nodion Ned Huws' ac yn ei gyfrol olaf, *Straeon y Pentan*. Dyma'r deunyddiau y byddwn yn eu cloriannu yn y bennod hon. Ond ceir yn y llawysgrif hefyd ysgrifau nas cyhoeddwyd, ac awgrym y rheini yw nad oedd Daniel Owen yn gwbl barod i ymadael â byd *Rhys Lewis* ac *Enoc Huws*. Cafwyd addewid o'i fwriad i ddal gafael ar Wil Bryan ym mharagraff olaf *Enoc Huws*. Adroddir am y darlithiau cyhoeddus ysgubol lwyddiannus a draddododd Wil Bryan ar ôl dychwelyd i'w gynefin, a dywed y traethydd fod 'darlithiau Wil wedi eu hysgrifenu mewn llaw fer, i fod yn mhlith fy mhapyrau, yn rhywle, pe gallwn dd'od o hyd iddynt'. Yn y copi-bwc dan sylw y ceir dwy ddarlith ynghyd â rhagymadrodd Daniel Owen iddynt.[3] Ni ellir bod yn sicr pryd yn union y'u lluniwyd, ac am ryw reswm neu'i gilydd ni ddewisodd yr awdur eu defnyddio i dawelu galwadau ei olygydd, nac i'w dwyn i ben chwaith. Y maent yn ddarnau difyr; y mae'r awdur yn hen law ar ddefnyddio ieithwedd amgen rhai fel Wil i ladd ar bethau sy'n mynd dan ei groen. Ond mae Wil Bryan y darlithoedd hyn yn llai na Wil Bryan y nofelau, ac mae'n hawdd dweud pam. Er gwaethaf poblogrwydd ysgubol y cymeriad ymhlith y gynulleidfa gyfoes, nid digrifwr *stand-up* mohono. Nid cymêr sy'n dweud pethau doniol yn unig ydyw yn *Rhys Lewis*, eithr yn hytrach un elfen yn y plethwaith cyfoethog, coeglyd o gymeriadau amrywiol. O'i dynnu o'i gyd-destun collir llawer o arwyddocâd Wil. Diau i'w grëwr craff sylweddoli hynny, ac os lluniwyd y 'darlithoedd' yn ystod 1891-2, y mae'n bosibl iddo benderfynu mai gwell fyddai llunio *persona* arall ar gyfer drylliau o sylwebaeth newyddiadurol gyfoes. Gwnâi 'Ned Huws' y tro.

Mewn llythyr at Isaac Foulkes dyddiedig 6 Tachwedd 1892 dywed Daniel wrth ei gyhoeddwr:

Yr oeddwn wedi ysgrifenu y pwt a anfonais neithiwr cyn derbyn eich llythyr. Nid oes dim ynddo, ond meddyliwn y llanwai rhyw dwll os digwyddai fod prinder mater arnoch. Mae yn ddrwg gennyf ddywedyd fy mod eto hyd yn hyn heb gael dim goleu ar y chwedl – ni ysgrifenais byth air ohoni. Ond hwyrach y daw goleu ryw dro. Pe gwelwn rywbeth tebyg i gynllun gallwn fynd ymlaen yn weddol wedyn . . . Os daw rhywbeth gwerth eu printio yn y ffurf o nodion i fy meddwl anfonaf . . . Oni allech gael caniatâd Thomas Hardy i gyfaddasu *The Mayor of Casterbridge*? Tybiaf y darllenai yn gampus yn Gymraeg.[4]

Chwedl a chynllun sy'n ei flino, fel erioed y mae'n debyg, a rhaid ceisio cynorthwyo ei hen gyfaill trwy gyfrwng y 'nodion'. Yr oedd y cyntaf o 'Nodion Ned Huws', y pennawd a ddefnyddiodd ar gyfer cyfres o ysgrifau dienw, newydd ymddangos yn rhifyn 3 Tachwedd o'r *Cymro*, y cyntaf o bedwar cyfraniad a gafwyd ym mis Tachwedd.[5] Ymatebion bachog, a digon pigog, i rai sylwadau yn y wasg a gafwyd yn y cyfraniad cyntaf, yn enwedig i sylwadau anffafriol golygydd y *British Weekly* ar *Rhys Lewis*! Sectyddiaeth enwadol ragfarnllyd a chul, 'y pryf sydd yn bwyta mêr ein hesgyrn ni y Cymry yn y dyddiau hyn', yw testun y tair ysgrif nesaf. (Dywed Foulkes wrthym fod cyd-destun gwleidyddol i'r gyfres, am i rai ymgeiswyr Rhyddfrydol addawol gael eu rhwystro oherwydd ofni rhoi gormod o rym i'r Methodistiaid.)[6] Y mae'r ymdriniaeth yn mynd yn gynilach o wythnos i wythnos. Rhoddir cic go egr i weinidog 'nid anenwog' yn gyntaf, yna fe arferir coegni wrth gynghori golygydd Y *Cymro* i sefydlu trefn gywrain fanwl er sicrhau sylw cyfartal i'r holl enwadau, cyn troi at ddull stori alegorïaidd ar yr un testun yn ysgrif olaf mis Tachwedd. Ond er y cynilo yn y mynegiant, synhwyrwn mai caled a checrus braidd yw ysbryd y dweud.

Mae 'Ned Huws' yn ddistaw yn ystod Rhagfyr 1892, ond yn rhifyn Nadolig y papur cyhoeddwyd yr ysgrif 'Ymladd Ceiliogod' uwch enw Daniel Owen, ysgrif a ddefnyddiai yn y man yn bennod gyntaf *Gwen Tomos*.[7] (Ychwanegwyd '(copyright)' ar ôl enw'r awdur, hyn yn un peth er ceisio rhwystro papurau Cymraeg yr Unol Daleithiau rhag cyhoeddi ei waith heb ganiatâd na chydnabyddiaeth.)[8] Dyma'r arwydd clir cyntaf mai gyda'r gorffennol y bydd dychymyg llenyddol Daniel Owen yn ymdroi o hyn allan. Y mae'n ddigon posibl fod yr adroddiad ar yr ymladd ceiliogod yn un hunangofiannol; edrydd J. J. Morgan chwedleugar stori am un o gyfoedion Daniel yn gofyn iddo, 'Daniel, a wyt ti'n cofio'r ceiliog glas hwnnw'n chwipio'r ceiliog coch ar domen Bedlam?'[9] (Ardal dlawd yn yr Wyddgrug oedd Bedlam.)

Fe gyhoeddasai un o gyfeillion yr awdur, Joseph Eaton, ysgrif ar le ymladd ceiliogod ym mywyd yr Wyddgrug ers talwm flynyddoedd cyn hyn,[10] ac os oes coel ar yr atgofion a gofnododd Tegla Davies yr oedd Daniel yng nghanol pob direidi a drygioni pan oedd yn fachgen.[11] Cofnodi hen arfer y clywsai sôn amdano wrth 'ymddiddan â hen ŵr o'r Wyddgrug' a wnaeth yn 'Bara Gwyn i'r Tlodion', yr ysgrif fer a gyhoeddodd yng nghylchgrawn ifanc bywiog O. M. Edwards yn Ionawr

1893, gan sôn am gosbi celwyddgi athrodus trwy ddatgan ei bechod yn gyhoeddus a pheri ei fod yn talu am werth dwybunt o fara gwyn a deflid gan gwnstabl y dref i'r tlodion.[12] Y mae agoriad yr ysgrif yn arwydd o drywydd meddwl ei hawdur: 'O faint y cyfnewid yn awr sydd yng Nghymru! Cyfnewid am well mewn llawer o bethau yn ddiameu, ac am waeth, hwyrach, mewn ychydig bethau.' Disgrifiodd eisoes lawer o nodweddion symudliw y cyfnewid, ac mae arno awydd yn awr nodi rhai o'r bobl a'r pethau a adawyd ar ôl ganddo. O dipyn i beth daw 'Ned Huws' i fod o'r un farn. Cyhoeddwyd chwech o'i nodion rhwng 12 Ionawr a 23 Mawrth 1893.

Cloriennir cyflwr cyhoeddiadau ei enwad, *Y Goleuad* a'r *Drysorfa* yn yr ysgrif gyntaf, ac mae Ned Huws yn siarad fel gwerinwr ar ran gwerinwyr, yn ddilornus o'r brîd newydd o goeg-bregethwyr fel 'y Parchedig Theophilus Morgan, B.A., B.Sc., X.Y.Z.' , ac yn cynghori golygydd presennol *Y Drysorfa* gan ei gymharu'n anffafriol â'r 'hen, hen olygydd' (sef Roger Edwards), i beidio ag anghofio darparu ar gyfer ei siort ef a 'Marged Jones' a 'Modryb Mali'. Adroddiad ar ddarlith gyhoeddus gan 'y Proffeswr Llwyd' o Fangor a gafwyd yn yr ysgrif nesaf ac ar ddiben ehangach ei ymweliad, sef sefydlu cangen o'r gymdeithas ddarllen gartref ar batrwm yr *Home Reading Union* yn yr Wyddgrug. Y mae 'Ned' yn cloi ei sylwadau trwy addo dweud mwy am 'y gymdeithas ragorol hon – sef Undeb Darllen Gartref'. (J. E. Lloyd oedd 'y Proffeswr Llwyd'. Fe sefydlwyd cangen yn yr Wyddgrug gyda Daniel Owen yn gadeirydd a Hugh Lloyd Parry, athro lleol, yn ysgrifennydd. Dechreuwyd trwy gyfarfod yn bythefnosol, yna newid i gyfarfod yn wythnosol, am 8.30 nos Wener. Y maes llafur yn ystod y tymor cyntaf oedd *Oriau'r Bore* gan Ceiriog a *Hanes y Ffydd yng Nghymru* gan Charles Edwards.)[13]

Wedi bodloni ar baragraff amserol byr yn rhifyn 9 Chwefror y mae 'Ned Huws' yn gwisgo het gartrefol y portreadwr atgofiannol yn y tair ysgrif nesaf, gan roi sylw i bedwar cymeriad hynod, Enoc Evans y Bala, William a Richard Bonner, a Tomos Owen. Cyhoeddwyd yr ysgrifau hyn, wedi golygu ychydig arnynt, yn *Straeon y Pentan*.[14] Yr oedd mwy nag un cyfrannwr i'r *Cymro* wrthi yn adrodd straeon am yr hen amser, a Daniel Owen i'w weld yn gysurus ddigon yn eu canol, ac yn eu hannog i ddal ati 'i adrodd chwedleuon a mân-gofion am hen gonos yr oes o'r blaen'.[15] Y mae cyfraniadau Daniel Owen yn rhagargoel o un wedd o'r hyn a arlwyid yn ei chwedl nesaf, wrth iddo gofnodi straeon (ysmala, gan mwyaf), am hen gymeriadau Methodistaidd (Wesleaid oedd y ddau Fonner), a gwneud hynny mewn ffordd rwydd, ddiweniaith a roddai bwys ar eu naturioldeb ffraeth. Yr oedd eraill wrthi yn cofnodi ambell stori am yr un cymeriadau, ac mae'n amlwg fod Daniel Owen yn tynnu ar stôr o chwedlau a hanesion a oedd yn boblogaidd ar lafar. Wrth drafod Enoc Evans, y pregethwr o'r Bala a oedd yn hoff o adar, dywedir ei fod yn mynnu ymweld â'r 'deryn brith, hoff o'i beint, William Jones, bob tro y deuai i'r Wyddgrug er mwyn dotio at adar hwnnw a'u trafod. (Rhannai Daniel Owen y diddordeb hwn, ac fe gofiai J. Glyn Davies ymweld â'i siop a chael gweld ei adar.)[16] Buasai William Jones farw yn 1873, a chyhoeddwyd pwt o ysgrif goffa iddo yn y *Wrexham Advertizer* ar y pryd, yn yr un cywair â phortread Daniel Owen o Ned Sibian yn 1870, yn crybwyll ei hoffter o'r ddiod a'i gysylltiad ag Enoch Evans; tebyg iawn mai Daniel Owen neu un o'i griw a luniodd yr adroddiad hwnnw.[17]

Tamaid i aros pryd oedd y 'Nodion'. Am chwedl newydd yr oedd Foulkes a'i ddarllenwyr yn dyheu, ac er i'r awdur ddweud ym mis Tachwedd 1892 nad oedd wedi ysgrifennu 'byth air ohoni', dywedasai mewn llythyr cynharach at Foulkes, ym mis Mawrth 1892, ei fod 'wedi ysgrifenu amryw ddesgrifiadau o gymeriadau ac amgylchiadau', ond nad oedd ganddo '*idea* sut i'w cylymu â'i gilydd, nac un dychymyg sut i roi ffurf stori arnynt'.[18] Ond nid oedd yn dda ei iechyd na'i ysbryd, ac mae pedair llinell o gywydd mewn llawysgrif yn crynhoi natur ei hwyliau yn ystod y cyfnod hwn:

Ochain yr wyf heb iechyd
Heb yr un hwyl bron o hyd.
Ochain ac nid heb achos
Mewn pryder yn nyfnder nos.[19]

Ceir tystiolaeth helaethach i'w brudd-der a'i ansicrwydd yn y llythyrau a anfonodd at Isaac Foulkes ac y cynhwyswyd talpiau helaeth ohonynt yn y cofiant.[20] Y mae'n siarsio Foulkes ddwywaith ym mis Chwefror 1893 i oedi rhag hysbysebu'r nofel newydd, gan nad yw eto wedi cael 'gweledigaeth eglur pa fodd i fyn'd mlaen' a'i fod am i Foulkes fwrw golwg ar yr hyn sydd wedi'i gwblhau gyntaf, yn hytrach na phrynu cath mewn cwd. Ar ôl gweld y llawysgrif methodd Llyfrbryf â dal ymhellach a gosodwyd hysbyseb ar dudalen flaen rhifyn 9 Mawrth o'r *Cymro*:

Nofel Newydd gan Mr Daniel Owen. Y mae yn hyfrydwch gennym hysbysu ein darllenwyr y bydd NOFEL NEWYDD o waith AWDUR POBLOGAIDD 'RHYS LEWIS', 'ENOC HUWS' &c yn dechrau yn Y CYMRO yn mhen ychydig wythnosau. Rhoddir y manylion eto.

Yn y diwedd, rhifyn 20 Ebrill 1893 a welodd gychwyn y nofel newydd, 'Gwen Tomos, Merch y Wernddu', ac fe gyhoeddwyd rhannau ohoni yn ddi-dor hyd at 5 Ebrill 1894. Er iddo ddwyn y gwaith i fwcl yn drefnus ddigon ni phallodd cwynion a phryderon yr awdur yn ei lythyrau at Foulkes yn ystod cyfnod y cyhoeddi. Wedi i Foulkes nodi tebygrwydd tybiedig rhwng y llawysgrif a ddarllenodd a *Helyntion Bywyd Hen Deiliwr* gan Gwilym Hiraethog y mae Daniel Owen wedi ei ddiflasu'n lân, 'wedi oeri fy ysbryd gyda'r chwedl', yn ofni y bydd rhai yn ei gyhuddo o lên-ladrad, a hynny ar gam, gan ei fod yn siŵr na ddarllenodd y llyfr arall a bod '*Gwen Tomos*, fel ag y mae a'r peth ydyw, yn eithaf gwreiddiol i mi . . . Onid ydyw bywyd Cymreig yn debyg yn mhob man?'[21] Symol iawn yw ei iechyd yn ystod 1893, ac mae'r llythyr a ddyddiwyd 10 Awst yn dangos nad yw wedi gorffen y nofel, er bod ganddo benodau niferus wrth gefn:

Yr wyf wedi bod yn afiach iawn er's mis; ac yr wyf eto yn wan iawn. Yr oeddwn yn mron a meddwl fod y diwedd wedi dyfod. Yr oedd genyf chwydd mawr a phoen yn fy ystymog, ac yn taflu i fyny yn enbyd. Mae yr olaf wedi peidio a'r chwydd yn graddol leihau. Tybiwn fod y *cancer* arnaf, ac yr oeddwn yn isel iawn fy meddwl. Mae y doctor yn dweyd fod y symtons gwaethaf wedi fy ngadael, ond y cymer amser i mi ddod ataf fy hun. Pe digwyddai rhywbeth yn sydyn i mi, y mae genyf rhyw ddwsin o bennodau yn barod i'r wasg. Ni wn pa bryd y byddaf felly cyn myned trwy y stoc. Mae llawer o waith mendio arnaf, oblegyd yr wyf bron yn rhy wan i ysgrifenu hyn o linellau.[22]

Aeth i Landrindod a'i ffynhonnau yng nghwmni ei hen gyfaill ffraeth John Morgan ddiwedd yr haf[23], ond tywyllu'n dduach y mae ei ffurfafen, fel y tystia'r llythyr a ddyddiwyd 3 Hydref:

Gwellheais ychydig yn Llandrindod; ond wedi dychwelyd daeth yr hen boen i fy ystymog wed'yn. Yr wyf wedi bod dan archwiliad tri o feddygon. Gwnai y tri eu goreu i fy nghysuro; ond pa gysur sydd i'w gael pan mewn poen bron yn barhaus. Rhyngoch chi a fi – nid wyf eisiau ei adrodd – mae arnaf ofn drwy fy enaid fod y *cancer* arnaf. Mae hyny yn difa pob cysur sydd yn y byd i mi, ac yr wyf yn isel iawn fy yspryd. Gwelaf fy hun yn marw fel Cynfaen, druan, yn y dirdyniadau mwyaf, ond heb ei hyder hapus ef.[24]

Bydd y berthynas rhwng cyflwr iechyd y crëwr a natur ei greadigaeth yn fater a fydd yn codi wrth i ni droi yn awr i fanylu ar gynnwys nofel olaf Daniel Owen ynghyd â rhai o'r ymatebion beirniadol iddi.

Mynegwyd y farn eisoes mai mynd ar y goriwaered y mae gyrfa lenyddol Daniel Owen, o ran arwyddocâd y cynnyrch, ar ôl 1891. Tybiaf mai dyma farn y mwyafrif, ond ceir ambell eithriad nodedig, yn arbennig felly Saunders Lewis, a fynnodd mai *Gwen Tomos* yw 'y dawelaf, y sicraf, y llyfnaf . . . o nofelau Daniel Owen . . . Y mae bellach yn feistr arno'i hun ac ar ryddid y nofelydd llawn.'[25] Ym marn beirniaid eraill yr oedd pris i'w dalu am y tawelwch a'r llyfnder hwn. Ni cheir yn *Gwen Tomos*, yn ôl John Gwilym Jones, 'adnabyddiaeth Daniel Owen o gymhlethdod dyn',[26] ac ym marn John Rowlands yr union lyfnder storïol a ganmolwyd gan Saunders Lewis

> sy'n dramgwydd trwy'r nofel. Lle'r oedd y llinyn storïol naill ai'n wan neu'n rhy artiffisial yn y nofelau eraill, a'r thema'n gref, yn *Gwen Tomos* mae'r stori'n llyfnach ac esmwythach ar y cyfan, ond calon ystyrol y nofel yn wag. Mae'r cymeriadau'n fwy unochrog, a'r olwg ar fywyd yn fwy arwynebol.[27]

Gan fy mod yn cytuno â'r dyfarniad hwn fe welir mai darlleniad digon ceidwadol o'r nofel a gynigir ar y tudalennau hyn, heb honni gormod ar ei rhan. Fe gafwyd ymdrechion beirniadol i briodoli i *Gwen Tomos* 'galon ystyrol' lawnach nag a ganfuwyd gan John Rowlands. Fe gyfeirir at rai o'r rheini, ond i'm tyb bu tuedd i ganfod haenau thematig a seicolegol nad yw'r testun yn medru eu cynnal. Ond ni ellir byth lefaru'n derfynol awdurdodol ar waith un sydd, ys dywedodd E. G. Millward ar ddiwedd ei ragymadrodd i argraffiad diweddar o'r nofel, yn 'feistr ar amwysedd creadigol.'[28]

At y chwedl, felly, gan ei rhannu'n bedwar symudiad. Cyflwyno'r prif gymeriadau a'u byd a wneir ym mhenodau 1–10. Y mae'r oriel liwgar yn cynnwys aelodau teulu'r Wernddu, Edward Tomos a'i blant Harri a Gwen, Rheinallt (y traethydd person cyntaf sy'n perthyn i'r teulu hwnnw), Dafydd Ifans y cipar blin, Nansi Rogers neu 'Nansi'r Nant' a'i mab drygionus Twm Nansi (Wil Bryan heb y Saesneg na'r soffistigeiddrwydd), yr Yswain Griffith a'i fab maleisus Ernest (dihiryn y chwedl), ac Elin Wynn, Pantybuarth, ffrind Gwen a'r cysylltiad i'w dwyn at y Methodistiaid. Fe wahaniaethir rhwng *Gwen Tomos* a'r gweithiau eraill am nad yw Daniel Owen yn dewis ysgrifennu am ei gyfnod ei hun. Mynnodd Tecwyn Lloyd iddo gefnu'n llwyr ar ei oes ei hun – 'cefnu ar ei gymeriadau arferol, cefnu ar y dref a chefnu hyd yn oed ar y cyfnod y gwyddai ef orau amdano'.[29] (Â'r beirniad yn ei flaen i ddamcaniaethu'n ddifyr ynghylch arwyddocâd hynny.) Dywed Islwyn Ffowc Elis am *Gwen Tomos*, ei bod 'hithau'n digwydd mewn cyfnod yr oedd Daniel Owen yn rhy ifanc i'w gofio'. Ond mae'n ychwanegu: 'Ac am y brwydrau crefyddol sydd yn y nofel, a hen fywyd hanner-eglwysig, hanner-paganaidd y wlad, oni fyddai Daniel Owen wedi clywed ei ddisgrifio ganwaith gan ei fam a'r hen wladwyr o gwmpas yr Wyddgrug, nes ei fod ef drwy'i ddychymyg effro wedi byw llawer cyn ei eni ef ei hun?' Ateb cadarnhaol a roddem i gwestiwn y beirniad, ond dylem gofio i'r awdur fynnu yn ei air 'At y Darllenydd', a luniwyd ym mis Hydref 1894 cyn cyhoeddi'r chwedl yn llyfr, fod 'y cymeriadau y sonir am danynt yn *Gwen Tomos* yn gyfryw ag y deuthum i fy hun i gyffyrddiad â hwynt yn ystod fy mywyd'. Hwyrach mai'r peth callaf i'w ddweud ar y pen hwn yw bod Daniel Owen yn y nofel hon yn symud i gylchoedd allanol ei brofiad a'i gynhysgaeth. Symud i'r wlad, ond heb adael Dyffryn Alun na'i bobl na'i dafodiaith; symud i fyd y crefyddwyr gwladaidd a gofiai yn ystod ei deithiau i Gyfarfod Misol ac oedfa, symud i'r byd y clywsai gymaint amdano trwy storïau'r amryfal chwedleuwyr a ymgasglai yn yr Wyddgrug, ac yn siop y teiliwr yn benodol. Fe dalai i ni beidio â thynnu ffin rhy bendant rhwng gwlad a thref. Ar ffermydd ar gyrion yr Wyddgrug y gweithiai Daniel i ennill tamaid yn blentyn, ac 'roedd herwhela, gweithgarwch canolog i chwedl *Gwen Tomos*, yn ddiléit a drafodwyd yn gyson gan ynadon yr Wyddgrug, a hynny hyd at ddyddiau llunio'r nofel dan sylw. Wrth drafod *Straeon y Pentan* sylwodd Islwyn Ffowc Elis fod Daniel Owen yn 'mwynhau dweud stori am ddigwyddiad bron gymaint ag yr oedd yn mwynhau portreadu cymeriad'.[30] Ychwaneger wedyn y darnau ysgrifol lle mae'r awdur, trwy'r traethydd, yn dwyn i gof neu'n myfyrio neu'n beirniadu, a dyna nodi'r tair elfen amlwg yng ngwead naratif y nofelydd.

Wrth ddarllen y penodau agoriadol hyn gallwn ddeall beth a olygai Saunders Lewis wrth ganmol meistrolaeth yr awdur ar ei gyfrwng. Cawn argraff sicr o lenor medrus ac aeddfed. Er nad yw'n agor mor ysgytiol ag *Enoc Huws*, y mae'n gafael yn y darllenydd gan wneud iddo ddisgwyl cyffro a digwydd yn hytrach na syniad a theimlad. Eto y mae'r awdur yn ddigon hyderus i beidio â gwneud pob dim ar ras, a chyn cyflwyno digwyddiad canolog y bennod gyntaf am ymladd ceiliogod cawn ei sylwadau ar gyfnewidioldeb rhai agweddau ar foesoldeb cyhoeddus. (Tebyg bod y cyfeiriad at 'y gŵr *mawr* hwnnw, William

Havard', y pregethwr a yfai chwart o gwrw ar ôl cyrraedd ei lety, yn gyfrwng i roi cic i'r llwyrymwrthodwyr a'r Phariseaid yn yr Wyddgrug a feirniadai Daniel Owen am gymryd ambell lasiad.) Cawn ddarlun telynegol hefyd o hen ardd Gymreig mam y traethydd.

Caiff y darllenydd ei wala o gyffro yn y penodau hyn rhwng yr ymladd ceiliogod a'r herwhela, ac mewn cywair cwbl wahanol, ymweliad cyntaf Gwen Tomos â chapel Tan-y-fron, a'i thröedigaeth. Y mae Twm Nansi yn gymeriad rhyfygus a pheryglus, ond atyniadol hefyd, ac mae'n siŵr bod cyffes Rheinallt, ar ôl iddo fod yn ei gwmni pan saethwyd y gath a phan heriwyd y cipar, yn un sy'n cynrychioli barn yr awdur:

> Ni fedrwn yn fy myw beidio edmygu ei feiddgarwch, er fy mod, ar yr un pryd, yn arswydo rhag bod yn debyg iddo. Cyn hyny, nid oeddwn wedi sylwi fod ynof rhyw ddau berson – un am fyn'd ffordd yma, a'r llall ffordd arall. Cefais y teimlad hwn lawer gwaith ar ol hyny.

(Teg ychwanegu na ddatblygir rhyw lawer ar yr elfen hunanddadansoddol hon yn y nofel.) Bu cryn drafod ar le Methodistiaeth yn y nofel, gan ein bod yn gweld y symudiad yn awr yn ei ieuenctid nwyfus, nid yn ei ganol oed parchus a dirywiedig fel yn y nofel flaenorol. Yr oedd atgoffa'r Methodistiaid o'u gwreiddiau arloesol er mwyn ysbrydoli'r to presennol yn rhywbeth a ddigwyddai'n gyson ar dudalennau'r *Drysorfa*, a hynny trwy gyfrwng ysgrifau atgofiannol a nofelau cyfres Roger Edwards ac eraill. (Y mae'r ddegfed bennod yn *Gwen Tomos* yn dwyn i gof 'Yr Oedfa ar yr Heol', pennod agoriadol nofel Roger Edwards, *Y Tri Brawd a'u Teuluoedd*, ac mae'n un o'r enghreifftiau o debygrwydd i olygfa gyfatebol yn *Helyntion Bywyd Hen Deiliwr*. Y mae rhagoriaeth Daniel Owen fel llenor, o ran hygrededd a rhwyddineb ymadrodd, yn amlwg.) Y perygl oedd i'r corff hwn o ysgrifennu fodloni'r awydd am ysgrifau difyr am yr hen amser gynt heb ddwysbigo cydwybod o gwbl. A ellir dweud bod gan Daniel Owen gymhellion ysbrydol, diwygiadol wrth ddarlunio Capel Tan-y-fron a'r hyn sy'n digwydd yno? A ydyw, fel T. Gwynn Jones, y bardd ifanc a oedd yn dechrau gwneud enw iddo'i hun adeg ysgrifennu *Gwen Tomos*, yn beirniadu'r presennol 'y mae'r golau a'r gwirionedd wedi mynd' ohono, trwy droi cefn arno er mwyn darlunio rhyw 'nef a fu'? Ar y cyfan rhaid dweud bod y cofnodi ar hen gymeriadau Methodistaidd yn y nofel hon yn rhan o'r un wythïen hynafiaethol ac atgofiannol sy'n cynnwys gweithgareddau a chymeriadau mwy paganaidd o'r hanner, a sylwer nad yw'r gymdeithas seiadol yn ddilychwin – wedi'r cwbl fel 'cnaf' y cyfeirir at Hugh yn y bennod gyntaf, y gŵr y tybiai Harri nad oedd modd ei freibio oddi ar iddo ymuno â'r seiat. Ond nid dyna'r cyfan sydd i'w ddweud, a bu gan amryfal feirniaid dipyn i'w ddweud am dröedigaeth Gwen Tomos. Y ddadl a apeliodd at ddarllenwyr yr ugeinfed ganrif oedd mai cael ei denu gan harddwch y pregethwr, John Phillips, a wnaeth Gwen. 'Atyniad rhywiol' a ddaeth gyntaf, yn ôl E. G. Millward[31]; 'atyniad corfforol oedd yr hyn a'i sbardunodd gyntaf i droi at grefydd', meddai John Rowlands,[32] ac yn sicr y mae'r testun yn dweud wrthym yn eglur i Gwen edmygu harddwch John Phillips wrth ei weld am y tro cyntaf, ac i hynny o bosibl fod yn fodd i dorri rhywfaint o'i rhagfarn cyn iddi wrando ar ei genadwri. Hwyrach fod darllenwyr diweddar yn ei chael yn anodd amgyffred fod modd i Gwen edmygu pregethwr am ei harddwch corfforol ac iddi gael ei hargyhoeddi'n gwbl ddiffuant gan ei bregeth ond mae realaeth Fethodistaidd awdur *Gwen Tomos* yn medru cyfosod y ddeubeth yn ddidrafferth. Wrth gloi ei adroddiad ar dröedigaeth yr un a ddaeth wedyn yn wraig iddo y mae'r traethydd yn herio sgeptigiaeth wyddonol ac amheuaeth ei oes, neu'n hytrach y mae Daniel Owen yn yr 1890au yn gwneud hynny:

'Nid oedd hyny yn ddim yn y byd,' mi a glywaf rai o bobl ddoeth a gwyddonol y dyddiau hyn yn dweyd, 'ond math o wallgofrwydd crefyddol' . . . Mi wn hyn, na fu Gwen Tomos byth yr un un wedi bod yn gwrando Mr. Phillips yn nghapel Tanyfron. Mewn llai nag un awr cyfnewidiwyd ei holl syniadau, traws-ffurfiwyd ei holl ddybenion, ac yr oedd ei bywyd o hyny allan yn newydd spon. A daliodd ati hyd ddiwedd ei hoes . . . nid wyf yn ceisio esbonio hyn. Ond a ellwch chwi, wyddonwyr, roddi i mi enghraifft pryd y bu gwrando darlith ar un o'ch hoff bynciau yn foddion i newid syniadau, teimladau a chymeriad – mewn gair, i greu un o'r newydd, a'r greadigaeth hono yn parhau hyd angau? A fedrwch chwi roddi enghraifft pryd y bu gwrando un ddarlith yn foddion i gynhyrchu bywyd newydd, dybenion newydd, ac a fu yn ffynonell nerth dan demtasiynau cryfion, a chysur yn yr amgylchiadau mwyaf adfydus?

Clywed llais Daniel Owen, nid Rheinallt, a wnawn hefyd yn y darnau ysgrifol sy'n atalnodi'r stori o bryd i'w gilydd. Ym mhennod wyth, 'Capel Tanyfron' er enghraifft, cawn druth hir ar dwf capeli yn y Gymru ymneilltuol, hynny am resymau digon gwachul yn aml. Y mae'r dull a'r cynnwys yn ein hatgoffa o rai o ysgrifau'r *Siswrn* a rhai o sylwadau 'Ned Huws', a dyma'r elfennau honedig amherthnasol a ddenodd siswrn golygyddion y nofelau yn yr ugeinfed ganrif. Dewisodd Thomas Parry hepgor y darn dan sylw yn ei olygiad ef o'r nofel, yn wir fe droes argraffiad 352 tudalen 1894 yn 259 tudalen yn 1937![33]

Crybwyllwyd tair elfen yn naratif y penodau agoriadol, portreadau, digwyddiadau, sylwadau. Rhaid sôn am un arall, yr un a roes fwyaf o drafferth i'r nofelydd, sef ei ymgais i glymu'r cwbl ynghyd â llinyn storïol. Gwyddom o'i lythyrau at Foulkes, fel y soniwyd eisoes, iddo lunio penodau unigol cyn taro ar chwedl gydlynol. Teimlwn mai ymbalfalu am chwedl o'r fath y mae trwy awgrymu bod dirgelwch rhyfedd yn y berthynas rhwng Nansi'r Nant a theulu'r Wernddu, a thrwy ddyfais ewyllys anesboniadwy Edward Tomos.

Gellir ystyried penodau 11 i 20 yn ail symudiad y nofel, ac mae'r patrwm yn un tebyg i'r hyn a ddefnyddiwyd yn orchestol yn *Rhys Lewis*, sef cyflwyno ymryson corfforol cyffrous (penodau 11–13) ac yna gyfres o ymddiddanion sy'n cyflwyno ymatebion gwahanol gymeriadau i'r helyntion a fu. Rhwng Harri Tomos y Wernddu ac Ernest Griffith y Plas y mae'r gwrthdaro corfforol. Wedi ei hudo gan Ernest i fynd i hela gyda'r gwŷr mawr ar ei geffyl newydd (yn groes i gyngor ei chwaer) caiff ei dwyllo gan yr un gŵr i fentro neidio dros berth lydan, a cholli'i geffyl newydd wrth wneud hynny. Wedi sylweddoli'r twyll, y mae'n bygwth Ernest ac maent yn cytuno i gyfarfod i ymladd â'u dyrnau fore drannoeth. Ar ôl dechrau anaddawol y mae tenant y Wernddu yn rhoi cweir i fab yr Yswain. Y mae'r adrodd yn gelfydd a ffraeth, ac oriel o is-gymeriadau difyr fel Wmffre'r gwas a'r Person yn y cefndir.

Cawn yr ymateb cyntaf yn yr ymddiddan rhwng Gwen a Harri ym mhennod 14. Bu'r bennod hon yn destun cryn ddadlau a dyfalu. Yn ôl rhai beirniaid cyfoes awgrymir perthynas annaturiol, losgachol rhwng brawd a chwaer y Wernddu yn y sgwrs rhyngddynt a chan sylwadau'r traethydd. Y dystiolaeth a gynigir yw trydydd paragraff y bennod, yn enwedig yr ymadroddion 'Cariad at chwaer oedd yn Harri Tomos . . . Hwyrach y coleddai Harri syniadau rhy uchel am Gwen ymhob ystyr', a phrotest Gwen, 'Harri, wyt ti wedi blino arna' i.' Y mae E. G. Millward o'r farn fod awgrym pendant yma o deimladau llosgachol rhwng Harri a Gwen.[34] Mynegwyd y safbwynt hwn ar ei fwyaf eithafol gan R. Elwyn Hughes. Mewn ysgrif llawn honiadau dadleuol dywedir: 'Bu perthynas losgachol rhwng Gwen a Harri ei brawd . . . Wyddai neb am y berthynas hon ond Nansi'r Nant.'[35] Sbardunwyd John Gwilym Jones, am yr unig dro yn ei fywyd, meddai, i ysgrifennu i'r wasg i anghytuno.[36] Dywed iddo fethu â gweld 'fod rhithyn o sail i osodiadau Dr Hughes'. Ym marn John Gwilym Jones 'ymadrodd cyffredinol' yw 'cariad at chwaer oedd yn Harri Tomos', tebyg i 'cariad mam at fab' a 'heb fod arlliw o awgrym rhywiol yn y gair "cariad"'. O ystyried y nofel fel cyfanwaith y mae'r dystiolaeth yn pwyso'n drwm o blaid safbwynt John Gwilym Jones, ond ni ellir gwadu nad oes modd cywain ynghyd ddigon o gyfeiriadau i gyfiawnhau gwneud awgrym pryfoclyd, o leiaf. Y mae'r geiriau a ddyfynnwyd o bennod 14 uchod, er enghraifft, yn dod yn union ar ôl i'r traethydd drafod agweddau ar gariad mab a merch, cariad sy'n arwain at briodas, a cheir cyfeiriadau diweddarach at agwedd eithafol o feddiannol Harri at ei chwaer, agwedd sy'n faen tramgwydd i unrhyw ddarpar garwr. Ac wrth gwrs, os oes gwir yn y stori a ddefnyddiodd Nansi'r Nant i gael arian o groen Edward Tomos, sef bod Gwen yn ferch iddi hi a Twm Nansi'n fab i Edward, ni fuasai perthynas waed rhwng Harri a Gwen o gwbl. Os oedd hi'n fwriad gan Daniel Owen i briodoli i Harri deimladau amgen na rhai brawdol tuag at Gwen, tebyg iddo adael y peth yn fwriadol bryfoclyd o annelwig, yn enghraifft o'r dirgelwch teuluaidd tywyll a geir yn ei brif weithiau i gyd. Rhag ymroi'n ormodol i ddamcaniaethu, y mae angen cofio mai perthynas Gwen â'r Methodistiaid yw prif fater yr ymddiddan ym mhennod 14, a bod hynny, wrth i Gwen gystwyo Harri am ei ymddygiad, yn fodd i'r nofelydd ddwyn ynghyd y byd Methodistaidd yr agorwyd ei ddrysau ym mhenodau 8 i 10 a'r hen fyd digrefydd y mae Harri ac Ernest a'r Person yn ei gynrychioli.

Daw'r ymatebion nesaf i'r ornest yn yr ymddiddan digrif rhwng yr Yswain a'r Person (er na chuddir pechodau'r naill na'r llall ceir portreadau cydymdeimladol ohonynt) ac yna yn yr ymryson bywiog pan yw Gwen yn ceisio dysgu pader i'r Person. Y mae Gwen, fel ei chwiorydd Methodistaidd yn y gweithiau eraill, yn medru ei rhoi hi i'r sawl sy'n gwrthwynebu crefydd brofiadol y seiat. Er bod Mr Jones yn hen foi iawn ym mhethau'r byd, ac er iddo gael llinellau ffraeth a grymus i'w llefaru, cynrychiolydd y werin Anghydffurfiol yr agorwyd ei llygaid a'i meddwl gan ras Duw sydd drechaf. Erbyn adeg llunio *Gwen Tomos* yr oedd mytholeg sylweddol wedi tyfu o gwmpas merch enwocaf y Methodistiaid, Ann Griffiths, ac mae tröedigaeth Gwen yn amlwg yn seiliedig ar ei phrofiad hi, a'r ymryson rhyngddi a Mr Jones yn dwyn i gof y straeon am wrthwynebiad Person Llanfihangel i Ann.

Ond mae'r awdur yn cofio bod i Nansi'r Nant ran allweddol yn ei chwedl, ac fe'i dygir yn ôl i'r llwyfan ym mhenodau 18–19 trwy'r sgyrsiau rhyngddi a Harri ac yna Gwen. Y mae'r ymson mewn tafodiaith yn hen ddyfais hoff gan Daniel Owen, yn ddull portreadol anuniongyrchol a ddefnyddir yn achos Nansi a'r mân gymeriadau a ddaw i'r llwyfan yn ddiweddarach, sef Doctor Huws, Mrs Annwyl ac Edwin. Ceir enghraifft afieithus ar ddechrau pennod 19 wrth i Nansi gynnig sylwebaeth ddeifiol ar ffolinebau a rhagrith ei chymdogion wrth iddynt ei chychwyn hi am y ffair. Dychan hallt a phriddlyd yr anterliwtiau yw hwn, ac nid am y tro cyntaf yn yr astudiaeth hon awgrymir bod dyled Daniel Owen i Twm o'r Nant, y gŵr y byddai gan ei fam linell o'i waith 'i setlo popeth', yn fwy sylweddol nag a dybir:

Ië, dyna Ned, y Weirglodd Ddu, yn myn'd a'r hwch. Mae'i chefn hi cyn feined a llif Jac y saer troliau, fel bydae hi wedi byw ar y gwynt. Pam na werthi di gwrych hi i'r cryddion, Ned? Ho! Ydech chithe, Mrs. Jones, y bîg fain, yn myn'd efo'ch mochyn, yn eich gown du a'ch crêp? Mi fydde'n well gynoch *ch'i*, mi wna lw, daro ar gariad na gwerthu'ch mochyn, madam! . . . A drychwch arni *hi, lady* Hugh! Pwy ddylie, yn y ffair, fod y g'lomen yna, pan fydd hi gartre', mewn baw at ei thòr!

Y mae un ymddiddan arall i'w gofnodi yn y symudiad hwn, sef hwnnw rhwng Gwen ac Ernest Griffith, gelyn Harri. Y mae'r bennod yn cadarnhau safle Ernest fel dihiryn. Y mae wedi rhoi ei fryd ar Gwen, wedi dechrau 'torri i'w chyfarfod' heb ei chaniatâd. Ond fe'i trechir yn foesol gan Gwen yn y bennod hon, fel y'i trechwyd yn gorfforol gan ei brawd eisoes, ac fel y'i trechir am y trydydd tro gan Rheinallt yn ddiweddarach, pan fydd angen i hwnnw ddangos ei fetel.

Gellir dynodi penodau 21 i 31 yn drydydd symudiad y nofel. Y mae'r adran hon yn dechrau gyda'r portread o Robert Wynn, Pantybuarth ac yn gorffen gyda marw Harri Tomos. Er gwaetha'r canmol a fu ar lyfnder y stori, y mae'n anodd canfod patrymau cydlynol sy'n cyfleu datblygiad y chwedl a phrifiant cymeriadau unigol. Ceir tri phrif ddigwyddiad, sef y cyrddau gweddi ym mwthyn Nansi'r Nant, lladd Dafydd Ifans y cipar a diflaniad Twm Nansi yn sgil hynny, a dirywiad alaethus Harri. Helaethir yr oriel gymeriadau trwy gynnwys Robert Wynn, Mrs Annwyl, Doctor Huws ac Edwin. Gan fod Harri a Twm Nansi ar fedr gadael y llwyfan y mae'n ofynnol cryfhau cymeriad a chyfraniad y traethydd o bennod 23, 'Myfi fy Hun', ymlaen. Y mae ceisio myfyrio ar adeiladwaith *Gwen Tomos* yn ein harwain yn ôl at un o ddamcaniaethau Saunders Lewis.[37] Iddo ef, cymdeithas ar chwâl a geir yn y nofel. Y mae hen batrymau'r bywyd gwledig yn garpiau ac ni ddatblygodd y seiat eto yn 'egwyddor gymdeithasol newydd' ar gyfer y 'werin amddifad'. Ym marn Saunders Lewis y mae diffyg datblygiad organig defnyddiau'r nofel yn adlewyrchu'r byd a ddisgrifir.

Yr unig fodd y gellir dal y gymdeithas hon ynghyd a'i dwyn yn gyfan y tu mewn i un ffrâm yw ei threfnu'n orymdaith ar lwyfan atgof . . . Y mae'r method yn gymwys i'r amcan. Bob yn dipyn, yn ddigyswllt, y darlunnir y gymdeithas. Ni all hi ei gweld ei hun yn uned byw oddieithr yn nrych atgofion un o'i aelodau.

'Bob yn dipyn, yn ddigyswllt'; disgrifiad teg o ddull naratif y nofel, yn ddiau. Ond rhaid gofyn a oedd cymhellion llenyddol Daniel Owen mor ymwybodol bwrpasol ag yr awgrymir, ynteu a greodd y beirniad resymau aruchel i egluro'r hyn nad oedd mewn gwirionedd ond yn ddiffyg amynedd a dychymyg ar ran nofelydd blinedig? Nid nad oes yn y penodau hyn ddigon i ddifyrru ac i ennyn ymateb. Y mae'r portread o Robert Wynn (pennod 21, 'Hen Gymeriad') wedi tynnu sylw oherwydd mai canolbwyntio ar ddisgrifiad comig o'r hen flaenor yn siafio a wneir, i gymaint graddau nes i John Rowlands ddadlau nad yw'n ddim ond 'eitem od yn amgueddfa'r oes o'r blaen . . . cymeriad mewn drama gostiwm . . . Ffosil ydyw, wedi crebachu'n grimp.'[38] Digon teg, ond i ni gofio bod yr awdur wedi cael hwyl ysgafn debyg am ben henffasiynoldeb brodyr Robert Wynn yn y gweithiau cynharach, cymeriadau llawer mwy llwythog eu harwyddocâd ym myd-olwg Daniel Owen. Gwir hefyd mai 'achlysur i greu golygfa gomedi'[39] yw'r cyfarfod gweddi yng nghaban Nansi'r Nant, neu enghraifft hwyrach o gofnodi un o'r mynych droeon chwithig ac ysmala a ddeuai i ran y Methodistiaid yn eu dyddiau arloesol ac nad oeddynt yn gyndyn i'w cofnodi, fel y tystiai, er enghraifft, weithiau Edward Matthews a'r gyfrol *Hynodion Hen Bregethwyr Cymru* (1872). Prin bod yna arwyddocâd na newydd-deb mawr i'r math hwn o ysgrifennu. Y mae i'r hanes am saethu'r cipar blin, Dafydd Ifans, ei gynseiliau hanesyddol hysbys. Efallai i'r nofelydd ei seilio ar ei atgofion am lofruddiaeth David Evans, cipar Leeswood Hall ger yr Wyddgrug, a drywanwyd ac a saethwyd ym mis Chwefror 1840.[40] Hwyrach iddo gael ei gymell hefyd gan ddigwyddiad mwy cyfoes, sef saethu cipar yn Llannefydd ym mis Tachwedd 1891, a chyhuddo pedwar o 'ddynion parchus' o'r drosedd.[41] Twm Nansi a amheuir o'r drosedd yn y nofel, ond cyn ffoi o'r ardal y mae'n taeru wrth Harri a Rheinallt nad ef a laddodd Dafydd Ifans. Y mae Wmffre (y gwir lofrudd, fel y datguddir yn ddiweddarach) yn cael ei daro'n wael gan sioc ac euogrwydd, ac yn cael ei anfon adref at ei fam i wella. Gwaethygu hefyd y mae iechyd Harri o ganlyniad i'w fyw ofer, ac ym mhennod 31, 'Harri Tomos', y mae'n marw marwolaeth yr alcoholig, ei gyfansoddiad wedi'i lwyr ddifetha. Peth bregus yw bywyd yn nofelau Daniel Owen, ond mae'n annisgwyl braidd gweld hen gonfensiwn y nofelau dirwest yn ei grym yn ei nofel olaf.

Un o'r pethau a gyfrannodd at fethiant ariannol Harri oedd achos o 'dorri amod' a ddygwyd yn ei erbyn gan ferch a fu'n gweini yn y Bedol. Cyn ei farw y mae tad a thwrnai'r ferch yn ceisio cael mwy allan o'i groen, ond yn cael eu hel oddi yno gan Rheinallt sy'n barod bellach i wisgo mantell rhyw fath o arwr. Yr oedd achosion o dorri amod yn gonfensiynau cyfarwydd yn nofelau'r cyfnod (fel y gwelwyd wrth drafod *Enoc Huws*), ond difyr dyfalu faint o fin personol a oedd yn perthyn i ddefnydd Daniel Owen ohono yn ei ail nofel yn ddilynol. Y mae dyn yn synhwyro bod Doctor Huws, yr hen lanc hoff o bryfocio merched, yn siarad ar ran ei grëwr pan ddywed am briodas ym mhennod 28: 'Ac erbyn i ti feddwl mae o yn beth gwirion i'r eitha yn y rhan fwyaf o gesus – dyn yn cymeryd geneth ddierth, nad ydi yn perthyn dim byd iddo, i'w chadw ac i gael ei hambygio ganddi.' Prin bod cyhoeddiad disymwth a dirybudd Gwen, ychydig cyn marw'i brawd, mai Rheinallt fydd ei gŵr, wedi argyhoeddi'r nofelydd na'r darllenwyr. Tra oedd modd derbyn priodasau cyfleus *Enoc Huws* yn rhan o gorff cytbwys a sylweddol, yma y mae dyn yn amau mai stryffaglu am ryw ffordd i yrru pethau ymlaen y mae'r awdur. Nid yw symudiad olaf y nofel, penodau 32 i 48, penodau sy'n troi o gwmpas perthynas a helyntion Rheinallt a Gwen, yn gwneud dim i newid ein meddwl.

Ceir yn y penodau hyn faint a fynner o 'ddigwyddiadau cyffrous', ond llai o lawer o wir gyffro llenyddol nag a gafwyd yn y gweithiau blaenorol. Y mae'r hanes yn cynnwys trechu Ernest gan Rheinallt, y disgyblu yng Nghapel Tan-y-fron, dyfodiad Mr Thompson a'r holl ddadleniadau a ddaw yn ei sgil, yn eu plith atal priodas Ernest ac adfer enw Twm Nansi, darganfod yr aur, cyffes gwely angau Wmffre, yr ymosodiad ar Rheinallt, yr ymfudo i'r Amerig a'r trafferthion sy'n dilyn. Ar yr wyneb dyma chwedl boblogaidd yn carlamu'n hyderus at esgynneb o ddiweddglo. Ac eto teimlir bod rhyw symudiad arall yn tynnu'n groes i fomentwm y naratif, neu hwyrach yn cael ei guddio ganddo. I'm tyb i, nid argraff o awdur yn llywio'i greadigaeth ddychmygus at ddiweddglo buddugoliaethus a gawn o gwbl, ond yn hytrach o nofelydd sy'n blino ar ei nofel ac yn mynnu ei dwyn i ben, doed a ddelo. Tystio i feddylfryd felly y mae'r modd y mae cynifer o'r cymeriadau yn cael eu symud o'r llwyfan, fel gwerinwyr o'r bwrdd gwyddbwyll, ac fel arfer gan farwolaeth, yn ystod y penodau hyn. Dianc a wna Ernest, wedi i'w wir ysgelerder ddod i'r amlwg, marw a wna ei dad, Nansi'r Nant, Wmffre, Robert Wynn, Ann y forwyn a Gwen

Tomos hithau. Pan yw pasiant y nofel drosodd, nid erys ond y traethydd (Rheinallt/Daniel) yn ei unigrwydd prudd i gynnig moeswers.

Unwaith eto ceir yn y penodau olaf hyn olygfeydd a phortreadau ac ymsonau i'w mwynhau, er na fydd y darllenydd cyfarwydd â'r awdur yn cael yma fawr ddim newydd. Y mae'r darlun o'r cymeriad Methodistaidd, Lewis Jones, yn mynd dros dir cyfarwydd iawn, ac mae'r awdur yr un mor hoff o'i bortreadau anfethodistaidd, Doctor Huws, er enghraifft, y telir gwrogaeth nodweddiadol iddo ym mhennod 46 am 'ei fedrusrwydd, ei greadigrwydd a'i synnwyr cryf a'i ddiragrithrwydd'. Ond nid yw gafael yr awdur mor argyhoeddiadol pan yw'n ymdrin â'r digwyddiadau mawr, ac mae'r mân gymeriadau yn llwyddo'n well o lawer na'r prif gymeriad honedig, Gwen Tomos, am nad amcenir iddynt fod yn ddim mwy na phortreadau statig, diddatblygiad. Anfoddhaol a chwithig yw penderfyniad Gwen i briodi Rheinallt, er ei fod yn ddibroffes, ac i awgrymu cyfaddawd a fydd yn plesio'r seiat. Nid yw ei pharodrwydd ysgafnfryd, diwewyr i 'ieuo'n anghymarus' trwy briodi rhywun o'r tu allan i'r seiat yn gyson â Methodist tanbaid rhan gyntaf y nofel. Alla' i yn fy myw ddeall dadl y beirniaid hynny sy'n mynnu bod Gwen yn gryfach cymeriad na Susi Trefor. Y mae'r chwiw ymfudo sy'n gafael yn Rheinallt yr un mor ddiargyhoeddiad ac nid yw rhyfedd yn y byd i Isaac Foulkes ofyn i'r nofelydd ailysgrifennu'r diwedd cyn i'r penodau olaf ymddangos yn *Y Cymro*. 'Gofynwn iddo beidio dybenu ei nofel *Gwen Tomos* mor ffrwt,' meddai Foulkes yn y cofiant,[42] ond mae'r ymateb a gafodd ym mis Chwefror 1894 yn dweud y cwbl am gyflwr meddwl Daniel Owen a'i agwedd at y chwedl:

> Nid allaf weled fy ffordd i gyfarfod eich cais. Wedi ysgrifenu y 45 pennod o *Gwen Tomos*, collais bob dyddordeb ynddi. Yr oedd hyny i'w briodoli yn ddiamheu i ystad fy iechyd – yr hyn a effeithiai ar ystad fy meddwl. Byth er pan gefais yr *influenza* yn nghanol yr haf yr wyf wedi bod mewn helbul beunydd gyda fy ystymog. Yr wyf yn cael fy mlino yn enbyd gan ddiffyg treuliad yr wythnos hon, ac wedi bod yn isel iawn fy ysbryd. Cefais golledion mawr yn fy masnach yn ystod y chwe' mis diweddaf, ac ni ddarfu hyny leihau dim ar fy ngofid . . . Yr wyf yn awr ar fedr gwneud bargen â Mr. H., G—, am y *copyright*, [Hughes, Wrecsam, ei gyhoeddwr] a cheisio cael ganddo gymaint a allaf am dano. Diolch i'r nefoedd am nad yw yn deall Cymraeg, neu ni chawn fawr am *Gwen*, druan . . . Fe ddylai dalu, felly, yn symol am *Gwen*, er saled ydyw, ac y mae arnaf finau angen am y pres. Fe synech gymaint wyf wedi ei golli mewn *bad debts* yn y deunaw mis diweddaf.[43]

Dyfynnwyd yn helaeth o'r llythyr hwn am fod yr hyn a ddywedir yn cadarnhau'r dybiaeth mai'r elfennau mwyaf diddorol ym mhenodau olaf y nofel yw'r rhai hunangofiannol, pan yw'n amlwg bod Daniel yn llefaru trwy Rheinallt. Y mae araith Doctor Huws ar ddiwedd pennod 40 yn cyfeirio at ddau beth y gwyddai'r nofelydd yn dda amdanynt, sef drwgddyledwyr ('Am *bad debts*, 'does dim isio i ti sôn am rheiny – teilwriaid a doctoriaid ŵyr am rheiny') ac un afiechyd penodol, sef torri *blood vessel*. Ysbryd prudd Rheinallt ar ddiwedd y nofel yw'r cyfatebiaeth fwyaf trawiadol, gyda'r traethydd yn gorfod adlewyrchu cyflwr nofelydd sydd wedi diflasu ar ei greadigaeth ac yn cael ei dynnu i'r dyfnderoedd gan ei afiechyd. Y mae manion hunangofiannol eraill i'w crybwyll; gwyddom o dystiolaeth lafar a gasglodd T. Ceiriog Williams yn yr Wyddgrug gan un a gofiai Daniel Owen ei fod yn galw yn rhai o dafarnau'r dref yn y cyfnod hwn i chwilio am ddeunydd i Ned Huws a *Straeon y Pentan*.[44] Y mae hynny'n goleuo'r olygfa ar ddiwedd un y nofel pan yw Rheinallt, ar ôl dychwelyd i'w gynefin, 'o gywreinrwydd' yn troi i mewn i'r Bedol ac yn synnu bod yno cyn lleied o wynebau cyfarwydd. Gwyddys hefyd fod ymlyniad Rheinallt wrth hen gadair freichiau ei fam yn adlewyrchu ymddygiad Daniel.

Ar y cyfan, rhaid derbyn bod sylwadau dibrisiol Daniel Owen am ei nofel olaf yn brawf o ddirnadaeth feirniadol gywir lawn cymaint ag iselder ysbryd, ac nad argyhoeddwyd y nofelydd yn llawn gan ei nofel ei hun. Yn fy marn i lluniodd yr awdur hunanasesiad gonest a chywir na lwyddodd dehonglwyr mwy uchelgeisiol y blynyddoedd diwethaf i'w ddirymu. Ond os oes rhagor rhwng seren a seren mewn gogoniant, cofier bod *Gwen Tomos*, o syllu arni yn ffurfafen ffugchwedlau Cymraeg eraill ei chanrif, yn seren ddisglair iawn.

Er gwaethaf popeth a ddywed am gyflwr ei iechyd corfforol a meddyliol y mae gyrfa lenyddol Daniel Owen, yr ysgrifennu a'r cyhoeddi, ynghyd â'i waith fel cynghorwr lleol ac yn ddiweddarach fel ynad heddwch a chadeirydd y fainc, yn mynd yn ei flaen yn egnïol ddigon i bob golwg ar ôl cyhoeddi pennod olaf *Gwen Tomos*. Fe gyhoeddodd 'Ned Huws' ei nodion dair wythnos yn olynol rhwng 19 Ebrill a 3 Mai 1894, a materion cyfoes sydd dan sylw. Y mae'r ail gyfraniad, a phwt ar ddiwedd y cyntaf, yn cynnig sylwebaeth ffraeth ar bynciau gwleidyddol cyfredol, hynny'n ein hatgoffa na ddewisodd Daniel Owen wneud defnydd o'i brofiadau a'i ddiddordeb ym myd gwleidyddiaeth yn ei nofelau. Hwyrach fod prif ran y cyfraniad cyntaf, 'Yn y Capel', yn esbonio pam, ac yn ein hatgoffa o flaenoriaethau'r nofelydd Methodistaidd hwn. Y mae'r ysgrif hefyd yn arwyddocaol o

safbwynt cofiannol; synhwyrir bod tuedd neu awydd i gredu bod Daniel
Owen yn graddol gilio oddi wrth grefydd yn ystod blynyddoedd olaf ei
oes, gan ei fod yn cyhoeddi mewn cylchgronau seciwlar ar ôl marw
Roger Edwards, yn troi i mewn i'r tafarnau, ac yn suddo, yn ôl un o'i
ddarllenwyr craffaf, Glyn Tegai Hughes, i 'ddyfnderoedd prudd-der ei
anallu i uniaethu mwyach â sicrwydd a gobaith y seiat'.[45] Y mae'r pethau
hyn yn ddi-os yn arwyddocaol, ac 'roedd anniddigrwydd ysbrydol yn
rhan o'i iselder. Os cawn ddefnyddio iaith y seiat am ychydig, tybiaf mai
Cristion wedi oeri, Cristion sydd wedi gwrthgilio ac wedi colli ei
dangnefedd i fesur yw Daniel Owen yn ystod ei flynyddoedd olaf, ac yn
hynny o beth nid oedd yr oeri a'r dirywio cyffredinol a ddisgrifiasai yn ei
weithiau yn help o fath yn y byd iddo. Y mae'n amheus gennyf i faint o
'sicrwydd a gobaith y seiat' a fyddai ar ôl ym Methesda i'w gysuro erbyn
1890, ond dengys rhai o'r penillion a geir yn ei lawysgrifau ei fod yn
ymwybodol o'i gyflwr ac yn hiraethu am adferiad. Ceir y penillion rhydd
a chaeth hyn mewn llawysgrif y gellir mentro dweud ei bod yn perthyn i'r
1890au, gan ei bod yn cynnwys darn o *Gwen Tomos* yn ogystal:[46]

> O fy Arglwydd! beth yw'r achos
>   Pan at angau rwy'n nesâu
> Fod fy ffydd a fod fy ngobaith
>   Fod fy hyder yn pellhau?
> Arch i'r wawr i dori arnaf
>   Arch i'r nos i gilio draw
> A thywynned Haul Cyfiawnder
>   Ar fy enaid llawn o fraw.

> O tyred Iesu tirion – i'r amlwg
>   Er amled f'amheuon
> Dyro ffydd y grefydd gron
> Eilwaith i godi nghalon.

> Ni chês awr o'i chysuron – enyd hir
>   O! nad âi hi weithian
> Yn oleu ar fy nghalon
> Golau ffydd y grefydd gron.

> Am grefydd o newydd mi wnaf – ddiwyd
>   Weddio tra byddaf.

Dyma'r dyn sy'n ymgysuro yn yr ysgrif 'Yn y Capel' ei bod hi'n arwydd
da ei fod 'wedi cael ac yn parhau i gael mwy o fudd a gwir bleser yn y
capel nag yn un man arall dan dywyniad haul'. Ond nid yw'r dyn sy'n
ymddiried yn 'ffydd y grefydd gron' eilwaith i godi'i galon, ddim yn
hapus â'r hyn a bregethir o'r pulpud Methodistaidd nac â'i effeithiau.
Nid oes yna bregethu efengylaidd, ac ni chlywodd 'er's amser maith
bregeth â'i hamcan penaf i gyffroi a deffro yr anghredadyn' a bellach 'y
mae gweled un yn "aros ar ôl" yn ffrwyth y weinidogaeth gyffredin yn
beth eithriadol iawn'. Ac fe geryddir rhyw 'M.A.' a ddarllenasai ei
bregeth 'drwy ei sbectols' i gyfeiliant rhyw ystumiau *unreal* ac
annaturiol'. Pam y mae hyn yn poeni gymaint ar Daniel Owen yn 1894,
pan nad yw ei dŷ ef ei hun fel y dylai fod gyda Duw? Y mae'r ateb yn
syml – am ei fod yn cofio'r dyddiau pan oedd pethau mor gwbl wahanol
ac am nad yw wedi colli'r peth byw a brofodd bryd hynny, 30 mlynedd
ynghynt:

> Gyda hiraeth mi a welaf Henry Rees, yn y flwyddyn 1864, yn sefyll yn
> nghanol y pwlpud a dwy aber o chwys yn rhedeg i lawr ei gernau glân a
> phrydferth – yn edrych o'i gwmpas, a thragwyddoldeb yn fyw yn ei lygaid
> tanbaid – 'Bechadur anwyl!' ebai fe, 'wyt ti'n meddwl mai er mwyn y
> cyflog y dois i yma? Os felly, gwae fi! Wyt ti'n meddwl mai i dy entertainio
> – i dy ddifyru di y dois i yma? Mae tragwyddoldeb yn rhy agos i ryw
> waith felly! Na, dwad yma ddaru mi, Duw a wyr! I dreio dy berswadio di
> i gredu yn Nghrist, a mi elli, yn y sêt ene, rwan, yn dy lygredigaeth, yn dy
> fudreddi, drwy gredu yn y Ceidwad, roi mwy o ogoniant i Dduw nag a
> fedraset ti bydase ti rioed heb bechu!

Y mae cyfraniad olaf Ned Huws (3 Mai 1894) yn cynnwys teyrnged i
'[g]weithgarwch, amlochredd a thoraeth y gŵr mwyn o Lanuwchllyn',
sef O. M. Edwards ac yn crybwyll llwyddiant rhyfeddol *Cymru* a'i
gylchgrawn newydd *Wales*. Cyhoeddasai Daniel Owen ysgrif fer yn
Cymru eisoes a gwyddom fod O.M. wedi bod yn ei boeni am fwy.[47] Ar
dudalennau un arall o gylchgronau'r golygydd toreithiog, *Cymru'r Plant*,
y dewisodd Daniel Owen gyhoeddi ei gyfres, 'Ystraeon F'ewyrth Edward'
(sef naw o *Straeon y Pentan*) yn fisol rhwng Gorffennaf 1894 ac Ebrill
1895.

Cyfeiriwn eto at yr atgofion a gadwyd ar dâp, diolch i sêl T. Ceiriog
Williams. Un o'r bobl a holwyd oedd Mr Evans o Faes-y-dre, a anwyd yn
1882. Y mae hwnnw'n cofio rhedeg am neges i Daniel Owen a chael
dimai am y gymwynas ('a ha'penny was a lot in them days'), y mae'n ei

gofio yn cicio pêl gyda'r bechgyn yn y stryd, ond o ddiddordeb neilltuol i ni yw'r ateb a roddodd i Ceiriog Williams pan ofynnwyd iddo a wyddai lle y cafodd Daniel ei straeon:

> Going into these public houses. My old dad and all my uncles . . . I used to listen to them talking in the house . . . Old Daniel's been yonder again after his tales. They knew what he was after like, some of them got to know so that one 'd tell a tale and another 'd tell a tale and poor old Daniel he was jotting it all down . . . in the Mostyn Arms, The Blue Bell Maesydre and the Drovers . . . he used to go up town occasionally, have his glass of beer.[48]

Er nad oes raid derbyn dilysrwydd y cyfan a ddywedir, yn enwedig yr argraff a roddir o'r awdur fel rhyw greadur diniwed o hygoelus a gredai bopeth a glywai, y mae'n ymddangos i Daniel Owen geisio chwyddo'i stoc o straeon trwy'r ffynonellau llafar hyn. Ffurf y stori lafar a ddefnyddiodd yn sicr, heb ymgais i ddatblygu addewid 'Yr Ysmygwr' ar hyd llwybrau'r stori fer lenyddol. Y mae'r penderfyniad i gyhoeddi yn *Cymru'r Plant* yn arddangos agwedd ddiymhongar at y cynnyrch ynghyd â sel dros ddarparu deunydd difyr i genhedlaeth iau, ac er mwyn apelio at y to ifanc yr aeth i fyd yr hen ymladdwyr yn y stori gyntaf, 'Nid wrth ei big y mae prynu cyffylog', stori am focser enwog o'r Wyddgrug, Twm Cynah. Er bod rhywfaint o gyffro yn perthyn iddi ychwanegir moeswers amlwg hefyd. Y mae'r cyfeiriadau at gyfoeswyr Twm Cynah ymhlith y Saeson yn ein rhybuddio ni i beidio â cheisio dyddio cefndir y straeon, na *Gwen Tomos* o ran hynny, yn rhy fanwl. Wrth sôn am ei blentyndod yng Nghefnmeiriadog, dywed F'ewyrth Edward,

> Er nad oedd un ohonom yn darllen papur newydd, yr oeddym yn dyfod i wybod rhywfodd am yr ymladdfeydd yn Lloegr a Chymru, ac mewn hanes yr oeddym mor gydnabyddus â Bendigo Caunt, Tipton Slasher, Tom Spring, Welsh Jim, a Thwm Cynah, ag y mae bechgyn yr oes hon ag enwau Owen Thomas, John Thomas, a phregethwyr mawr eraill.

Ond nid oedd yr ymladdwyr hyn i gyd yn gyfoedion. Yr oedd Tom Spring (1795–1851) yn nyddiau ei nerth yn hanner cynta'r 1820au, ac fe ymddeolodd yn 1824. Ond byddai Daniel Owen yn cofio'r siarad am yrfa William Perry, 'The Tipton Slasher' (1819–1881) a oedd yn un o brif ymladdwyr pwysau trwm Lloegr yn ystod yr 1840au a'r 1850au.)[49] Straeon ysgafn nad ydynt fawr mwy nag anecdotau estynedig a gafwyd weddill y flwyddyn yn *Cymru'r Plant*, sef 'Het Jac Jones' (lle cyfeirir at 'ffactri gotwm' yr Wyddgrug, rhan o'r tirlun diwydiannol na chafodd sylw cyn hyn), 'I'w ysgwyd yn dda', 'Ci Hugh Burgess', 'Tomos Mathias' ac 'Ysbryd y Crown'.

Cyn gadael 1894 y mae modd olrhain mwy ar helynt a hwyliau Daniel. Buasai'n aelod o fwrdd lleol yr Wyddgrug er 1889, yn mynychu'r cyfarfodydd a'r is-bwyllgorau yn ffyddlon ac yn ôl y cofnodion yn cymryd rhan ddigon gweithgar yn y trafod a'r cynnig.[50] Gydag ad-drefnu llywodraeth leol ddiwedd 1894 ceisiodd am le ar Gyngor Dinesig Rhanbarth yr Wyddgrug, a llwyddo, yn drydedd ar y rhestr. Y mae'r daflen etholiadol ffraeth a gynhyrchodd i'w dosbarthu i'r etholwyr yn haeddiannol enwog. 'Wedi byw yn eich mysg fy holl oes dylech wybod rhywbeth am danaf' yw ei neges i'w gyd-drethdalwyr, ac felly nid yw'n bwriadu eu canfasio, dim ond tynnu sylw at un pwnc amserol, sef hawl y gweithiwr i gadw mochyn, hawl a fygythid gan y symudiadau newydd ym maes iechyd a glanweithdra. A rhoddir cwestiwn i'r etholwyr 'sydd yn perthyn i'r Dosbarth Gweithiol, fel fy hunan' ei ofyn i'r ymgeiswyr, a hynny ar ffurf cwpled, 'A wyt ti'n dyfal dal yn dyn / Mai iachus yw cadw mochyn?' Anogir yr etholwyr i beidio 'a gwrando ar ddyeithriaid dibrofiad', ond i gofio yn hytrach 'hen air ein cyn-dadau: – "Mae nhorob dda, a ham,/ Yn nhop y tŷ'n gytun;/ A llwyth o datws yn yr hog/ Yn hendwr i bob dyn"'. Yr oedd y daflen Saesneg gyfatebol yn cynnwys mwy o destun, ond yn trin yr un pwnc:

> I do not believe in a sanitarian who enjoys his bacon for breakfast and smells a pigstye a mile off. In the Local Board I have advocated, almost single-handed, that every cottager ought to have the privilege of keeping a pig, provided he keeps the '*cut*' clean. The pig is not only the working-man's bank, but his delight also.

Dyma ailadrodd pregeth Thomas Bartley yn *Enoc Huws* wrth gwrs, ac enghraifft ddiddorol o'r modd y ceisiai Daniel Owen gadw'r ddysgl yn wastad rhwng yr hen a'r newydd, cadw'r arferion brodorol ochr yn ochr â gwelliannau a 'chynnydd' yr oes. Er ei fod yn cymeradwyo *Drainage Scheme* yr hen fwrdd lleol, dywed fod yn rhaid pwyllo wrth ei weithredu gan fod yr hinsawdd ariannol yn y dref yn wael.

Er gwaethaf yr argraff a rydd Daniel Owen yn ei daflenni etholiad ei fod uwchlaw canfasio a phethau tebyg, byddai'n amhosibl iddo ymatal rhag ceisio gwneud lles i'w achos ac amddiffyn ei enw yn wyneb ymgyrchoedd ymgeiswyr eraill. Yr oedd tuedd ynddo hefyd i fod yn

fyrbwyll a phigog ei ymddygiad a'i eiriau, fel y tystia'r llythyr a anfonodd
at ryw 'Mr. Williams' ar 22 Rhagfyr 1894 yn ymddiheuro am ymddygiad
o'r fath tuag at rywun o'r enw Rowe.[51] Yr oedd wedi cael ar ddeall fod y
gŵr hwn wedi ceisio gwneud drwg i'w achos ym Maes-y-dre, ac yng
ngeiriau'r llythyr 'I wrote a very nasty note to him'. Deallodd wedyn iddo
gamfarnu'r sefyllfa a dywed 'I have apologized for my rashness'. Y mae'n
bosibl mai'r etholiadau lleol oedd y cefndir i gamddealltwriaeth
letchwith rhyngddo a chyfaill arall, 'Mr. Jones', a dderbyniodd lythyr
dyddiedig 15 Tachwedd 1894.[52] Gwelir yma ymgais agored ac unplyg i
ganfod beth yn union yw'r drwg yn y caws, ond 'roedd perygl, siŵr o fod,
i ambell grafiad ysgafn wneud mwy o ddrwg nag o les:

Annwyl Mr. Jones,
Mae eich dyeithriwch yn peri i mi feddwl fy mod mewn rhyw ffordd neu
gilydd wedi eich tramgwyddo. Wedi i chwi fod yn arfer galw yma unwaith
a dwywaith yn yr wythnos ac ar unwaith yn cadw i ffwrdd, ac nid yn unig
hynny ond yn gofalu am gerdded yr ochr arall i'r heol, mae hyn yn fy
ngorfodi i feddwl fy mod wedi troseddu yn eich erbyn . . . Efallai fy mod
yn camgymeryd ond nid wyf fi yn gwybod i mi wneud dim i fod yn
rheswm digonol am y gwahaniaeth yn eich ymddygiad. Ac hyd yn nod pe
buaswn wedi gwneud yr hyn na ddylaswn – oblegid nid wyf yn berffaith
mwy na chwithau – buaswn yn disgwyl i chwi ddyweyd wrthyf . . . Ni
ddymunwn ar un cyfrif feddwl eich bod yn ddyn od, llawer llai eich bod
yn gwneud dim heb reswm drosto. Hyderaf, a gwn ran hynny, nad ydych
yn credu pob peth a glywch mwy na minnau, onide buasai raid i mi gredu
pethau pur chwithig am fy nghyfeillion penaf, a chwithau yn eu mysg.

Etholwyd Daniel Owen yn gadeirydd y cyngor newydd, ac yn rhinwedd
y swydd honno yn Ynad Heddwch, cam a oedd wrth fodd gohebydd *Y
Cymro* (Foulkes, debyg) a fynnodd mai 'dyma'r sort o ynadon heddwch
ddylem gael; ac nid rhyw benebyliaid dyeithr â'u holl synwyrau yn eu
llogellau. Llwyddiant, llawnder ac iechyd i Mr. Daniel Owen, Y.H.'.[53]
    Yr oedd troi yng nghanol pobl yn gwneud lles i enaid a dueddai at
bruddglwyf ac iselder, fel y canfu Enoc Huws, ac 'roedd y gwaith gyda'r
Gymdeithas Ddarllen wedi mynd o nerth i nerth ers sefydlu'r gangen;
ddechrau Rhagfyr fe drefnwyd gwibdaith i blas Gwysane, tua milltir a
hanner o'r Wyddgrug, a chartref casgliad o lawysgrifau Cymraeg
gwerthfawr, yn eu plith Lyfr Llandaf ac eitemau'n ymwneud â William
Salesbury a Richard Davies. Nid yw Daniel Owen yn canmol ei iechyd
yn y llythyr a anfonodd at Foulkes yn ei wahodd i ymuno â'r cwmni

('Cwla arw ydwyf fi, ond mi dreiaf fendio tipyn erbyn dydd Iau'),[54] ond derbyniodd Foulkes y gwahoddiad a llunio adroddiad sylweddol yn *Y Cymro* yn cofnodi'r cyfarfod hynod a dymunol rhwng gwreng y dref (tua deugain o aelodau'r dosbarth, 'rhan fach ohono') a bonedd Gwysane, yr Yswain Philip Bryan Davies Cooke a'i deulu, a ddarparodd de i'w hymwelwyr ar ôl iddynt gael golwg ar drysorau'r llyfrgell.[55] Fore Nadolig aeth Daniel Owen am dro ar ei ben ei hun i gyfeiriad Gwernymynydd. Wrth ymyl lle o'r enw Preswylfa, gwrandawodd ar yr adar yn canu, ac o'i fyfyrdod daeth y gerdd olaf o bwys, 'Ymson Bore Nadolig 1894'.[56] Bardd cyffredin ydyw hyd y diwedd, er i'r gerdd fach foeswersol hon, lle mae'r bardd yn cael ei ddysgu gan yr adar ar fore anhymhorol o fwyn mai 'ein dyled ydyw canu / Pan y caffom dywydd braf', ennill poblogrwydd fel darn adrodd. O safbwynt cofiannol y tri phennill cyntaf cyffesol gan fardd trist a hiraethus sydd o ddiddordeb, gan eu bod yn gwirio'r hyn a ddywedodd ei gyfeillion a'i gofianwyr am ei bruddglwyfni, ac yn taro'r un tant ag a glywir yn rhai o'r pytiau dadlennol a geir yn y llawysgrifau. Y mae 'trwm hiraethus ddrychfeddyliau' yn pwyso arno, sef yr hiraeth am 'hen gyfoedion / Hawddgar, tirion' fu'n mynd gydag ef i'r 'Cyfarfod Mawr', sef cyfarfod cystadleuol Bethesda, y cyfarfod y disgleiriasai Daniel ynddo fel areithiwr o athrylith flynyddoedd lawer ynghynt:

> Prin y gelli alw heddyw
>   Neb sydd iti yn *hen ffrynd!*
> Megys doe 'roedd iti lawer
>   Alwet yn gyfeillion cun,
> Heddyw'r ydwyt wedi d'adael
>   Bron yn hollol i dy hun!

> Ni ddaw un o'th hen gymdeithion
>   Efot i'r 'Cyfarfod Mawr';
> A pha les, pa fudd, pa bleser
>   Iti hebddynt sydd yn awr?
> 'N union deg y cludir dithau
>   I'r oer fangre lle maent hwy –

> Ni bydd neb a gofia'th enw
>   Na dy hanes yn y plwy'.
> Tor dy galon – sydd ar dori –
>   Dos i lawr y llwybr du;

Mwy yw nifer dy gymdeithion
'R ochr draw nag yma sy'!

Ffordd arall o fynegi'r hiraeth oedd dathlu'r hen ddyddiau trwy gyhoeddi mwy o straeon a defnyddio'r dychymyg i fywhau'r meirw. Aeth y gyfres yn *Cymru'r Plant* yn ei blaen yn ystod misoedd cyntaf 1895, gyda chyhoeddi 'William y Bugail', 'Fy Anwyl Fam fy Hunan' a 'Rhy Debyg'. Y ddifyrraf o'r rhain yw 'Rhy Debyg', lle mae'r traethydd yn adrodd ei hanes yn gweld ei *doppelgänger* yng Nghroesoswallt ac yn cael ei gyhuddo o drosedd wrth gael ei gamgymryd amdano. Daw popeth i'w le yn y diwedd wrth iddo ganfod mai ei gefnder yw'r dyn sy'n peri'r dryswch, ond ceir awgrym yn y stori yma, ac mewn straeon eraill a gyhoeddwyd yn y gyfrol, y gallasai Daniel Owen fod wedi dilyn trywydd mwy iasol a dychmygus yn null Edgar Allan Poe neu Arthur Conan Doyle. Y mae'n debyg iddo lunio'r straeon nas cyhoeddwyd mewn cylchgronau (hyd y gwyddys) yn ystod 1894–5. Lluniodd ei air 'At y Darllenydd' ym mis Mai 1895 a chyhoeddwyd *Straeon y Pentan* yn gasgliad o bedair stori ar bymtheg. (Swllt oedd pris y gyfrol.) 'Oherwydd fy mod wedi cyhoeddi amryw nofelau', meddai yn y rhagair, 'hwyrach y dylwn ddweud mai straeon *gwir* ydyw'r rhai hyn.' Gwir i'r graddau ei fod yn sôn am gymeriadau go iawn wrth eu henwau, yn hytrach na chynnig dehongliad fymryn mwy dychmygus ohonynt. O blith y straeon nas crybwyllwyd y mae dwy yn adrodd hanes y diniwed yn cael eu cyhuddo ar gam o dwyllo, sef 'Y Daleb', a oedd yn seiliedig ar hanes lleol adnabyddus, ac 'Y Gweinidog', stori sy'n cofnodi dichell gwraig yn ei hymgais i rwydo gŵr, stori a fagodd ddigon o archwaeth yn Islwyn Ffowc Elis iddo fethu peidio 'â meddwl am y nofel gyflawn nas cafwyd'.[57] Peth taclus iawn fyddai gallu profi mai 'Hen Gymeriad' oedd y darn olaf i Daniel Owen ei ysgrifennu, gan ei fod yn dychwelyd at 'Ned Sibion', testun y portread Saesneg yn y *Mold and Denbigh Chronicle* ar ddechrau ei yrfa yn 1870. Er mai cofnodi straeon digrif am y diniweityn nad oedd 'yn ben llathen' a wneir yn 'Hen Gymeriad', y mae'r agwedd yn llai nawddoglyd wawdlyd nag ydoedd chwarter canrif ynghynt a'r hiraeth ar ôl un o'r 'hen garitors rhyfedd' i'w weld yn ddiffuant.

I'w gymdogion a'i gydnabod yr oedd Daniel Owen yntau bellach yn dipyn o 'garitor' mewn gwirionedd, yr hen lanc o deiliwr a enillodd fri cenedlaethol fel nofelydd, gan anfarwoli ei dref a'i phobl yn ei waith. Cyn cofnodi'r hyn sy'n wybyddus am fisoedd olaf ei fywyd y mae'n briodol oedi gydag enghreifftiau o atgofion eraill amdano tuag at ddiwedd ei oes. Wyth oed oedd Morfudd Jones pan fu farw Daniel

Owen ond gan ei bod yn byw drws nesaf iddo yr oedd yr hyn a welodd
llygaid plentyn yn fyw iddi pan holwyd hi gan Ceiriog Williams
flynyddoedd lawer yn ddiweddarach: 'Cofiaf ei weld yn yr ardd, yng
nghefn y tŷ, yn cerdded i fyny ac i lawr yn edrych yn wael ac yn ddistaw.
Mae'n siŵr ei fod yr adeg yma yn gwanychu o ran iechyd.'[58] Ei gofio yn
eistedd 'yng nghefn y capel yn wastad, am ei fod o dipyn yn *nervous*' a
wnâi 'Miss Jones' wrth ei holi gan Ceiriog Williams. I honno y
gofynnwyd y cwestiwn llwythog, 'Oedd o'n dipyn o *ladies man?*' A'i
hateb? 'Oedd, doedd gynno fo ddim byd yn erbyn cael sgwrs efo'r
merched . . . Byddai o'n rhoi hanner winc – tipyn bach o'r bachgen
drwg yno fo. Dwi'n 'i chofio hi [ei chwaer] yn dweud . . . "He wasn't
diniwed you know".'[59] Cofio poblogrwydd anhygoel ei weithiau ar y
pryd, a'r diddordeb rhyfedd ym mywyd a nodweddion eu hawdur a wnâi
Eleisa Davies yn ei hatgofion hi:

Does neb ond y rhai a fu byw yn y cyfnod hwnnw a ŵyr am y pleser a'r
mwynhad a'r wefr a gafwyd wrth eu darllen. Dyna oedd siarad pawb, – yn
y pyllau glo, yn y dafarn, ar y ffordd, yn y farchnad . . . Cymerai pobl
ddiddordeb mawr ym mhob peth a wnâi – hyd yn oed ei fwyd. Dywedir ei
fod yn hoff o damaid o gawl Sir Gaer, neu damaid o ham gartre.[60]

Yr oedd y gwleidydd lleol mor brysur â'r llenor yn ystod misoedd
cyntaf 1895. Y mae llythyr o'i eiddo at 'Annwyl gyfaill' (Ellis Edwards)
yn crybwyll ei fod yn gweithio ar un o 'Ystraeon y Pentan', yn cynnwys
sylw nodweddiadol am y tywydd oer ('Nid wyf yn synu fod y llyn [yn y
Bala] wedi rhewi. Mae pob peth wedi rhewi yma ond tafod ambell
ferch') ac yn sôn hefyd am yr argyfwng economaidd – 'mae yma hefyd
lawer o dlodi ac angen, ac nid oes neb ohonom yn gwneud fawr o
fusnes'.[61] Ar 9 Chwefror yr ysgrifennwyd y llythyr hwn. Yr oedd y
Cyngor Dinesig yr oedd Daniel Owen yn gadeirydd iddo eisoes wedi
cytuno ar 7 Ionawr i sefydlu cronfa gyhoeddus i gynorthwyo tlodion yr
Wyddgrug.[62] Ar 14 Chwefror anfonodd y cadeirydd lythyr at yr aelod
seneddol, y Rhyddfrydwr o Fethodist o linach Thomas Jones, Dinbych,
J. Herbert Lewis, yn cynnwys adroddiad ar lwyddiant y cyngor yn trefnu
cegin gawl i blant tlodion ac yn gofyn am gyfraniad ariannol at yr
achos.[63] Rhoddai'r dirwasgiad fin ar hen ddadl Daniel Owen ynghylch
buddioldeb cadw mochyn, ac fe basiodd y cyngor yn ei gyfarfod ar 7
Mawrth y câi'r tlodion gadw mochyn, 'subject to them not being a
nuisance'.

Cafodd Daniel Owen ei daro'n wael ddydd Gwener y Groglith, ond gwellodd ryw ychydig. Yn ôl John Owen aeth i'r capel am y tro olaf ddydd Sul, 5 Mai, pan draddodwyd pregeth angladdol i unig ferch ei gyfaill a'i gyd-weithiwr, Isaac Jones.[64] Methodd fod yn bresennol yn y cyfarfod o'r cyngor a gynhaliwyd ar 4 Mehefin, ond 'roedd yn y gadair ar gyfer y cyfarfod arbennig a drefnwyd chwe diwrnod yn ddiweddarach i dalu teyrnged i'r diweddar Mrs Adelaide Lewis, gwraig Herbert Lewis, ac un o deulu Hughes a'i Fab, Wrecsam, a fuasai farw'n sydyn. Dyna'r cyfarfod olaf iddo'i fynychu.

Ddydd Llun Sulgwyn aeth gyda'i hen gyfaill John Morgan am dro i Ruthun, cyrchfan sawl gwibdaith cyn hynny:

> Yr oedd yr adar yn canu yn fwy peroriaethus nag y clywodd Daniel na minnau hwy yn ein dydd. Arosasom droeon ar hyd y ffordd i wrando arnynt, ac yr oedd yn dotio wrth eu clywed. 'Mae yn anhawdd i fiwsig y nefoedd guro hwnna,' ebe fi. 'Wel, onid miwsig y nefoedd ydi hwnna?' ebe yntau? 'Mae'n Tad Nefol wrth ei fodd yn gwrando arnynt . . . pob aderyn yn waith llaw arbennig y Duw Mawr Ei hun.'[65]

Yr oedd trefniadau wedi eu gwneud i fynd am wyliau arall i Landrindod gyda John Morgan, ond 'erbyn i'r amser ddod i ben', chwedl Morgan, 'yr oedd ymron yn rhy sâl i ddod o'r tŷ'.[66]

Cododd o'i wely cystudd i bleidleisio i Herbert Lewis yn yr etholiad cyffredinol ym mis Gorffennaf, ac mae'r llythyr a anfonodd ato drannoeth y drin yn esbonio cymaint a gostiodd hynny iddo:

> Excuse lead pencil. I cant use ink – my hand not sturdy enough. I cannot help congratulating you. My heart is full of gladness. I was never so ill as I was yesterday, but I scrambled out of bed seven o'clock & went & polled. I am glad I did. I am afraid it will be the last time as my life is fast drawing to a close. The doctors can do me no good.[67]

Â phensil hefyd y lluniodd yr englynion i'r 'Insomnia' a'r llun o Thomas Bartley, 'yn ystod ei wythnosau olaf', yn ôl O. M. Edwards.[68]

Llwyddai i dreulio rhywfaint o amser yn y siop yn ystod misoedd yr haf, ond cyn bo hir fe'i cyfyngwyd i'w lety lle cafodd ei ymgeleddu gan ei letywraig Mrs Evans a'i chynorthwywraig Miss Jones. 'Gwnaed popeth a allai caredigrwydd i leddfu ei gystudd', yn ôl John Owen,[69] ac fel ei weinidog fe gofnododd ei ymddygiad yn ystod ei gystudd olaf:

> Dymunai yn daer am i'w frodyr a'i chwiorydd, am ba rai yr hiraethai yn

fawr, i'w gofio yn eu gweddiau, ac offrymwyd llawer o weddiau taerion ar ei ran. Ac er nad ymddangosai yn hyderus fod iddo wellhad, awyddai am hyny yn gryf, ac yr oedd clywed fod iddo ran yn ngweddiau ei gyfeillion yn peri iddo sirioldeb mawr. Tybiai fod hyn yn arwyddo 'i bwy yr oedd yn perthyn.' Nos Sadwrn ddiweddaf, tra mewn llesgedd mawr, gofynai i Miss Jones, yr hon a weinyddai arno mor dyner ddarllen y cyfieithiad Cymraeg o'r emyn Saesneg anfarwol:– *Abide with me, fast falls the eventide,* a darllenwyd yr oll o'r emyn hwyrol ddigymhar iddo, ac ymafaelai ynddo. Tybid ei fod yn well, y Sabboth, ond gwaethygodd drachefn nos Sabboth, a gwaethygai yn amlwg ddydd Llun, ac yr oedd yn amlwg fod 'dechreu y diwedd' wedi ei ddal. Dymunai am i'r *struggle* fod yn fyr, a suddodd yn gyflym nos Lun; eto yr oedd yn ymwybodol hyd y diwedd, a gwelid ef yn plethu ei ddwylaw yn awr ac eilwaith gan erfyn am ollyngdod buan, ac am wyth o'r gloch boreu heddyw (Mawrth) gwrandawyd ei weddi.[70]

Cyhoeddwyd yr adroddiad hwn yn Y *Cymro* ddeuddydd ar ôl marw Daniel Owen yn 59 oed ar 22 Hydref 1895. Cynhwysodd Foulkes hefyd adroddiad byr ar ei ymweliad olaf ef â'r nofelydd ddeg diwrnod ynghynt pan grybwyllodd wrtho ei fwriad i wneud tysteb iddo: 'Mi fydda i wedi myn'd cyn y gellir gwneud dim felly, yn ol pob golwg' oedd yr ateb.[71] Fe'i claddwyd ddydd Iau, 24 Hydref, diwrnod gwlyb ac ystormus. Ar ôl gwasanaeth yn Bethesda lle siaradodd y Parchedigion Ellis Edwards a Robert Owen ymffurfiodd yr orymdaith i hebrwng y corff i fynwent gyhoeddus y dref. O flaen y corff, yn eu trefn, aeth y meddygon, y gweinidogion, y blaenoriaid, aelodau'r Cyngor Dinesig Rhanbarthol y buasai'n gadeirydd arno, ei gyd-lywodraethwyr ar Ysgol Ganolraddol yr Wyddgrug, aelodau ei Ddosbarth Darllen ac aelodau ei gymdeithas gyfeillgar, y Mont Alto. Yn dilyn y corff cafwyd 'perthnasau a chyfeillion neilltuol', yna'r 'boneddigesau', ac yn olaf aelodau'r cyhoedd.[72] Cofiai Morfudd Jones 'ddiwrnod trist yr angladd, a'r dyrfa fawr o alarwyr yn yr heol o flaen y tŷ'.[73] Y mae'r hyn y mae'n ei ychwanegu am un o'r galarwyr 'answyddogol' yn arwyddocaol o gofio'r amryfal gymeriadau a bortreadodd Daniel Owen yn gydymdeimladol yn ei waith:

Yn eu plith yr oedd hen gardotyn, a alwem ni yn yr Wyddgrug, yr Hen Feredydd, gŵr mawr tal a fuasai wedi bod yn ŵr golygus a thrawiadol pe buasai wedi rhoddi iddo'i hun fwy o sylw a hunanbarch. Gwisgai yn wastad hen sach ar ei ysgwydd. Safai fel cawr yng nghanol y dyrfa barchus

a thrwsiadus eu gwisg a phan aeth rhywun o gylch y dyrfa gyda phlat â
memorial cards arno, estynnai yr Hen Feredydd fraich hir a charpiog allan,
a chymerodd un . . . safai yng nghanol y dyrfa hardd a distaw i dalu'r
deyrnged olaf i Daniel Owen, heb falio dim am ei garpiau.[74]

Troswyd y syniad o gael tysteb i'r llenor byw yn fuan iawn yn
benderfyniad i godi cofgolofn deilwng i'r athrylith a gollwyd. Bydd dau
gyfeiriad yn ddigon i gadarnhau na chyfyngwyd poblogrwydd eithriadol
y nofelydd i'w fro ei hun. Wrth gofnodi hanes ei ymweliad ef a Daniel â
Llandrindod yn 1893, cofiai John Morgan fod tyrfa wedi ymgasglu yn yr
orsaf i'w disgwyl, wedi clywed gan griw o'r Wyddgrug a oedd yno o'u
blaenau 'fod *Rhys Lewis* i ddyfod gyda'r trên.'[75] A chofiai Morfudd
Jones Gôr Treorci yn cynnal cyngerdd yn yr Wyddgrug yn fuan ar ôl
marw'r nofelydd ac yn mynd drannoeth i ganu'r emyn 'O Fryniau
Caersalem' ar lan ei fedd.[76] O fewn mis i'r angladd yr oedd cyfarfod yng
Nghaer yn penodi Herbert Lewis AS yn gadeirydd a Llewelyn Eaton o'r
Wyddgrug yn ysgrifennydd y gronfa apêl. Bu Eaton farw cyn dwyn y
gwaith i ben a bu'n rhaid cadw'r gronfa ar agor am gyfnod hwy na'r
disgwyl, ond daeth torf fawr ynghyd ar ddiwrnod olaf Hydref 1901 i
weld yr Arglwydd Kenyon yn dadorchuddio cofgolofn o waith
Goscombe John ar y lawnt y tu allan i frawdlys yr Wyddgrug. (Fe'i
symudwyd yn ddiweddarach i'w safle presennol y tu allan i Ganolfan
Daniel Owen yng nghanol y dref.)[77] Nid dyna'r diwedd ar y cofio a'r
dathlu yn yr Wyddgrug, a gall y dref a'r sir y mae'n rhan ohoni fod yn
falch o'r wrogaeth a dalwyd i Daniel Owen yn ystod yr ugeinfed ganrif,
trwy gyfrwng y dathliadau canmlwyddiant yn 1936 ac wedi hynny, a
diolch i raddau helaeth yn y cyfnod diweddar i ymdrechion rhai fel
T. Ceiriog Williams ac Eirian Davies.

Ystrydeb yw dweud mai ei weithiau llenyddol yw ei gofeb bwysicaf; ni
chafodd y rheini bob amser y parch haeddiannol gan olygyddion yr
ugeinfed ganrif, a bu'n rhaid aros tan ddegawd olaf y ganrif cyn cael y
nofelau yn gyflawn mewn orgraff gyfoes.[78] Ni fu hynny'n rhwystr i'w
waith gael ei fwynhau gan filoedd, er bod y fersiynau golygedig o'r
nofelau yn ogystal â'r cyfrolau o bigion a'r addasiadau llwyfan, radio a
theledu niferus o reidrwydd yn dweud llai na'r cyflawn wir am
weledigaeth a chyraeddiadau'r nofelydd.[79] Bu'r gweithiau yn gloddfa
difyrion, felly, ac yn gloddfa deongliadau cyfoethog hefyd gan brif
feirniaid y ganrif, hynny'n tystio i'r trwch ystyrol sy'n perthyn i'r
nofelau yn arbennig. Nid ef oedd y nofelydd Cymraeg cyntaf, ond ef
oedd berchen yr athrylith i ddefnyddio nofel realaidd oes Fictoria i

ddadlennu pobl a phethau a ffolinebau ei ddwthwn ei hun, ac wrth
ddilyn ei yrfa fe'i gwelir yn dod yn gynyddol, gyffrous ymwybodol o
hynny. (Yn ôl un o'i gydnabod, 'Honai ei fod yn ddarganfyddiad o'r
mwyaf iddo pan ffeindiai beth allasai wneyd fel ffug-chwedleuydd'.)[80]
Ffugwyleidd-dra sydd ar waith yn y sylw a wna yn ei ragymadrodd i
Enoc Huws, sef bod y gwaith o ysgrifennu ffugchwedlau yng Nghymru
wedi ei adael 'i ysgrifenwyr israddol, fel fy hunan'. Gadawodd ei nofelau
yn ddehongliad o'i fyd a'i fetws ei hun, gan fynd yn groes i raen
optimistaidd y dydd yn aml, ac fe heriodd ei olynwyr i ddilyn y gwys a
agorwyd ganddo: 'Mae hanes ac arferion Cymru, yn wir, y bywyd
Cymreig, hyd yn hyn, yn *virgin soil*, ac yn y man, mi hyderaf, y gwelir
blaenion ein cenedl yn corphori yn y gangen hon o lenyddiaeth ein
neillduolion a'n defodau.'[81] Ymateb anaddawol a gafwyd i'r her yn
ystod degawdau cynnar yr ugeinfed ganrif, ond erbyn ei diwedd yr oedd
y gyfrol *Rhyddid y Nofel* yn medru cynnig arolwg cynhwysfawr o'r
modd y triniwyd ac y diwylliwyd y tir gan genedlaethau o nofelwyr.[82]
Ond pa mor aml ymhlith eu gweithiau hwy, tybed, y gwelwyd unrhyw
beth tebyg i'r cyfuniad ysblennydd o ddoniau llenyddol a deallusrwydd
miniog a difrifoldeb amcan a welwyd yng ngwaith Daniel Owen?

Nodiadau

Pennod Un

1. Disgrifiad J. J. Morgan, *Hanes Daniel Owen* (Yr Wyddgrug, 1936), t.3.
2. Bill Wynne-Woodhouse, 'Daniel Owen the Novelist – Family History', *Hel Achau, the Journal of the Clwyd Family History Society*, 12, (Spring 1984).
3. Daniel Owen, 'Hunangofiant', Y *Cymro*, 11 Mehefin 1891, 2; ailgyhoeddwyd yn Isaac Foulkes, *Daniel Owen y Nofelydd*, (Lerpwl, 1903), tt.1–7.
4. Bill Wynne-Woodhouse, 'Daniel Owen the Novelist'.
5. Ibid.
6. Ibid.
7. Ibid.; yr oedd y wybodaeth hon hefyd yn hysbys i Ennis Evans. Gw. Papurau Ennis Evans, Llyfrgell Genedlaethol Cymru.
8. *Chester Chronicle*, 19 May 1837, 3.
9. Ar Owen Jones ('Meudwy Môn'), golygydd *Cymru, yn Hanesyddol, Parthedegol a Bywgraphyddol* (1875) a *Ceinion Llenyddiaeth Gymraeg* (1875), Gw. Y *Bywg.*, t.470.
10. Owen Jones, *Gwaedd Effro ar y Glowyr, Hanes Fanol a Chywir o'r Trychineb Arswydus a gymerodd le yn Ngwaith Glo Plas-yr-Argoed* (Yr Wyddgrug, 1837), tt.8–9.
11. Ibid., t.11.
12. Ibid., t.12.
13. J. J. Morgan, *Hanes Daniel Owen*, t.27.
14. Isaac Foulkes, *Daniel Owen y Nofelydd*, t.25.
15. Ffynonellau: Griffith Owen, *Hanes Methodistiaeth Sir Fflint* (Dolgellau, 1914); George Jones, *Cofiant y Parch. John Davies, Nerquis* (Wrecsam, 1907); Jonathan Jones, *Cofiant y Parch. Thomas Jones o Ddinbych* (Dinbych, 1897). Ceir cyflwyniad diweddar hwylus yn Rhiain Phillips, Y *Dyfroedd Byw* (Yr Wyddgrug, 1987).
16. Owen Jones, *Gwaedd Effro ar y Glowyr*, t.15.
17. Ibid.

18. 'Galarnad, meddwl hiraethus uwch ben y difrod a achlysurid drwy doriad llifeiriant cryf i Waith Glo Plas yr Argoed, gerllaw y Wyddgrug, swydd Fflint, ar y 10fed o Fai, 1837; drwy yr hyn y bu farw Un-ar-hugain o ddynion.' Cyhoeddwyd yn Jane Ellis, *Casgliad o Hymnau, Carolau a Marwnadau a Gyfansoddwyd ar Amryfal Achosion* (Yr Wyddgrug, y trydydd argraffiad gydag ychwanegiad, 1840).

19. Thomas Jones, *Fy Chwaer* (Yr Wyddgrug, 1844).

20. Ibid., t.85; Ceir adroddiad hefyd yn Owen Thomas, *Cofiant Henry Rees* (Wrecsam, 1890), t.232 ymlaen.

21. Thomas Jones, *Fy Chwaer*, tt.88–9.

22. Rhif 28 yn *Llyfr Emynau a Thonau* y Methodistiaid Calfinaidd a Wesleaidd.

23. Papurau Ennis Evans.

24. Daniel Owen, 'Hunangofiant'.

25. Papurau Ennis Evans.

26. Yn ôl Ennis Evans gwnaeth S. Owen gais am gymorth ond gohiriwyd y mater ac ni cheir cyfeiriadau pellach ato yn y Llyfr Plwyf.

27. Isaac Foulkes, *Daniel Owen y Nofelydd*, t.27.

28. Ibid., t.28.

29. J. Goronwy Edwards, 'Flintshire One Hundred Years Ago', *Flintshire Historical Society Publications*, 17 (1957), 67–81.

30. Ibid.

31. E. Tegla Davies, 'Daniel Owen', *CM4DO1*, tt.195–204.

32. Daniel Owen, 'Hunangofiant'. Yn ôl y dystiolaeth ddogfennol a atgynhyrchir yn R. K. Matthias a T. Ceiriog Williams, *Daniel Owen a'i Fyd* (Penarlâg, 1991), t.9, yn 1851 y digwyddodd hyn, pan oedd Daniel yn 14 oed, flwyddyn yn hŷn nag a ddywedir yn yr 'Hunangofiant'.

33. Ibid.

Pennod Dau

1. Daniel Owen, 'Hunangofiant', *Y Cymro*, 11 Mehefin 1891.

2. Ibid.

3. Isaac Jones, 'Cymdeithion Daniel Owen: IV', *Cymru* (1902), 325–9.

4. Ibid.

5. Isaac Jones, 'Cymdeithion Daniel Owen: II', *Cymru* (1902), 103–5.

6. Ibid.

7. Ellis Edwards, 'Cymdeithion Daniel Owen: I', *Cymru* (1902), 29–30.

8. Daniel Owen, 'Hunangofiant'.

9. *Eisteddfod Wyddgrug, sef Hanes Cylchwyl Cymdeithas Cymreigyddion Wyddgrug a gynhaliwyd ar Hen Wyl Dewi Sant 1851. Y cyfansoddiadau buddugol a wobrwywyd yn nghyd a Beirniadaeth Caledfryn a Nicander ar yr holl weithiau ymgystadleuol* (Yr Wyddgrug, 1851).

10. Gutyn Padarn (gol.), *Ceinion Alun* (Llundain, 1850).
11. Nathaniel Jones, *Fy Awenydd* (Treffynnon, 1857).
12. Roger Edwards, *Caneuon ar Destynau Crefyddol a Moesol* (Yr Wyddgrug, 1855).
13. Daniel Owen, 'Hunangofiant'.
14. 'Mynwent yr Wyddgrug', *Y Methodist* (Mai 1856), 153–4.
15. 'Y Rhagymadrodd', *Y Gwerinwr*, Cyf. 1 (1855–6), iv.
16. Islwyn 'Yr Ystorm', *Y Gwerinwr* (Ebrill 1856), 28; Philomath, 'Bwlch Moel Arthur', Ibid., 123.
17. *Y Gwerinwr* (Mehefin 1856), 74–5.
18. *Y Methodist* (Tachwedd 1856), 289.
19. *Baner ac Amserau Cymru*, 2 Medi 1857, 317.
20. Daniel Owen, 'Hunangofiant'.
21. *Baner ac Amserau Cymru*, 30 Rhagfyr 1857, 579.
22. *Y Drysorfa* (Ionawr 1859), 19.
23. *Charles o'r Bala*, Ebrill 1859, 123.
24. *Charles o'r Bala*, 12 Mawrth 1859, 89.
25. Bedwyr Lewis Jones, 'Deng Noswaith yn y *Black Lion* Daniel Owen', *CM5DO2*, tt.450–4.
26. Ibid.
27. E. G. Millward, *Cenedl o Bobl Ddewrion: Agweddau ar Lenyddiaeth Oes Victoria* (Llandysul, 1991), t.91.
28. E. G. Millward, 'Nodyn', *CM5DO2*, tt.455–6.
29. Ioan Williams, *Capel a Chomin* (Caerdydd, 1989), t.77.
30. Isaac Jones, 'Cymdeithion Daniel Owen: IV', 325.
31. *Charles o'r Bala*, 23 Ebrill, 1859, 140.
32. Gw. John Owen, *Cofiant Daniel Owen ynghyda Sylwadau ar ei Ysgrifeniadau* (Wrecsam, 1899), t.26.
33. *Y Drysorfa* (Ebrill 1860), 121.
34. Papurau Ennis Evans, Llyfrgell Genedlaethol Cymru.
35. *Herald Cymraeg*, 28 Ionawr 1860.
36. John Owen, *Cofiant Daniel Owen*, t.30.
37. R. M. Jones, *Llên Cymru a Chrefydd* (Abertawe, 1977), t.504.
38. J. E. Caerwyn Williams, 'Daniel Owen, Datblygiad Cynnar y Nofelydd', *Llên Cymru*, 15 (Ionawr–Gorffennaf 1984–6), 133–58.
39. Archifau'r Methodistiaid Calfinaidd, Llyfrgell Genedlaethol Cymru 15,344. Trafodir cynnwys dyddlyfrau Ellis Edwards gan Henry Lewis (Bangor), 'Ellis Edwards', *Y Traethodydd* (Hydref 1915), 273–84.
40. Archifau'r Methodistiaid Calfinaidd, Llyfrgell Genedlaethol Cymru 15,344, t.11.
41. Ibid., t.13.
42. Ond gweler sylwadau Glyn Tegai Hughes yn *Daniel Owen a Natur y Nofel* (Yr Wyddgrug, 1891), tt.6–7.
43. Archifau'r Methodistiaid Calfinaidd, Llyfrgell Genedlaethol Cymru 15,344, t.25.

44. Ibid., tt.39–43.

45. Roger Edwards, 'Pregethu' *Y Traethodydd* (Ionawr 1845), dyfynnwyd yn T. M. Jones, *Cofiant y Parch. Roger Edwards yr Wyddgrug* (Wrecsam, 1908) tt. 176–7.

46. J. E. Caerwyn Williams, 'Daniel Owen, Datblygiad Cynnar y Nofelydd', tt.138–9.

47. *Y Drysorfa* (Mehefin 1861), 204–5.

48. *Y Drysorfa* (Awst 1864), 313–4.

49. Archifau'r Methodistiaid Calfinaidd, Llyfrgell Genedlaethol Cymru 15,344, tt.125–7.

50. John Owen, *Cofiant Daniel Owen*, tt.31–2.

51. Ibid. t.32.

52. *Wrexham Advertizer*, 27 June 1863, 5.

53. Ibid. , 3 May 1862, 7.

54. Daniel Owen, 'Adgofion am Glan Alun', *Y Geninen* (Ebrill, 1886), 109–12.

55. E. Edwards, 'Daniel Owen', *Cylchgrawn Myfyrwyr y Bala,* Cyf. 1, Rhif i (Dygwyl Dewi, 1900), 5–9.

56. Daniel Owen, 'Hunangofiant'.

57. John Morgan, 'Daniel Owen, Atgofion a Myfyrion Amdano', *CM4DO1*, tt.70–113.

58. Gw., Griffith Ellis, 'Pennod o Atgofion', *Y Geninen* (Gorphenaf 1909), 145–51.

59. Griffith Owen, 'Athrofa y Bala Ddeugain Mlynedd yn Ôl', *Cylchgrawn Myfyrwyr y Bala* (Mawrth 1904), 58–64.

60. *Y Drysorfa* (1867), 294.

61. *Hiraethgan ar ol y diweddar Barch. John Evans, Croesoswallt (gynt o Garston)* (Yr Wyddgrug, 1883). Ailgyhoeddwyd yn *Y Siswrn* (Yr Wyddgrug, 1886), tt.108–15.

62. Griffith Ellis, 'Pennod o Atgofion'.

63. Sylwadau Mr. Evan Williams, yn Alafon, (gol.), *Gweithiau Llenyddol Goleufryn gyda Nodiadau Coffaol am Dano* (Caernarfon, 1904).

64. Gw. ibid., tt.62–114.

65. *Y Goleuad* (Medi 23 1882), 8.

66. Francis Jones, 'Y Bala yn y Blynyddoedd o'r Blaen: Adgofion Hen Fyfyriwr', *Cylchgrawn Myfyrwyr y Bala*, Cyf. 3, Rhif iii (1 Mehefin 1902), 118–26.

67. Griffith Owen, 'Athrofa y Bala Ddeugain Mlynedd yn Ôl'.

68. Griffith Ellis, 'Pennod o Atgofion'.

69. 'The Librarian', 'A Letter about Two Old Bala Friends &c', *Cylchgrawn Myfyrwyr y Bala*, Cyf. 3, Rhif iii (1 Mehefin 1902), 143–6.

70. *Baner ac Amserau Cymru*, 3 Hydref 1866, 6–7.

71. John Davies, *Hanes Cymru* (Caerdydd, 1990), t.379.

72. *Baner ac Amserau Cymru*, 12 Mai 1866, 6.

73. Daniel Owen, 'Diweddar Olygydd y Drysorfa', *Y Drysorfa* (Hydref 1886), 361–9.

74. Dyfynnwyd yn D. Gwenallt Jones, 'Daniel Owen' *CM4DO1*, tt.223–31. Cyhoeddwyd *Y Tri Brawd a'u Teuluoedd* yn gyfrol yn 1869; fe'i cynhwyswyd yn llawn hefyd, yn ogystal â'r 'ôl-ysgrif' y dyfynnodd D. Gwenallt Jones ohoni, yn T. M. Jones, *Cofiant y Parch. Roger Edwards yr Wyddgrug.*

75. Daniel Owen, 'Hunangofiant'.

76. John Owen, *Cofiant Daniel Owen*, tt.38–40. Gw. hefyd Bill Wynne-Woodhouse, 'Daniel Owen the novelist – Family History', *Hel Achau, The Journal of the Clwyd Family History Society*, 12 (Gwanwyn 1984). Tebyg bod y cyfeiriad at eni plentyn i Dafydd a'i wraig Charlotte yn 1868 yn awgrymog.

77. Gw. J. J. Morgan, *Hanes Daniel Owen* (Yr Wyddgrug, 1936), t.24.

Pennod Tri

1. John Owen, *Cofiant Daniel Owen ynghyd a Sylwadau ar ei Ysgrifeniadau* (Wrecsam, 1899), t. 41.

2. J. J. Morgan, *Hanes Daniel Owen* (Yr Wyddgrug, 1936), tt. 8–9.

3. John Morgan, 'Daniel Owen: Atgofion a Myfyrion Amdano', *Y Traethodydd* (1906), ailgyhoeddwyd yn *CM4DO1*, tt.70–113.

4. *Wrexham Advertizer*, 4 Mehefin 1868, 5.

5. Ibid., 20 Mehefin 1868, 8.

6. Ibid., 19 Medi 1868, 8.

7. Ibid., 9 Ionawr 1869, 6.

8. Ibid., 27 Chwefror 1869, 8.

9. Ibid., 1 Mai 1869, 8.

10. Wmffre Llwyd, 'Jottings from Mold', 6 Mawrth 1869, 7.

11. Garmon, 'They Say', 3 Ebrill 1869, 7.

12. Ffynonellau: *Terfysgoedd yr Wyddgrug* (Archifdy Sir y Fflint, Penarlâg, 1991); Alan Burge, 'The Mold Riots of 1869', *Llafur* 3, 3 (1982), 42–57.

13. Prince Post Prydain, 'Y Sais a'r Cymro fel Colier', *Wrexham Advertizer*, 25 Ebrill 1863, 7.

14. Ibid., 9 Hydref 1869, 8.

15. Ibid., 13 Tachwedd 1869, 8.

16. Ibid., 15 Ionawr 1870, 8.

17. John Morgan, 'Daniel Owen: Atgofion a Myfyrion Amdano'.

18. *Wrexham Advertizer*, 19 Chwefror 1870, supplement.

19. Ibid., 29 Ionawr 1870, supplement.

20. Ibid., 19 Chwefror 1870, 8.

21. John Morgan, 'Daniel Owen: Atgofion a Myfyrion Amdano'.

22. *Mold and Denbigh Chronicle,* 19 Mawrth 1870; gw. Ioan Williams, *Capel a Chomin* (Caerdydd, 1989), tt.88–90.

23. 'Darlun', *Trysorfa'r Plant*, Ebrill 1870, 95–6.

24. John Morgan, 'Daniel Owen: Atgofion a Myfyrion Amdano'.
25. *Wrexham Advertizer*, 20 Awst 1870, 8.
26. Ibid., 18 Mehefin 1870, 6.
27. Ibid., 28 Mai 1870, 8.
28. Ibid., 10 Medi 1870, 8.
29. Ibid., 1 Hydref 1870, 6.
30. Ibid., 11 Mawrth 1871.
31. Ibid., 18 Tachwedd 1876.
32. Ibid., 14 Hydref 1871, 6.
33. Ibid., 28 Ebrill 1871, 6.
34. Ibid., 6 Mai 1871, 6.
35. Archifau'r Methodistiaid Calfinaidd, Llyfrgell Genedlaethol Cymru, 27,479 (Llyfr Cofnodau Cyfarfod Misol Sir Fflint), tt.40, 60, 92.
36. *Wrexham Advertizer*, 9 Medi 1871, 6.
37. Ibid., 30 Medi 1871, 6.
38. *Y Traethodydd* (1871), 196–207; gw. Ioan Williams, *Capel a Chomin*, tt.82–3.
39. John Morgan, 'Daniel Owen: Atgofion a Myfyrion Amdano'.
40. 'Sampl o Ymddiddanion', *Y Geninen* (1907), 81.
41. Gw. *Y Siswrn* (Yr Wyddgrug, 1886), tt.53–7.
42. Archifau'r Methodistiaid Calfinaidd, Llyfrgell Genedlaethol Cymru, 27,479, tt.107, 126.
43. *Wrexham Advertizer*, 19 Hydref 1872, 6.
44. Ibid., 26 Hydref 1872, 6.
45. Ibid., 21 Rhagfyr 1872, 6.
46. Ibid., 25 Ionawr 1873, 6–7.
47. Ibid., 25 Ionawr 1873, 4.
48. Llyfrgell Ddeiniol, Penarlâg: Gladstone Glynne MSS 686.
49. *Wrexham Advertizer*, 1 Chwefror 1873, 8.
50. Ibid., 15 Chwefror 1873, 8.
51. Ibid., 15 Mawrth 1873, 8.
52. Ibid., 22 Mawrth 1873, 6.
53. Ibid., 3 Mai 1873, 6.
54. Ibid., 17 Mai 1873, 6.
55. Ibid., 19 Mehefin 1873, 6.
56. Gw. Kenneth O. Morgan, *Wales in British Politics 1868–1922* (3ydd argraffiad, Caerdydd, 1980), tt.41–2.
57. *Wrexham Advertizer*, 19 Ebrill 1873, 6.
58. Ibid., 14 Ebrill 1873, 6.
59. Ibid., 27 Medi 1873, 6.
60. Ibid., 13 Medi 1873, 8.
61. Ibid.
62. Gw. Kenneth O. Morgan, *Wales in British Politics*, t.37.
63. *Wrexham Advertizer*, 31 Ionawr 1874, 5.
64. Ibid., 7 Chwefror 1874, 7.

65. Ibid., 21 Mawrth 1874, 6.
66. Ibid., 1 Awst 1874, 6.
67. Ibid., 28 Mawrth 1874, 6.
68. *Y Drysorfa* (Mai 1877), 176–7.
69. *Wrexham Advertizer*, 12 Medi 1874, 6.
70. Ibid., 10 Hydref 1874, 6.
71. Ibid., 24 Hydref 1874, 6.
72. Ibid., 28 Tachwedd 1874, 6.
73. Ibid., 2 Ionawr 1875, 6.
74. Ibid., 15 Awst 1874, 8.
75. Ibid., 19 Rhagfyr 1874, 6.
76. Gw. Kenneth O. Morgan, *Wales in British Politics*, tt.44–6.
77. *Wrexham Advertizer*, 18 Mawrth 1875, 8.
78. Ibid., 27 Chwefror 1875, 6.
79. Ibid., 27 Tachwedd 1875.
80. Ibid., 23 Hydref 1875, 6.
81. John Morgan, 'Daniel Owen: Atgofion a Myfyrion Amdano'; J. J. Morgan, *Hanes Daniel Owen*, t.10.
82. J. J. Morgan, *Hanes Daniel Owen*, tt.10–11.
83. Daniel Owen, 'Hunangofiant', *Y Cymro*, 11 Mehefin 1891, 2.

Pennod Pedwar

1. Daniel Owen, 'Hunangofiant', *Y Cymro*, 11 Mehefin 1891, 2.
2. J. J. Morgan, *Hanes Daniel Owen* (Yr Wyddgrug, 1936), t.11.
3. R. Geraint Gruffydd, *Daniel Owen a Phregethu* (Yr Wyddgrug, 1980); Ioan Williams, *Capel a Chomin* (Caerdydd, 1989). Gw. hefyd Iorwerth Jones, 'Daniel Owen ac F. W. Robertson', *Y Traethodydd*, (Hydref 1987), 200–12.
4. Dafydd Glyn Jones, '*Enoc Huws* a Hunan-dwyll', *Ysgrifau Beirniadol, III* (1967), tt.289–314.
5. R. Geraint Gruffydd, *Daniel Owen a Phregethu*, t.14.
6. Ioan Williams, *Capel a Chomin*, t.83.
7. Ibid., t.85.
8. *Y Drysorfa* (Mai 1878), 177–8. Nis cynhwyswyd yn y gyfrol *Offrymau Neillduaeth,* ond ailgyhoeddwyd y testun yn erthygl D. Gwenallt Jones, 'Nofelau Cychgronol Daniel Owen', *CM5DO2*, tt.326–47.
9. Saunders Lewis, *Daniel Owen* (Aberystwyth, 1936), t.60.
10. William Williams, 'Pa Le Yr Ydym', *Y Drysorfa* (Ionawr 1880), 1–6.
11. E. G. Millward, 'Daniel Owen: Artist yn Philistia', yn Geraint Bowen (gol.), *Y Traddodiad Rhyddiaith* (Llandysul, 1972), tt.354–65.
12. Robert Ellis, 'Yr Ymholiad Difrifol ynghylch Adfeiliad gyda Chrefydd', *Y Drysorfa* (Awst 1878), 291–4. Ar Robert Ellis (1808–81) gw.

Y *Bywg.*, t.196.

13. Y *Goleuad* (19 Gorffennaf 1879), 6–7.

14. Robin Chapman, 'Ysbïwr o fewn y Muriau', *Taliesin*, 48 (1984), 43–51.

15. Ioan Williams, *Capel a Chomin*, t.92.

16. Saunders Lewis, *Daniel Owen*, 5.

17. Ioan Williams, *Capel a Chomin*.

18. John Rowlands, *Ysgrifau ar y Nofel* (Caerdydd, 1992), t.25.

19. Ibid.

20. *Wrexham Advertizer*, 15 Mawrth 1879, 6.

21. Gw. John Morgan, 'Daniel Owen: Atgofion a Myfyrion amdano', *CM4DO1*, tt.70–113.

22. Cyhoeddwyd y gerdd yn *CM4DO1*, tt.114–15.

23. Gw. Isaac Jones, 'Cymdeithion Daniel Owen II', *Cymru* (1902), 103–5.

24. K. Davies, 'The Growth and Development of Settlement and Population in Flintshire, 1851–1891', *Flintshire Historical Society Publications*, 26 (1973), 73–4.

25. Gw. T. Ceiriog Williams, *Yr Hen Ddaniel* (Llandybïe, 1975), tt.19–21.

26. Geoffrey Best, *Mid-Victorian Britain, 1851–75* (3ydd argraffiad, Llundain, 1985), t.282.

27. John Rowlands, *Ysgrifau ar y Nofel*, t.29.

28. LlGC Llsgr. 23,512.

29. 'Siarad a Siaradwyr', *Cronicl yr Ysgol Sabbothol* (1880), 8–10; 'Tiberias', ibid., 121–2; 'Rhai o Fanteision Tlodi', ibid., 166–8. Carwn ddiolch i'r Dr Huw Walters, Llyfrgell Genedlaethol Cymru, am ei gymorth wrth chwilio am y ffynhonnell hon.

30. John Morgan, 'Daniel Owen: Atgofion a Myfyrion Amdano'.

31. Robin Chapman, 'Ysbïwr o fewn y Muriau'.

32. Geoffrey Best, *Mid-Victorian Britain*, t.245.

33. Y *Drysorfa* (1880), 61.

34. Y *Drysorfa* (1880), 294.

Pennod Pump

1. Daniel Owen, 'Hunangofiant', Y *Cymro*, 11 Mehefin 1891, 2.

2. E. G. Millward, 'Daniel Owen: Artist yn Philistia?', yn Geraint Bowen (gol.), Y *Traddodiad Rhyddiaith* (Llandysul, 1970), tt.354–66.

3. Ibid.

4. Hywel Teifi Edwards, *Daniel Owen a'r Gwir* (Yr Wyddgrug, 1978), t.6.

5. John Rowlands, *Ysgrifau ar y Nofel* (Caerdydd, 1992), t.33.

6. *Adam Bede*; dyfynnwyd yn David Skilton, gol., *The Early and Mid-Victorian Novel* (Llundain, 1993), t.106.

7. Y Parchg. George Jones, 'Duw yn Gadael yr Eglwys', *Y Drysorfa* (Chwefror 1882), 51–5.

8. Y Parchg. Griffith Ellis, 'Pregethu yn yr Oes Hon a'r Oes o'r Blaen', *Y Drysorfa* (Mawrth 1882), 87–92.

9. 'Beth Sydd Orau?', *Y Drysorfa* (Ebrill 1882), 142.

10. Yn ôl Cyfrifiad 1851 yr oedd Robert Beck yn byw ym Maes-y-dre a John Bryan yn Milford St.

11. W. Beynon Davies, 'Rhagarweiniad i Rys Lewis Daniel Owen', *CM4DO1*, tt.205–11.

12. Derec Llwyd Morgan, *Daniel Owen a Methodistiaeth* (Yr Wyddgrug, 1977), t.23.

13. O. M. Edwards, 'Cymeriadau *Rhys Lewis*', *CM4DO1*, tt.134–47.

14. R. M. Jones, *Llên Cymru a Chrefydd* (Abertawe, 1977); gw. 'Daniel Owen a'r trychineb mawr', tt.497–524.

15. Gw. E. G. Millward, 'Llythyr Daniel Owen at yr Athro Ellis Edwards, Y Bala', *CM5DO 2*, tt.534–40.

16. John Rowlands, *Ysgrifau ar y Nofel*, t.47.

17. Ioan Williams, *Capel a Chomin* (Caerdydd, 1989), t.112.

18. Gw. J. Cynddylan Jones, *Cysondeb y Ffydd,* Cyfrol 3 (Caerdydd, 1912), tt.154–6.

19. Ioan Williams, *Capel a Chomin*, t.111.

20. Derec Llwyd Morgan, 'Daniel Owen a'r Beibl', *Llên Cymru*, 18, (Ionawr-Gorffennaf 1995), 318–39. Ailgyhoeddwyd yn *Y Beibl a Llenyddiaeth Gymraeg* (Llandysul, 1998).

21. *Y Drysorfa* (Rhagfyr 1884), 454.

22. Saunders Lewis, *Daniel Owen* (Aberystwyth, 1936), tt.28–9.

23. Anthony Trollope, *An Autobiography* (1883, argraffiad Penguin 1993), t.206.

24. John Rowlands, *Ysgrifau ar y Nofel*, t.44.

25. R. M. Jones, *Llên Cymru a Chrefydd*, tt.504–6.

26. *Y Drysorfa* (Rhagfyr 1884), 457.

27. Ioan Williams, *Capel a Chomin*, t.120.

28. Bobi Jones, 'Rhys Lewis' yn *CM5DO2*, tt.373–84.

29. Hugh Bevan, 'Rhys Lewis' yn *CM5DO2*, tt.399–405.

Pennod Chwech

1. Daniel Owen, 'Hunangofiant', *Y Cymro*, 11 Mehefin 1891, 2.

2. *Y Drysorfa* (Awst 1885), 293–4.

3. Isaac Foulkes, *Daniel Owen y Nofelydd* (Lerpwl, 1903), t.101.

4. Ibid., t.99.

5. Gw. T. Gwynn Jones, *Emrys ap Iwan: Cofiant* (Caernarfon, 1912).

6. *Y Drysorfa* (Hydref 1886), 361–9.

7. R. H. Watkins, *Cofiant a Gweithiau y Parch. O. G. Owen (Alafon)* (Dolgellau, 1926), t.223.

8. D. R. Davies, 'Dau Gwmni Drama a Rhys Lewis', *CM5DO2*, t.313.

9. *Y Goleuad* (26 Mawrth 1887), 11.

10. William Williams, 'I Ba Le yr Ydym yn Myned?', *Y Drysorfa* (Mai, 1887), 170–3.

11. Ibid. (30 Ebrill 1887), 4–5.

12. Ar y tri hyn gw. *Y Bywg.*, tt.193, 361, 1018.

13. *Y Drysorfa* (Mawrth 1886), 113.

14. 'Trem ar Weithrediadau Cymdeithasfa Corwen', *Y Drysorfa* (Mehefin 1887), 230–1.

15. Ibid.

16. LlGC 3292E.

17. 'Lloffion Cymreig', *The County Herald*, 11 Mawrth 1887, 7.

18. D. Tecwyn Lloyd, 'Daniel Owen ar y Llwyfan, 1909–1937', *CM5DO2*, tt.520–33.

19. *Y Drysorfa* (Chwefror 1887), 59–60.

20. Saunders Lewis, *Daniel Owen* (Aberystwyth, 1936), t.63.

21. Ioan Williams, *Capel a Chomin* (Caerdydd, 1989), t.125.

22. Ibid.

23. *Profedigaethau Enoc Huws* (Wrecsam, 1891), 7.

24. Saunders Lewis, *Daniel Owen*, t.35.

25. Ibid., tt.43, 44.

26. *Wrexham Advertizer,* 21 Ionawr 1886, 6.

27. 'F'Ewyrth Hugh o'r Ty Coch', *Y Drysorfa* (Mai 1888), 171–7.

28. Cyhoeddwyd yn Rhuddenfab (Lewis Jones), *Gemau o Fywyd yr Hynod Ioan Jones, Rhuthyn* (Wrecsam, 1889).

Pennod Saith

1. Ar Isaac Foulkes, gw. *Y Bywg.*, t.251.

2. *Y Cymro*, 12 Mehefin 1890, 3.

3. Saunders Lewis, *Daniel Owen* (Aberystwyth, 1936), t.43.

4. Hywel Teifi Edwards, *Codi'r Hen Wlad Yn Ei Hôl* (Llandysul, 1989), t.12.

5. Saunders Lewis, *Daniel Owen*, t.38.

6. John Rowlands, *Ysgrifau ar y Nofel* (Caerdydd, 1992), t.55.

7. Ioan Williams, *Capel a Chomin* (Caerdydd, 1989), t.128.

8. R. K. Matthias a T. Ceiriog Williams, *Daniel Owen a'i Fyd* (Penarlâg, 1991), t.18.

9. C. J. Williams, 'The Lead Mines of the Alyn Valley', *The Journal of the Flintshire Historical Society*, 29 (1979–80), 51–87.

10. John Rowlands, *Ysgrifau ar y Nofel*, t.63.

11. Ioan Williams, *Capel a Chomin*, t.131.

12. Ibid. t.135.

13. Marion Eames, *Merched y Nofelau/Women in the Novels* (Yr Wyddgrug, dim dyddiad), t.4.

14. Saunders Lewis, *Daniel Owen*, t.43.
15. Ibid., t.44.
16. Ibid.
17. Ibid., t.45.
18. Dafydd Glyn Jones, '*Enoc Huws* a Hunan-dwyll', *Ysgrifau Beirniadol III* (1967), tt.289–314.
19. E. G. Millward, 'Daniel Owen a'i Ferched', *Ysgrifau Beirniadol XVIII* (1992), tt.223–39.
20. Ibid.
21. Ioan Williams, *Capel a Chomin*, t.142.
22. John Rowlands, *Ysgrifau ar y Nofel*, tt.68–9.

Pennod Wyth

1. Gw. Isaac Foulkes, *Daniel Owen y Nofelydd* (Lerpwl, 1903), t.181.
2. LlGC 15,328B.
3. Gw. Daniel Owen, *Y Ddynol Natur, cyfres o ddarlithiau gan Wil Bryan*, golygwyd gan G. C. Ballinger (Caerdydd, 1995). Adolygwyd gan Robert Rhys, 'Golygiad Diffygiol', *Barn*, 393 (Hydref 1995), 30–1.
4. Archifdy Sir y Fflint, Penarlâg D/CL 116.
5. Golygwyd 'Nodion Ned Huws' gan E. G. Millward. Gw. 'Ysgrifau "Anhysbys" Daniel Owen', *Llên Cymru*, XIV (1983–4), 253–76.
6. Isaac Foulkes, *Daniel Owen y Nofelydd*, tt.167–9.
7. *Y Cymro*, 22 Rhagfyr 1892, 5–6.
8. Cwynodd y llythyrwr 'Chware Teg' fod y papur *Columbia* wedi gwneud hyn yn achos *Rhys Lewis* ac *Enoc Huws*. Gw. *Y Cymro*, 24 Mawrth 1892, 7.
9. J. J. Morgan, *Hanes Daniel Owen* (Yr Wyddgrug, 1936), t.22.
10. Yn y *Chester Chronicle* y cyhoeddwyd ysgrif Eaton yn wreiddiol. Ceir cyfeiriad ati a dyfyniad helaeth yn *Bye-gones*, Mai 1885, 215.
11. *CM4DO1*, tt.195–7.
12. 'Bara Gwyn i'r Tlodion', *Cymru*, 4 Ionawr 1893, 33.
13. Cafwyd adroddiad yn *Y Goleuad* (24 Mawrth 1893), 5.
14. Y teitlau yn y gyfrol yw 'Y Ddau Fonner', 'Enoc Evans, y Bala', a 'Thomas Owen, Ty'r Capel'.
15. 'Nodion Ned Huws', *Y Cymro*, 2 Mawrth 1893, 5.
16. Llythyr gan J. Glyn Davies at Kate Roberts, Papurau Kate Roberts, LLGC. Carwn ddiolch i Mr Dafydd Ifans, Llyfrgell Genedlaethol Cymru, am ddwyn fy sylw at y llythyr.
17. 'Death of an Old Character', *Wrexham Advertizer*, 1 Chwefror 1873, 6.
18. Isaac Foulkes, *Daniel Owen y Nofelydd*, t.123.
19. LlGC 15,328B.
20. Isaac Foulkes, *Daniel Owen y Nofelydd*, tt.122–30.

21. Ibid., t.126.
22. Ibid., t.127.
23. Gw. John Morgan, 'Daniel Owen: Atgofion a Myfyrion Amdano', *Y Traethodydd* (1906), ailgyhoeddwyd yn *CM4DO1*, tt.70–113.
24. Isaac Foulkes, *Daniel Owen y Nofelydd*, t.127.
25. Saunders Lewis, *Daniel Owen* (Aberystwyth, 1936), tt.56, 57.
26. John Gwilym Jones, *Daniel Owen* (Dinbych, 1970), t.56.
27. John Rowlands, *Ysgrifau ar y Nofel* (Caerdydd, 1992), t.71.
28. Daniel Owen, *Gwen Tomos*, argraffiad cyflawn newydd gyda Rhagymadrodd gan E. G. Millward, (Caerdydd, 1992), t.x.
29. D. Tecwyn Lloyd, '*Gwen Tomos*: Nofel yr Encil', *Y Traethodydd* (1964), ailargraffwyd yn *CM5DO2*, tt.437–49.
30. Islwyn Ffowc Elis, '*Straeon y Pentan*' Daniel Owen (Yr Wyddgrug, 1981), t.10.
31. E. G. Millward, 'Daniel Owen a'i Ferched', *Ysgrifau Beirniadol XVIII* (1992), tt.223–39.
32. John Rowlands, *Ysgrifau ar y Nofel*, t.72.
33. Gw. *Gwen Tomos, Merch y Wernddu* gan Daniel Owen, argraffiad newydd wedi ei ddiwygio gan T. Parry, M.A. (Wrecsam, 1937).
34. Gw. y Rhagymadrodd i *Gwen Tomos* (argraffiad 1992) ac E. G. Millward, 'Daniel Owen a'i Ferched', *Ysgrifau Beirniadol XVIII*, tt.223–39.
35. R. Elwyn Hughes, 'Gŵr Gwen Tomos', *Y Faner*, 5 Mawrth 1982, 5.
36. John Gwilym Jones, 'Y Dystiolaeth Ddi-sail', *Y Faner*, 2 Ebrill 1982, 12–13.
37. Saunders Lewis, *Daniel Owen*, tt.49–63.
38. John Rowlands, *Ysgrifau ar y Nofel*, tt.76–7.
39. Ibid., t.73.
40. Gw. D. R. Hughes, 'Murder of a Gamekeeper', *Clwyd Historian/ Hanes Bro Clwyd* (Ebrill 1981), 9.
41. *Y Cymro*, 26 Tachwedd 1891, 8.
42. Isaac Foulkes, *Daniel Owen y Nofelydd*, t.128.
43. Ibid.
44. Archifdy Sir y Fflint, Penarlâg D/DM/521/32 [tâp sain].
45. Glyn Tegai Hughes, *Daniel Owen a Natur y Nofel* (Yr Wyddgrug, 1991), t.15.
46. LLGC 21,479B.
47. Gw. 'Gwaith Olaf Daniel Owen', *Cymru* (1897), 37.
48. Archifdy Sir y Fflint, Penarlâg D/DM/521/32 [tâp sain].
49. Ffynhonnell: http://cyberboxingzone.com
50. Llyfr Cofnodion Bwrdd Lleol yr Wyddgrug, Archifdy Sir y Fflint, Penarlâg.
51. Archifdy Sir y Fflint, Penarlâg D/DM/521/14.
52. Archifdy Sir y Fflint, Penarlâg D/DM/521/13.
53. *Y Cymro*, 3 Ionawr 1895, 5.

54. Isaac Foulkes, *Daniel Owen y Nofelydd*, t.129.
55. 'Yn y Gwysanau', *Y Cymro*, 13 Rhagfyr 1894, 5.
56. Cyhoeddwyd y gerdd ar ffurf taflen, gw. R. K. Matthias a T. Ceiriog Williams, *Daniel Owen a'i Fyd* (Penarlâg, 1991), t.28. Fe'i cyhoeddwyd yn llawn hefyd yn Foulkes, *Daniel Owen y Nofelydd*, tt.147–9. Ni chyfeiriwyd at bob englyn a cherdd gyhoeddedig gan Daniel Owen yn yr astudiaeth hon. Gw. Ennis Evans a Bedwyr Lewis Jones, 'Cerddi Daniel Owen – Rhestr', *Llên Cymru*, 15 (Ionawr–Gorffennaf 1987–8), 360–1. Ceir disgrifiad Daniel Owen o gyflwr ei iechyd ar 26 Rhagfyr 1894 mewn llythyr a anfonodd at Dr John Roberts, gw. J. Graham Jones, 'Letters from Daniel Owen, 1889–1895', *Cylchgrawn Llyfrgell Genedlaethol Cymru*, XXVIII (1993–4), 71–9.
57. Islwyn Ffowc Elis, '*Straeon y Pentan' Daniel Owen*, t.20.
58. Archifdy Sir y Fflint, Penarlâg, D/DM/521/32 [tâp sain].
59. Ibid.
60. Eleisa Davies, *Cofio Daniel Owen* (Yr Wyddgrug, 1975) [tudalennau heb eu rhifo].
61. Archifau'r Methodistiaid Calfinaidd, Llyfrgell Genedlaethol Cymru 15,871.
62. Cofnodion Cyngor Dinesig yr Wyddgrug; Archifdy Sir y Fflint, Penarlâg UD/D/1/1.
63. J. Graham Jones, 'Letters from Daniel Owen'.
64. John Owen, *Cofiant Daniel Owen*, (Wrecsam, 1899), t.52.
65. John Morgan, 'Daniel Owen: Atgofion a Myfyrion Amdano', *CM4DO 1*, tt.70–113.
66. Ibid.
67. J. Graham Jones, 'Letters from Daniel Owen'.
68. O. M. Edwards, 'Gwaith Olaf Daniel Owen', *Cymru* (1897), 37.
69. John Owen, *Cofiant Daniel Owen*, t.52.
70. 'Y Diweddar Mr. Daniel Owen', *Y Cymro*, 24 Hydref 1895, 5.
71. Ibid.
72. *Y Cymro*, 31 Hydref 1895, 5–6.
73. Archifdy Sir y Fflint, Penarlâg, D/DM/521/32 [tâp sain].
74. Ibid., Cyhoeddasai Daniel Owen englyn i'r Meredydd hwn 'cymeriad adnabyddus yn yr Wyddgrug a'r dyn butraf yn Ngogledd Cymru' yn *Y Cymro*, 6 Tachwedd 1890, 7.
75. John Morgan, 'Daniel Owen: Atgofion a Myfyrion Amdano', t.111.
76. Archifdy Sir y Fflint, Penarlâg, D/DM/521/32 [tâp sain].
77. Gw. R. K. Matthias a T. Ceiriog Williams, *Daniel Owen a'i Fyd*, tt.43–4.
78. *Gwen Tomos, Merch y Wernddu*, argraffiad cyflawn newydd gyda Rhagymadrodd gan E. G. Millward (Caerdydd, 1992); *Hunangofiant Rhys Lewis, Gweinidog Bethel*, argraffiad cyflawn newydd gyda Rhagymadrodd gan E. G. Millward (Caerdydd, 1993); *Profedigaethau Enoc Huws*, argraffiad cyflawn newydd gyda Rhagymadrodd gan E. G. Millward (Caerdydd, 1995).

79. Enghreifftiau o'r cyfrolau pigion yw J. M. Edwards, *Oriau Difyr, Ail Ddetholiad o Waith Daniel Owen* (Wrecsam, 1920); T. Gwynn Jones (gol.), *Troeon Bywyd, Detholiadau o waith Daniel Owen* (Wrecsam, 1936). Daniel Owen, *'Nid i'r Doeth a'r Deallus'* (Cyfres Pigion 2000), detholiad gan E. G. Millward (Llanrwst, 1999).

80. Dienw, 'Adgofion am Mr. Daniel Owen', *Y Goleuad* (6 Tachwedd 1899), 8.

81. *Profedigaethau Enoc Huws*, Rhagymadrodd, t.iv.

82. Gerwyn Wiliams (gol.), *Rhyddid y Nofel*, (Caerdydd, 1999).

Mynegai

Cymeriadau yng ngweithiau Daniel Owen

Mynegai cyffredinol